돈은 어떻게 움직이는가?

돈은 어떻게 움직이는가?
원화와 외화 그리고 금리와 환율의 긴밀한 연결고리

초판 1쇄 발행 | 2015년 1월 2일
2판 1쇄 발행 | 2016년 3월 22일
3판 1쇄 발행 | 2018년 9월 28일
4판 1쇄 발행 | 2020년 4월 22일
5판 1쇄 발행 | 2021년 6월 1일
6판 1쇄 발행 | 2024년 1월 22일

지은이 임경·권준석
편집 조성우·손성실
디자인 권월화
펴낸곳 생각비행
등록일 2010년 3월 29일 | 등록번호 제2010-000092호
주소 서울시 마포구 월드컵북로 132, 402호
전화 02) 3141-0485
팩스 02) 3141-0486
이메일 ideas0419@hanmail.net
블로그 ideas0419.com

ⓒ 임경·권준석, 2024
ISBN 979-11-92745-20-6 03320

돈은 어떻게 움직이는가?

원화와 외화 그리고
금리와 환율의 긴밀한 연결고리

임경·권준석 지음

6th Edition

생각비행

우리는 어디에 있으며
어디로 가고 있는가?

일관된 '시각의 틀'로써 '원화와 외화의 연결고리'를 중심으로 한 시장의 움직임을 살펴보겠다는 제법 야심찬 목적을 가지면서 국내외 학계와 국제기구 등의 선행연구에 한국은행에서 익혀 왔던 경험을 더하였습니다. 그리고 나아가 금리와 환율 간의 연계관계를 감안한 바람직한 정책 대응을 고민하였습니다. 《돈은 어떻게 움직이는가?》를 출간한 이후, 독자 여러분의 성원에 힘입어 '판'과 '쇄'를 거듭하였습니다. 이러한 과정에서도 원화자금과 외화자금의 흐름을 하나로 이어보고 금리와 환율이라는 가격지표를 연계하여 생각해보는 기본 매커니즘은 시류에 흔들리지 않았습니다. 초판 발행 이후 무려 9년의 세월이 흐른 지금에도 당초에 이 책을 쓰려던 기본 취지에는 전혀 변함이 없지만, 시간의 흐름에 따른 작은 소회가 있습니다. 그리고 금융과 외환 관련 서적들이 넘쳐나는 긴 세월 속에서 살아남은 책에 대한 책임감을 다시 느낍니다.

그동안 파도처럼 다가오는 경제 변화를 앞두고도 항상 바쁘다는 핑계가 있었지만, 시장의 움직임을 반영하여 주요 이슈들에 대한 특강의 이름으로 대응하여 왔습니다. 또한 글로벌 금융위기를 막 벗어난 시점부터 코로나19 팬데믹이 확산되는 과정, 마무리되어 새로운 변화가 이루어지는 과정까지의 급변하는 경제 상황에 대한 설명을 더 하였습니다. 마침내 이번 '6판'에서는 기조적 전환에 대한 서술을 다시 정리하였으며 이를 뒷받침하는 표와 그래프를 전면 업데이트 하였습니다.

돈이 움직이는 각각의 부문을 뛰어넘어 원화 부문과 외화 부문의 핵심사항을 연계시키는 작업이 중요하다는 주장도 계속됩니다. 또한 통화通貨가 경계를 넘어 이종통화異種通貨가 되는 여러 가지 경로의 금융거래는 복잡다기하지만 금융회사들이 위험을 넘어 수익을 창출할 수 있는 영역이며, 정책 당국이 많은 관심을 가져야 할 분야라는 인식에도 변화가 없습니다. 그러나 우리가 추구해야 할 정책 목표들을 여러 번 생각하는 가운데서도 여전히 스스로에게 물어보아야 하는 시대입니다. 우리는 지금 어디에 있을까요? 그리고 어디로 가고 있을까요?

원화와 외화 그리고 금리와 환율을 연계하여 생각해보는 작업은 중요합니다. 그런데 그동안 우리나라의 거시경제정책 수립과 운영 과정을 돌이켜 보면 금융시장과 외환시장이 밀접히 움직이는 만큼 통화정책과 외환정책이 긴밀히 연계되었다고 여전히 자신 있게 말하기 어렵습니다. 그 배경에는 근본적으로 정책이 시장의 기민함에 앞서기 힘든 특성도 있지만, 원화시장과 외화시장을 전체적으로 함께 통찰할 수 있는 시야의 제약도 자리 잡고 있습니다.

경계를 넘나드는 돈의 흐름과 조절을 설명하기 위해 '강연'이라는 형식을 도입하였으며, 구어체 사용으로 딱딱해지기 쉬운 내용을 조금이라도 부드럽게 풀어내기 위한 나름의 방편도 유지됩니다. 또한 세부 사항을 〈참고〉로 구분하여 큰 줄기를 읽어나가는 데서 제외함으로써 주제의 핵심을 우선 파악할 수 있도록 하였으며, 매일의 강연 말미에 질의응답 시간을 두어 독자들의 이해를 돕는 형식도 그대로 두었습니다.

원고를 쓰고 정리하는 과정에서 많은 사람의 의견을 듣고 도움을 받았습니다. 그러나 여러 번의 '판'과 '쇄'가 바뀌는 과정에서도 책의 내용 중 잘못과 부족함이 있다면 전적으로 필자들의 책임입니다. 마지막으로 날카로운 이론과 튼튼한 실무지식으로 이 책을 펴내는데 유익한 관점을 제시해 주신 한국은행의 황성 전 국장님, 이지호 국장님, 하혁진 팀장님, 김낙현 차장님, 그리고 유익한 자료와 말씀을 주신 이태검 과장님, 남명훈 조사역님께 다시 한 번 감사의 말씀을 드립니다. 또 오랜 시간 '원화와 외화의 연결고리'에 대한 고민을 함께 나누었던 에프엘자산운용(주)의 현병규 준법감시인님과 원고 쓰기를 계속 격려해주신 생각비행 출판사의 조성우 대표님께도 감사드립니다. 그리고 항상 곁에서 용기를 북돋아 주는 저자들의 가족에게도 다시 고마운 마음을 전합니다.

2024년 1월

임경·권준석

차례

MON 돈의 흐름

TUE   환율과 금리 그리고 연계

WED   돈의 조절

THU 금융위기의 교훈과 새로운 변화

FRI **통화정책과 외환정책의 연계운영**

강연을 위한 안내도
〈원화와 외화 그리고 금리와 환율의 긴밀한 연결고리〉 체계

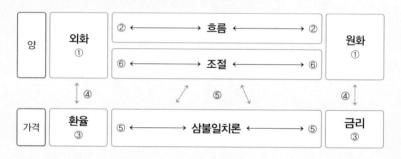

①	• 돈의 성격	MON	LECTURE 1, 2
②	• 돈의 흐름	MON	LECTURE 3, 4, 5, 6
③	• 가격의 움직임	TUE	LECTURE 7
④	• 외화와 환율, 원화와 금리 간의 관계	TUE	LECTURE 8, 9
⑤	• 환율·금리·외화흐름 간의 관계	TUE	LECTURE 10
⑥	• 돈의 조절	WED	LECTURE 11, 12, 13
①~⑥	• 금융위기의 교훈과 새로운 변화	THU	LECTURE 14, 15, 16, 17, 18, 19
⑤, ⑥	• 정책의 연계운영	FRI	LECTURE 20, 21, 22

MON

돈의 흐름

화두

일주일간의 강연을 통해 '원화와 외화 그리고 금리와 환율의 연결고리'에 대해 말씀드리고자 합니다. '돈의 흐름을 읽는 새로운 시각'이라는 구호를 내걸었지만, 사실 새로운 내용은 거의 없습니다. 다만 화폐금융에서 설명하는 원화자금과 국제금융에서 이야기하는 외화자금을 하나의 흐름으로 연결해서 보려는 나름의 시도라고 말할 수 있습니다.

'병 속에 든 새를 꺼낼 수 있느냐?'[1]를 읽은 이후 무엇을 생각하기 위해 하나의 화두를 던져봅니다. '돈에 꼬리표가 있는가?' '꼬리표'가 무엇인지도 정의하지 않은 채, 이제 답이 없는 화두를 던지면서, 자신을 괴롭힐 것입니다. 이 질문을 어떻게 해석해야 하는지 또 대답은 무엇인지 혹은 대답이 있기나 한 것인지…. 설령 답을 찾지 못하더라도 화두를 껴안는 과정에서 무엇인가 도움되는 사실을 발견하

---

1   소설가 김성동金聖東은 1978년 《한국문학》에 '병 속에 든 새'를 화두로 중편 〈만다라〉를 발표하고 1979년 장편으로 개작하여 발표하였다.

리라는 소박한 희망이 있습니다. 강연을 시작하기 전에 몇 가지 질문을 제기합니다.

- 경계를 넘어 우리나라에 들어온 달러 중 다시 밖으로 나가지 않은 달러는 다 어디로 갔는가?
- 시중에 돈이 많아진 이유는 중앙은행이 돈을 많이 풀었기 때문인가?
- 기준금리를 인상한 날, 한국은행은 시중의 돈을 환수해야 하는가? 또는 공급해야 하는가?
- 달러의 양이 줄어들면 환율이 올라가고 원화의 양이 늘어나면 금리가 떨어지는가?
- 이른바 IMF 사태라고 하는 외환위기가 발생하게 된 핵심 원인은 무엇인가?
- 2008년 글로벌 금융위기를 어떻게 해석해야 하는가?
- 환율정책과 금리정책은 어떻게 연결되어 있는가?
- 코로나19 팬데믹은 세계경제에 어떠한 영향을 미쳤는가?

이러한 질문을 던지고 답하는 과정에서도 '돈에 꼬리표가 있는가?'라는 화두를 계속 붙잡고 있을 것입니다. 이에 대한 방편으로 〔조달 → 운용〕 표시를 사용하여 자금흐름이 바뀌는 모습을 살펴보고자 하였으며, 〔자산 : 부채〕 표시를 활용하여 불일치mismatch 문제를 발생시킬 수 있는 리스크에 대해 관심을 보이고자 하였습니다.

원화시장과 외화시장, 통화정책과 외환정책을 연계하여 생각해 보는 작업은 쉽지 않습니다. 이번 강연의 목적은 금융거래와 경제정책의 세부 사항을 기술적으로 잘 설명하는 데 있지 않습니다. 오히려 세부 사항을 과감하게 생략하는 한편 핵심에 집중하여 넓은 시각으로 외화와 원화를 조망하고자 노력하였습니다. 마치 고속도로를 달려서 서울에서 부산까지 가는 길이라고 할 수 있으며, 가지치기를 통해 나무의 큰 줄기를 확인하는 과정이라고 볼 수 있습니다. 우리가 경부고속도로를 이용할 경우 아름다운 명승고적과 재미있는 놀이공원을 그냥 지나치게 되겠지요. 세부 사항 중 미처 설명하지 못한 읽을거리는 별도의 꼭지로 따로 제시하였습니다. 읽으면 도움이될 것입니다. 더 상세한 이론과 다른 사례들은 기존의 교과서를 참고하기 바랍니다. 매일 강연이 끝나면 질의답변 시간을 마련할 예정이니 궁금한 점이 있다면 잠시 참았다가 마지막에 서슴없이 제기하기 바랍니다.

또 움직이는 경제를 생생히 느끼도록 매일 신문 기사를 읽어보기를 권합니다. 마지막 강연까지 참여하여 기사를 비판적으로 읽을 시각을 갖추어 그동안의 관점 변화를 확인할 수 있다면 참으로 좋은일이겠지요. '끝이 좋으면 모두가 좋다'고 한 희곡[2]을 생각합니다.

이제 강연을 시작하면서 앞으로 말씀드릴 전체 내용의 체계를 한

---

2   셰익스피어William Shakespeare의 희곡 All's well, that ends well. 극 중 여주인공 헬레나Helena는 두 번에 걸쳐 이를 말한다. 셰익스피어는 이 말이 무척 마음에 들었던 모양이다. 처음과 끝 중 무엇이 더 중요한가?

그림 1.1 강연의 체계

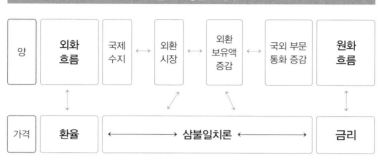

장의 그림으로 제시합니다. 이야기의 큰 줄기가 여기에 담겨 있다고 할 수 있습니다. 〈그림 1.1〉을 보아주세요.

먼저 외화에서 원화로 가는 돈의 양적흐름을 살펴봅니다. 이때 '돈'이란 통화량, 자금, 화폐, 유동성 등 여러 용어로 바꿀 수 있습니다. 엄밀한 의미에서 뜻이 조금씩 달라집니다만, 우선은 '돈'이란 단어를 사용하겠습니다. '외화'도 특별히 다른 이종통화와 구분할 필요가 없을 때에는 이해를 돕기 위해 '달러'와 혼용하여 사용토록 하겠습니다. 이제 외화가 원화로 바뀌는 흐름을 살펴보면 경계를 넘는 모든 대외 거래는 국제수지표를 통해 나타나며 외화 순유입액은 외환시장을 통해 외화가 원화로 바뀌는 규모를 보여줍니다. 해외로 나간 외화를 제외하면 시중은행을 통해 한국은행으로 흘러들어가 외환보유액이 되며 이 과정에서 원화가 공급됩니다. 이를 원화 측면에서 보면 국외 부문을 통한 돈의 공급이라고 볼 수 있습니다. 이와 같이 공급된 원화의 흐름은 그 이후에는 어떻게 될까요? 이렇게 돈의 양적흐름이 이루어지는 과정을 살펴봅니다. 처음부터 너무 어렵게 시작하는 것 같군요. 뒤에서 차근차근 짚어보겠습니다.

다음으로 돈의 양적흐름과 가격에 대해 살펴봅니다. 외화의 흐름과 외화의 가격이라고 할 수 있는 환율은 어떠한 관계에 있는지를 알아보고 원화의 흐름과 그 대가代價[3]라고 할 수 있는 금리의 관계에 대해 살펴봅니다.

이와 같이 우선 돈의 흐름을 알아보고 다음 돈의 흐름과 가격을 살펴본 후 가격과 가격 간의 관계에 대해 설명해봅니다. 즉 환율과 금리가 어떤 관계를 맺고 있는지 알아봅니다. 또한 여기에 돈의 양의 조절, 특히 외화 양의 제약이라고 할 수 있는 외화자금 유출입에 대한 규제가 이들의 관계에 어떠한 영향을 미치는지에 대해서도 설명해봅니다.

자본자유화, 환율정책, 통화정책의 관계를 설명하기 위하여 삼불일치론(impossible trinity 또는 trilemma)의 원리를 도입해보았습니다. 이에 대해 먼저 간단히 말씀드린 후 뒤에서 더 자세히 설명하겠습니다. 삼불일치론은 통화정책과 외환정책의 상호관계에 대한 가설로 시작되었지만, 자유변동환율제를 옹호하는 선진국의 입장을 대변하는 수단 또는 정책상의 교리처럼 받아들여지게 된 측면이 있습니다. 즉 '글로벌 금융시대에 자본이동을 통제할 수 없으니 독자적인 통화

---

3   돈의 대외 가치는 환율이며 돈의 대내가치는 물가의 역수라고 볼 수 있다. 금리는 돈의 순간가치가 아니라 기간가치라고 말할 수 있다.

정책을 수행하고 싶으면 자유변동환율제를 채택하라!'는 식의 주장처럼 말이죠.

그러나 글로벌 금융위기 이후 시장 메커니즘에 의한 새로운 이해가 필요하다는 인식이 확산되어 국가 간cross border 자본이동의 영향에 대한 관점이 크게 변화하고 있습니다. 이는 금융위기의 진원지가 주요 선진국이라는 사실과도 관련이 있습니다. 어쨌든 삼불일치론에 대한 선행 연구자들의 다양한 실증분석 결과를 간단히 살펴본 후 각국의 사례들을 삼불일치론 관점으로 해석해봄으로써 정책 수립과 운영에 관한 방향을 일관된 시각으로 읽어보고자 합니다.

이제 강연의 일정을 점검해보면, 우선 첫째 날인 월요일에 돈의 성격과 돈이 움직이는 이유 그리고 경계를 넘나드는 돈의 흐름과 경계 내에서의 돈의 흐름에 대해 설명합니다. 화요일에는 환율과 금리를 알아보고 그 연결고리를 삼불일치론의 관점으로 알아본 후 삼불일치론에 대한 다양한 실증연구 사례와 비판 등 쟁점 사항을 살펴보겠습니다. 수요일에는 이렇게 움직이는 돈을 어떻게 조절하는지 살펴보겠습니다. 돈의 흐름에 대응하는 돈의 조절 메커니즘이 다시 돈의 흐름에 영향을 주게 된다는 사실을 미리 말씀드립니다. 목요일에는 우리나라와 다른 나라들의 다양한 금융위기 사례에 대해 삼불일치론을 중심으로 여러 가지 관점에서 해석해보겠습니다. 그리고 코로나19 팬데믹 위기가 글로벌 경제에 미치는 영향을 점검합니다. 평소에 아무리 잘하더라도 위기를 넘어서지 못하면 얼마나 고통받게 되는지를 우리는 이미 알고 있습니다. 그리고 마지막 날인 금요일에

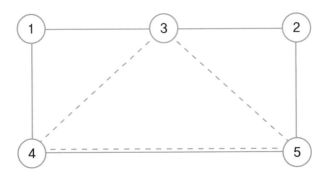

그림 1.2 원화와 외화 그리고 금리와 환율의 연결고리

는 연계운영에 대한 정책 과제를 도출해본 후 새로운 정책조합을 모색해보겠습니다.

다시 한 번 강조하자면, 이번 강연은 외환시장의 구조, 외환정책, 금융시장의 구분과 기능, 중앙은행의 역할, 통화정책수단의 종류 등에 대해서는 자세히 살피지 않습니다. 설명의 초점을 '원화와 외화 그리고 금리와 환율의 연결고리'에 맞추는 가운데 다른 설명을 가급적 배제함으로써 돈의 양적인 흐름, 돈의 양과 가격 간 상호 영향, 원화와 외화 가격 간 연계에 대해 가능하면 쉽게 설명하려고 노력하였습니다.

마지막으로 '원화와 외화 그리고 금리와 환율의 연결고리'를 하나의 체계로 나타낸 〈그림 1.2〉를 제시합니다. 여기서는 이에 대한 자세한 설명을 생략합니다. 이에 대한 설명이 이번 강연의 전부이기 때문입니다. 여러분이 제 강연에 빠짐없이 참석하신다면 '연결고리'가 한 장의 '생각의 틀' 속에 담겨 있다는 사실을 확인할 수 있습니다. 이 그림은 강연 기간 중 계속 숨어서 움직이다가 마지막 날 다시 한번 등장합니다. 그때 여러분은 '아! 그런 뜻이었구나!' 하고 알게 되겠지요.

이 체계를 마음속에 담아두고 강연 중간중간 우리의 화두인 '돈의 꼬리표'를 추적해낼 수 있는지에 대해 관심을 보일 계획입니다. 쉬는 시간 없이 바로 LECTURE 2로 출발합니다.

돈의 성격

돈이 바뀌는 모습과 돈의 흐름에 대해 이야기하는 시간입니다. 돈이 바뀌는 모습은 다양하지만 크게 보면 두 가지로 구분할 수 있습니다. 무엇일까요? 이와 더불어 돈이 움직이는 여러 가지 이유에 대해서도 알아보겠습니다. 오늘 말씀드릴 주제를 〈그림 2.1〉 전체 구도에서 색깔로 구분하였습니다. 매번 주제가 바뀔 때마다 우리가 어디에 있는지 확인할 수 있도록 표시할 계획입니다. 등산 중 안내도에서 지금 위치를 확인하는 것처럼 말이죠. 먼저 돈의 성격에서 출발합니다.

그림 2.1 체계: 돈의 성격

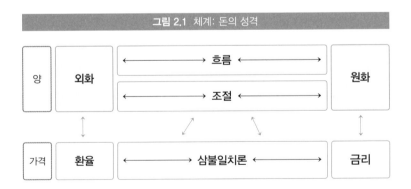

1. 트랜스포머transformers: 다른 모습으로 변하는 돈

다름에 대한 인식과 위험

우리의 주제가 '원화와 외화 그리고 금리와 환율의 연결고리'인 만큼 원화와 외화의 성격으로부터 시작할까 합니다. 세상의 언어가 통일되어 있지 않아 바벨탑이 무너졌다면, 세계의 통화通貨, currency가 통일되어 있지 않아 외환위기[4]가 발생한다고 말할 수 있습니다. 다소 엉뚱하게 들리겠지만, 다른 언어를 통역하기 어렵듯이 다른 통화를 통용하는 데에도 한계가 있기 마련입니다.

영화 〈트랜스포머transformers〉를 보면, 인류보다 월등히 뛰어난 지능과 힘을 지닌 외계 생명체 '트랜스포머'가 정의를 수호하는 '오토봇' 군단과 악을 대변하는 '디셉티콘' 군단으로 나뉘어 인류의 운명을 건 전쟁을 시작합니다. 여자의 변신은 무죄라는데, 자동차의 변신도 무죄일까요? 돈도 변신하여 특징을 바꾼다는 사실, 원화와 달러가 경제적 사건마다 달리 반응한다는 사실은 두 물질을 연계하였을 때 위험이 따른다는 점을 상기시킵니다. 쇠와 구리를 길게 뽑은 바이메탈bimetal을 연결하여 철로를 놓는다면 여름과 겨울의 온도 변화에 달리 반응하여 기차가 탈선하게 되는 이치와 같습니다. 원화와 달러를 같이 쓰는 한, 정교한 관리가 필요합니다. 원화가 국제화되어 있

---

[4] 금융위기는 여러 가지 종류로 구분할 수 있는데 외환위기는 그 중 주요한 하나이다. 은행위기와 같이 여타의 금융위기는 단일 통화를 사용할 경우에도 발생한다.

지 않는 한, 우리나라의 금융시스템을 어떻게 설계하더라도 외환위기의 위험은 내재되어 있을까요? 인류가 불을 사용하는 한, 화재의 위험이 항상 있기 마련입니다. 불조심을 해야겠지요.

화두: '돈의 꼬리표'

돈, 자체로 말하게 하라

흔히 '돈에 꼬리표가 어디 있어?'라는 말을 합니다. 돈이면 그냥 돈이지 어디서 왔는지 묻지 말라는 의미로 해석됩니다. 출처를 묻지 않는 것은, 부정한 돈이 마음대로 돌아다니는 단점에도 불구하고 장점이 많습니다. 과거 귀족이 가진 돈과 농민이 가진 돈이 신분에 의해 차별받지 않음으로써 돈의 유통성을 높였으며, 꼬리표가 없는 돈이 자본주의를 확산시키고 나아가 민주주의 발전에 기여했다는 의견도 있습니다. '돈이 그 자체로 말하게 하라!'라는 이야기이지요.

돈의 꼬리표를 추적하라!

화두를 던진 부담 때문에 '돈의 꼬리표'에 대해 변명합니다. 답을 제시하는 대신 꼬리에 꼬리를 무는 질문만 계속될 수 있습니다. 답을 찾지 못할지도 모르지만 무엇인가 건질 수 있을 것이라는 희망을 품고 있습니다. '돈의 꼬리표'를 좇아가다 보면 돈이 어디서 오고 어디로 달려가는지에 관심을 두게 됩니다. 재원조달과 자산운용을 살펴보면서 방향을 추정해봅니다. 꼬리에 꼬리를 무는 추정을 이어갈 수 있는지 고민해봅니다.

우리는 개인이나 개별 기업을 대상으로 하지 않습니다. 국세청, 금융정보분석원, 금융감독원처럼 검사권을 근거로 개별 꼬리를 찾아낼 수 있겠지만, 보다 거시적인 흐름을 생각하고 있습니다. 숨었다가 나타나는 흐름을 통계지표와 정보를 통하여 추정하는 일은 쉽지 않습니다. 꼬리를 감추려고 하는 특성이 있으니까요. 추격자의 자세로 달려가 보겠습니다.

꼬리표에 대한 현문우답

어지러운 생각을 정리해봅니다. '돈의 꼬리표'를 추격하는 작업은 방향성과 관련이 있으므로 〔조달 → 운용〕 관점을 가지고 나아갑니다.

첫째, '돈의 꼬리표' 추적에서 조달과 운용의 주체를 알아보는 작업은 중요합니다. 개인, 기업 또는 연기금 중 누가 맡겼는지, 은행, 보험사 또는 자산운용사 등 누가 운용하는지를 알아보아야 합니다.

둘째, 꼬리가 연결된다는 얘기는 조달된 돈의 성격과 운용되는 돈의 성격이 같다는 의미일까요? 일반적으로 단기로 들어온 돈은 단기로 운용되는 반면 장기로 들어온 돈은 장기로 운용됩니다. 예를 들면 단기채권펀드인 MMFMoney Market Fund로 들어오는 돈은 만기가 짧은 통화안정증권과 상업어음CP 등 단기자산으로 운용되며, 해외 연기금펀드가 운용하는 달러는 원화로 바뀐 후 장기국채를 사는 것이 일반적이지요. 그러나 항상 그럴까요? 금융회사가 알아서 운용함에 따라 조달과 일치하지 않는 경우도 있습니다. 시중은행은 단기에 금의 돈을 집합pooling하여 장기대출로 운용하기도 합니다.

셋째, '돈의 꼬리표'를 짧은 꼬리와 긴 꼬리로 나누어 생각해볼 수 있을까요? 예를 들어 짧은 꼬리란 은행이 가계에서 자금을 조달하여 다시 가계에 대출해주는 과정을 생각할 수 있습니다. 반면 모기지대출이 주택저당증권MBS 발행으로 이어지고 다시 모기지대출과 연결된 부채담보부증권Collateral Debt Obligation, CDO과 CDO^2 그리고 이들을 편입한 금융회사의 펀드, 그 금융회사의 증권을 보유한 다른 금융회사로 이어지는 긴 연결고리long intermediate chain를 말할 수도 있겠지요.

화두를 정리하지 못하고 다른 질문만 제기하면서 '돈의 꼬리표'에 대한 생각을 일단락 지을까 합니다. 당장 답을 낼 수 있다면 화두라고 할 수도 없겠지요. 다른 과정에서 가끔 화두를 꺼내겠지만, 그렇지 않더라도 항상 마음에 두고 있을 것입니다.

돈은 어디서 와서 어디로 가는가?

돈은 다양한 모습을 보이지만 지금 어디에 있느냐가 중요합니다. 변화하는 여러 모습 중에서 현재의 위치에 따라 그 성격이 정해진다는 말씀을 우선 드립니다. 항상 현재가 중요하지요. 다양한 돈의 성격을 구분해봅니다. 우선 '긴 돈'(장기자금)과 '짧은 돈'(단기자금)으로 구분할 수 있습니다. '짧은 돈'은 M1(협의통화), M2(광의통화), Lf(금융기관유동성), L(광의유동성) 등 '긴 돈'으로 확장됩니다. 또 '위험하지 않은 돈'(안전자산)은 '수익률의 변동 폭을 얼마나 참아낼 수 있는가?'

에 따라 '위험한 돈'(위험자산)과 구별됩니다. 아울러 가지고 있는 여권旅券, passport에 따라 우리나라 돈과 다른 나라 돈으로 국적이 구분됩니다.

'돈이 어느 방향으로 움직일까?'를 추정하기 위해서는 현재 돈이 있는 위치에서 정해지는 성격과 어디에서 왔는지를 알아야 합니다. '한 자리에 얼마나 머무를 것인가?' 또는 '언제 성격이 바뀔 것인가?' (만기)도 알 수 있지요. 딜러와 펀드매니저들이 브로커를 통해 돈이 어디서 왔는지에 대한 정보를 알아보려는 이유를 알 수 있습니다. 한국은행도 '오늘 늘어난 돈이 일시적 증가인지 아니면 기조적 증가인지'를 파악하려고 노력합니다. 각기 다른 꼬리표를 가지고 있는 돈이 어디로 흘러갈까요? 계속 생각하는 화두입니다.

돈의 성격 차이를 이용하는 금융회사

'금융회사는 어떻게 살아가는가?'라는 질문에 대해 이익을 얻는 방식을 나열함으로써 대답할 수 있겠지만, '바꿈'이라고 줄여 말할 수 있습니다.[5] 즉 부채를 조달하여 자산으로 운용하는 과정에서 돈의 성격을 바꾸는 일을 합니다. 이렇게 성격이 다른 자산과 부채를 보유하게 되면서 금융회사는 [자산 : 부채] 불일치 문제가 나타나는 위험을 부담하게 됩니다. 또 금융회사들은 불일치 차이를 확대하는 경향이 있습니다. 고객이 원하는 대로 응대하다 보면 원하는 수준보다 많

---

5   거래에 따라 수수료를 수취하는 부가 업무는 제외하였다.

이 또는 적게 순자산(자산-부채)을 가지게 되어 원하지 않는 위험도 부담하게 된다는 사실이죠. 바이메탈 이야기를 드렸습니다만, 돈의 조달과 운용의 만기 불일치, 고정금리와 변동금리의 불일치, 안전자산과 위험자산의 불일치, 달러자산과 달러부채 간의 규모 차이 등 이 모든 불일치가 위험을 야기하며 금융위기의 원인이 되기도 합니다.

금융회사들은 위험을 알면서도 돈의 성격 차이에서 발생하는 이익을 취하기 위하여[6] 돈을 조달하고 운용하는 영업을 하고 있습니다. 그러므로 금융회사의 업무란 한마디로 '차이로 인한 위험을 부담하면서 이익을 취한다'로 표현할 수 있겠습니다. 금융회사의 입장에서 [자산 : 부채] 불일치는 어쩔 수 없는 숙명 또는 종교에서 말하는 원죄original sin라고 할 수 있습니다. 목요일 '금융위기의 교훈'에서 자세하게 설명드리겠지만 위기 상황은 결국 다양한 형태의 불일치에서 비롯됩니다. 다만 이를 자극하는 요인들이 환경 변화에 따라 바뀔 뿐입니다.

되돌리는 위험에 대응하기 위한 방패: 신뢰

운용하던 돈은 반드시 조달한 곳으로 돌려주어야 합니다. 그런데 살다 보면 예상했던 시기보다 빨리 갚아야 할 때가 오기 마련입니다. 또 빌려주었던 돈을 받지 못하게 되거나 적게 받는 경우도 있습

---

6   금융회사가 예상한 방향과 달리 자산 가격, 주가, 금리, 환율 등이 움직일 경우 차이 보유에 따른 손실을 감수해야 한다.

니다. 그러므로 과도한 불일치를 자제해야 합니다. 정책 당국도 각종 법규로 이와 같은 과도한 차이를 규제하고 있습니다. 또한 '돈의 되돌림'에 대해 항상 생각하고 있어야 합니다. 준비하고 있지 않은 되돌림이 발생하지 않도록 관리하여야 하며, 예상을 뛰어넘는 과도한 되돌림에 대비하여야 합니다.

　반면 불일치를 회피할 경우 금융회사는 존립할 수 없습니다. 변동금리로 조달하여 변동금리로만 운용하고, 안전한 자산을 조달하여 안전한 자산에만 운용하고 달러를 조달하여 달러로만 운용한다면 얻을 수 있는 이익은 극히 제한되거나 오히려 조달비용이 운용수익보다 더 커서 손실을 보게 되므로 적정한 위험을 감수할 수밖에 없습니다. 반복하자면 금융회사는 위험을 먹고 사는 존재입니다. 그러므로 금융회사는 본질적으로 위험합니다.[7] 따라서 자발적인 혹은 타의에 의한 규제는 반드시 필요합니다.[8] 다른 측면에서 보면 금융회사는 위험을 인식하고 있는 고객들에게 충분한 신뢰를 주어야 합니다. 옛날이야기를 하나 말씀드리면, 미국 서부 개척시대에 마을마다 들어선 작은 은행들이 고객의 예금을 싸들고 야반도주하는 경우가 빈번하였다고 합니다. 고객들은 은행에 돈을 맡기기 불안했지만 총

---

[7]　간단한 예를 들면, 우리나라 금융을 주도했던 조흥은행, 상업은행, 제일은행, 한일은행, 서울신탁은행은 그 명칭과 지배구조가 바뀌었다.

[8]　다른 상품과 달리 오로지 금융상품의 경우만 감독을 담당하는 기관(금융감독원)이 별도로 설립되어 있다는 사실에서 금융이 얼마나 규제와 감독을 필요로 하는 영역인가를 파악할 수 있다.

MON

31

잡이들이 날뛰는 세상에서 집에 보관하기도 두려웠습니다. 그때 우량 은행들은 큰 건물을 사서 '나는 이렇게 큰 건물의 주인이므로 그까짓 돈 몇 푼 떼어먹으려고 절대 도망가지 않는다!'고 주장하였다고 합니다. 지금도 세계 굴지의 은행들과 우리나라 은행 본점 건물들이 우람하게 자리 잡아 신용을 보증하는 배경입니다. 금융산업의 경우 다른 어떤 산업보다도 '신뢰가 생명'입니다.

대칭되지 않는 정보

정보 비대칭성information asymmetry은 자금흐름에 큰 영향을 미칩니다. 상세한 정보를 알고 있는 사람과 모르고 있는 사람은 돈의 수요와 공급에 대한 태도가 다르기 마련이지요. 정보 차이를 이용하려는 사람도 많습니다. 금융시장이 효율적으로 작동하는 원리를 방해하는 비대칭성은 거래가 일어나기 전과 후로 나누어볼 수 있습니다. 거래가 일어나기 전의 정보 비대칭성을 역선택adverse selection, 거래가 일어난 후의 비대칭성을 도덕적 해이moral hazard라고 합니다.

돈의 흐름을 살펴볼 때 수익과 위험을 생각합니다만, 바탕에는 정보 공유 또는 비대칭 문제가 깔려 있습니다. 우리가 해외에 투자하거나 해외에서 우리나라로 자금이 들어올 때 완전한 정보를 가지고 있다고 볼 수 없습니다. 만일 베트남만 위험하다고 가정하더라도 우리는 다른 동남아 국가에 대한 투자를 꺼리게 됩니다. 북한의 위협적인 태도에 대해 우리나라 사람들과 외국인들이 느끼는 투자심리가 다릅니다. 해외 자본의 유출입을 바라볼 때도 정보의 비대칭을 생각해야 합니다. '우리는 그렇게 생각하지 않는데 외국인 투자자들은 왜 그럴까?' 우리의 주제인 '원화와 외화 그리고 금리와 환율의 연결고리'를 생각하면서 정보의 비대칭을 이해하고 이를 완화하기 위한 방안과 연결해야 합니다. 물론 완전히 해소하기는 어렵겠지요.

2. 시간과 공간 속에서 두 가지의 변신

결국 변신기술은 두 가지 뿐

지금까지 돈의 성격 차이와 금융회사의 역할 등에 대해 알아보았습니다. 이제 돈이 움직이는 모습에 대해 알아볼까 합니다. 쉽게 알고 있는 예금·대출의 절차와 주식투자 정도를 넘어서면 돈의 모습이 바뀌는 형태는 다양하다 못해 복잡하기까지 합니다. 선물환forwards, 선물futures, 옵션options, 이자율스왑Interest Rate Swaps, IRS, 통화스왑Currency Rate Swaps, CRS에 이어 구조화채권Structured Bond에 이르면 머리에서 쥐가 나기 시작하지요. 그리고 스스로 물어보게 됩니다. "내가 이걸 꼭 알 필요가 있어?" 여기서 파생금융상품의 거래구조와 수식계산을 자세히 다루지 않을 예정입니다만, 간단히 짚어보고 가지 않을 수 없습니다. 지금 따라가고자 하는 길이 〔외화 → 원화〕의 과정이기 때문입니다. 물론 건너편에서 보면 〔원화 → 외화〕이기도 하지요.

아무리 복잡한 구조도 일단 크게 나눈 후 다시 묶어보면 간단해지는 법입니다. 원화와 외화의 기본 거래는 크게 나누어 두 가지밖에 없다고 생각합니다.[9] 첫째, 팔고 사기, 즉 원화를 팔고 외화를 사거나 외화를 팔고 원화를 사는 방식과 둘째, 빌리고 빌려주기, 즉 원화를 빌려주고 외화를 빌리기 또는 외화를 빌려주고 원화를 빌리기가 전부라고 할 수 있습니다. 〔달러 ↔ 원화〕, 〔달러 ↔ 달러〕, 〔원화 ↔ 원화〕 간 모든 거래는 '팔고 사기(매매)'와 '빌리고 빌려주기(대차)'로 구분되므로 조금 전 말씀드린 선물환, 선물, 옵션, 이자율스왑, 통화 스왑, 구조화채권 등이 모두 포함됩니다.

그런데 이렇게 구분하는 작업은 말로 하긴 쉽지만, 실제로는 다소 복잡합니다. 그 이유는 두 가지 거래에 시간이 개입하기 때문입니다. 첫째 '팔고 사기(매매)'에서 지금 바꾸지 말고 '미래 시점에 바꾸기'로 지금 약속하는 거래가 있기 때문입니다. 둘째 '빌리고 빌려주기'(대차)는 원래 시간이 개입된 거래이지만, 선물거래와 같이 추가로 다른 시간이 개입하기도 합니다. 다시 설명하겠지만, 오늘은 아무리 복잡한 거래도 '팔고 사기'와 '빌리고 빌려주기'로 분해할 수 있다는 점을 명심하는 것으로 충분합니다. 파생금융상품거래도 기본 구조는 같다고 볼 수 있습니다. 이러한 시각은 반복적으로 언급될 것입니다. 반복이야말로 가장 효과적인 강조이기 때문입니다.

---

9   일반적으로 금융의 어원을 자금융통資金融通에서 찾으며, 금융은 자금융통의 준말이라고 한다. 이렇게 자구 해석을 할 경우 금융의 범위는 자금을 빌리고 빌려준다는 의미에 국한된다.

시간의 흐름과 공간의 제약

어디에서 읽었는지 이제 잊었지만 '자본주의 사회에서 인간 욕망의 최대공약수는 돈이다'라는 말이 있습니다. 인간이 시공간의 제약을 받으므로 인간 욕망의 공통분모인 '돈'도 시공간의 제약을 받는다고 생각합니다. 시간은 금리를 만들고 공간은 환율을 만듭니다. 금리는 시간의 차이에 따른 불일치를 해소하기 위하여 태어났고 환율은 지리적 공간의 차이에 따른 불일치를 해결하기 위해 생겨났습니다.

단순한 '팔고 사기(매매)'에는 시간이 개입되지 않는 것이 원칙입니다. 예를 들어 지금 외환을 매매하면 그뿐이므로 현재의 환율에는 시간 개념이 없습니다. 그러나 '빌리고 빌려주기(대차)'에는 시간이 개입됩니다. 빌려준 것을 나중에 받아야 하니까요. 은행에 예금하면 나중에 돌려받으며, 은행은 나중에 돌려주어야 합니다. 이렇게 시간이 개입되는 곳에 반드시 금리가 있습니다. 다음에 제시하는 '홍길동 이야기'의 예를 생각해보면 쉬운 일이죠. 따라서 금리는 연 몇 퍼센트, 월 몇 퍼센트라고 표현되어야 합니다. 시간이 개입되지 않은 그냥 몇 퍼센트란 표현은 있을 수 없습니다. 물론 시간 개념이 포함되어 있는 금리에 다시 시간 개념을 추가하는 금리선물interest rate futures은 또 다른 이야기이지요. '시간 개념이 있는 금리'와 '시간 개념이 없는 환율'이 곧 우리가 연결해야 할 과제입니다.

홍길동 이야기[10]

홍길동이 금 1kg을 가지고 있다. 대부분의 전문가는 내년 금값이 현재와 비슷할 것이라고 예상하고 있는데, 홍길동의 고등학교 동창인 일지매가 홍길동에게 이 금을 1년 후에 자기한테 팔라고 한다. 홍길동이 망설이다가, 도난 방지를 위해 현재 금괴를 은행 금고에 보관하고 있어 1년 동안 보관료를 부담하고 있다고 대답하니, 일지매는 1년 동안의 보관료는 지금 자기가 지급하겠다고 한다. '고등학교 동창이 좋은 게 뭐냐고. 어쨌든 1년 후 금값이 어떻게 변동할지는 아무도 모르는 것이지만, 대부분의 전문가가 현재 수준을 유지한다고 전망하고 있으니 1년 후 넘겨주는 조건으로 지금 자기와 계약하자'라고 계속 조르고 있다. 홍길동은 어떻게 해야 할까?

계산상의 답은 너무 쉽고도 명확하다. 홍길동은 일지매에게 지금 금값으로 1년 후 매각하는 계약을 체결하기보다는 지금 팔아야 한다. 지금 매각 대금이 1억 원이라고 가정할 경우 홍길동은 지금 금괴를 매각하여 은행에 예금하게 되면 1년 후 일지매에게 매각하는 계약에 비해 1년 동안의 이자를 더 벌 수 있다. 모두 알다시피 이는 파생금융상품거래가격 산정방식의 기초이다. 그러므로 어떠한 원화와 외화의 거래에서도 시간이 개입되면 그 기간 중 각각의 이자가 발생한다는 아주 기본적인 원리를 잊어서는 안 된다. '뭘 이렇게 쉬운 문제를….' 그렇게 생각할 수도 있다. 그러나 파생금융상품을 만나 금융거래 구조가 복잡해지면 이렇게 간단한 사고가 작동하지 않게 된다.

---

10   임경, 《소설처럼 재미있는 금융 이야기》(2007)에서 인용하였다.

돈이 움직이는 이유

'돈은 무엇을 위하여 움직이나?'의 질문에 대해 여덟 가지 요인으로 정리하여 알아보려 합니다.[11] 물론 하나의 움직임에 몇 가지 요인이 작용할 수도 있겠죠. 돈이 움직이는 이유를 이해하게 되면 복잡한 거래를 분석하고 추론할 수 있는 힘이 생깁니다. '무엇을 위하여 돈은 움직이나.' 갑자기 영화 〈누구를 위하여 종은 울리나For Whom the Bell Tolls〉와 잉그리드 버그먼(마리아 역)이 생각나는군요. 이 영화의 원작인 소설[12] 제목은 한 편의 시詩[13]에서 왔다고 하더군요.

그림 3.1 체계: 돈의 흐름

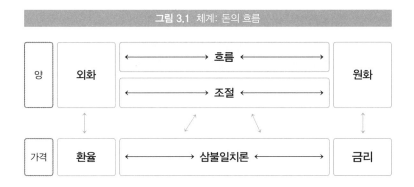

1. 나를 믿는다: 전망에 기초한 투기

자산 보유: long

경제 전망은 어렵다

가격 전망에 대한 질문을 받을 때가 있습니다. 금리, 주가, 환율 전망에 대해 이야기할 경우 저는 환율, 채권금리, 개별 주식의 가격 순으로 전망하기 어렵다고 말씀드리고 있습니다. 개별 주식은 그 기업에 대한 정보를 잘 알고 있으면 성공할 확률이 있지만, 금리와 환율은 전 세계에서 일어나는 모든 일이 영향을 미친다고 볼 수 있죠. 미국 고용 사정과 정책금리 인상 시기, 중국의 경제구조개혁, 우크라이나의 정치적 상황 등을 예측하기란 정말 어려운 일이 아니겠습니까? 우리나라의 지정학적 리스크를 예측하는 일도 힘들죠.

전에 어느 분이 제게 한 말씀이 기억납니다. "단기 전망은 감感이고 중기 전망은 이론理論이며 장기 전망은 철학哲學이다." 단기 전망의 경우 시장의 최일선에 있는 종사자, 매일 시황판을 들여다보고 있는 외환 딜러나 채권 브로커의 감이 비교적 정확하며, 중기 전망

---

11   실물거래를 위한 지출, 숭고한 사회봉사 활동과 관련된 지출, 선의의 기부행위 등은 여기서 제외한다.

12   E. 헤밍웨이(1899~1961)가 쓴 장편소설이다.

13   "…누구를 위하여 종이 울리는지 알고자 사람을 보내지 말라. 좋은 그대를 위해 울린다." 〈누구를 위하여 종은 울리나〉 중에서. 지은이는 존 딘John Donne(1572~1631). 영국 성공회 사제이며 시인이다.

은 교과서와 이론에 의지하고 있는 전문가의 말이 맞을 확률이 높은 반면 장기 전망은 '네가 대한민국 국민의 저력을 믿느냐?'와 같은 신념이나 철학과 관련된 문제라는 의미였습니다. 여기서 '단기·중기·장기의 구체적인 기간이 몇 년 또는 몇 달이냐?'는 질문도 있겠습니다만, '주식이냐, 채권이냐, 외환이냐?' 또 '지금 경제 여건이 어떠하냐?'에 따라 달라지는 문제라고 하시더군요. 저는 지금까지 그 말씀을 믿고 있습니다. 여러분도 대한민국의 저력을 믿습니까?

자신에 대한 과신

그래도 우리는 전망을 합니다. 전문가가 아닌 사람들도 나름대로 자기주장을 하지요. 심리학자들은 사람들이 자신의 판단에 대해 과신하는 경향이 있다고 말합니다. 투자가들은 다른 투자자들에 비해 자신이 더 현명하다고 믿는 경향이 있지요. 효율적 시장 가설Efficient Market Hypothesis[14]에 따르면 항상 지금의 가격이 적정가격입니다. 더 이상 투자할 데가 없습니다. 반면 투자자들은 시장이 올바르게 작동하지 못한다는 자신의 믿음에 기초하여 거래를 합니다. 과감한 투자

[14]　모든 정보가 금융자산 가격에 충분히 반영되는 시장을 말한다. 효율적 시장 가설은 세 가지로 나눌 수 있는데, 반영되는 정보 범위에 따라 약형, 준강형, 강형으로 구분된다. 약형의 효율적 시장 가설에 따르면 현재의 시장에서 거래가 가능한 금융자산가격은 이용 가능한 모든 과거 정보를, 준강형에 따르면 모든 공개된 정보를, 강형에 따르면 비공개 정보를 포함한 모든 정보를 충분히 반영한다고 주장한다. 즉 자본시장이 이용 가능한 정보를 즉각적으로 반영하고 있다는 가설이다. 효율적 시장에서 시장 평균 이상의 수익을 얻기란 불가능하다.

는 동물적 본능animal spirit에 기초합니다. 항상 사건이 벌어지면 '나는 알고 있었다'고 하는 사람들이 나타나기 마련이지요. 그런데 알고 있었다는 것과 행동하였다는 것은 엄청난 차이입니다. 확신했기에 행동했다는 말은 무섭습니다.

그런데 아무런 정보와 분석이 없더라도 성공 확률이 50퍼센트인 동전 던지기에서 10번의 시도 중 앞이나 뒤를 10번 모두 맞출 수 있는 사람이 1000명 중에 평균적으로 1명은 나타나기 마련[15]입니다. 이 사람은 자신이 어떠한 방식으로 10번 모두 성공하였는지에 대해 설명할 것입니다. 또 10번의 투자 중 9번 성공하는 사람도 확률적으로 1000명 중 9명이나 나올 수 있습니다. 이 사람들이 열심히 경제 전망을 공부하고 기업 재무제표도 들여다보았다면 자신이 경제에 해박하다고 자랑할 것입니다. 주식 또는 채권 투자의 귀재가 탄생하는 순간입니다.

마이너스 자산보유: short

가지고 있지 않은 자산 팔기

금융자산에 투자하여 수익을 얻는 방법은 간단합니다. 매입한 주식·채권·외환의 가격이 오르면 됩니다. 이런 당연하고도 무책임한

---

15   앞 또는 뒤가 나올 확률이 2분의 1인 동전 던지기를 10번 할 경우 1000명 중 1명은 10번 모두 앞이 나올 가능성이 있다. 1000명×$(1/2)^{10}$≒1명

말은 아무나 할 수 있습니다. 그렇다면 자산의 가격이 떨어질 경우 이득을 볼 수는 없을까요? 그러한 예상에 확신이 있다면, 가지고 있지 않은 자산을 빌려서 파는 숏short[16]을 잡읍시다. 또 미래의 어느 시점에 그 상품이 들어오기로 예정되어 있다면, 현재 가격으로 확정하기 위해 지금 숏을 잡을 수도 있습니다. 향후 가격 하락을 헤지hedge하게 되지요. 또 시장 전체의 입장에서 숏은 비이성적으로 급등하는 자산 가격을 제어하는 역할도 합니다. 특히 생활에 꼭 필요한 자원 가격이 과도하게 오를 때에는 투기 목적의 숏이 있어야 가격 급등을 잡기 쉽습니다.

숏 거래는 공매도와 선물 등을 통하여 활발하게 일어나지만, 가격 하락이 예상될 때 숏을 잡는 일은 평소 자산 투자long보다 결정하기 어렵습니다. 자산을 가지고 있다면, 즉 롱long을 잡고 있다면, 자산 자체에서 수익이 생기기 때문입니다. 간단히 말해 주식의 경우 배당수입, 채권의 경우 표면이자, 외환의 경우 외화예금이자를 얻게 되지요. 반면 숏을 잡고 있다면 아무런 수익이 발생할 수 없습니다. 만약 아파트라는 자산long을 가지고 있다면 아파트 가격이 상승하든 하락하든 아파트에 살 수 있다는 편의를 누릴 수 있으며, 금반지를 가지고 있다면 금값의 변동에 상관없이 최소한 금반지를 끼고 다

---

16   수수료를 지불하고 자산을 빌려서 판 후 일정 기간이 지난 다음, 변동된 가격으로 그 자산을 사서 다시 돌려주는 거래를 말한다. 빌려서 판 후에 가격이 떨어지면 싸게 사서 돌려줌으로써 이익을 보는 반면 가격이 오르면 비싸게 사서 돌려주어야 하므로 손실을 보게 된다.

니며 자랑할 수 있습니다. 그러므로 가격이 조금 내려갈 우려가 있을 때에는 가격 변동으로 손해를 볼지라도 그냥 가지고 있는 편long이 좋습니다. 배당금 또는 이자 수입이 주식 또는 채권의 가격 하락에 따른 소폭의 손실을 보충해줄 수 있으니까요. 그럼에도 주식 또는 채권을 빌려서 파는 경우short, 가격이 크게 떨어지리라는 자기 전망에 대해 대단한 확신이 있기 때문입니다.

금융위기를 예측하는 사람들은 언제나 있었고 그중 일부는 부지런히 숏을 잡아 왔습니다. 그러나 가격이 상승하는 경우 손해를 보면서 조용히 사라졌습니다. 2008년 글로벌 금융위기의 경우에도, 언제나 그랬듯이, 위기를 예견한 사람들이 있었고 일부는 자산 가격 하락에 모험을 건 사람들이 있었습니다. 가격이 폭락하였을 때 대규모 숏을 잡았다면 엄청난 돈을 벌 수 있었습니다. 《빅숏Big short》[17]은 이러한 사람들의 이야기를 다룬 책입니다. 금융위기 직후 중요한 국제금융회의에 모인 각국 중앙은행의 고위층 사이에서도 '《빅숏》을 읽어 보았나?' 하는 질문이 화제가 되었다고 하더군요. 여러 가지 분석을 통하여 가격 하락이 예상된다고 할지라도 가격 폭락 시점이 언제가 될지 알 수 없습니다. 숏을 잡고 엄청나게 손실이 누적되는 과정에도 포기하지 않고 계속 버티는 힘은 어디에서 나오는 것일까요?

17　　마이클 루이스Michael Lewis, 《빅숏The Big Short: Inside the Doomsday Machine》, 2010. 이후 브레드 피트 주연의 영화로도 제작되어 각광을 받았다.

가격 하락에 대비하는 농부의 마음

우리가 쉽게 예를 드는 사례가 농부의 이야기이다. 이번 가을에 쌀 한 가마니가 10만 원이 된다면 봄에 농사를 시작할 마음이 있는데 추수할 때가 되어 8만 원이 되어 수지타산이 맞지 않을까 걱정하게 된다. 이때 누가 나타나 나중에 쌀 한 가마니가 8만 원이 되든지 12만 원이 되든지 가을이 되면 무조건 10만 원에 사주겠다고 약속해준다면 봄에 흔쾌히 농사를 지을 기분이 들게 된다. 전망에 투자하기 싫어하는 사람들을 위한 안정장치이며 미래 가격 변동에 대한 보험이다. 이때 농부는 농사짓는 기술과 땀을 통해서만 돈을 벌고 싶어 한다고 볼 수 있다. 그리고 반대편에서 이러한 제안을 한 사람은 가을에 쌀 한 가마니의 가격이 10만 원이 넘을 것이라고 예상하면서 가격 변동 위험을 감수하는 보험회사라고 볼 수 있다. 여기서 우리는 농부를 쌀 가격이 변동하는 위험을 싫어하는 위험회피자, 계약을 제안한 사람은 쌀 가격 변동 위험을 기꺼이 부담한 위험선호자라고 부를 수 있다. 위험선호자는 가을에 농부로부터 쌀을 받으면서 10만 원을 주고 쌀을 시장에 내다 팔면 그때 시세에 따라 2만 원의 손실 또는 이익을 볼 수 있다고 지금 현재 기대할 수 있다. 물론 극단적인 경우에는 더 큰 손실 또는 이익을 볼 수 있겠지만 손실이 10만 원을 넘어서지는 않는다.

여기서 선물futures의 개념이 시작된다. 농부는 선물을 판 사람, 위험선택자는 선물을 산 사람이라고 볼 수 있다. 이때 선물 가격이란 미래 시점의 쌀 가격이다. 농부가 위험회피자인 이유는 가을 추수 시 쌀이 수확될 것으로 예정되어 있어 쌀 가격이 어떻게 변하더라도 선물 가격과 상쇄되어 가격 변동에 상관이 없어진다는 점이다. 조금 더 나아가 수출업자가 외상 수출 후 미래 시점에 외화가 들어오기로 예정되어 있는 경우를 생각해보자. 수출업자는 농부의 경우와 같다는 사실을 쉽게 알 수 있다. 우리의 주제인 '원화와 외화 그리고 금리와 환율의 연결고리'에서 보면 외환선물의 탄생이다.

마이너스를 통한 투자의 현실

공매도를 할 경우 주식 또는 채권의 가격이 매우 크게 오르면 이론상 무제한으로 손실을 볼 위험을 부담하여야 합니다. 실제 거래에서 공매도는 충분히 이루어지기 어려운데 이는 주식가격이 왜 종종 과대평가되는지를 설명해줍니다. 또한 주식가격이 오르다가 기본가치 수준으로 하락하기 어려운 경우가 많은데 이는 충분한 공매가 부족하기 때문이라고 볼 수 있습니다.

한편 행동경제학에서는 자산 가격이 떨어져야 수익을 올릴 수 있는 숏short의 특성이 거래를 제약하고 있다고 합니다. 사람이란 본능적으로 이득보다 손실에 민감하게 반응할 뿐 아니라 남의 불행에 의하여 돈을 벌게 될 때의 미안함이 본성에 내재되어 있기 때문이라고 하네요. 다른 사람의 불행으로부터 어떤 사람이 돈을 벌게 되면 도덕적으로 불미스러운 일처럼 보이는 경향이 있습니다. 그렇게 본다면 경제가 나빠져 금리가 떨어져야, 즉 채권가격이 올라야 돈을 벌 수 있는 채권 투자자의 경우는 어떻게 설명하란 말입니까?

2. 틈새를 노린다: 차익거래

동일한 두 가지 상품이 시장에 따라 다른 가격으로 거래될 경우 싼 상품을 사고 비싼 상품을 팔아 차익을 얻을 수 있습니다. 모든 차익거래를 쉽게 이해하기 위해서는 '이익이 같아져야 한다'는 말을 기억해야 합니다.

그런데 전망을 통해 돈을 벌 경우 성공에 따른 보수보다 실패에 따르는 고통이 더 큰 경우가 빈번합니다. 그러나 앞에서 말씀드렸듯이 다수의 투자자 중 누군가는 여러 번의 전망에 성공하게 됩니다. 이렇게 성공한 사례를 금융회사 관리자들과 투자 평가 담당자들은 모르고 있을까요? 관리자들과 평가자들은 투자 성과 중 전망에 의해 돈을 번 직원들보다 차익거래에 의해 이익을 거둔 직원들을 더 높게 평가하고 성과급을 더 줍니다. 전망에 의해 성과를 거둔 직원들은 다음에 실패할 수 있지만 차익거래 기회를 재빨리 포착하여 성과를 거둔 직원들은 다음 기회에도 성과를 낼 확률이 크기 때문입니다. 유능한 투자자는 계속 시장을 주시하고 있다가 순간을 포착합니다. 마치 아프리카 초원에서 사자가 어슬렁거리다가 얼룩말의 뒷목을 재빨리 낚아채듯이 말입니다.

> **차익거래와 위안화예금 증가**
>
> 차익거래의 대표적 사례로 2013년 하반기 급증한 바 있는 거주자의 위안화예금을 들 수 있다. 중국 통화당국은 그림자금융shadow banking[18]에 따

18   2018년 10월 22일, 금융안정위원회Financial Stability Board, FSB는 그동안 사용해 왔던 '그림자금융'이라는 용어를 보다 중립적인 의미가 담긴 '비은행 금융중개Non-bank Financial Intermediation, NBFI'로 변경하여 사용하기로 결정하였다. 이는 그림자금융(집합투자기구, 여신전문금융회사, 증권사, 유동화기구 등을 포괄)이 금융시장을 통

른 민간의 과도한 신용팽창을 억제하기 위해 위안화 유동성을 보수적으로 관리함에 따라 중국 내 위안화 조달 수요가 크게 확대되었다. 따라서 중국 내 부족한 위안화를 중국이 아닌 홍콩 등의 역외금융센터를 통해 구하려는 유인 또한 커졌다. 이처럼 중국 내 위안화 수요 확대 상황과 우리나라 외화자금시장에서의 외화조달 여건을 적절히 활용할 경우 국내 투자자들은 위안화예금을 통해 국내예금금리를 초과하는 차익arbitrage을 환위험 없이 획득할 수 있는 환경이 조성되었다.

그 거래 메커니즘을 간략히 살펴보자. 위안화를 예금하기 위해서는 우선 위안화를 조달해야 한다. 국내에서 위안화를 직접 구하기는 어렵다. 따라서 증권회사와 같은 국내 기관 투자자들은 원화를 우선 달러화로 스왑한 다음 달러화를 다시 홍콩 등에서 위안화로 스왑하는 절차를 거치게 된다. 원화가 달러화로 다시 위안화로 바뀌어서 국내 기관 투자자들의 손에 들어오게 되며 이렇게 조달한 위안화를 중국계 외은지점에 예금하는 것이다. 왜 이렇게 복잡한 거래를 거쳐야 하는가? 당연히 그냥 원화를 국내 은행에 예치할 때 얻는 이자보다 중국계 외은지점에서 제시하는 위안화예금의 이자가 환 리스크 헤지 비용을 감안하더라도 훨씬 높아서 차익을 얻을 수 있기 때문이다.

이를 좀 더 자세하게 설명해보면, 우선 원화로 달러화를 조달할 때 원/달러 스왑레이트에 해당하는 수익이 발생한다. 다시 달러화로 위안화를 조달할 때 위안/달러 스왑레이트에 해당하는 비용이 발생한다. 결국 국내 기관 투자자들은 다음 세 가지, 즉 원/달러 스왑레이트 수취, 위안/달러 스왑레이트 지급, 위안화예금금리 수취를 합친 수익률이 국내 예금은행 금리보다 높을 경우 위안화 예금거래를 실시하게 된다. 당연히 스왑거래를 통해 위안화를 조달하였으므로 예금 만기 시에는 스왑 만기에 따른 청산이 일어나 환 리스크 없이 위안화예금은 다시 원화로 전환된다.

해 경제주체들에게 자금을 공급하는 긍정적 기능을 수행하고 있음에도 불구하고, 용어shadow 자체에 내포된 부정적 어감으로 인해 해당 금융회사 또는 금융상품에 불필요한 오해와 낙인 효과stigma effect를 야기할 수 있다는 우려에 따른 것이다.

이처럼 차익 투자자들은 전 세계 금융시장에서 차익 발생 여부를 실시간으로 모니터링하면서 위험은 최소화하면서도 수익은 조금이라도 극대화하기 위해 노력하고 있다. 결국 이러한 거래가 지속될 경우에는 스왑레이트나 내외금리차가 변동해 차익거래 유인이 축소되면서 위안화예금 증가세 또한 영향을 받지 않을까 예상해 본다.

3. 위험을 이전하다: 위험회피

'기대수익이 같으면 기대위험[19]이 작을수록 좋다'고 합니다. 대부분의 사람은 위험을 회피하고 싶어 합니다. 그런데 회피하면 위험을 없앨 수 있을까요? 우선 리스크 헤지risk hedge 파생금융상품[20]인 선물환, 선물, 옵션을 생각합니다. 파생금융상품들을 리스크 헤지 상품으로 기억하고 있는 까닭은 다른 금융상품의 자금흐름과 반대 방향으로 사용하는 경우가 있기 때문입니다.[21] 반면 원거래 없이 파생상품을 거래할 경우 위험을 선택한 결과가 된다는 사실도 알고 있죠.

개별 경제주체들이 파생상품을 이용해 위험을 회피할 수 있다면

---

19   위험이란 기대수익이 발생할 확률분포를 의미한다. 예를 들어 수익의 평균 기댓값이 100일 경우 예상 수익의 분포가 20~180에 고르게 걸쳐 있다면 위험이 큰 반면 90~110에 집중적으로 모여 있다면 위험이 작다.

20   다만 옵션options은 파는 경우에는 위험을 부담하지만, 사는 경우에는 일정 매입비용만 지불하면 되므로 위험을 부담한다고 할 수 없다.

21   물론 여기서 새로이 발생하게 되는 파생상품 거래비용은 제외한다.

사회 전체적으로 위험이 회피된 것일까요? 간단한 전제로 A는 원거래가 있는 사람, B는 원거래 없이 A와 투기거래한 사람,[22] C와 D는 그냥 양자 간 투기거래한 사람이라고 가정해봅시다. A의 입장에서 보면 리스크는 회피되었지만 원거래의 리스크는 A에서 B로 이전되어 시장 전체적으로 리스크는 줄어들지 않았으며 파생거래가 있기 전과 동일합니다. 그럼 C와 D가 거래한 결과는 어떨까요? 선물의 경우 플러스(+, long)와 마이너스(−, short)가 동시에 태어나므로 양방향의 리스크가 상쇄되며, 선물환과 옵션의 경우 매도자와 매입자의 손익이 상쇄되니까 리스크는 없어진다고 볼 수 있을까요? 그렇지 않습니다. C와 D는 파생거래를 하지 않았으면 부담하지 않았을 리스크를 부담하고 있으니 사회 전체적으로 보면 리스크는 오히려 늘어난 셈이지요.

A와 B 간의 거래 역시 전체 리스크는 그대로라고 하지만 위기 상황을 앞두고 '폭탄 돌리기'가 될 수 있습니다. 또한 다수의 A형 투자자에 대해 한 명의 B형 투자자가 있을 경우, 커다란 문제가 될 수 있다는 것이 금융위기의 교훈 중 하나입니다. 이에 대해서는 네 번째 이유에서 보다 자세히 살펴보기로 하겠습니다. 이처럼 종종 개별 주체의 위험에 대해서만 관심을 가짐으로써 거시적인 시각을 망각하는 경우가 많습니다. 사회 전체의 위험은 회피하는 것이 아니라 관리하는 것입니다.

---

22   파생금융시장에서 투기거래가 참여하지 않는다면 시장이 활성화될 수 없다. 즉 투기거래는 파생금융거래에서 필수적이다.

4. 위험을 나눈다?: 위험 분산의 함정

가장 쉬운 예: 보험

위험을 이야기할 때 보험을 먼저 말씀드릴 걸 그랬군요. 만일 가입하였다면 피해보상을 받게 되겠지만, 개인의 위험을 보험회사로 이전할 뿐 사회 전체적인 위험이 줄어들지는 않습니다. 사전에 예방을 철저히 하거나 사후에 신속히 진화하는 수밖에 없지요. 그런데 자기 위험을 보험회사로 이전한다면 모든 위험은 보험회사로 모이게 됩니다. 위험을 모아서 집합시켜 관리하기 위해서는 자본이 충분해야 하겠지요. 또 위험은 확률분포에 따라 발생해야겠지요. 동시에 사건이 발생할 경우 보험회사도 위험해집니다. 예를 들어 서울 시내 모든 자동차가 같은 날 고장이나 사고가 날 수는 없겠지만, 대규모 화재와 홍수로 큰 피해가 생길 수 있습니다. 2008년 글로벌 금융위기 시 세계에서 가장 큰 보험회사인 AIG보험은 MBS의 신용을 보강해주는 신용파산스왑Credit Default Swaps, CDS[23]이라는 상품을 대규

---

[23] 신용파생상품은 발행자 또는 차입자의 신용에 따라 가치가 변동하는 기초자산underlying asset의 신용위험credit risk을 분리하여 이를 다른 거래 상대방에게 이전하고 그 대가로 프리미엄을 지급하는 금융상품을 말한다. 신용파산스왑은 모든 신용파생상품의 근간을 이루는 상품으로 그 성격은 지급보증과 유사하다. 신용파산스왑거래에서 보장매입자는 보장매도자에게 정기적으로 일정한 프리미엄을 지급하고 그 대신 계약 기간 동안 기초자산에 신용사건이 발생할 경우 보장매도자로부터 손실액 또는 사전에 합의한 일정 금액을 보상받거나 문제가 된 채권을 넘기고 채권원금을 받기도 한다. 《한국의 금융시장》, (한국은행, 2012)

모로 팔면서 손익예상을 잘못하여 큰 손실을 보고 미 연준[24]으로부터 구제금융을 받아야 했습니다.

ABS와 MBS

대출 또는 매출채권을 증권으로 만들어 파는 기술(증권화, securitization)도 처음 생겨났을 때에는 첨단금융기법이었습니다. 증권화는 본질적으로 위험을 분산시킨다는 주장이 있습니다. 그런데 위험이 정말 분산될까요?

여기서 ABS Asset Backed Securities에 대해 생각해 봅니다. 서브프라임 모기지 사태로 알려진 주택저당증권Mortgage Backed Securities, MBS도 ABS의 한 형태입니다. ABS는 A_1, A_2, A_3 …… A_{100} 자산을 모두 모아 혼합한 후 위험이 균질적인 B_1, B_2, B_3, …… B_{100}이라는 새로운 채권을 만들어냅니다.[25] 그러면 $A_{1\sim100}$까지의 위험은 모두 $B_{1\sim100}$에 분산되어 있게 됩니다. A 자산 중 하나의 가격이 폭락할 확률을 100분의 1이라고 한다면 개별 경제주체의 입장에서는 어떤 A 하나를 잘못 샀다가 망할 위험을 감수하기보다는 B_1 하나를 사서 평균적인 위험 100분의 1을 부담하는 편이 훨씬 낫다고 생각하게 됩니다.

24 　　연방준비제도Federal Reserve System, FRS는 워싱턴에 본부를 둔 운영기관인 연방준비제도이사회Federal Reserve Board, FRB와 연방공개시장위원회Federal Open Market Committe, FOMC, 그리고 뉴욕, 시카고, 보스턴 등 12개 지역연방준비은행 등으로 구성된다. 연방준비제도는 통화정책의 방향을 결정하는 한편 은행과 같은 금융기관에 대한 감독과 규제 등을 담당하고 있다.

25 　　A가 100개라고 B도 반드시 100개가 되어야 하는 것은 아니다.

ABS 위험 분산의 기본 구조입니다. 그러나 여기서도 위험은 분산될 뿐, 전체 위험은 그대로 있습니다. 다만 이러한 위험이 어디로 갔느냐의 문제가 남아 있습니다.

목요일에 다루겠지만 글로벌 금융위기를 촉발한 원인은 주택저당증권이었습니다. 위험을 분산하고 신용을 보강했지만 전체 위험은 그대로 있었습니다. 아니 분산되었을 것이라고 생각했던 위험이 다시 몇 군데 대형 금융회사에 모여 쌓여 있었습니다. 오히려 여러 유통 단계를 거치면서 더 복잡해져서 어떤 위험이 있는지, 전체 위험이 얼마인지를 계산하기 더욱 어려워졌습니다. 여기서부터 어디 있는지 모르는 두려움에 따른 위기가 잉태되었던 것입니다. 놀이동산에 있는 '귀신의 집'에서 처녀귀신이나 몽달귀신 같은 귀신이 막상 나타나면 무섭지 않지만, 어둠 속에서 귀신이 나타날까봐 조마조마하며 걸어가는 미로가 더 무섭습니다.

5. 내게 맞게 바꾼다: 조건의 교환

'조건의 교환'이라면 우선 스왑swaps을 생각하게 됩니다. 그렇습니다. 통화스왑Currency Rate Swaps, CRS은 일정 기간 외화와 원화의 교환, 이자율스왑Interest Rate Swaps, IRS은 고정금리와 변동금리의 교환입니다. 일정 기간 원화를 담보로 외화를 빌렸다면 빌린 외화를 운용하거나 과거에 빌렸던 외화부채를 갚겠다는 생각이며 변동금리를 주고 고정금리를 받는 교환을 하였다면 고정금리로 운영해 고정금리부 조달과 일치시키겠다는 뜻이겠지요.

만일 국내 은행이 외화를 조달하고 외은지점이 원화를 조달하는 형식의 통화스왑거래가 늘어난다면, 어디에 자금을 운용할 것인지를 짐작하면서 '돈의 꼬리표' 방향을 추적할 수 있습니다. 국내 은행이 통화스왑을 통해 [원화조달 → 외화운용]을 하는 규모가 늘어났다면 외화대출이 확대되리라는 것을, 외은지점이 통화스왑을 통해 [외화조달 → 원화운용]을 하는 규모가 늘어났다면 국내 채권을 매입하리라는 것을 예상할 수 있겠지요.

6. 일단 챙겨야 한다: 자금 가용성의 확보

일단 팔리는 것을 챙겨야 합니다. 유동성을 가지고 있는 이유는 필요할 자금을 미리 확보해놓아야 하기 때문입니다. 유동성이란 어떤 자산을 자본손실 없이 즉시 현금으로 전환하기 용이한 정도를 말합니다. 시장에 많은 구매자와 판매자가 있다면 자산을 현금으로 바꾸는 데 들어가는 비용이 적게 들지요. 유동성이 떨어지는 자산일수록 유동성 프리미엄liquidity premium이라는 웃돈을 주어야 합니다. 일반적으로 국채와 우량 대형주식의 유동성이 회사채와 소형주식보다 더 높습니다. 장기자산보다 단기자산의 유동성이 더 높으며 통화량에서도 짧은 돈M1이 긴 돈M2보다 유동성이 높으나 만기가 짧은 회사채는 만기가 긴 국채보다 유동성이 낮은 경우가 많습니다.

금융회사들은 적정한 유동성을 보유하고 있어야 갑자기 인출하러 오는 예금자에게 대응할 수 있습니다. 금융회사들이 적정한 유동성을 보유하고 있는지는 경영실태평가의 주요 기준이기도 합니다. 중앙은행이 최종대부자로서 자금 인출에 대응하기 어려운 은행들에 대한 긴급자금 지원 판단은 해당 은행이 기조적으로 자금이 모자라는지 또는 일시적인 유동성이 부족한지에 달려 있습니다.

7. 친구 따라 강남 간다: 군집행동

원초적 본능

자신에 차 있던 사람들도 자신이 없어지면 부화뇌동하면서 다른 사람들의 의사결정에 편승하게 되지요. 군집행동herd behavior은 몇 백만 년 전부터 시작된 인간의 본능에서 비롯됩니다. 태풍이 불거나 벼락이 칠 때, 인간의 조상은 아프리카 초원에서 극심한 공포를 느끼면서 무리를 지어 행동하였습니다. 또한 먹이를 사냥할 때도 몰려 다니는 행태가 더 유리했죠. 떼 지어 달려들어 동물들을 잡아야 배고픔을 달랠 수 있었습니다. 무리에서 벗어나면 생존을 위협받았습니다. 무리를 지어 움직여야 맹수들에게 잡아먹힐 가능성이 작아집니다. 몰려다니는 본능이 형성되지 않았다면 인류는 진화의 생존 경쟁에서 살아남지 못했을 것이라고 합니다. 그런 조상의 후손이 우리입니다. 호머 사피엔스Homo Sapiens의 군집행동은 자연스러운 현상입니다. 진화생물학은 산업사회를 거치면서 이제는 더 이상 그럴 필요가 없는데도 아직 남아 있는 인류의 본능을 지적합니다. 군집행동으로 불안감을 떨쳐버리며 묻어가면 투자의 결과에 대한 자책감을 완화할 수는 있겠지요.

남이 더 많이 알고 있지 않을까?

금융시장에서 일어나는 군집행동을 정보의 차이로 설명하기도 합니다. '많이 아는 사람을 따라가면 본전 이상은 하더라'라는 이야기가 있습니다. 정리해봅니다. 첫째, 상대방이 훨씬 더 많이 안다고 생각할수록 따라갈 확률이 높습니다. 둘째, 상대방이 자기보다 많이 알고 있다고 할지라도 전체의 정보에 비해 그리 많이 알고 있지 못하다고 생각하면 군집행동이 일어날 가능성이 적다고 합니다. 셋째, 기본적으로 위험을 싫어하는 사람일수록 남을 따라하지 않습니다. 넷째, 전체 정보 중에서 자기가 알고 있는 바가 많다고 생각하면 다른 사람이 좀 더 안다고 하더라도 따라가지 않습니다. 사람은 자신을 과신하는 경향이 있지만 정보가 부족하면 다른 사람들에게 묻어갈 수밖에 없지요.[26]

---

[26]   강종구, 〈금융시장에서의 쏠림현상에 대한 분석〉, 《경제분석》 제15권 제4호, 한국은행 금융경제연구원(2009)을 참고하였다.

평가를 어떻게 받을 것인가?

인간의 본성이 지속되는 가운데 정보의 차이에 따라 쏠림현상이 발생하기도 하지만 여러 가지 보상 체계[27] 또는 투자성과평가제도에 따라 군집행동이 나타나기도 합니다. 다른 시장 참가자들의 성과와 비교되는 투자 담당자는 시장 평균으로 가고자 하는 유혹에 휩쓸리게 되는 경우가 잦습니다. '중간만 하자'라고 생각하기 쉽죠. 이는 시장포트폴리오지수market portfolio index와 비교하는 성과평가시스템의 설계 문제로 귀결됩니다. 평가제도의 밑바탕에도 집단으로 회귀하고자 하는 인간의 본능이 숨어 있습니다. 또 전문가들이라고 생각되는 사람들의 군집행동에 더하여 자신 없는 비전문가들도 동참하게 됩니다. '전문가들이 그러하니 아무래도 믿을 만하겠지?'라는 생각이지요. 그러므로 성과평가시스템은 경제 전망을 고려하여 사전에 설정되어야 합니다. 물론 경제의 흐름이 전혀 예상 외로 흘러갈 때는 중간에 수정할 수 있습니다. 이렇게 평가 기준을 적정하게 설정하는 문제는 군집행동을 예방하여 금융시장의 변동성을 줄여주는 데 긴요합니다. 미시적인 노력이 거시 변동성을 막아줄 수도 있습니다.

무리의 흩어짐

군집행동은 자산 버블에 대한 설명을 제공해줍니다. 이러한 집단

---

[27]   Scharfstein and Stein(1990)은 주인-대리인 문제principal-agency problem와 관련하여 특정 보상 체계가 어떻게 쏠림현상을 발생시키는지를 분석하였다.

적 열정에 대한 언론의 낙관적인 보도는 더 많은 투자자에게 자산 가격이 미래에 상승할 것이라고 믿게 합니다. 열정은 전염성이 있습니다. 그 결과 자산 가격은 계속 상승하고 이러한 순환 고리는 투기적 버블을 만들며, 버블은 마침내 주식가격이 기본 가치로부터 아주 벗어나게 되면 일부 투자가가 '그래도 이것은 너무 심하다'라고 이성적 판단을 가지고 경고할 때 붕괴됩니다. 함께 모여 행동했던 사람들이 뿔뿔이 흩어지고 벌판에는 가슴 아픈 바람만 불게 되지요.

8. 덩치가 커야 이긴다: 외형 확대

마지막으로 외형 확대를 위하여 움직이는 돈에 대해 살펴봅니다. 단순히 덩치를 키우기 위한 것도 돈이 움직이는 이유가 될까 싶지만 경쟁 상황에서 살아남기 위한 조직의 어려움이 숨어 있습니다. 이익이 예상되는 부문으로 진출하는 경우에도 대기업과 금융회사의 문어발식 확장에 대한 비판이 대두되지만 그렇지 않은 경우에는 더욱 비난을 받게 되지요.

먼저 LECTURE 2에서 지나치며 이야기했던 도덕적 해이에 따른 대리인이론agency theory으로 설명할 수 있습니다. 대리인의 입장에서 자신이 관리하는 회사가 크면 클수록 영향력을 확대할 수 있지요. 또한 대리인이 아닌 경우에도 대마불사too big to fail의 신화는 아직 죽지 않았습니다. 이는 우리나라만의 문제가 아닙니다. 글로벌 금융위기 과정에서 미국 정부와 미 연준이 세계 굴지의 금융회사들에게 자금지원을 하면서, 이 회사가 망하면 경제에 엄청난 충격을 줄 우려가 있어서 자금을 지원한다는 명분을 내세웠던 사실을 우리는 알고 있습니다. 비록 회사가 살아나더라도 대주주는 몰락하며 최고경영자는 물러가야 하는 일이 많다고 할지라도 말입니다.

그런데 이러한 외형 경쟁 속에서 덩치를 키우기 위해서는 자금이 필요한데, 이 경우 자금 조달이 주로 부채로 이루어진다는 점을 우려해야 합니다. 대리인이론에 따르면, 일반적으로 대리인들은 고수익을 추구하는 경향이 있으며 이는 레버리지 확대를 통하여 이루어지기 때문입니다. 레버리지를 확대하면 〔자산 : 부채〕의 불일치를 심화시켜 외부의 충격에 취약한 모습을 보이게 됩니다. 〔자산 : 자본〕의 경우 자산 하나의 방향에 대한 리스크를 부담하지만 〔자산 : 부채〕의 경우 양방향의 리스크를 부담하는 가운데 규모가 커지면 커질수록 위험해지니까요. 한편 덩치를 키우기 위하여 부채만을 동원하는 것은 아닙니다. 인수 또는 합병이라는 방식도 있으니까요. 물론이 경우에도 돈은 들어가지요.

덩치를 키우기 위해 몰려가는 돈은 규모가 크기 마련입니다. 외형확대전략에 대해 무조건 비판하는 주장도 바람직하다고 생각하지 않지만 도덕적 해이를 이기고 오로지 이익 창출과 경쟁력 강화를 이룬다면 외형 확대에 충분한 의미를 부여할 수 있겠지요. 큰 것이 강한 것이 아니라 강한 것이 커질 수 있습니다.

경계를 넘나드는 돈의 흐름

국경을 넘어 들어온 외화가 원화로 바뀌는 흐름에 대하여 이야기하는 시간입니다. 국제수지표와 국제투자대조표를 중심으로 돈이 드나드는 길 그리고 대외 자산과 대외 부채로 남은 돈에 대해 알아봅니다.

국경을 넘어 드나드는 돈은 국제수지표의 흐름flow을 통해 알 수 있으며 국제투자대조표 잔액stock 증감을 통해 다른 정보도 함께 알 수 있습니다. 또 이들 간의 관계를 통하여 추가 정보를 이끌어낼 수 있습니다. 국내로 들어온 외화는 은행들의 외환포지션position을 변동시킨 후 결국 외환보유액의 증감으로 나타나서 원화의 흐름에 영향을 주게 됩니다. 우리는 움직이는 돈 중 어디에 관심을 두어야 할까요?

1. 돈이 드나드는 길

크거나 작게, 꾸준하거나 빠르게

위기의 발생 원인에 대해서는 목요일에 자세히 다루겠지만, 여러 가지 근본 요인을 뒤로 미루면 눈에 보이는 요인은 결국 외화자금의 유출입 규모가 컸기 때문입니다. 돈이 들어올 때는 작은 돈이 계속 유입되어 쌓여서 커지는 반면 나갈 때는 큰 돈이 갑자기 나가는 경향이 잦습니다. 이 경우 금융시장과 외환시장은 크게 변동할 뿐 아니라 실물경제에도 영향을 줍니다.

우리나라는 외화자금 유출입의 변동이 크게 나타나는데, 이는 무역 의존도가 높고 금융시장과 외환시장이 많이 개방되어 있기 때문입니다. 외환위기 이후 자본시장이 완전히 개방되어 자본 유출입의 제한은 거의 없다고 볼 수 있습니다. 특히 은행 부문을 통한 자유화가 먼저 추진되었기 때문에 은행을 통한 차입의 변동성이 높았습니다. 경계를 넘어 대규모로 돈이 들어오는 길surges과 나가가는 길flight, 그리고 들어왔던 돈이 나가는 길stops과 나갔던 돈이 다시 들어오는 길retrenchment이 보여주는 다양한 모습의 속성에 대해 알 수 있다면 돈의 흐름을 이해하는 힘이 됩니다.

항등식은 언제나 성립한다: 국제수지표

경계를 넘나드는cross border 돈의 흐름을 체계적으로 알기 위해서는 한 나라와 다른 나라들 간 자금 이동을 수반하는 모든 수취와 지급을 기록해놓은 국제수지표를 중심으로 이야기를 시작해야 합니다. 국제수지표에 대해서는 어느 정도 알고 계실 것이라 믿고 국제수지표의 체계를 〈그림 4.1〉로 대체하면서, 세부 항목에 대한 설명은 생략하고자 합니다. 다만 뒤에 말씀드릴 내용을 고려하여, 국제수지를 크게 나누면 경상수지와 자본·금융계정으로 나누어진다는 사실만을 강조하면서 다음으로 넘어갑니다.

먼저 경상수지에 자본·금융계정을 더하면 항상 영(0)이 된다는 점을 강조하고자 합니다. 다른 말로 하면 수출입으로 드나든 돈에 자본이동으로 드나든 돈을 합하면 공적준비자산인 외환보유액의 증감international reserve balance과 언제나 같다는 항등식이 됩니다. 모두 알다시피 항등식이란 어떠한 경제 여건에서도 항상 성립하는 식입니다. 이는 외화자금이 우리나라에 들어와 머물 경우 결국 모든 외화자금은 외환보유액을 관리하는 한국은행으로 유입된다는 사실을 보여줍니다. 잘 이해가 안된다면 〈그림 4.2〉에 나와 있는 간단한 수식을 읽어주세요. 여기서 준비자산의 증감이란 외환보유액, 즉 한국은행이 보유하는 외화자산의 변동분을 말합니다.

그림 4.1 국제수지의 구성

경상수지				자본·금융계정					
				자본수지	금융계정				
상품수지	서비스수지	본원소득수지	이전소득수지		직접투자	증권투자	파생금융상품	기타투자	준비자산 증(−)감

그림 4.2 국제수지의 항등식

- 경상수지+자본수지 및 금융계정=0
- 경상수지+자본수지 및 금융계정(준비자산 제외)=−준비자산 증감

이런 반응을 보일 수 있겠지요. '아니! 은행들이 외화보유 규모를 늘릴 수 있지 않나요?' 또는 '들어오는 외화를 한국은행이 외환시장에 들어와서 모두 매입한다는 뜻입니까?' 이런 의문에 대한 대답은 얼마 후 은행의 외환포지션을 설명하는 시간에 짚어보도록 하지요.

상품수지와 경상수지

수출입국輸出立國을 외치던 시대가 있었으며, 몇억 불 탑을 수여하는 전통은 지금도 지속되고 있습니다. 외화가 드나든다고 하였을 때 우리 머리에 떠오르는 가장 기본적인 경로는 수출과 수입입니다. 상품수지는 같은 규모의 돈이라면 자본거래와는 달리 실제 경제 상황에 훨씬 큰 영향을 미치게 되지요. 수출과 수입의 차이인 상품수지가 흑자가 되면 벌어들인 돈으로 외국에 진 빚을 갚거나 외국에 투자할 수 있음은 물론 국민소득이 증대되고 고용이 확대되지요. 반면 적자가 되면 부족한 돈을 외국으로부터 빌려야 하기 때문에 외채가 증가하게 될 뿐 아니라 흑자의 경우에 비해 국민소득이 감소하고 일자리가 줄어들게 되지요. 경상수지는 상품수지에 서비스수지 등을 합하여 산출됩니다.

그러나 이뿐만 아니지요. 무역을 통한 흑자 또는 적자 여부는 대

외적으로 우리나라가 경쟁력이 있는지에 대한 신호signal를 전달하게 되어 우리나라를 드나드는 주식, 채권 등 자본거래에도 영향을 줍니다. 예를 들어 경상수지가 흑자를 나타내면 수출에 앞장섰던 기업의 경쟁력이 강하다고 인식하여 우리나라 주식에 대한 투자가 늘어 자본 유입이 증가하겠지요.

일반적으로 경상수지는 균형을 이루는 것이 바람직하다고 이해되고 있습니다. 그러나 소규모 개방경제인 우리나라의 경우 소폭이나마 흑자를 유지하는 편이 좋다고 하겠습니다. 리만 브라더스가 파산하고 글로벌 금융위기가 본격화된 이후 2008년 9월~2013년 12월 중 우리나라의 경상수지 흑자 누적액은 2188억 달러에 달하였습니다. 뒤에 다시 말씀드리겠지만, 경상수지 흑자 누적액은 미국과 유

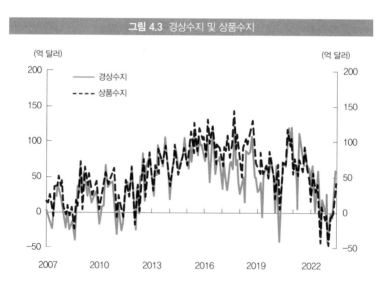

그림 4.3 경상수지 및 상품수지

자료: 한국은행

럽의 금융위기 진행 상황에 따라 대규모로 움직이는 증권투자자금의 유출입 속에서 우리나라를 지켜준 힘이 되었습니다.

자본·금융계정

자본·금융계정을 통한 거래[28]는 채권, 주식 등을 사고팔기 위해 드나드는 돈의 흐름입니다. 앞에서 살펴본 상품수지에 비해 실물경제에 직접적으로 더 많은 영향을 주지는 않습니다. 그러나 금리와 환율에는 더 많은 영향을 주지요. 왜 그럴까요? 들어온 돈은 언제 나가며 나간 돈은 무사히 돌아올 수 있을까요? 국제수지표는 자본이동에 대해 순액개념으로 발표되므로 자세한 정보를 얻기 어렵지만, 국제수지표 체계의 기본 개념을 충분히 이해하고 다른 통계자료들을 읽어보는 작업은 중요합니다.

글로벌 금융위기 이후 돈의 흐름을 살펴보면 경상수지는 흑자를 지속하는 모습을 보인 반면 외국인들의 증권투자 움직임은 금융위기의 진행 과정을 반영하여 대규모의 유입과 유출을 반복하였습니다. 금융계정에서 큰 부분을 차지하는 주식, 채권, 금융기관 차입금도 상이한 움직임을 보였는데, 그 규모는 우리나라의 경제 규모 대비 상당히 큰 수준이었지요.

금융위기 이후 자본 유입의 특징은 단기자금보다 중장기자금을

---

28   이제부터 편의상 자본거래라고 표현한다. 현 국제수지표상 자본·금융계정은 자본수지와 금융계정으로 구성되어 있다.

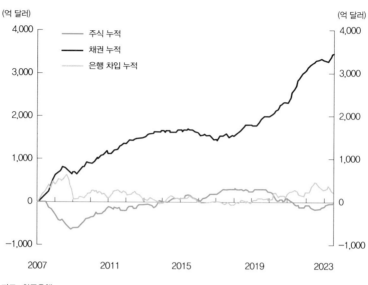

그림 4.4 자본 유출입 규모

(억 달러)

4,000

3,000

2,000

1,000

0

−1,000

주식 누적
채권 누적
은행 차입 누적

(억 달러)

4,000

3,000

2,000

1,000

0

−1,000

2007　　　　2011　　　　2015　　　　2019　　　　2023

자료: 한국은행

중심으로 유입세가 지속되었다는 점입니다. 대체로 만기가 1년 이내인 은행 차입과 채권에 비해 투자기간이 상대적으로 짧은 자금의 비중이 높다고 알려진 주식투자자금은 유입 규모가 크지 않습니다. 그러나 투자기간이 긴 채권투자자금은 금융위기 이후 지속적으로 유입되고 있습니다.

또한 금융위기 이후 신흥시장국 대부분에 경제 규모 대비 큰 폭의 자금이 드나들었는데, 그중에서도 우리나라는 특히 큰 폭의 움직임을 보였습니다. 이는 우리나라의 자본시장 개방도가 매우 높은 데 기인한 것으로 보입니다.

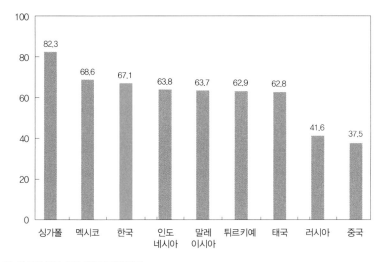

그림 4.5 자본시장 개방도[1]

주: 1) 통화, 투자, 금융 자유도 값의 평균
자료: The Heritage Foundation, 2023.

금융위기 이전 우리나라는 은행들의 외화자금 조달이 어려워질 경우 쉽게 위험에 빠지는 구조를 가지고 있었습니다. 은행들이 차환 리스크가 큰 차입금과 채권 발행 등 도매자금 조달wholesale funding을 통하여 외화자금을 주로 조달하기 때문이지요. 이는 기업보다는 대규모 자금을 낮은 금리로 들여올 수 있는 은행들을 외자조달의 주요 창구로 이용하고 있기 때문입니다. 그런데 금융위기 이후 외환 부문 거시건전성정책이 상당한 효과를 내면서 도매금융의 비중이 낮아지고 외화예금 비중이 상승하였습니다. 그나마 다행이라고 할 수 있지만 언제 또 상황이 바뀔지 지속적으로 관심을 기울여야 하겠습니다.

이제 국제적으로 드나드는 돈의 규모를 생각해봅시다. 앞에서 제기했던 몇 가지 질문에 대한 해답이 됩니다. 글로벌 금융시장에서 움직이는 외환거래 규모는 얼마나 될까요? 그리고 이 중에서 무역거래가 차지하는 비중은 얼마나 될까요? 몇몇 친구에게 질문해보니 적어도 20~30%라고 이야기하고 50% 정도라고 말하는 친구들도 있었습니다. 그런데 글로벌 총자본거래에서 총무역거래가 차지하는 비중은 겨우 1.5%밖에 되지 않습니다.[29] 우리나라의 경우 무역거래가 상대적으로 크지만 총자본거래에서 차지하는 비중이 약 5.8%에 불과합니다.[30]

여기서 '우리는 총무역거래와 총자본거래 중 어디에 더 관심을 둬야 할까요?'라고 질문하지 않겠습니다. 더욱이 자본거래의 특징은 무역거래와 비교할 수 없을 정도로 규모가 크다는 데 그치지 않고, 움직이는 속도가 빠르며 갑자기 방향을 바꿀 수 있다는 데 있습니

29　글로벌 총외환거래 규모[A](2019년, 단위: 10억 달러): 6,595/일×250일＝1,647,500. 글로벌 총무역거래 규모[B](2019년, 단위: 10억 달러): 24,962. 총외환거래에서 총무역거래가 차지하는 비중[B/A]=1.5%. 자료: 글로벌 총외환거래 규모는 BIS Monetary and Economic Department 'Foreign exchange turnover in April 2019'(BIS Triennial Central Bank Survey, September 2019)에서 인용하였으며, 총무역거래 규모는 WTO의 연 수출입통계(2020년)를 인용하였다.

30　우리나라 총외환거래 규모[A](2019년, 단위: 10억 달러): 43.7/일×250일＝10,925. 우리나라 총무역거래 규모[B](2019년, 단위: 10억 달러): 635. 총외환거래에서 총무역거래가 차지하는 비중[B/A]=5.8%. 자료: 우리나라 총외환거래 규모는 BIS Monetary and Economic Department 'Foreign exchange turnover in April 2019'(BIS Triennial Central Bank Survey, September 2019)에서 인용하였으며, 총무역거래 규모는 WTO의 연 수출입통계(2020년)를 인용하였다.

다. 아프리카 초원에서 어슬렁거리던 코끼리 떼가 갑자기 방향을 바꿔 엄청난 속도로 질주하는 모습을 상상해봅시다.

자금흐름 중에서 무엇이 중요한가?

기초경제 여건만을 통해 돈의 흐름을 이해하려는 노력을 넘어서야 합니다. 우리는 경제성장률, 고용 사정, 물가상승률, 경상수지, 재정건전성, 기업의 부채비율 등 기초경제 여건을 잘 갖추면 금리, 주가, 환율이 자연스럽게 균형을 찾을 것으로 기대하는 경향이 있습니다. 그러나 힘의 균형은 이러한 상식처럼 움직이지 않습니다.

수익을 찾아 빠르게 움직이는search for yield 자본거래에 관심을 집중해야 합니다. 1997년 외환위기에 대해 당시 우리나라 경제의 기초여건이 그렇게 부실했는가에 대한 의문이 제기되고 있으며, 2008년 금융위기가 발생한 원인에 대해서도 그동안 우리나라의 기초경제 여건은 양호했는데 왜 위기 상황에 이르렀을까 하는 반성이 이루어지고 있는 점은 기초경제 여건에 사로잡혀서 문제의 핵심을 외면한 데 따른 고민입니다.

물론 장기적으로 보면 자본거래와 금융시장의 움직임이 경제의 기초 여건을 반영하여 변동한다고 말할 수 있지만, 단기적인 현실은 그렇지 않습니다. 더욱이 많은 변화는 장기균형을 기다리지 않고 우리에게 고통을 주지요. 대부분의 교과서에서 장기와 단기로 나누어 돈이 움직이는 요인을 설명하는 이유도 장기적으로는 기초경제 여건을 반영한 이론으로 설명할 수 있지만, 단기적으로는 이와 무관하게 움직이는 돈들 때문에 이를 통하여 설명하기는 어렵다는 말의 다른 표현일 뿐입니다.[31] 위기 상황이 발생하면 금리, 주가, 환율이 균형에서 이탈하여 멋대로 움직이게 되지요.

국제결제은행Bank of International Settlement, BIS 자료에 의하면 2019년 글로벌 금융시장에서 하루에 거래되는 외환 규모는 6조 5900억 달러로 연간 거래량은 약 1647조 달러인 반면, 세계 상품교역량은 25조 달러에 불과합니다. 조금 전 말씀드렸듯이 외환거래액의 약 1.5%만이 실물과 연계되어 있으며 나머지 98% 이상은 자본거래라고 볼 수 있습니다. 그런데 환율을 움직이는 돈은 실물거래로 교환된 돈인지, 자본거래로 이동하는 돈인지를 가리지 않습니다. 단기적으로 치고 빠지는 자본거래의 영향을 훨씬 더 많이 받는 환율 변동을 기초경제 여건만을 통하여 설명할 수 없습니다. 물론 채권시장과 주식시장으로 드나드는 돈들이 기초경제 여건을 감안한다고 하더라도 환율은 98%에 의해 움직이는 영향이 훨씬 크겠지요. 글로벌 금융시장은 포트폴리오 투자 또는 투기에 의해 움직입니다. 여기서 투자와 투기를 구분하는 기준이 있습니다. 내가 하면 로맨스, 남이 하면 불륜입니다. 내가 하면 투자, 남이 하면 투기입니다. 또 성공하면 기회를 포착한 공격적인 투자, 실패하면 무모한 투기가 되기도 하죠.

---

31   이런 면에서 경제학에서의 '장기'란 경제학자들의 예상이 들어맞는 시기를 말하는 것이라고도 하겠습니다.

2. 우리나라의 대외 포지션

외화의 흐름flow과 잔액stock

경계를 넘는 돈을 바라보는 시각을 크게 두 가지로 나누어볼 수 있습니다. 첫째, '일정 기간 동안 돈이 얼마나 움직였는가?', 흐름을 보는 관점과 '지금 시점에서 자산과 부채는 얼마인가?', 잔액을 보는 관점입니다. 우리는 국제수지 중에서도 자본·금융계정에 관심을 두고 이야기를 진행해왔습니다. 국제수지의 자본·금융계정에 대해 자세히 알고 싶으면 거래에 따른 자산과 부채 잔액을 분류해놓은 국제투자대조표International Investment Position, IIP를 추가적으로 활용할 수 있습니다.

국제투자대조표를 살펴보면, 대외 자산과 대외 부채가 어느 부문에서 늘고 줄었는지 알 수 있습니다. 또 그렇게 자산과 부채가 늘고 줄었던 요인이 실제 거래가 있어서 그러했던 것인지 또는 가격·환율이 변동하여 그렇게 나타난 것인지의 요인으로 구분할 수 있습니다. 예를 들어 1년 중 아무 거래가 없었다고 할지라도 환율이 변동하면 자산과 부채는 다른 규모로 계산되는 것이죠.

우리는 순 대외 금융자산에 대해 관심을 두고 있습니다. 아니 관심을 꼭 기울여야 합니다. '우리가 해외에 투자한 돈(자산)이 해외에서 투자받은 돈(부채)보다 많느냐?'의 문제이니까요. 그런데 빌린 돈을 갚아야 하는데 빌려준 돈을 못 받게 되는 사태가 벌어지면 곤란하겠지요. 그리고 빌려준 돈은 많으나 장기로 나가 있는 반면 빌린

표 4.1 국제투자대조표의 구성(2023년 말 기준)

(억 달러)

구분	전기 말 잔액 (2021년 말) (①)	기간중 증감(② = ③−①)		기말 잔액 (2022년 말) (③)
		거래 요인 (= BOP)	비거래 요인	
A. 대외 금융자산	22,249	955	1,517	21,687
1. 해외 직접투자[1]	6,051	664	239	6,476
2. 증권투자[2]	8,360	456	1,417	7,399
3. 파생금융투자	273	76	292	641
4. 기타 투자[3]	2,934	38	32	2,940
5. 준비자산	4,631	279	120	4,232
B. 대외 금융부채	15,396	568	1,990	13,974
1. 외국인직접투자[1]	2,801	180	258	2,723
2. 증권투자[2]	9,947	203	2,025	8,125
3. 파생금융투자	318	—	352	670
4. 기타 투자[3]	2,330	185	60	2,455
C. 순 대외 금융자산(A−B)	6,853	388	473	7,713

주: 1) 1-1. 지분투자, 1-2 기타 자본으로 구분
　　2) 2-1. 주식, 2-2 채권 (중장기채) (단기채)으로 구분
　　3) 4-1. 무역신용, 4-2. 대출, 4-3. 현금 및 예금, 4-4. 기타 자산으로 구분
자료: 한국은행

돈의 규모는 크지 않으나 당장 갚아야 한다면 이 또한 문제가 되겠지요. 또 달러자산과 엔화부채와 같이 서로 다른 통화 간의 환율 변동에 따라 자산과 부채의 규모가 변하는 위험도 있겠네요. 어쨌든 이러한 돈들의 신용 리스크, 만기 불일치 리스크, 환율 변동 리스크 등의 위험을 고려한다고 해도 자산이 부채보다 커야 마음이 놓이겠지요.

　우리나라의 순 국제투자 규모를 살펴보면 글로벌 금융위기 이후 자산보다 부채가 더 많은 모습, 즉 순 대외 부채 상황이 지속되다가

그림 4.6 순 대외 금융자산

(억 달러)

(억 달러)

순 대외 금융자산(우축)
대외 금융자산(좌축)
대외 금융부채(좌축)

자료: 한국은행

2014년 9월 기준으로 마침내 대외 투자가 외국인 투자를 넘어선 이후 2022년 말 현재 순 대외 금융자산Net IIP은 7713억 달러를 기록하고 있습니다. 순 대외 자산 상황이 지속되려면 우리가 벌어들인 돈을 나타내는 경상수지가 흑자를 유지하는 것이 중요합니다. 증권 투자와 같은 자본거래는 외국인 투자가 아무리 들어온다고 하더라도 자산과 부채 모두를 증가시키기 때문에 순 대외 자산에 미치는 영향이 제로(0)가 되기 때문이죠. 한편 경상수지 흑자로 대외 자산이 꾸준히 증가하더라도, 순 투자자산의 증감 규모는 이와 일치하지 않을 수도 있습니다. 외국인 투자가 원화로 환산된 주식과 채권 위주로 투자가 이루어지는 가운데 경제성장에 따른 주가상승과 원화

MON

절상 등 평가요인이 작용하기 때문입니다. 대외 자산과 부채 증감요인은 거래요인, 가격요인, 환율요인으로 구분할 수 있다고 했던 말을 상기해주기 바랍니다.

국제투자대조표를 통해 알 수 있는 것들[32]

우리는 국제투자대조표를 이용하여 대외 금융자산과 대외 금융부채 항목의 통화 불일치currency mismatches 상황을 알 수 있으며 이러한 불일치가 위기 상황에서 어떻게 전염될 수 있는지를 분석할 수 있습니다. 즉 통화 불일치 자료를 통하여 환위험을 헤지하지 않은 경우 환율 변동이 보유 자산과 부채에 미치는 영향을 알 수 있습니다. 아울러 우리 경제가 어떤 나라에 대해 의존도가 높은지를 알 수 있어 그 나라의 경제위기가 우리나라로 전염될 가능성도 분석해낼 수 있습니다. 그리고 국제투자대조표는 특정 시점의 잔액 통계이므로 다른 시점과의 차이를 구해보면 일정 기간 중 늘거나 줄어들은 자산과 부채의 규모를 알 수 있습니다. 또 이와 같은 잔액의 증감이 거래요인으로 변동했는지 또는 환율 변동, 가격 변동, 기타 조정 등 비거래요인으로 변동했는지도 나누어 알 수 있습니다.

---

32   〈우리나라와 국제투자대조표의 이해〉(한국은행, 2014)를 참고하였다.

국제투자대조표는 다른 통계와 어떤 관계를 보이는가?[33]

국제수지표

국제투자대조표IIP는 잔액 증감 내역 중 거래요인으로 인한 변동액은 국제수지표BOP의 금융계정 항목의 합계와 개념상 일치하도록 되어 있습니다. 만일 가격, 환율 변동 등의 비거래요인이 존재하지 않는다면, 순 국제투자의 증감액은 국제수지표상에서의 금융계정의 합계와 일치하게 됩니다. 즉 국제투자표의 직접투자, 증권투자, 파생금융상품 및 기타 투자의 잔액 증감 내역 중 〈거래요인〉란에 표시된 금액이 국제수지표의 금융계정 항목에 해당되며, 같은 항목들의 자산·부채 거래요인 차액이 바로 국제투자대조표의 금융계정이 되는 것이죠. 또한 국제투자대조표상의 준비자산 항목의 잔액 증감 내역 중 〈거래요인〉란에 나타난 금액은 국제수지표의 준비자산증감과 그대로 일치합니다.

이러한 점에서 국제투자대조표와 국제수지표는 전혀 다른 통계가 아닌 광의의 국제수지표를 구성하는 두 요소, 즉 국제수지표는 일정 기간 중 금융계정의 거래flow 통계, 국제투자대조표는 금융계정의 특정 시점 잔액stock통계의 성격을 갖는다고 볼 수 있습니다.

---

[33] 〈우리나라와 국제투자대조표의 이해〉(한국은행, 2009) 및 〈알기쉬운 경제지표 해설〉(한국은행, 2019)을 참고하였다.

그림 4.7 국제투자대조표와 국제수지표의 관계

경상수지 상품 서비스 본원소득 이전소득					
자본수지					
〈기초잔액〉	〈거래요인〉	〈비거래요인〉			〈기말잔액〉
1. 직접투자 2. 증권투자 3. 파생금융상품 4. 기타 투자 5. 준비자산	금융계정 직접투자 증권투자 파생금융상품 기타 투자 준비자산	가격 변동	환율 변동	기타 조정	1. 직접투자 2. 증권투자 3. 파생금융상품 4. 기타 투자 5. 준비자산
	오차 및 누락				

대외 채권과 외환보유액

국제투자대조표를 보면서 외환보유액과 대외 채권과의 차이에 대해 생각해봅니다. 대외 채권 통계는 확정 금융자산이므로 주식투자, 파생금융상품 등 불확실한 청구권인 우발채권이 제외되는 것 외에는 국제투자대조표와 같습니다. 대외 채권에는 외환보유액도 당연히 포함됩니다. 따라서 대외 채권 통계는 국제투자대조표상에서 지분성투자(직접투자 내 지분투자와 증권투자 내 주식투자)와 파생금융상품을 제외한 것과 개념상 일치하게 되지요. 한편 외환보유액은 국제투자대조표의 자산항목 중 준비자산에 해당합니다.

그림 4.8 국제투자대조표, 대외 채권, 외환보유액의 관계

		국제투자대조표	대외 채권	외환보유액
투자주체	통화당국	○	○	○
	예금취급기관 민간기업 등	○	○	×
자산범위	채권, 현금 예금 등	○	○	○
	지분투자 주식투자 파생금융상품	○	×	?[1]

주: 1) 외환보유액의 구성 내역은 공개되지 않음

3. 결국 남거나 모자라는 돈

수동적으로 변하는 외환포지션

외환포지션에 대한 설명은 앞에서 제기했던 질문과 관련됩니다. 다양한 경로를 통해 들어온 외화는 기업, 정부, 비은행금융회사, 개인 등을 거칠 수 있지만 결국 은행에 집중됩니다. 기업이 금고에 보관하여 돈을 놀리지 않는다면 이자를 받는 은행에 예치할 것이기 때문이지요. 은행은 기업이 팔아달라거나 사달라는 요구에 맞추어 주면서 수동적으로 대응하여 외화를 증가시키거나 감소시킴으로써 환율 변동 위험에 노출됩니다. 외화가 남는 은행들은 외환시장에서 외화를 팔고, 외화가 모자라는 은행들은 외화를 사는 과정을 반복합니다.

외환포지션의 정의는 간단합니다. 외화자산에서 외화부채를 차

감한 순 외화자산(외화자산-외화부채)을 말하죠. 외환포지션이 어떻게 변동하는지 간단한 예를 들어보면, 외화를 차입하고 그 외화를 팔아 원화로 바꾸면 외화부채는 그대로 있는 반면 외화 매각 대금인 원화자산이 증가하므로 순 외화부채만 남아 외환포지션이 변동합니다. 외화를 빌려서 외화대출을 해주면 외화부채가 그대로 있으면서 외화자산도 증가하게 되므로 외환포지션은 변동하지 않게 됩니다. 여기서 외환포지션을 생각할 때 원화는 생각하지 않고 외화만 생각하면 위 두 경우에 각각 마이너스(-)포지션, 스퀘어(0)포지션이 됨을 쉽게 알 수 있습니다. LECTURE 5 중 '레고 블록으로 외환포지션 변동 이해하기'(p.89)에 더 자세히 설명되어 있으니 참고하세요.

외화가 남고 모자라면 외환보유액이 움직인다

개별 은행들의 움직임을 넘어서 우리나라 전체의 외환포지션을 생각해봅시다. 은행들이 자신의 포지션을 끊임없이 조정하더라도 들어오고 나간 외화를 전부 합계해보면 결국은 우리나라 전체로 외화가 남거나 모자라게 될 텐데, 이는 어떻게 처리될까요? 개별 움직임에 치중하다 보면 전체의 방향에 대해 소홀해지기 쉬운 법입니다. 다시 국제수지표를 살펴보겠습니다.[34] 준비자산을 제외한 모든 국제수지의 흐름은 준비자산의 증감[35]과 당연히 일치하게 됨을 이미

---

34   국제수지표는 발생주의 기준으로 작성되므로 실제 돈의 흐름과는 차이가 있다. 돈의 흐름을 기준으로 파악할 때는 외환수급통계를 사용해야 하나, 여기서는 편의상 국제수지표를 사용하였다.

설명한 바 있습니다.[36] '항등식은 언제나 성립한다'는 말을 기억합시다. 다시 말해 준비자산을 제외한 국제수지가 10억 달러 흑자이면 준비자산이 10억 달러 늘어나고, 국제수지가 20억 달러 적자이면 준비자산이 20억 달러 감소하게 됩니다. 결국 은행 간 외화를 팔고 사는 과정을 통해 포지션을 조정하고도 마지막까지 남은 외화는 결국 한국은행이 외화를 매입하거나 매각함으로써 외환보유액을 변동시키게 됩니다.

해외로 나가지 않은 모든 달러는 한국은행으로 들어오게 된다는 말이 중요합니다. 만일 기업이 수출하여 번 돈으로 해외 원자재를 사지 않고 국내에서 은행에 달러예금을 할 경우 돈이 해외로 나가지 않은 것일까요? 그렇지 않습니다. 은행은 그 돈을 받아서 바로 해외에 있는 다른 은행에 예금하거나 미국 채권 등을 샀겠지요. 왜냐하면 받은 달러를 금고에 보관하여 이자 없이 놀릴 수는 없기 때문입

---

35   국제수지표상 준비자산 증감은 외환보유액 변동분 중 거래적 요인에 의한 것만 포함한다. 즉 외환보유액은 통화당국의 외환매입, 이자소득 등 거래적 요인에 의해 변동할 뿐만 아니라 환율 변동 등 비거래적 요인에 의해서도 변동하는데, 국제수지통계에서는 거래적 요인에 의한 외환보유액 변동분만 준비자산 증감 항목에 계상하고 있다.

36   실제 국제수지표를 작성해보면 경상수지와 자본·금융계정(준비자산 제외)을 합하면 마이너스의 준비자산 증감과 일치하지 않게 되는데, 그 차이를 '오차 및 누락'error and omissions이라는 항목으로 조정하게 된다. 이와 같이 '오차 및 누락'이 발생하게 되는 요인은 국제수지표가 통관통계, 외환수급통계 등 여러 기관에서 각기 다른 목적으로 작성된 많은 기초통계를 이용하여 작성되기 때문에 각 기초통계 간의 계상시점 및 평가방법상의 차이 또는 기초통계자체의 오류, 통계작성 과정에서 잘못된 보고나 누락 등이 발생하기 때문이다.

니다. 만일 '국내 은행이 다른 국내 은행에 팔 수도 있지 않을까요? 그러면 달러가 국내에 남아 있지 않습니까?' 이렇게 질문한다면, 그 달러를 산 은행이 해외 예치했거나 해외 채권을 샀을 것이라고 말씀 드릴 수 있겠네요.

은행들이 마지막까지 시장에서 수요와 공급을 조정한 후 과도하게 남는 외화는 환율을 떨어뜨리게 되며, 외화가 부족한 경우 환율은 올라갑니다. 이러할 경우 한국은행이 외환시장에 개입하여 외화를 매각하거나 매입하게 됩니다. 다만 특별한 사정이 없는 한, 당시의 시장환율 수준으로 거래를 하게 되지요. 한국은행의 외환매매는 외환보유액을 통하여 조정됩니다.

원화를 움직이는 외환보유액

그런데 한국은행의 외화보유액이 늘거나 줄어들면 같은 금액만큼 원화자금시장에서 원화가 넘치거나 모자라게 됩니다. 한국은행이 외환시장에서 외화를 매입하면서 원화를 대가로 주므로 원화가 공

표 4.2 국제수지표 작성 실례

(백만 달러)

	나간 돈(a)	들어온 돈(b)	합계(b-a)
경상수지(A)	115	122	7
자본금융계정(B)	227	226	-1
국제수지(C=A+B)	342	348	6
준비자산 증(-)감(+)			-6

급되어 늘어나며, 외화를 매각하면 원화를 받으므로 시중에 원화가 줄어듭니다. 이렇게 외화가 넘치거나 모자라는 상태를 조정하기 위해 한국은행이 외화를 매매하는 과정에서 의도하지 않게 늘어나고 줄어든 원화는 시장의 모습을 변화시킵니다. 이 경우 의도하지 않은 원화시장의 변동에 어떻게 대처해야 할까요? 이에 대해서는 수요일 'LECTURE 11 돈의 흐름과 조절'에서 이야기를 이어가겠습니다.

모자라는 돈은 빌리거나 비상금을 풀어서 해결한다

경상수지 적자가 지속될 경우 일단 다른 나라에서 돈을 빌려 외국상품을 사올 수밖에 없습니다. 우리나라의 대외 부채가 늘어난다는 의미입니다. 다른 말로 하면 외국인들의 청구권이 증가하게 되어 미래의 어느 시점에 국내 자산이 유출되어야 한다는 뜻이죠. 규모가 클 경우 국내 경제의 미래가 대외적으로 저당 잡혀 있다는 의미에 더하여 외국인들이 갑자기 청구권을 행사할 경우 우리 경제가 단기간에 크게 흔들리게 된다는 무서운 말이기도 합니다. 또는 외환보유액을 풀어서 모자라는 돈을 공급해야 하겠지요. 집 안의 비상금이 줄어드는 결과가 됩니다.

경계 안에서 외국돈의 흐름

경계를 넘어온 외화들 중 다시 해외로 나가지 않은 외화는 국내 외환시장에서 원화로 바뀝니다. 이때 원화로 바뀌지 않은 외화는 국내 시장에서 거래되지요. 이 돈은 주로 어떤 형식으로 거래될까요? 거래의 모습을 살펴본 후 외화를 팔고 사는 거래와 빌리고 빌려주는 거래의 차이에 대해 알아봅니다.

1. 원화와 외화 바꾸기

현물환시장

팔거나 사려는 힘

원화와 외화를 바꾸는 모습은 강물과 바닷물이 마주치는 수역에서 움직이는 일과 같습니다. 우리나라에 외화가 들어온다고 모두 원화로 바뀌는 것은 아닙니다. 수출해서 번 돈 중 상당 부분은 원자재를 수입하기 위하여 다시 빠져나갑니다. 지난 시간에 말씀드렸듯이 은행이 수출기업으로부터 달러예금을 받아 금고에 달러를 보관하지 않고 미국 국채를 산다면 달러는 해외로 나갑니다. 고객이 달러예금을 찾을 때 은행이 미국 국채를 팔아 달러를 내어준다면 달러가 해외에서 다시 들어오게 되는 것이죠.

외화가 원화로 바뀌는 수요와 공급 규모는 사후적으로 항상 같습니다. 누가 1억 달러를 팔았다면 1억 달러를 산 사람이 있겠죠. 결과적으로는 언제나 일치합니다. 그러나 사전적으로는 다르죠. 2억 달러를 팔려고 하였는데 당시 환율이 마음에 들지 않아 1억 달러만 팔 수도 있으니까요. 사전적인 수요와 사전적인 공급의 규모는 다릅니다. 팔려는 사람이 제시하고 싶은 가격과 사려는 사람이 제시하고 싶은 가격은 다릅니다. 어떤 상품이든 마찬가지입니다. 주식이든 채권이든 부동산이든, 급한 사람이 조금 더 손해를 감수하고 거래를 하게 되지요. 우리가 매수세 그리고 매도세라는 말을 사용하는 것처럼 결국 거래하고 싶은 욕망의 세기에 의해 결정됩니다. 팔 사람이 많다면 누군가 조금 더 싼값에 내놓는 사람이 있고 그 매물부터 소화되지요. 또한 잠재적인 매물이 많다면 가격이 내려가게 되지요. 국제수지 흑자 기조하에서는 외환시장에서 환율이 내려가기 쉽지요. 외환시장 참가자들의 달러 공급이 많아지니까요. 물론 가장 큰손인 외환보유액이 적극적인 수요자로 참여하지 않는다고 가정한다면 그렇지요.

외화를 팔고 사는 시장의 모습

외화를 현재 시점의 환율로, 원화로 즉시[37] 팔고 사는 거래를 외환거래라고 하며 이와 같은 거래가 이루어지는 시장을 외환시장foreign exchange market[38]이라고 합니다. 그런데 미래 환율로 바꾸는 선물거래가 이루어지는 선물환시장과 구별하기 위하여 현물환시장이라고도 부르지요. 환율이 일정 거래소에서 이루어지지 않고 금융회사에 있는 수백 명의 딜러가 전화와 컴퓨터 등을 이용하여 장외시장over-the-counter market에서 외환을 매매한다는 사실은 굳이 말하지 않아도 되겠지만, 한 가지 강조할 점은 외환시장에서 딜러들은 현찰 달러를 사고팔지 않고 외국 통화로 표시된 거액의 은행예금을 사고판다는 사실입니다. 혹시 현찰로 거래한다고 오해할 수 있어 언급하였습니다.

참고로 설명드리고 싶은 것은 우리나라 원화의 경우 해외에서는 시장이 형성되지 않고 우리나라에서만 달러로 바꾸는 외환시장이 형성된다는 점입니다.[39] 이러한 점은 달러시장이 전 세계에서 형성

37　　매매계약은 즉시 이루어지나 원화와 외화자금이 실제 교환되는 결제는 계약일로부터 2영업일 이내에 이루어진다. 거래된 원화와 외화결제는 각각 다른 경로를 통해 이루어지게 되는데, 원화의 경우 한국은행 지준계좌BOK-Wire를 통하여, 외화는 주로 해외의 환거래은행correspondent bank을 통해 동시에 결제Delivery versus Payment, DVP된다.

38　　외환의 수요와 공급이 연결되는 장소를 말하며 장소적 개념뿐 아니라 외환거래의 형성, 유통, 결제 등 외환거래와 관련된 일련의 메커니즘을 포함한다. 좁은 의미에서는 대출과 차입이 이루어지는 외화자금시장을 외환시장에서 제외한다.

39　　차액결제선물환Non-deliverable forwards, NDF은 해외에서도 거래된다.

되어 있는 점과 대비되는데 이는 원화가 국제화되어 있지 않다는 말과 동일합니다. 개인이 은행에서 해외여행을 가기 위해 달러 이외에 유로, 엔, 파운드 등 현금을 바꾸는 거래는 은행창구에서 이루어지는 거래이며 외환시장을 통한 거래는 아니죠.

선물환시장

현재에 이루어지는 미래의 변동

현물환과 선물환의 중요한 차이는 매매 결제 시점 차이에 있습니다. 현물환율은 오늘 환율, 선물환율은 미래 특정일의 환율을 의미합니다.[40] 선물환시장은 오늘 외화를 팔지 않고 며칠 또는 몇 달 후 지금 미리 정해놓은 가격에 팔기로 약속하는 오늘의 거래입니다.

이러한 선물환거래도 외화를 사고파는 거래이므로 현물환거래와 마찬가지로 외환포지션의 변경이 이루어집니다. '사고파는 거래는 포지션 변동이 일어나며 빌리고 빌려주는 거래는 포지션 변동이 없다'는 말을 꼭 기억합시다. 여기서 주의할 점은 포지션 변경이 실제로는 미래에 이루어지나 미래에 이루어질 포지션 변동이 현시점에서 확정되므로 현시점에서도 이에 대비해야 한다는 사실입니다. 우리는 선물환거래가 이루어졌을 경우에도 현재 외환포지션 변동이

---

40   현물환거래는 통상 매매계약 후 2영업일 경과 후 결제가 이루어진다. 선물환거래는 계약일로부터 일정 기간(통상 2영업일) 경과 후 미래의 특정일에 결제가 이루어진다.

이루어졌다고 말합니다. 내일의 환율 변동 위험도 오늘 인식해야 하니까요.

전체 vs 차익 주고받기

한편 선물환시장도 두 가지로 나누어볼 수 있는데 자금 결제가 이루어지는 시점(만기)에 외환이 교환되는지 여부에 따라 일반선물환시장outright forwards과 차액결제선물환Non-deliverable forwards, NDF으로 구분됩니다. 일반선물환거래는 외화와 원화가 미리 약정한 환율에 따라 실제로 교환되는 반면, 차액결제선물환거래는 미리 계약해 놓은 환율과 만기시점 시장환율의 차이를 계산하여 차액만 결제됩니다. 즉 계약일뿐 아니라 만기일 등 어떤 시점에서도 원금을 주고받지는 않는 거래지요.

예를 들면 일반선물환거래는 1000만 달러를 미래의 특정 시점에 산다면 환율 변동에 따라 110억 원을 지급하거나 90억 원을 지급하는 거래인 반면 차액결제선물환거래는 만기에 계산하여 10억 원을 주거나 받는 거래입니다. 이러한 거래는 자금 조달 또는 운용이 필요하기보다 환율 변동에 대처하거나 레버리지를 높여 투기하는 목적으로 이루어지는 것이죠.

2. 외화를 빌리고 빌려주기[41]

누구에게 빌리고 빌려주는가?

LECTURE 5 제목을 '경계 안에서 외국돈의 흐름'이라 붙였지만, 외화는 모두 해외에서 들어온 돈입니다. 우리나라에서 달러를 찍어내지 않으니까요. 국내에서 외화를 빌리는 길은 크게 두 가지가 있습니다. 하나는 스왑거래를 통해서 외화를 조달하는 방법이고 다른 하나는 단기로 차입하는 방법입니다. 외화를 어디서 어떤 방법으로 빌리느냐는 중요한 문제입니다. 돈을 빌릴 때는 항상 상환을 생각해야 하니까요.

스왑거래

외화를 빌리는 대표적인 거래인 스왑거래에 대해 우선 알아봅니다. 우리나라 금융회사의 외화조달은 주로 외은지점을 상대로 한 스왑거래를 통해 이루어집니다. 스왑swaps은 '바꾼다'는 의미입니다.

모든 거래를 '팔고 사기'와 '빌리고 빌려주기' 거래로 나누어볼 수 있다고 말씀드렸습니다. 이러한 점에서 볼 때 스왑거래는 '빌리고 빌려주기'에 해당합니다. 다시 말하면 오늘 '빌리고 빌려주기'를 한 후 일정 시간이 흐른 뒤 갚습니다. 다만 일반 거래와 다른 점은 거래가 쌍방향에서 일어난다는 점입니다. 한 사람은 원화를 빌려주고 다

---

41   《우리나라의 외환제도와 외환시장》(한국은행, 2010)을 주로 참조하였다.

른 사람은 달러를 빌려줍니다. 반대편에서 보면 한 사람은 달러를 빌리고 다른 사람은 원화를 빌립니다. 다른 시각으로 보면 한 사람은 원화를 담보로 달러를 빌려주고 다른 사람은 달러를 담보로 원화를 빌려준다고 말할 수 있습니다.

우리나라에서 가장 활발한 스왑거래를 하는 은행swap bank은 외은지점입니다. 외은지점이 국내 은행에 비해 국제금융시장에서 더 높은 신용도를 갖추고 있으므로 외화를 조달하기 쉬운데다 국내 은행에 비해 낮은 금리로 외화를 조달할 수 있어 국내은행을 대상으로 차익거래를 하는 것입니다. 손쉽게 돈 버는 방식이라고 할 수 있습니다. 그런데도 국내 은행은 이를 흉내 낼 수 없습니다. 이자를 낮게 부담하면서 돈을 쉽게 빌릴 수 없기 때문입니다. 돈을 빌리려면 신용도에 따라 이만큼 빌릴 수 있다는 한도credit line를 승인받아야 하는데 국제금융시장에 직접 나갔을 때 이를 많이 확보하기는 어렵지요. 그런데 국내 외화 사정이 아주 어려워질 경우 평소 외화를 빌려주던 외국은행들과 외은지점들도 자취를 감추기 마련입니다. 우리나라가 외화자금을 조달하던 통로는 언제든지 외화자금이 유출되는 통로가 될 수 있습니다.

외화를 빌리는 방식

국내 금융회사들은 주로 외환스왑Fx swaps을 통하여 외화자금을 조달하지만 외은지점을 통해 단기로 차입하는 경우도 있습니다. 차입은 크게 나누어 외화콜과 외화단기대차로 나누어볼 수 있습니다.

외화콜시장은 은행 간 외화를 통상 90일 이내에서 일시적으로 빌리고 빌려주는 거래입니다.[42] 은행들은 주로 수출입대금 결제, 외화대출 등의 대고객거래에서 발생하는 일시 과부족자금을 해결하기 위하여 참여하는데, 거래 기간은 주로 초단기인 하루over night가 제일 많으며, 거래 통화는 미 달러화, 유로화, 엔화 등이 있습니다. 한편 단기 기간물 대차시장에서는 3개월 이상 1년 이내의 은행 간 외화를 빌려주고 빌리는 거래가 이루어집니다. 종전에는 신용공여한도credit line 내에서 담보 없이 거래되는 경우가 많았으나 최근에는 환매조건부 채권매매(RP거래)도 많이 이루어지고 있습니다.

단기차입은 만기 도래 시 다시 돈을 빌리는 차환roll-over을 계속할 수 있을 경우, 돈을 빌리는 입장에서는 장기차입처럼 기간을 길게 가져가면서도 장기차입에 비해 상대적으로 금리가 낮다는 이점이 있습니다.[43] 그러나 차환이 이루지지 않을 경우 만기도래 시기가 짧아 안정적인 자금 조달원이 될 수 없습니다. 자기 신용에는 변함이 없을지라도 전반적인 자금 경색이 있을 경우에는 다시 빌린 원금을 갚아야 하는 문제가 발생합니다. 이때 그 돈을 갚기 위해 다른 금융회사로부터 돈을 빌리기도 어렵지요. 자금시장이 얼어붙어 각 금융회사들이 돈을 빌리기 어려운 사태는 동시에 일어나는 경우가 빈번하니까요.

---

42   빌려줄 때 콜론, 빌릴 때 콜머니라고 부르는 것은 원화콜 자금거래의 경우와 같다.

43   금리 상승기에는 단기차입이 장기차입에 비해 더 높은 차입비용을 부담해야 한다.

3. 팔고 사기와 빌리고 빌려주기

외환포지션 변동에 대한 영향

외환포지션에 대해 조금씩 말씀드렸던 내용을 정리하겠습니다. 앞서 살펴본 외환시장은 일반적으로 현물환시장, 선물환시장, 스왑시장 등 여러 가지 시장으로 세분된다고 말씀드렸습니다.

이제 외환포지션 변동에 영향을 주는 거래를 알기 위하여 이 시장들을 외환포지션 변동이라는 기준으로 다시 구분하겠습니다. 즉 외환시장을 외환포지션이 변동하는 시장과 외환포지션이 변동하지 않는 시장으로 단순화하겠습니다. 이들 시장을 나누어보면 원화와 외화를 서로 팔고 사는 시장인 현물환시장, 선물환시장 그리고 빌리고 빌려주는 시장인 스왑시장, 외화콜시장, 단기 기간물 대차시장의 두 종류로 크게 구분할 수 있습니다.

강조하지만, 외환시장에서 팔고 사는 거래는 외환포지션에 영향을 미치지만 외화자금시장에서 외화를 빌리고 빌려주는 거래, 즉 외

표 5.1 외환거래의 성격(외환포지션 변동에 따른 기준)

	팔고 사기(매매)	빌리고 빌려주기(대차)
거래	– 현물환 – 선물환	– 스왑(통화스왑, 외환스왑) – 외화 콜 – 단기 대차
포지션 변동	– 변동	– 변동 없음

화대차거래에 의해서는 외환포지션이 변동하지 않습니다. 차변 외화자산, 대변 외화부채로 기록되는 어떠한 거래도 외환포지션 변동에 영향을 주지 않습니다.

레고 블록으로 외환포지션 변동 이해하기

외환포지션(외화자산-외화부채)은 일반인이 다가가기 쉽지 않은 개념이다. 다소 어렵지만, 이를 이해하지 못할 경우 외국환은행의 환 리스크 관리를 절대 이해할 수 없기에 좀 더 직관적으로 설명해보려 한다. 외환포지션 관리는 쉽게 말해 상이한 모양의 레고 블록을 맞추어 하나의 직사각형으로 만드는 과정으로 상상해볼 수 있다. 즉 두 개의 블록(▛, ▟)을 합쳐 하나의 직사각형(▮)을 만든다고 생각하자. 이때 각각의 블록은 현물환 및 선물환 외화 B/S의 모양을 의미한다. 만약 현재 외환포지션이 균형상태(스퀘어)가 아니라면 두 개의 B/S를 합쳐도 직사각형이 만들어지지 않으며, 이는 곧 환율 변동에 대한 위험에 노출되어 있는 상태가 된다.

앞서 설명했듯이, 외화 차입과 같이 외화를 빌리는 거래의 경우는 외화자산과 외화부채가 동시에 증가하므로 현물환포지션 변동이 없다. 당연히 현물환포지션 블록의 높이는 커질지언정 모양은 변화하지 않는다. 반면 현물환 매매와 같이 외화를 사고파는 거래는 외화자산의 증감에만 영향을 주고 외화부채는 변동이 없으므로 블록의 모양이 바뀌게 된다. 이 경우 은행은 반대 방향의 선물환거래를 통해 블록의 합이 직사각형이 되게 함으로써 종합포지션을 스퀘어로 만들고 환노출을 제거할 수 있게 된다. 이처럼 레고 블록을 합쳐 직사각형을 만드는 과정을 '포지션 조정용 거래'라고 한다.

참고로 스왑거래의 경우에도 종합포지션은 변동이 없다. Buy&Sell 스왑거래를 예로 들면 현물환 매입 및 선물환 매도 거래가 결합된 것인데, 현물환 B/S와 선물환 B/S의 모양이 각각 변하지만, 이 둘을 합쳐보면 직사각형 모양이 유지되기 때문이다. 은행의 경우 거래 상대방의 현물환 또는 선물환 주문을 수동적으로 수용하는 과정에서 당연히 환 리스크에 노출될 수밖에 없다. 따라서 은행 외환부서에서는 매일매일 이러한 레고 블록 맞추기를 통해 환 리스크를 발생 즉시 제거하고 있다.

그림 5.1 현물환 매입에 따른 포지션 조정거래 예시

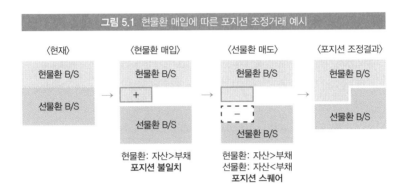

원금교환 형식에 따른 또 다른 분류

이제 선물환거래의 경우 외환포지션이 변동하고 스왑거래의 경우 외환포지션이 변동하지 않는다는 차이점을 인식하였으므로, 다른 관점에서 선물환과 스왑의 거래 형식에 대해 잠시 말씀드리겠습니다. 우선 선물환과 외환스왑은 거래 기간이 짧으므로 계약 기간 동안 이자 교환이 일어나지 않는 대신 만기에 원금을 상환할 때 이자만큼 조정되는 반면 통화스왑currency swaps은 거래 기간이 길기 때문에 계약 기간 동안 이자 교환이 일어나며 원금을 상환할 때는 거래 초에 받았던 원금과 같은 금액만 갚으면 됩니다.

그러므로 거래 형식면에서 보면 선물환과 외환스왑거래의 경우

표 5.2 외환거래의 성격(원금교환 형식에 따른 기준)

	선물환	외환스왑	통화스왑
거래 기간	짧음	1년 이내	1년 이상
이자 교환	없음	없음	있음
표면적 영향	환율	환율	이자율(원화, 달러)
실제 영향	환율 + 이자율	환율 + 이자율	환율 + 이자율
채권형식과의 비교	할인채	할인채	이표채

상환 원금이 다르므로 마치 환율의 영향만 받는 것으로 보입니다. 통화스왑거래의 경우 중간에 이자를 주고받는 반면 원금 상환 금액이 같으므로 마치 이자율의 영향만 받는 것으로 나타납니다. 그러나 실제로는 선물환, 외환스왑, 통화스왑 모두 환율과 이자율의 영향을 받은 결과이지요. 어떤 형식을 취하느냐의 차이가 있을 뿐입니다. 거래 기간이 짧을 경우 이자를 군이 주고받을 필요가 없이 그만큼 상환금액을 조정하여 거래하는 반면 거래 기간이 길 경우 만기까지 오래 기다려야 하므로 이자 교환이라는 형식을 취하는 것입니다. 이를 채권에 비유하자면 선물환, 외환스왑은 마치 할인채discount bond와 비슷하고, 통화스왑은 이표채coupon bond의 모습과 유사하다고 할까요? 채권도 발행 기간의 장단기에 따라 이자 지급 또는 할인 방식이 결정되니까요.

원화의 큰 흐름

외화의 흐름을 알아보았으니 이제 원화의 흐름에 대해 알아볼 시간입니다. 무엇을 돈이라고 부를 수 있을까요? 우리나라에서 돌아다니는 전체 돈의 양은 어떻게 계산되는가를 살펴본 후, 돈의 큰 흐름을 읽는 방식과 돈이 흘러가는 속도에 대해 알아봅니다.

1. 돈을 부르는 이름과 계산

무엇을 돈이라고 볼 것인가?

이야기를 처음 시작했을 때, 먼저 '돈이란 무엇인가?'를 말했어야 합니다. 그러나 정의부터 시작하면 내용이 딱딱해지는 듯하여 지금까지 미뤘습니다. 강연은 시간의 지배를 받고 책은 공간의 제약을 받는 법이죠. 교과서적으로 말하면 돈이란 지불 행위에 사용할 수 있는 구매력이라고 말할 수 있습니다. 한국은행에서 찍어내는 법적 통화인 현금 그리고 쉽게 현금으로 전환할 수 있는 예금과 같은 금

융자산의 합이죠. 금융자산을 현금으로 전환할 수 있는 정도를 유동
성이라고 합니다.

이제 '현금인 한국은행권'과 바꾸기 어렵거나 바꿀 때 약간의 손

그림 6.1 통화 및 유동성 지표별 구성 내역[1][2] (2023. 6월 말 현재)

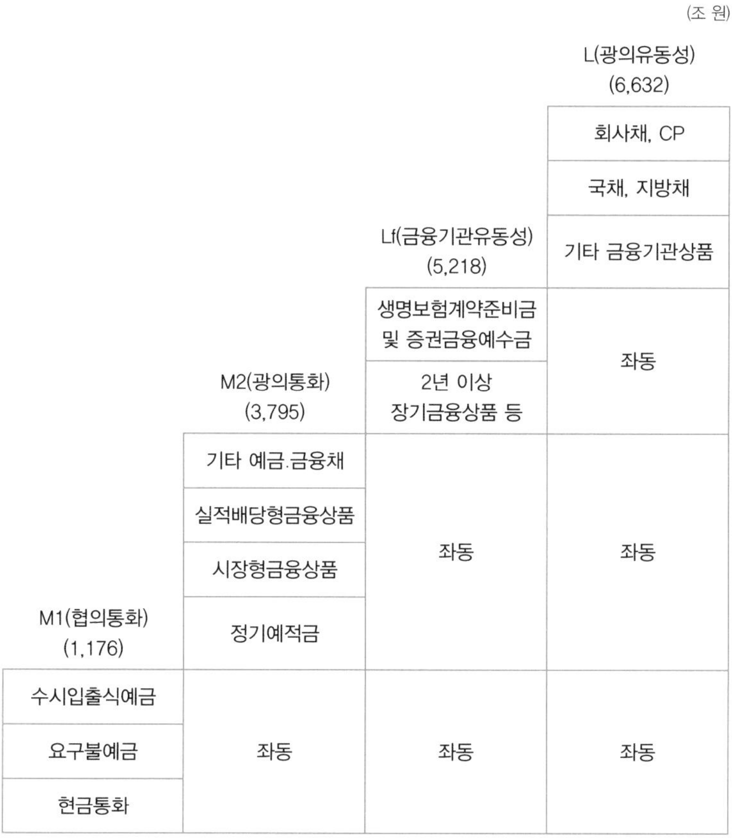

(조 원)

			L(광의유동성) (6,632)
			회사채, CP
			국채, 지방채
		ㄴ(금융기관유동성) (5,218)	기타 금융기관상품
		생명보험계약준비금 및 증권금융예수금	좌동
	M2(광의통화) (3,795)	2년 이상 장기금융상품 등	
	기타 예금.금융채		좌동
	실적배당형금융상품	좌동	
	시장형금융상품		
	정기예적금		
M1(협의통화) (1,176)			
수시입출식예금			좌동
요구불예금	좌동	좌동	
현금통화			

주: 1) 평잔, 계절조정 기준
　　2) 광의유동성은 말잔 기준
자료: 한국은행

해를 보는 정도에 따라 현금에서 조금씩 멀어지는 순서로 범위를 넓혀 이름을 붙일 수 있습니다. 즉 유동성이 적어지는 순으로 은행예금, 제2금융권예금 등이 포함되면서 돈의 이름도 협의통화M1, 광의통화M2, 금융기관유동성Lf, 광의유동성L 등으로 적어볼 수 있습니다. 이렇게 여러 가지 범위로 묶어서 돈의 정의로 사용하는 이유는 한 가지 통화지표만으로는 돈의 양과 흐름을 제대로 파악하기 어렵기 때문입니다.

그리고 여러분이 잘 사용하지는 않지만 본원통화monetary base라는 개념의 돈을 여기서 잠깐 설명하고 넘어가야 하겠습니다. 앞으로의 논의에서 가끔 등장하게 되니까요. 본원통화는 한국은행이 발행한 돈(화폐발행액)과 예금은행이 지준예치금이라는 이름으로 한국은행에 예치해놓은 돈의 합계입니다. 또는 가계, 기업, 정부 등이 사용하고 있는 민간화폐보유액에 예금은행의 지급준비금(시재금[44] 포함)으로 설명할 수도 있습니다. 같은 이야기지요. 다만 본원통화, 민간의 화폐보유액, 화폐발행액, 현금통화 등이 비슷하면서 조금씩 달라 이해하기에 헷갈리기 때문에 여기 간단한 〈표 6.1〉를 만들어 제시합니다.

여기서 질문을 한 가지 드립니다. 한국은행 금고에 보관 중인 현금은 돈일까요? 아닐까요? 당연히 답은 돈일 것 같지만, 이런 질문

---

44   은행이 지급준비금 중 일부를 자기 은행 금고에 보관하는 돈을 말한다. 시재금으로 보유할 수 있도록 허용하는 현금보유인정비율은 은행이 의무적으로 보유하여야 하는 필요 지급준비금의 35%까지이다.

표 6.1 본원통화의 구성		
민간화폐보유액	예금은행의 지급준비금	
(상 동)	예금은행의 시재금	한국은행에 예치하고 있는 금융기관의 지급준비금 = 한국은행의 대 예금은행 부채
화폐발행액	(상 동)	

을 하는 것을 보면 답은 '돈이 아닐 것'이라고 짐작하는 사람이 많습니다. 그렇습니다. 돈이라고 부르려면, 즉 돈에 포함되어 계산이 되려면 한국은행 창구를 넘어가야 합니다. 그러므로 조폐공사에서 제작한 후 한국은행 내 금고에 보관하고 있는 상태에서는 돈이라고 볼 수 없습니다. 그냥 '상품' 또는 '제품'이라고 볼 수 있을 뿐이죠. 우리나라의 통화량에는 포함되지 않습니다.

우리나라에는 돈이 얼마나 있나?: 통화량의 측정

그럼 우리나라에 돈이 얼마 있는지 계산을 어떻게 할까요? 돈은 자산입니다. 부채가 아닙니다. 누가 그걸 모르냐고요? 돈은 자산이기 때문에 우리나라 모든 국민, 기업, 금융회사, 정부 등의 지갑을 열어 자산을 조사해보면 알 수 있습니다. 그러나 그 많은 사람과 기업 등의 조직을 어떻게 일일이 조사할 수 있겠습니까? 그래서 생각해낸 방법이 금융회사의 부채를 조사하여 합계를 내는 방법입니다. 왜냐하면 누구의 자산은 반드시 누구의 부채가 되기 때문입니다. 예를 들어 내가 가지고 있는 은행예금은 나의 자산이지만 은행의 입장에서는 내게 빚지고 있는 부채입니다. 또 현금인 '한국은행권'을 가지고 있으면 모두에게 자산이지만 오로지 한국은행에게는 국민에 대한 부채가 됩니다.

그러므로 우리나라에 돈이 얼마나 있는가 하는 통화지표는 민간[45]이 보유하고 있는 여러 가지 통화성 금융자산을 반대편인 모든 금융회사 대차대조표의 부채를 통해 계산한 것입니다. 즉 자산을 부채 쪽에서 바라본 지표입니다. 회계학 복식부기의 대차일치원리에 따라 자산은 부채와 같으니까요.

통화량의 정의에 따라 돈이란 현금통화, 협의통화M1, 광의통화M2, 금융기관유동성Lf, 광의유동성L 등으로 구분할 수 있다고 방금 말씀드렸는데, 우선 현금통화는 한국은행 대차대조표를 통하여 바로 알 수 있습니다. 또 다른 통화들은 한국은행 부채인 화폐발행뿐 아니라 각각 다른 금융회사들의 대차대조표 부채란에 적혀 있는 예금을 더하여 계산합니다. 민간이 보유하고 있는 금융자산의 성격과 그 금융자산을 취급하는 금융회사의 성격에 따라 협의통화M1에서 광의유동성L까지를 구분해내는 것이죠. 이때 구분의 기준은 조금 전 말씀드렸듯이 유동성입니다. 금융자산이 '한국은행권'으로부터 멀어지게 되는 요인은 유동성의 정도가 차이 나기 때문입니다. 금융자산의 성격뿐 아니라 이를 취급하는 금융회사의 규모, 점포망, 신

---

45   여기서 민간이라 하면 정부, 공공기관, 기업, 가계 등을 모두 포함한다. 여기에 포함되지 않는 부문은 한국은행과 금융회사이다. 다만 통화지표의 종류에 따라 일부 금융회사도 민간에 포함된다.

뢰도 등에 따라 돈으로서 느끼는 유동성 정도가 다를 수 있습니다.

2. 돈은 어디로 얼마나 흘러갔나?

돈의 흐름을 읽는 방식

돈이란 현금과 금융자산의 합이라고 말씀드렸습니다. 그럼 돈이 어디로 흘러갔느냐를 쉬운 방법으로 알아보겠습니다. 먼저 금융회사의 대차대조표를 통하여 부채가 어떤 자산으로 바뀌었는가를 알아보는 방식입니다. 예를 들어 예금이 100 늘었는데 대출도 100 늘었을 경우 예금(100)을 받아서 대출(100)을 했구나 추측해볼 수 있다는 말이지요. 〔조달 → 운용〕의 관점이 여기서도 적용되는군요. 즉 대출의 꼬리표는 예금이 됩니다.

이러한 방식으로 접근하면 한국은행 대차대조표를 이용하여 본원통화의 흐름을 알 수 있으며, 예금취급기관개관표[46]를 이용하여 예금을 취급하는 금융회사들이 어떤 자금을 얼마 조달하여 어디에 운용하였는지를 알 수도 있답니다. 작성 방법을 간단히 설명하면, 자산은 그대로 놓아둔 후 부채를 예금만 제외하고 모두 반대편인 자산으로 옮기면 부채는 자산에서 차감하는 방식으로 표현되지요. 그

---

[46]　한국은행, 외국환평형기금, 예금은행 및 비은행예금취급기관의 대차대조표를 연결하여 동일한 자산 및 부채 계정을 합산한 후 금융기관 간 거래된 상호거래분을 제거해내어 예금취급기관의 연결대차대조표를 작성한다.

표 6.2 예금취급기관개관표(2022년 말 현재)

(조 원)

운 용		조 달	
국내 및 국외 신용	5,033	총부채 및 자본	5,033
국내신용(A)+	4,357	총부채	4,782
중앙정부 부문(순)	−143	M2(광의통화)	3,758
지방정부 부문	11	M2제외금융상품	864
사회보장기구 부문	2	차입금	48
기업 부문	2,480	파생상품	44
가계 부문	1,318	기타(순)	68
기타 금융기관 부문	689	자본계정	338
국외신용 부문(순)	676	통합조정(순)	−87

자료: 한국은행

러면 차변에는 순자산, 대변에는 예금이 남아 돈이 어디서 조달되어 어디로 운용되었는가를 알 수 있지요. 이때 자산 부분은 정부 부문, 민간 부문, 국외 부문, 기타 부문으로 구분하여 돈이 정부로 흘러갔는지, 기업 또는 가계로 갔는지, 해외로 유출되었는지 또는 해외에서 유입되었는지, 은행이 건물을 샀는지 또는 자본금이 늘었는지 등을 알 수 있습니다. 무척 간단한 방법이지만 돈이 어디로 얼마나 흘러갔는지를 흥미롭게 보여줍니다.

돈이 늘어나는 방식

이제 '돈은 어떻게 늘어나는가? 즉 누가 돈을 공급하는가?'의 문제에 대해 화폐 공급 과정money supply process을 통하여 살펴봅시다. 중앙은행central bank, 은행bank, 예금자depositor가 있는 아주 간단한 메커니즘입니다.

예를 들어 중앙은행이 예금은행에 100을 빌려주고 예금은행은 지급준비금 5를 은행에 남긴 후 개인에게 95를 빌려주면 개인은 이중 2를 현금으로 가지고 다시 93을 은행에 예금합니다. 그 후 은행은 다시 이 93 중 개인에게 90을 대출하고 개인은 이 중 다시 85를 예금한다고 가정하면 통화량은 얼마나 늘었을까요? 간단하지요. 예금이 증가한 부분만 계산해보면 처음 93 더하기 다음 85를 더하여 178이 늘었군요. 이와 같은 과정을 승수적 예금 창출multiple deposit creation이라고 합니다. 그런데 예금자가 대출을 받자마자 은행에 예금한다는 가정이 이상한가요? 세상에 예금하기 위하여 대출받는 사람은 거의 없을 테니까요. 그러면 이렇게 생각하면 어떨까요? 예금자가 물건을 샀으며 그 물건을 판 사람이 은행에 예금했다고 말이죠. 결국은 같으니까요.

이제 일련의 과정에서 어떤 요인들이 영향을 미쳤는지 알아볼까요? 첫째, '중앙은행이 얼마나 돈을 시중에 공급하는가?' 즉 본원통화의 규모, 둘째, '은행들이 늘어난 예금 중 얼마나 중앙은행에 다시 넣어야 하는가?' 즉 지급준비율의 영향, 셋째, '은행은 들어온 돈 중 지급준비금을 제외한 후에도 돈을 자기가 가지려고 하는가?' 즉 초과지준보유율, 넷째, '예금자가 대출받은 돈 중 얼마나 다시 예금으로 입금하는가?' 즉 현금보유비율에 의하여 영향을 받았다는 사실을 알 수 있습니다.

그러므로 우리는 중앙은행뿐 아니라 예금은행과 예금자 모두 통화량 결정에 영향을 미친다는 점을 알았습니다. '중앙은행만이 통화량을 결정한다'라고는 말할 수 없지요. 그리고 그 중심에는 예금과 대출 과정이 있었습니다. 예금자가 적극적으로 대출을 받고 예금을 하려고 하는지의 문제와 은행이 적극적으로 대출을 하는지의 문제가 중요하였습니다. 그러나 더 생각해보면 그 가운데 금리 문제가 있습니다. 예금금리와 대출금리의 수준에 따라 예금과 대출 행태가 달라지기 마련이며, 이러한 예금금리와 대출금리는 중앙은행이 결정하는 정책금리의 영향을 많이 받게 됩니다. 그러므로 중앙은행은 본원통화의 공급과 정책금리 결정을 통하여 통화량에 영향을 미치게 된다는 사실을 알게 되었군요.

3. 돈이 흐르는 속도

큰돈은 처음 내보낸 돈의 몇 배만큼 늘어났는가?: 통화승수

한국은행이 직접적으로 통제하는 돈인 본원통화monetary base[47]는 우리나라의 전체 돈인 통화량에 얼마나 영향을 줄까요? 이를 이해하기 위해 만든 개념인 통화승수money multiplier에 대해 알아봅니다. 예

---

[47] 금융위기는 여러 가지 종류로 구분할 수 있는데 외환위기는 그 중 주요한 하나이다. 은행위기와 같은 여타 금융위기는 단일 통화를 사용할 경우에도 발생한다.

를 들어 한국은행이 100이란 돈을 공급하였는데 시중의 돈이 300이면 통화승수는 3이 됩니다. 반복하여 설명하자면 이러한 통화승수는 한국은행이 처음 내보내고 조절한 현금통화, 예금은행들이 얼마나 지급준비금을 쌓아야 하는지를 규정하는 지급준비율, 예금은행들의 대출 행태, 민간의 현금보유 성향, 은행들이 법정 의무액을 초과하여 지급준비금을 더 보유하려는 성향에 의해 결정됨을 알 수 있습니다.

따라서 중앙은행이 현금통화를 많이 공급하더라도 은행들이 대출에 소극적이며 민간의 대출수요가 저조하고 현금통화가 늘어날 경우 돈의 양은 오히려 줄어들게 됩니다. 실제로 미국의 대공황 기간 중 미 연준이 본원통화를 증가시켰음에도 통화량은 오히려 줄어들었습니다.[48]

거래를 위해 얼마나 돌아다녔는가?: 화폐 유통 속도

경제활동을 하기 위해서는 돈이 필요합니다. 돈은 경제활동을 뒷받침하기 위하여 얼마나 빨리 돌아다녀야 할까요? 돈이 흐르는 속도와 관련하여 화폐 유통 속도라는 개념을 이해하고 넘어갈 필요가 있습니다. 화폐 유통 속도란 국내에 생산된 재화나 서비스를 구입하기 위해 일정 기간 동안 사용된 돈의 빈도를 말합니다. 이를 달리 말하

---

[48]   미국의 대공황 기간 중 은행위기는 1931년부터 1933년까지 계속 발생하였는데, 민간의 현금보유 성향과 대출 기피 성향이 높아지면서 1933년 3월까지 미 연준의 본원통화공급량이 20% 증가했음에도 통화량M1은 25% 이상 감소하였다.

면 우리나라에서 이루어진 모든 거래의 양을 총통화량으로 나눈 값이 되지요. 통상 명목 국내총생산량GDP를 광의통화M2로 나누어 측정합니다.

만약 화폐 유통 속도가 증가한다면 경제 내의 여러 주체 간에 더 많은 거래가 발생했다는 뜻이지요. 경제활동에는 돈의 교환이 수반되니까요. 즉 경기가 좋아질 가능성을 나타내준다고 볼 수 있습니다.

Question 1

오늘 'LECTURE 4 경계를 넘나드는 돈의 흐름'에서 해외 투자자금의 유출입에 대해 말씀하셨습니다. 그런데 돌이켜보면, 글로벌 금융위기뿐 아니라 소위 IMF 사태도 결국 외국인들이 투자자금을 우리나라에서 철수시키면서 생긴 문제입니다. 평소에 우리나라 경제를 튼튼하게 하는 일도 중요하지만, 우리가 아무리 노력해도 위기 상황이 반복된다면 드나드는 투기자금을 그냥 두어서는 안 될 것 같습니다. 자본자유화를 지속해야 한다는 주장에 근본적인 문제가 있는 것 같습니다. 자본자유화에 대해 여러 가지 찬반 논란이 제기되고 있는 것으로 알고 있는데, 이에 대해 어떻게 생각하시는지 여쭈어봅니다.

Answer 1

예, 좋은 질문입니다. 오늘 국제수지를 말씀드리면서 자본 유출입의 모습을 간단히 살펴보았지만, 내일 'LECTURE 8 외화의 흐름과 환율의 관계' 그리고 수요일 'LECTURE 13 외화의 조절'에서 이 문제를 다룰 예정입니다. 그러나 이왕 질문하셨으니 자본자유화를 어떻게 바라보아야 할 것인지에 대해 말씀드리겠습니다. 다만 '어떻게 그냥 두고 볼 수 있느냐?'의 질문에 대해서는 다음 시간에 이야기하도록 하겠습니다.

그동안 국제금융시장의 통합에 따른 자본자유화가 신흥시장국 경제 발전에 긍정적인 영향을 미친다는 주장은 상당 기간 자명한 것으로 여겨졌지만, 글로벌 금융위기 이후 이에 대한 의문이 커지고 있습니다.[49] 여기서는 국외로부터의 자본 흐름이 경제에 미치는 영향에 대한 원론적 입장을 먼저 정리해보겠습니다. 지금까지의 논의를 살펴보면 자본자유화는 그 자체로 '좋다 또는 나쁘다'는 주장이 대립해온 가운데 그 자본의 성격에 따라 다르다는 연구도 발표되었습니다.[50] 이러한 연구들은 자본 유입을 수익대비 비용의 균형관점에서 바라보면서, 금융통합의 최적이 어느 정도인지에 대한 의문을 제기하고 있는 것이죠. 과연 자본자유화와 수익과 비용에는 어떠한 사항들이 포함되어야 할까요? 우선 이들 주장을 나열해봅시다.

먼저 자본자유화의 편익과 관련한 주장을 살펴보면, 첫째, 국외자본 유입에 따라 국내에서 빠른 자본축적이 가능하므로 경제성장이 촉진된다는 주장이 있습니다.[51] 둘째, 자본 유입과 동시에 기술파급

---

49   Aizenman·Pinte·Radziwill(2007), Prasad·Rajan(2007) 등이 대표적이다.

50   Aizenman·Sushko(2001)이 국외로부터의 자본 흐름이 경제에 미치는 영향에 대해 (1) 채권투자portfolio debt, (2) 주식투자portfolio equity, (3) 해외 직접투자foreign direct investment로 구분하여 조사한 결과, 포트폴리오투자는 종종 산업 성장에 부정적인 영향을 준 것으로 나타난 반면, 직접투자는 지속적으로 이점이 있었던 것으로 나타났다.

technology spillover이 이루어져 국내의 기술진보속도가 빨라진다는 주장도 있습니다. 셋째, 자본자유화로 인해 위험 공유risk sharing 수단이 확대되면서, 국내 소비의 평활화[52]consumption smoothing가 이루어진다는 의견도 있습니다. 마지막으로 해외 자본이 들어옴에 따라 이의 운용과 관련한 국내 금융제도의 발전과 거시정책의 향상이 이루어질 수 있다는 주장도 있습니다.

반면 자본시장 개방과 관련한 비용을 살펴보면, 우선 해외 자본의 급격한 유입 중단과 유출sudden stop로 외환위기가 발생할 가능성이 커질 수 있다는 점입니다. 금융안정과 관련된 이 문제는 너무나 중요하므로 그 발생 가능성과 규모에 따라 앞서 제시되었던 여러 가지 편익의 상당 부분을 상쇄할 수 있다고 생각합니다. 그러나 이에 대한 반론[53]에 따르면 위기는 원래 해당 국가가 가지고 있는 기초경

51   Gourinchas and Jeanne(2006)은 자본시장 개방으로 자본축적이 빨라짐으로써 이루어지는 경제성장의 효과가 그다지 크지 않다고 주장한다. 이는 빠른 자본축적을 통한 효과는 일시적이며 자본이 항상 선진국에서 신흥시장국으로 이동하지도 않기 때문이다Lucas paradox.

52   우리나라의 가계가 국내 자산뿐 아니라 해외 자산을 보유하고 있으면, 일시적으로 국내 소득이 감소하더라도 해외 자산으로부터의 수익을 통해 이를 일부 상쇄할 수 있어 국내 소비의 감소 폭은 상대적으로 작을 수 있다. 이러한 주장에 깔린 근본적인 가정은 국내 자산과 해외 자산의 수익률 간에 완전한 양의 상관관계가 있지는 않다는 것이다.

53   해외 자본의 유출입 자체가 외환위기의 원인이라기보다 해당 국가가 처해 있는 기초경제 여건에 의해 위기가 초래되며 자본자유화는 금융 부문의 제도 발전을 통해 오히려 위기의 가능성을 작게한다고도 볼 수 있다. 기초경제 여건에 문제가 있는 국가들이 이러한 문제들 때문에 자본 통제를 선택할 가능성이 크다는 의견도 제기되었다.

제 여건에 기인한 것일 뿐 자본 통제의 도입 여부와 상관이 없을 수 있다고 말합니다. 이로부터 더 나아가 일부 학자[54]는 이러한 선택 효과를 제거한 후에도 자본 통제가 외환위기의 가능성을 오히려 증가시킨다고 주장하였습니다. 반면 자본자유화가 소비를 평활화시킨다는 주장을 비판하면서 금융의 경기순응성pro-cyclicality으로 인하여 경기 변동 폭이 오히려 확대된다는 의견도 제기하고 있습니다. 이와 관련하여 또 하나의 중요한 비용은 자본자유화를 할 경우 통화정책의 유효성이 훼손될 수 있다는 점입니다. 이에 대해서는 내일 'LECTURE 10 삼불일치론에 대한 이해'에서 자세히 말씀드리고자 합니다.

그런데 이와 같은 주장들이 대립하는 가운데 신흥시장국이 시장을 개방하면서 자본자유화가 확산된 데에는 해외 자본 유입을 통하여 경제성장을 이룩할 수 있다는 논리가 뒷받침되고 있었습니다. 경제성장이 신흥시장국의 최대 목표였으니까요. 또한 그뿐 아니라 해외 자본이 유입되면 자기나라의 금융산업이 발전하고 거시경제정책 운영에도 도움이 된다는 유혹이야말로 뿌리치기 어려운 제안이었습니다. 그러나 그 밑바탕에는 축적된 자본을 수출하고자 하는 선진국의 이해관계가 깔려 있었던 것도 사실입니다. 하지만 글로벌 금융위기로 인해 우리나라를 비롯하여 상대적으로 거시경제의 기초 여건이 양호했다고 여겨지던 신흥시장국이 외화유동성위기에 처하면서

---

54   Glick, Guo, and Hutchison(2006) 등을 말한다.

국제자본의 급격한 이동이 소규모 개방경제에 큰 위험이 될 수 있다는 인식이 확산되었습니다.

자본 유입과 경제성장에 대한 실증연구에 따르면 일반적으로 자본시장의 개방이 경제발전을 위한 제반 여건이 성숙된 시점에서 이루어지므로 긍정적인 인과관계가 뚜렷하지 않다고 합니다. 오히려 신흥시장국이 반복되는 외환위기를 겪으면서 급격한 자본이동이 통화팽창, 자산 가격 상승, 경상수지 적자 등 이른바 '자본 유입의 문제'를 초래하고, 여건이 악화될 경우 급격히 유출로 돌아서면서 환율이 큰 폭으로 상승하는 부작용을 수반할 수 있다는 회의적인 견해가 설득력을 더하고 있습니다.[55] 또 얼마 전 읽어본 바에 따르면, 케임브리지 대학교의 장하준 교수[56]는 국적 있는 자본을 강조하면서 자본 자유화 중에서 그래도 바람직하다고 일컬어지는 외국인 직접투자의 경우에도 긍정적 효과의 증거가 미약하며 오히려 투자 대상국에 부정적인 영향을 끼칠 가능성이 있다고 주장하고 있습니다.

사실 자본자유화의 문제는 금리와 환율을 어떻게 운용할 것인가의 문제와 함께 이번 강연의 큰 축을 이루고 있습니다. 자본자유화의 문제는 여러 가지 시각에서 계속 다루어질 예정입니다. 이러한 문제 인식을 가지고 앞으로의 강연에도 적극 참여해 주기 바랍니다.

---

55 서영경, 〈글로벌 금융위기의 파급영향과 대응방안〉 중 서편 《금융경제논총 2010-1》(한국은행, 2010)에서 인용하였다.

56 장하준, 《장하준의 경제학 강의》, 2014년에 따르면 초국적기업의 해외지사들은 이전가격 조정을 할 수 있을 뿐 아니라 투자 대상국 기업을 밀어낼 수도 있으며 개발도상국에서는 독과점의 지위를 누릴 수 있다.

자본·금융계정 중에서도 금리와 환율에 민감한 영향을 미치는 주식과 채권투자를 통한 자금이동에 대해 여쭈어봅니다. 국경을 넘나드는 돈이 얼마나 위험을 감수하려는 성향이 있는지 알고 싶습니다.

자본이동에 대한 구체적인 유인에 대해 관심을 보여주셔서 감사합니다. 외화의 흐름이라고 다 같은 흐름이라고 할 수 없지요. 일반적으로 주가차익을 겨냥하여 들어오는 돈은 헤지를 하지 않는 경우가 많으며 금리차익을 목적으로 들어오는 돈은 상당부분 헤지를 한다고 볼 수 있습니다. 주식투자의 경우 만기가 없는 가운데 채권투자에 비해 위험을 더 부담하려는 성향이 있지요. 반면 채권투자의 경우 내외금리차를 겨냥하여 환헤지를 하면서 들어오면 일정 수준의 금리차익을 확보할 수 있습니다. 한편 환율 변동 이익만 취하고자 한다면 환헤지 없이 장기채권에 투자하지 않고 단기채권에 투자하게 됩니다. 또한 주식 매입 목적으로 들어왔으나 잠시 쉬는 투자자금을 원화로 가지고 있을 경우 환율 변동 위험에 노출되는데 이 경우 원화강세에 대한 전망을 가지고 단기 환차익을 노리는 사례도 있습니다. 그리고 환헤지를 하면서 장기채권투자를 하였으나 다른 사정으로 채권을 중도 매각할 경우도 있는 등 상당히 복잡한 행태를 보입니다.

오늘 강연의 'LECTURE 3 돈이 움직이는 이유' 중 자금의 가용성 부분을 들으면서, 은행과 자산운용사 펀드 그리고 외국인 투자의 유동성에 대해 생각해 보았습니다. 세 가지 질문을 드리겠습니다. 첫째, 은행의 경우 법으로 강제 되어 있는 지급준비금은 말 그대로 예금 지급을 준비하는 자산이니 유동성 확보에 해당되는지요? 둘째, 자산운용사의 경우 지급준비자산이 없는데 어떻게 펀드의 유동성을 유지하는지요? 셋째, 외국인 투자가들은 유동성 확보를 위하여 어떠한 노력을 하는지 알고 싶습니다.

Answer **3**

한꺼번에 세 가지 질문을 하셨네요. 차례로 말씀드리겠습니다. 첫째, 지급준비금 자체를 은행의 유동성 확보라고 보기는 어렵다는 생각이 듭니다. 일단 현재 지급준비금제도는 예금인출에 대비하기 위한 성격보다는 지급결제에 필요한 자금을 확보하기 위한 성격이 더 강하다고 할 수 있습니다. 일반적으로 예금은행은 예금 지급을 요구하는 고객의 요청에 대비하기 위하여 충분한 자금가용성을 확보해 두어야 하기 때문에 한국은행에 지급준비금을 예치해놓고 있다고 말하는 사람들이 있습니다. 제도 도입의 원래 취지는 그렇습니다. 그러나 모든 고객이 동시에 인출하는 경우에 대비한 유동성을 충분히 확보할 수는 없으며, 수익성을 고려하면 더욱 그럴 수 없습니다.

평균을 초과하는 예금인출이 발생할 가능성은 확률의 문제이지요. 또한 지급준비금 규모는 한국은행 규정에 정해져 있기 때문에 장기간에 걸쳐 마음대로 꺼내 쓰는 데 제약이 있습니다. 지준마감일이 다가올수록 더욱 그러하지요. 물론 잠시 꺼내 쓸 수는 있지만 지급준비금 전체를 은행의 유동성으로 보기 어렵습니다. 은행들이 지급준비금 규모를 초과하는 자금을 가지고 있을 경우 이는 유동성이라고 볼 수 있습니다. 지급준비금을 맞추어야 하는 작업이 긴요하므로 시중은행 자금담당부서는 투자담당부서에 앞서서 자금을 이용할 권한을 항상 가지고 있습니다.

두 번째 질문인 펀드 운용에 대해 말씀드리면, 유동성 자산을 회계학에서 말하는 1년 미만의 유동자산으로 인식하는 경우가 있지만, 유동성은 금융상품의 만기와 정비례하지는 않습니다. 펀드 운용 시 일반적으로 단기펀드의 경우 운용 측면에서도 짧은 자산을 매입하여 조달 만기와 운용 만기를 일치시키는 경향이 있으나 만기가 짧은 자산만을 매입하지는 않습니다. 물론 유동성을 확보하기 위하여 콜자금을 많이 보유하기도 하지만, 만기가 꽤 긴 국채를 사는 한편 만기가 아주 짧은 단기상품을 일부 사서 평균 만기를 맞추기도 하지요. 왜냐하면 3년 만기 또는 5년 만기 국채 등은 대부분 언제든지 팔릴 수 있으므로 만기가 도래할 때까지 기다려야 하거나 중도 매각하면 손실을 보아야 하는 1년 미만의 CP와 같은 단기상품보다 유동성이 높을 경우가 많기 때문입니다. 유동성 있는 국채를 일부 보유하면서 조달 만기와 운용 만기를 적절하게 조화시켜나가는 전략이 펀드 운용의 기술이라고 하겠습니다.

세 번째 질문인, 외국인 투자의 경우 국경을 넘어 다른 나라에 투자를 하는 것은 자세한 정보 수집의 제약으로 아무래도 어려운 일이 되겠지요. 앞에서 설명했던 정보의 비대칭성을 생각해봅시다. 다른 나라에 투자할 때는 언제든지 상황이 변하면 빠져나올 수 있는 준비가 있어야 하겠지요. 외국인들이 우리나라에 투자할 때는 이러한 점을 감안하여 언제든 팔 수 있는 유동성이 있는 종목, 즉 국채, 통화안정증권, 우량 주식 등에 많이 투자하고 있습니다. 금융자산에 유동성이 있다면 대신 수익률은 아무래도 좀 낮다는 사실을 강연 중 말씀드렸지만 이를 감수하는 것이죠.

Question 4

강연 중 '정보의 비대칭'을 설명하시면서 '역선택'과 '도덕적 해이'에 대해 말씀하였습니다. 전에 들은 적이 있는 용어입니다만, 금융시장의 자금흐름에 있어서 이러한 개념이 어떻게 적용될 수 있는지 자세히 설명해주시기 바랍니다.

Answer 4[57]

예, '역선택adverse selection'과 '도덕적 해이moral hazard'뿐 아니라 '정보

---

[57] 프레더릭 S. 미쉬킨,《미쉬킨의 화폐와 금융》(2011)에 의존하였다.

의 비대칭성information asymmetry'과 '대리인이론agency theory'은 우리가 많이 접하는 용어이지만, 구체적인 사례와 연결하여 생각하면 명쾌하게 이해되지 않는 경우가 잦습니다. 금융시장에서 자금의 수요와 공급을 결정하는 데 있어 우리는 종종 상대방을 충분히 모른다는 데 어려움을 느낍니다. 물론 상대방은 자기 자신의 정보에 대해 잘 알고 있지요. 이러한 불균형을 정보의 비대칭성이라고 하고 거래가 일어나기 전 발생하는 정보의 비대칭을 '역선택', 거래가 일어난 후 발생하는 정보의 비대칭을 '도덕적 해이'라고 합니다. 한편 거래 발생 후 정보의 비대칭문제가 어떻게 경제 행위에 영향을 주는가를 설명하는 것이 대리인이론입니다.

금융시장에서 역선택에 대해 먼저 설명해보면, 거래가 발생하기 전 정보의 비대칭성으로 인해 돈을 빌려주는 입장에서 불리한 의사결정을 하는 상황을 말합니다. 위험 부담이 큰 사업을 선택한 사람은 열심히 대출을 받으려고 하는데, 이 사람에게는 잘 되면 큰 이익을 볼 수 있는 반면 그렇지 않으면 조금 투자한 자기 돈만 손해 보고 빌린 돈은 갚지 않으려는 속셈이 숨어 있다고 볼 수 있습니다. 반면 돈을 빌려주는 사람의 입장에서는 원금도 돌려받지 못할 우려도 있지요. 그러므로 돈을 빌려주는 사람은 시장에서 신용이 우량한 사람이 존재함에도, 그 사람을 믿지 못하여 돈을 빌려주지 않기로 결정할 수 있습니다. 만약 돈을 빌리려고 하는 사람에 대한 충분한 정보를 가지고 있다면 이러한 걱정이 없이 신용도가 높은 사람에게 돈을 빌려줄 수 있을 텐데요. 그런데 이러한 역선택의 경향은 어느 나라에서도 시장성 증권이 기업의 가장 주된 자금 조달원이 될 수 없다는 사실을 설명해줍니다. 즉 역선택 또는 레몬 문제[58]로 인하여 주식시장과 채권시장 등 증권시장은 저축자의 자금을 차입자에게 전달하는 데 있어 효과적이지 못하다는 뜻입니다. 글로벌 금융위기 이후 증권시장에서의 신용평가기관과 투자자의 평가보다 시중은행의 심사 기능이 주목받고 있습니다. 은행은 금융시장이 정보의 비대칭으로 인하여 인식하지 못하는 결함을 발견하여 가격을 평가해주는 기능을 합니다. 한편 대기업은 이러한 은행의 심사에 의존하기보다는 직접금융시장을 선호하는데, 이는 투자자들이 잘 알려진 우량 대기업에 대해서는 역선택을 걱정하지 않으므로 좀 더 낮은 금리를 감수할 자세가 되어 있으며, 이에 따라 우량 대기업은 좀 더 낮은 금리로 대규모 자금을 조달할 수 있기 때문입니다. 이러한 역선택의 문제를 해결하기 위하여 민간이 정보를 생산하고 판매하는 방안[59], 금융시장에서 정보를 확대 공시하도록 정부가 규제하는 방안[60], 채무계약

---

58   조지 애컬로프George Akerlof는 역선택 문제를 설명하기 위하여 중고자동차시장에서 나쁜 매물lemon의 예를 들어 설명하였다. 중고차를 구매하려는 사람이 중고차의 성능을 알 수 없는 가운데 성능이 나쁜 중고차를 매각하려는 사람은 매물의 평균가격으로 기꺼이 팔려고 하는 반면 성능이 좋은 중고차를 매각하려는 사람은 매물의 평균가격에 팔기를 주저함으로써 좋은 매물이 나오지 않아 중고자동차시장이 제대로 작동하지 않는다고 한다.
59   이는 민간의 정보 생산과 판매시스템을 통하여 해결할 수 있는데, 이때 무임승차문제free-rider problem가 발생한다.
60   해당 기업이 자신의 상태를 공표하도록 해야 하나 성실히 이루어지지 않을 가능성이 크다.

에서 담보를 확충하는 방안, 감시와 약관 등을 충실히 하는 방안 등의 수단을 활용할 수 있습니다.

다음으로 금융시장에서 도덕적 해이에 대해 말씀드리겠습니다. 일단 금융거래가 이루어지고 나면 돈을 빌려간 사람은 돈을 빌려준 사람에게 정보를 숨기고 바람직하지 않은 행동을 함으로써 빌려간 돈의 상환 가능성을 적게 만들려는 현상을 말합니다. 거래가 발생한 후 정보의 비대칭으로 인하여 발생하는 문제입니다. 이러한 위험을 감안하여 돈을 가지고 있는 사람은 자신의 돈이 부실한 사업에 투자될까봐 우량한 투자처가 있어도 돈을 빌려주지 않으려는 의사결정을 하게 되는 경향이 있습니다.

이렇게 '역선택'과 '도덕적 해이'로 인하여 발생하는 문제는 금융시장에서 자금흐름에 커다란 장애가 됩니다. 그런데 건실한 금융중개 회사들은 이러한 문제를 완화시킬 수 있습니다. 먼저 심사를 통하여 대출받을 사람들의 신용도를 판단하여 역선택을 방지하는 한편 대출받은 사람을 감시하여 도덕적 해이도 방지할 수 있습니다.

정보 비대칭 문제 중 도덕적 해이 문제가 경제에 어떻게 영향을 주는가는 주인-대리인이론principal-agent theory으로 설명됩니다. 도덕적 해이가 일어나는 이유는 주인의 감시가 소홀한 틈을 타서 대리인이 주인 행세를 하기 때문이라고 합니다. 이러한 주인-대리인 문제를 방지하기 위해서는 정보가 투명하게 공개되어야 하는데 이를 위하여 돈을 투자한 사람이 경영자를 계속 감시하거나 정부가 금융회사와 기업 등에 대해 정보를 확대하도록 규제하는 방법이 있습니다.

그런데 이러한 감시와 규제에는 비용이 소요될 뿐 아니라 효과적으로 이루어지기 힘든 측면이 있지요. 또한 이러한 문제에 대응하기 위하여 돈을 가지고 있는 사람은 주식과 같은 지분계약equity contract보다 채권과 대출 등 채무계약debt contract으로 자금을 공급하게 되는 경향이 있습니다. 돈을 빌려간 사람이 일정 수준 이상의 이익을 거두어 원리금을 갚을 수 있다면 돈을 빌려준 사람이 감시비용을 지불하면서 도덕적 해이 문제에 신경을 쓰지 않아도 되기 때문입니다. 그러나 채무계약의 경우에도 더 많은 이익을 겨냥하기 위하여 또는 개인적인 편의를 위하여 위험한 사업에 투자할 유인은 여전히 남게 됩니다. 이를 방지하기 위하여 약관상 여러 가지 제약을 둘 수 있지만 한계가 있습니다. 가장 손쉬운 방법은 돈을 빌려주고 담보를 잡는 것이라고 할 수 있지요. 우리가 기업의 미래를 보고 투자하라고 하지만 아직도 신용대출보다 담보대출이 많은 까닭도 알고 보면 주인-대리인문제principal-agent problem가 내재되어 있기 때문입니다.

Question 5

강연 중 스왑거래에 대해 말씀하셨는데 국내 은행들과는 달리 외은지점들은 스왑거래를 통하여 상당한 차익거래를 얻었던 것으로 알고 있습니다. 외은지점들의 차익거래 사례에 대해 좀 더 구체적으로 알고 싶습니다. 그리고 외은지점에 비해 국내 금융회사들은 왜 스왑거래를 활발히 하지 않는지, 그 이유에 대해서도 자세히 설명해주십시오.

예, 좋은 질문입니다. 지금부터 말씀드리는 거래 절차가 너무 기술적인 측면으로 흘러가지 않을까 조금 걱정되기는 합니다만, 구체적인 사례에 대해 이야기하겠습니다. 우리의 주제가 '원화와 외화 그리고 금리와 환율의 연결고리'이므로 상세한 내용도 필요하겠지요.

외은지점의 움직임을 살펴보면 다양한 스왑거래의 형태를 볼 수 있습니다. 즉 외환시장과 원화자금시장을 이용한 차익거래, 특정 통화의 일시적인 과부족을 처리하는 거래, 현물환과 선물환의 포지션을 조정하기 위한 거래 등으로 나누어볼 수 있습니다.

우선 외환시장과 원화자금시장을 이용한 차익거래에 대해 알아보면, 외환시장에서의 스왑레이트가 적정수준, 즉 균형수준을 상회한 경우 원화 가치가 고평가 되어 있으므로 외은지점은 콜시장 등 자금시장에서 원화를 차입하여 저평가된 외화인 현물환을 매입하고 선물환을 매도하는 스왑Buy&Sell Swaps을 통해 환위험 없이 수익을 실현합니다.[61]

둘째, 특정 통화의 일시적인 과부족을 처리하는 거래에 대해 알아보면, 외은지점은 여유 원화자금을 보유하고 있거나 운용처에 대한 신용한도가 소진될 경우 또는 외은 본점으로부터의 외화조달 규모

---

[61]　자세한 내용은 'LECTURE 3 돈이 움직이는 이유' 및 'LECTURE 5 경계 안에서 외국돈의 흐름'을 참조하라.

가 축소될 경우[62] 등 적정한 원화자금 운용이 어려울 경우에 현물환을 매입하고 선물환을 매도하는 스왑거래를 하여 외화자금을 조달함과 동시에 원화자금을 운용하기도 합니다. 원화를 빌려주는 방식으로 스왑거래를 이용하는 것이죠.

셋째, 현물환과 선물환포지션 조정을 위하여도 스왑거래를 이용하는데, 외은지점이 NDF시장에서 비거주자로부터 매입할 경우 선물환 매입포지션이 크게 확대되므로 환 리스크를 헤지하기 위하여 현물환을 매도해야 합니다. 이 경우 외은지점은 Buy&Sell Swaps을 통해 현물환을 조달하여 선물환을 매도함으로써 외환포지션을 스퀘어로 조정합니다. 또한 고객과의 거래에서 현물환 매도와 선물환 매입의 스왑Sell&Buy Swaps 비중이 증가할 경우에는 반대 거래로 현물환을 매입하고 선물환을 매도하는 스왑Buy&Sell Swaps을 통하여 통화 불일치가 지나치게 확대되지 않게 관리하는 경우도 있지요.

마지막으로 덧붙이자면, 체결한 현물환 매도 또는 선물환 매입 스왑에서 손실이 발생하였을 때, 손실의 규모를 더 이상 발생시키지 않으려는 거래loss cut 또는 이익을 실현하기profit taking 위한 거래 등이 있습니다.

이제 두 번째 질문인 외은지점들이 국내 금융회사들보다 왜 활발한 스왑거래를 하고 있는지에 대해 말씀드리겠습니다. 사실 외은지

---

[62] 우리나라의 지정학정 위험 증가로 외은의 본점이 지점에 대한 자금지원한도를 축소하는 경우가 있다.

점들은 우리나라 금융시장에서 스왑거래뿐 아니라 모든 외화자금 거래를 활발히 하고 있다고 말씀드릴 수 있습니다. 이 업무에 중점을 두고 있을 뿐 아니라 전문 인력도 많지요. 이유는 간단합니다. 외은지점들은 국내 시중은행보다 훨씬 규모가 작지만, 뒤에는 모기업인 외국의 대형 은행들이 버티고 있어 상대적으로 싼 금리로 외화를 많이 들여올 수 있습니다. 이 점은 강연 중 이미 이야기했던 것 같군요. 높은 신용도를 바탕으로 원활한 자금 조달과 저렴한 조달금리 수준을 이용하여 다양한 거래를 해낼 수 있는 것입니다. 한편 정책당국도 유사시 외화자금 조달원을 확보해놓고 있어야 하기 때문에 외은지점들의 다양한 자금 조달과 운용을 허용해준 바 있었습니다. 그런데 외은지점은 해외 본점의 사정에 따라 영향을 크게 받아 우리나라의 사정을 감안하지 않고 돈을 움직이는 경향이 있습니다. 이제 국내 금융회사들도 국제 신용도를 높여서 보다 적극적으로 거래에 나설 때입니다.

환율과 금리 그리고 연계

가격의 움직임과 운동장

요즈음 기업하시는 분들을 만나보면 금리보다 환율 변동에 더 민감한 반응을 보입니다. 물론 저금리 기조가 지속됨에 따라 그런 점도 있겠지만 글로벌 금융위기 이후 국제금융시장의 불안에도 그 원인이 있지 않나 싶습니다. 환율과 금리는 돈의 흐름에 영향을 줄 뿐 아니라 돈의 흐름에 의하여 영향을 받습니다. 오늘 둘째 날, 강연의 흐름을 다시 생각해봅시다. 어제는 돈의 여러 가지 모습과 돈이 외화에서 원화로 바뀌는 과정 등을 살펴보았습니다.

오늘은 먼저 금리와 환율에 대해 생각해본 후 외화의 흐름과 환율 간의 관계 그리고 원화의 흐름과 금리 간의 관계를 살펴볼 계획입니다. 그리고 마지막으로 환율, 금리, 자금흐름의 세 가지 관계에 대해 삼불일치론을 중심으로 알아보도록 하겠습니다. 먼저 환율과 금리가 결정되는 시장 균형market equilibrium에 대해 생각해보고 이들이 뛰어노는 제도와 시장에 대해 알아볼까 합니다. 운동장을 알아야 그 안에서 어떻게 움직이는지를 알 수 있으니까요.

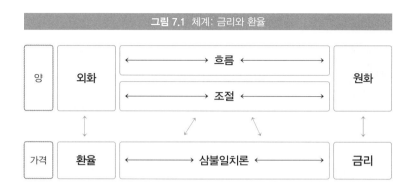

그림 7.1 체계: 금리와 환율

| 양 | 외화 | ← 흐름 → ← 조절 → | 원화 |
| 가격 | 환율 | ← 삼불일치론 → | 금리 |

1. 수요와 공급의 힘

꼬리에 꼬리를 무는 질문

우리는 수요와 공급에 의하여 가격이 정해진다고 알고 있습니다. 금리와 환율도 가격이지요. 다음 대화를 들어봅시다. "A: 오늘, 채권시장에서 왜 금리가 하락(채권가격이 상승)하였습니까?", "B: 외국인들이 채권을 많이 사서 금리가 떨어졌다고 합니다.", "A: 그럼 그 물량을 누가 팔았습니까?", "B: 국내 기관 투자자들이 팔았다고 합니다.", "A: 외국인들은 얼마나 샀습니까?", "B : 1조 원어치 샀다고 합니다.", "A: 국내 기관 투자자들은 얼마나 팔았습니까?", "B: 1조 원어치 팔았다고 합니다.", "A: 그럼, 수요와 공급이 같은데 금리가 왜 변동하였습니까?", "B: ······." 과연 무엇이 잘못된 것일까요?

수요곡선과 공급곡선의 이동

앞에서 든 사례는 사실 오래전 제가 금융시장 업무를 처음 담당할 때의 에피소드입니다. 사후적인 수요와 공급 규모는 같을 수밖에 없습니다. 다만 팔려고 하는 금리와 사려고 하는 금리가 달랐던 것입니다. 우리는 이를 '매수세가 강하다 또는 매도세가 약하다'고 표현한다고 이미 말씀드렸지요. 시장에서 금리는 실시간으로 변동합니다. 매수세가 강할 경우 당시 시장에서 형성된 금리보다 조금 더 낮은 금리에 거래되었겠지요.

우리는 경제원론 등을 통하여 수요공급곡선을 생각할 때 곡선상에서의 이동movement along a curve과 곡선의 이동shift in a curve을 구분하는 일이 중요하다는 사실을 이미 알고 있습니다. 그러나 질문을 받을 당시에는 이상하게 생각나지 않더군요. 다시 정리를 해보면 곡선상에서의 이동이란 채권가격의 변화, 즉 금리 변동으로 인해 수요공급량이 변화하는 모습입니다. 반면 곡선의 이동은 금리를 제외한 다른 요인이 변화할 때 수요량과 공급량이 어떻게 변화하는가를 나타냅니다. 이 경우 수요공급곡선은 옆으로 이동하면서 새로운 균형 이자율을 형성하게 되지요.

시장은 균형market equilibrium을 찾는가?

이번 시간에 이어 'LECTURE 8 외화의 흐름과 환율의 관계'와 'LECTURE 9 원화의 흐름과 금리의 관계'에서 금리와 환율에 영향을 미치는 수요와 공급에 대해 이야기하려 합니다. 대개 수요량과 공급량이 일치하는 곳에서 균형 가격이 결정된다는 생각이 일반적이지요. 그런데 금리와 환율은 항상 균형을 이루는 것일까요? 시장은 불안정하기 때문에 평소에는 균형을 찾아 변동하는 것처럼 보이지만, 어느 시점[1]에 이르면 위기가 시작되면서 갑자기 균형에 수렴하지 못하고 발산하는 경향이 있다는 주장도 있습니다. 여러분은 어떻게 생각하십니까?

언젠가는 균형을 회복할지라도 이러한 상황에 처하게 되면 금리와 환율이 균형을 찾아가는 과정에서 급변동하면서 우리에게 큰 고통을 안겨줄 테지요. 오랜 시간이 걸린다면, 케인즈의 유명한 말처럼 '장기적으로 우리는 모두 죽고 말 것입니다.(In the long run, We are all dead.)' 이제부터 금리와 환율의 균형에 대해 이야기하겠지만, 짧은 시간에 항상 균형으로 수렴하는 것은 아니라는 인식하에서 균형을 바라보아야 하겠습니다. 물론 일반적으로는 균형이 매우 중요하며, 이는 수요와 공급을 함께 짚어보는 생각의 출발점이기도 합니다.

2. 환율과 환율제도

결국은 고정이냐? 변동이냐?

환율제도란 정책 당국이 환율을 어떤 방식으로 운영하겠다는 시

---

1 민스키 모멘텀Minsky Momentum이라고 한다.

스템을 말합니다. 환율제도에는 여러 가지가 있지만 두 가지의 기본 체계인 고정환율제도와 변동환율제도로 구분됩니다. 나머지 제도의 성격은 모두 이들 기본 체계의 중간쯤 어디에 존재한다고 볼 수 있습니다.

고정환율제도fixed exchange rate regime는 한 나라의 대외적인 통화 가치를 기준 통화anchor currency 가치에 연동하여 운영합니다. 변동환율제도floating exchange rate regime는 다른 나라 통화의 움직임에 상관없이 시장에서 자유롭게 변동하도록 자기 나라의 통화를 놓아두는 방식입니다. 이들의 중간쯤에 있다고 볼 수 있는 관리변동환율제도managed float regime는 정책 당국이 자기 나라의 환율을 조정하기 위하여 외환시장에 개입하는 방식으로 운영됩니다. 지금 우리는 환율이 어떻게 움직이는가를 더 이해하기 위하여 환율이 뛰어노는 운동장을 살펴보고 있습니다. 운동장은 정책 당국이 마련해놓은 장소입니다.

두 가지 제도의 장단점

다음에 제시되어 있는 '환율제도의 변천'을 통하여 그 추이를 살펴보면 많은 나라의 환율제도가 대체로 고정환율제도에서 변동환율제도로 진행되어 왔음을 알 수 있습니다. 당초 국제 무역거래를 활성화하기 위해서 두 국가 간 환율이 쉽게 변하지 않도록 안정적으로 운용하는 일이 무엇보다 중요하였습니다. 그러나 고정환율제는 환율 변동을 용인하지 않으려는 통화에 대한 투기적 공격speculative attack에 상당히 취약하다는 치명적인 단점을 드러냈습니다. 반면 변동환율제도를 채택할 경우 이러한 단점이 없지만 환율의 급격한 변동 앞에서 기업과 개인이 안정적인 경제활동을 할 수 없습니다. 외환위기 때에는 큰 고통을 주기도 하였지요. 환율이란 경계를 넘는 돈의 유출입에 따라 변동할 수밖에 없는 성격이 있습니다. 그런데 이러한 환율을 움직이지 못하게 묶어 놓으니 투기 세력은 외화자금의 유출입에 따라 적정환율 수준으로 수렴할 수밖에 없다고 예상하여 그 수준까지 대량 매입 또는 매도를 하여 차익을 얻으려고 하는 것이죠. 따라서 고정환율제도는 붕괴되기 쉽습니다.

한편 변동환율제도를 택하여 환율의 움직임을 가만히 놓아두게 되면 환율은 외화자금의 유출입에 따라 급등 또는 급락하게 되므로 수출입 기업과 개인 등이 모두 못살겠다고 아우성을 치게 되는 것이죠. 환율이란, 물론 금리와 같은 모든 가격 변수가 그렇듯, 언제나 필요 이상으로 과도하게 오르고 과도하게 내리는 특성이 있습니다. 그러면 도대체 우리는 어떠한 환율 체계를 가져가야 하는 것일까요? 정답이 있기나 한 것일까요?

환율제도의 변천

금본위제도 gold standard

제1차 세계대전 이전에는 금본위제도를 중심으로 세계경제가 운영되었다. 대부분의 국가는 자국 통화와 금을 직접 교환할 수 있는 비율을 사전에 정해놓음으로써 자국 통화의 대외 가치를 유지하였다.[2] 각 나라의 통화 가치가 금과 고정된다는 뜻은 달리 말하면 각 나라 간 환율도 금을 통하여 고정된다는 이야기가 된다. 금본위제도하에서 유지되는 고정환율은 환율 변동의 불확실성을 제거함으로써 국제 무역거래를 촉진하는 장점이 있었다.

그러나 금본위제하에서는 각국이 발행하는 화폐와 금 간의 일정 비율 교환을 보장해야 했으므로 각 나라들은 보유하고 있는 금의 규모 범위 내에서만 화폐를 공급할 수 있었다. 그러므로 금본위제를 채택하게 되면 한 나라의 화폐 공급이 국가 간 금의 이동에 의해 결정되기 때문에 이 국가들은 통화정책에 대한 통제력을 가지지 못하게 되는 결과를 가져오게 된다. 더욱이 전 세계의 통화량은 금광의 발견과 같은 금 생산량에 크게 좌우되는 문제가 있었다.[3]

브레턴우즈체제Bretton Woods System

브레턴우즈체제[4]는 미 달러를 중심으로 한 고정환율제도이다. 금 본위제도는 금 생산량에 크게 좌우된 결과, 세계경제의 성장과 안정을 적절하게 뒷받침하지 못했다. 금을 대신할 수 있는 기준 통화로 제2차 세계대전 직후 높아진 미국 경제의 위상을 반영하여 미 달러를 채택하였다. 브레턴우즈 합의에 따라 국제통화기금International Monetary fund, IMF이 고정환율을 유지하기 위한 준칙을 만들었으며, 이때 세계은행World Bank과 관세와 무역에 관한 일반협정General Agreement on Tariff and Trade, GATT이 생겨났다.

---

2   예를 들어 미국 1달러는 금 20분의 1온스의 금과 교환되었으며 영국 1파운드는 금 4분의 1온스와 교환되었다. 따라서 미 달러 환율은 영국 파운드당 5달러로 고정되어 있었다.

3   1870년대와 1880년대 금 생산량이 많지 않은 시기에는 전 세계 화폐 공급이 거의 증가하지 않았기 때문에 세계경제의 성장을 뒷받침해주지 못하여 디플레이션이 발생한 반면 1890년대 남아프리카 등의 금광 발견으로 금 생산량이 크게 증가한 시기에는 화폐 공급이 확대됨에 따라 인플레이션이 발생하였다.

4   1944년 제2차 세계대전 직후 연합국이 미국 뉴햄프셔 주의 한 도시Bretton Woods에 모여 새로 만든 고정환율 시스템으로 1971년까지 효과적으로 유지되었다.

그러나 브레턴우즈체제는 금본위제를 완전히 벗어난 시스템은 아니었다. 제2차 세계대전 이후 미국이 전 세계 금의 상당 부분을 보유한 최대의 경제력을 가진 국가로 등장했기 때문에 미국 달러가 금본위제도하에서 금의 역할을 했지만, 미 달러화의 가치는 금의 보유량에 연동되었다. 즉 브레턴우즈체제는 언제든지 미국 1달러를 금 35분의 1온즈와 교환할 수 있다는 태환성兌換性, convertibility에 기초하였다. 이러한 고정환율제도는 미국을 제외한 나머지 국가 중앙은행들이 달러를 매입하고 매각함으로써 유지되었다. 이러한 체제하에서 미 달러는 지급준비통화reserve currency가 되었다. 이 시스템은 1971년 미국이 달러를 금으로 교환해주는 태환을 더 이상할 수 없다고 선언하고 1973년 IMF가 공식적으로 브레턴우즈체제의 종료를 선언함에 따라 막을 내리게 되었다. 하지만 그 이후에도 대부분의 국제금융거래 수행 시 미 달러가 기준으로 사용되는 등 달러는 지급준비통화로서 그 위상을 유지하고 있다.

고정환율제도fixed exchange rate regime

앞서 설명한 금본위제도와 브레턴우즈체제 모두 고정환율제도의 일환이다. 이제 고정환율제도 운영의 일반적인 모습을 살펴보자. 고정환율제도를 유지하면 환율 변동에 따른 충격을 완화할 수 있고 통화정책의 자율성을 어느 정도 확보할 수 있는 장점이 있으나 이를 위해서는 자본이동을 제약할 수밖에 없다는 단점이 있다. 이 경우 대외 불균형이 지속되거나 경제의 기초 여건이 약해지면 환투기 공격에 노출되는 치명적인 문제가 대두된다.

우리나라의 경우 해방 이후 1945년 10월부터 1964년 5월까지 고정환율제도가 시행되었으며 그 후 1980년 2월까지 단일변동환율제도를 유지한다고 표명하였으나 시장 메커니즘에 따를 만큼의 외환시장 기반이 성숙되지 못하여 사실상 고정환율제의 형태가 지속되었다고 볼 수 있다.

환율조정제도exchange rate mechanism

1979년 유럽연합European Union은 회원국들 간 유럽통화시스템European Monetary System, EMS을 도입하고 이 시스템 내에서 고정환율제를 유지하기로 합의하였다. 환율조정제도exchange rate mechanism, ERM하에서 회원국들 중 두 국가 간 환율은 스네이크snake라고 불리는 좁은 범위 내에서만 변동되도록 설계되어 있었으며, 모든 국가가 독일 마르크에 자국의 통화 가치를 연동시켰다. 1990년 각국의 경제 여건 변화로 회원국들이 이러한 좁은 범위 내에서 자국의 환율을 변동시키는 데 어려움을 겪은 이후 유럽 통화시스템은 붕괴되었다.

유럽통화시스템European Monetary System

1979년 유럽경제공동체European Economic Community, EEC는 유럽통화시스템European Monetary System, EMS을 창설[5]하고 회원국들은 각 나라 간의 환율을 고정시키는 한편 미 달러에 대해 환율을 공동으로 변동시키기로 합의하였다. 유럽통화시스템은 새로운 통화European Currency Unit를 만들었는데, 그 가치는 유럽통화들로 구성된 바스켓에 고정되어 있었다. 유럽통화시스템 참여 국가 간 상호 2개국 간 환율은 고정환율을 중심으로 좁은 범위 이내[6]에서만 변동할 수 있도록 허용되었는데, 만일 이 환율이 허용 범위 밖으로 변동될 때는 두 나라 중앙은행들이 외환시장 개입을 통하여 다시 일정 범위 이내에서 움직이도록 조치하였다. 이와 같은 외환시장 개입에 따라 자국 통화가 강세가 될 경우 대외 지급자산인 외환보유액은 늘어나는 반면 자국 통화가 약세가 될 경우 대외 지급자산은 줄어들 수밖에 없었다.

관리변동환율제도managed floating system

현재 대부분의 국가가 환율 변동을 외환시장에 맡기는 시스템을 유지하

---

[5]　　1979년 3월 독일, 프랑스, 이탈리아, 네덜란드, 벨기에, 룩셈부르크, 덴마크, 아일랜드 8개국이 창설하였으며 1989년 6월 스페인, 1990년 10월 영국, 1992년 4월 포르투갈이 가입하였다.

[6]　　허용 범위는 고정환율을 중심으로 ±2.25%이었으나 1993년 8월 무려 ±15%로 확대되었다.

고 있지만 실제 운영에 있어 중앙은행들은 외환시장에 개입하여 큰 폭의 환율 변동을 제어함으로써 기업의 사업 계획 수립, 개인의 경제활동 예상 등에 도움을 주고 있다. 그리고 국제수지에서 살펴 본 바와 같이 국제수지 흑자국은 자국 통화가 절상될 경우 기업의 수출이 감소하고 고용이 줄어들게 되므로 이를 예방하고 싶어 한다. 반면 국제수지 적자 구조를 가진 나라들은 자국 통화 가치가 절하되는 방향으로 움직이는 것을 싫어하는데, 이는 수입제품의 가격이 높아져 인플레이션을 자극할 수 있기 때문이다.

현재 여러 나라들의 환율시스템은 고정환율제도와 변동환율제도의 사이에 있다고 볼 수 있다. 환율은 시장 메커니즘에 따라 움직이지만 시장 상황에 의해서만 결정되지는 않는다. 관리변동환율제에도 자유로운 환율 변동을 어떻게 제약하느냐의 방식에 따라 여러 형태로 구분된다.

우리나라의 경우 1980년 2월부터 복수통화바스켓제도가 시행되었으며 1990년 3월 이후 1997년 12월까지 시장평균환율제도가 운영되었다. 복수통화바스켓제도는 원화 환율을 미 달러 등 주요 통화의 가치 변동에 연동시키는 시스템으로 SDR의 대미 달러 환율인 SDR바스켓, 주요 교역상대 통화로 구성된 독자바스켓[7]과 정책조정변수인 실세반영장치의 세 가지 요소에 의해 결정되었다. 시장평균환율제도는 환율의 시장 기능을 활성화하기 위하여 외환시장에서 실제로 거래된 복수의 환율을 거래량으로 가중평균하여 다음 영업일의 기준 환율로 정하는 방식으로 운용되었다. 우리나라는 이 기준 환율의 일정 범위 이내로 변동 폭을 제한하다가 점차 환율 변동 제한 폭을 확대하였다.[8]

---

7   미국, 일본, 서독, 영국, 프랑스 통화의 환율 변동을 가중 평균하여 산정되었다. 각 통화별 가중치는 우리나라와 각 나라 간의 교역 비중을 감안하여 산출하였다.

8   제도 도입 시 기준 환율을 중심으로 ±0.4%로 설정한 후 변동 폭을 지속적으로 확대하다 1997년 11월 외환위기로 ±10%로 대폭 확대 후 1997년 12월 폐지되었다.

자유변동환율제도 free floating system

자유변동환율제도는 은행 간 시장에서 외화의 수요와 공급에 따라 환율이 자유롭게 결정되도록 하는 시스템이다. 공식적으로 자유변동환율제도를 운영하고 있다고 표명하는 나라는 많으나 실제로 이러한 시스템을 운영하고 있는 나라는 많지 않다고 한다. 우리나라의 경우 외환위기 이후인 1997년 12월부터 자유변동환율제도가 시행되어 현재에 이르고 있다. 다만 환율이 일시적 충격으로 급등락할 경우 한국은행이 외환시장에 개입하여 환율 변동의 속도를 조절 smoothing operation하고 있다.

금본위제를 공격하는 '오즈의 마법사The Wizard of Oz'

"토토, 우리는 이제 더 이상 캔자스에 있지 않은 느낌이야!" 도로시는 캔자스의 황량한 초원에 있는 작은 집채에 숨어 있다가 회오리바람에 휩쓸려 하늘로 올라간 후 강아지 토토와 함께 낯선 오즈의 나라에 도착한다. 도로시는 착한 마녀로부터 고향으로 돌아갈 수 있는 방법은 위대한 마법사 오즈를 찾아가 간청하는 방법뿐이라는 예언을 듣게 된다. 이후 도로시는 남겨진 은구두를 신고 오즈가 살고 있는 에메랄드시市로 가던 중 여러 친구를 만나면서 여행을 시작한다.

미국 중서부 지역의 신문편집자인 L. 프랭크 바움Lyman Frank Baum(1856~1919)은 1900년 《오즈의 마법사》를 발표하였다.[9] 평범한 시골 소녀의 모험담은 이제 어린이들이 좋아하는 재미있는 동화로만 남아 있다. 그러나 '오즈의 마법사' 이야기의 밑바탕에는 19세기 말을 살아가던 미국 농민들

130

과 노동자들의 고통스런 삶의 모습이 스며있으며 금본위제와 은본위제를 둘러싼 정치 투쟁이 은유적으로 표현되어 있다.

도로시는 여행길에서 친구들을 만난다. 생각할 수 있는 뇌를 갖고 싶어 하는 허수아비와 사랑을 느낄 수 있는 마음을 갖고 싶어 하는 양철 나무 꾼, 그리고 용기를 얻고 싶어 하는 겁쟁이 사자를 만나게 되는데, 각자 자신들의 소원을 이루기 위해 함께하게 된다. 여러 가지 위험을 겪으면서 에 메랄드시에 도착했지만 오즈의 마법사는 서쪽 나라의 악한 마녀를 죽이면 소원을 들어주겠다고 한다. 도로시는 결국 악한 마녀를 처치했지만 위대 한 마법사 오즈는 가짜이며 도로시와 친구들의 소원을 들어줄 수 없다는 사실이 밝혀진다. 그러나 도로시가 신고 있는 은구두를 툭툭 치면서 소원 을 빌면 모든 것을 이룰 수 있다는 뜻밖의 사실을 착한 마녀로부터 알게 되어 마침내 고향으로 돌아오게 된다.

경제학자인 휴 록오프Hugh Rockoff는 1990년 발표한 논문 〈The Wizard of Oz as a Monetary Allegory〉에서 《오즈의 마법사》의 등장인물과 소 재를 다음과 같이 해석하였다.[10] 마법사의 이름인 오즈Oz는 금과 은 등의 무게를 재는 단위인 온스ounce의 약자이다. 주인공 도로시는 미국의 전통 적인 가치관을 나타내고 있으며, 허수아비는 가난한 농민, 양철 나무꾼은 산업 노동자, 그리고 소리만 크고 겁 많은 사자는 당시 민주당 대통령 후 보로 나섰던 윌리엄 제닝스 브라이언William Jennings Bryan으로 힘 없는 정 치가를 의미한다. 또한 부를 축적했던 미국 동부의 은행들은 변장한 마법 사, 서쪽에서 불어 닥친 회오리바람은 금본위제와 금 · 은본위제에 대한 정치적인 대립을 뜻한다. 도로시가 은구두를 신고 노란 벽돌길을 걷는데,

9   프랭크 바움이 쓴 총 14편으로 된 아동문학 작품이다. 제1편이 성공을 거두 면서 이후 열세편의 후속 작들을 썼다. 1903년 브로드웨이 뮤지컬, 1939년 MGM 영 화로도 상영되었다.

10   이 보다 앞서 1964년 헨리 리틀필드Henry Littlefield는 "오즈의 마법사; 인민주 의에 빗대어The Wizard of Oz; A Parable on Populism"라는 책을 발간하면서 오즈의 마법사 에 대한 정치경제적 은유를 설명하였다.

여기서 은구두는 모든 소원을 이루어주는 은본위제, 노란 벽돌길은 금본위제를 의미한다. 도로시와 친구들은 화폐를 의미하는 초록색 안경을 통해 세상을 보는 에메랄드시에 도착하는데, 마법사 오즈를 만나기 위한 험난한 여행길은 금본위제로 인하여 겪고 있는 디플레이션의 폐해를 의미한다. 금이 귀해 디플레이션이 유발되었기 때문에 당시 보유량이 풍부했던 은본위제를 병행하면 통화량이 늘어나게 되므로 인플레이션이 촉진되면서 경제가 살아날 것이라는 주장을 담고 있다.

당시 미국은 1873년 화폐주조법을 제정하여 금·은본위제에서 은을 제외하고 금본위제를 통화체제로 채택하였다. 그러나 19세기 말에는 금의 생산량이 부족해 화폐를 원하는 만큼 찍을 수 없었기 때문에 디플레이션이 발생하였는데, 1880년부터 1896년 사이에 미국의 물가 수준은 23%나 하락하였다. 이러한 디플레이션으로 인해 화폐 가치가 급등하면서 돈을 빌려준 사람은 이득을 보게 되었지만, 농민이나 노동자의 경우 부채의 실질 부담이 증가하여 큰 고통을 겪었다. 이러한 현상이 《오즈의 마법사》를 저술한 배경이 되었다. 당시 금본위제와 금·은본위제를 각각 주장하는 미국의 정당들은 치열한 투쟁을 벌였는데, 미국 북동부의 윌리엄 매킨리William McKinley 공화당 후보와 같은 자본가 계층은 금본위제를, 남서부의 농민과 노동자 계층은 금·은본위제를 지지하였다. 결국 1896년 대통령 선거에서 금본위제를 지지하는 공화당이 이겨 금·은본위제는 실시되지 않았다. 미국은 금본위제를 지속하였으나 이후 인플레이션을 경험하게 된다. 알래스카, 호주, 남아프리카 등지에서 금광이 발견되었으며 원석에서 금을 보다 효율적으로 추출할 수 있는 방법인 청화법이 발명됨으로써 미국으로 유입되는 금의 양이 확대되었기 때문이다. 이에 따라 통화 공급이 증가하면서 자연히 물가가 상승하게 된 것이다.

통화량은 물건을 살 수 있는 수요를 말한다. 수요가 적으면 물가는 하락한다. 물가 하락 폭이 커지면 디플레이션이 발생하여 기업 활동이 위축되며 소비가 감소한다. 생산해 내는 제품의 단가가 갈수록 떨어져 생산할수록 손해를 보게 되며 오늘 소비를 절약하면 내일 더 많이 소비할 수 있기 때문이다. 오즈의 마법사에서 도로시가 원한 것은 통화량을 더 찍어 낼 수

있는 마법이었다. 은도 통화로 인정한다면 통화량이 늘어나고 그 결과 유효수요도 늘어 경기를 살릴 수 있었다. 오즈의 마법사는 결과적으로 대공황의 가능성을 경고한 셈이다. 금이 부족한 상황에서 금본위제 고수를 주장하면 통화량이 줄어들어 돈의 가치가 높아지면서 디플레이션이 찾아오는 반면 은본위제를 병행하여 통화량이 늘어나면 돈의 가치가 낮아지면서 인플레이션이 찾아올 수 있다. 디플레이션하에서 부자들은 채권자로서 금융자산이 늘어나며 채무자들의 금융 부담이 증가한다. 디플레이션을 포함한 불황의 근원은 구매력 저하에 있다. 헬리콥터에서 돈을 뿌려야 하는 대책은 여기서 출발한다. 그러나 소득 양극화 구조가 해소되지 않은 상태에서 돈 풀기는 오히려 빈부격차를 확대 시켰다는 주장도 있다. 《오즈의 마법사》 배경을 알면 오늘날 미국의 양적완화QE와 일본의 아베노믹스를 읽을 수 있다.

3. 금리와 채권시장

채권과 채권시장의 중요성

금리를 이해하기 위해서는 채권을 이해해야 합니다. 또한 채권시장은 자금흐름을 이해하기 위해 알아야 합니다. 채권시장은 어느 나라에서나 돈이 움직이는 가장 큰 시장이니까요. 또한 중앙은행의 금

표 7.1 우리나라 채권 및 주식 거래금액 및 잔액[1]

(조 원)

	거래금액	잔액
채권	5,282[2]	2,593[3]
주식[4]	3,914	2,204

주: 1) 거래금액은 2022년 중, 잔액은 2022년 말 기준
    2) 장내+장외거래
    3) 상장+비상장
    4) 코스피+코스닥 시장
자료: 한국거래소, 금융투자협회, 한국예탁결제원

리조절도 채권거래를 통한 방식으로 이루어집니다.

채권시장의 이해

채권가격을 알기 위해 알아야 할 것들

여기서 잠깐! 채권수익률이 상승하면 채권가격은 하락하고 채권수익률이 하락하면 채권가격은 상승한다는 기본적인 사실을 언급하고자 합니다. 수익률이 올라가면 종전에 낮은 수익률을 가진 채권은 새로 나온 높은 수익률을 가진 채권에 비해 받는 이자금액이 적어서 가지고 있을 이득이 없어지므로 낮은 수익률을 가진 채권의 가격이 하락하는 일은 당연합니다. 그럼 얼마까지 떨어지게 될까요? 그렇게 줄어든 채권의 현재 가치 대비 채권의 표면이자가 만들어내는 수익률이 새로 발행한 채권과 동일한 수익률을 이룰 때까지 채권가격은 하락하게 되지요. 그리고 한 가지 더, 채권금리를 이야기하는 동안

에만 수익률이란 표현을 쓸 것입니다. 채권에는 표면금리가 있어 그냥 금리라고 할 경우 혼동될 수 있기 때문입니다.

금리가 변동하여 나타나는 자본손익

채권 보유 기간 중 투자 성과를 나타내는 수익률은 채권을 만기까지 보유하는 경우에만 만기수익률과 같아집니다. 채권을 만기가 되기 전에 팔 경우에는 그 사이 변동된 시장이자율 때문에 채권가격이 상승하거나 하락하게 되므로 당초 예상하였던 수익률을 얻을 수 없습니다. 이를 이자율위험이 발생한다고 합니다. 즉 이자율의 변화가 자본이익 또는 자본손실을 초래하여 채권 구입 시 알려진 만기수익률과 상당한 차이가 나게 됩니다. 이러한 이자율위험은 자본이익과 손실이 매우 클 수 있는 장기채권의 경우에 더욱 중요해지게 됩니다.

듀레이션Duration

간단히 설명하기 어려운 개념이지만, 그래도 채권을 이야기하기 위해서는 말씀드려야 합니다. 듀레이션이란 (1) 채권으로부터 얻을 수 있는 이자와 원금의 각 현금흐름의 만기 시점에 (2) 각 시점별 현금흐름의 현재 가치를 전체 가치로 나누어 구한 가중치를 곱하여 (3) 가중 평균한 만기라고 설명드릴 수 있습니다. 쉽게 말씀드리면, 듀레이션이란 그냥 채권에서 발생하는 현금흐름의 가중 평균 만기라고 할 수 있습니다. 좀 더 정교하게 말씀드리면, 그 가중 평균 만기에 각

이자수입과 원금 상환 금액이 현재의 채권가격에 차지하는 비중이 감안되었다고 설명할 수 있습니다. 듀레이션은 이자율 변화에 대한 채권가격의 민감도를 측정하기 위한 척도로 사용됩니다. 즉 듀레이션이 긴 채권일수록 금리 상승 시 더 큰 폭으로 가격이 하락하고, 금리 하락 시 더 큰 폭으로 가격이 상승하는 것이죠.

부채의 듀레이션에 대해 덧붙여 말씀드리겠습니다. 일반적으로 부채에 대해서는 듀레이션이라는 용어를 잘 사용하지 않는 경향이 있지만 부채에 따른 이자 지급과 원금 상환 만기를 고려하여 부채의 듀레이션도 산정할 수 있습니다. 이를 설명하는 이유는 [자산 : 부채] 불일치의 관점에 통화, 신용, 만기 등 여러 가지가 포함되지만, 만기 불일치는 듀레이션를 통해 측정되어야 함을 강조하기 위해서입니다. 개별 금융회사를 넘어서 우리나라 전체 자산과 전체 부채의 듀레이션을 계산해볼 필요가 있습니다.

시소의 원리로 설명하는 듀레이션의 개념

듀레이션은 이자율 변화에 따라 채권가격이 어느 정도 변하는지를 측정할 때 사용하는 척도로 채권에서 발생하는 이자와 원금 등 현금흐름들을 가중 평균한 만기로 계산된다. 여기서는 듀레이션의 개념을 접해보지 않아 쉽게 이해하기 어려운 독자들을 위해 시소의 원리를 이용해 보다 직관적인 방법으로 이해를 돕고자 한다.

현재 가치present value로 할인한 이자와 원금을 일정한 무게를 가진 물체로 가정하고 이를 균 형되게 하는 무게중심을 찾는다고 해보자. 그림에서는 금액이 큰 원금이 가장 오른쪽에 있으니 균형을 맞추려면 무게중심

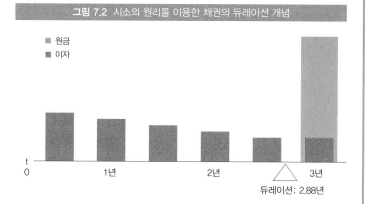

은 오른쪽에 많이 치우쳐 위치하게 될 것이다. 현금흐름들을 균형되게 하는 무게중심, 이것이 바로 듀레이션이다. 여기서 6개월마다 지급되는 표면금리coupon rate는 현재 가치로 환산되어 만기에 가까워질수록 작게 표현되어 있다.

그림을 보면 첫째 만기가 길면 무거운 원금기둥이 오른쪽으로 옮아가므로 무게중심도 오른쪽으로 이동하여 듀레이션이 길어지고, 둘째 표면금리가 높으면 왼쪽 편의 이자기둥이 커지므로 무게중심이 왼쪽으로 이동하여 듀레이션이 짧아지며, 셋째 할인율이 높아지면 오른쪽 기둥들의 무게가 줄어들어 듀레이션이 짧아짐을 직관적으로 알 수 있다.

개념을 직관적으로 이해하였다면 이제는 예시를 통해 듀레이션을 계산해 보고 듀레이션을 이용해 채권가격의 이자율 탄력성을 측정해 본다. 듀레이션은 채권의 이자와 원금을 통해 초기 투자액(채권의 시장매입가격)을 회수하는 데 걸리는 기간을 의미하므로 듀레이션은 다음의 식으로 표현할 수 있다. 예컨대 위의 듀레이션 계산식을 이용해 액면 1억 원, 표면금리 연 4%, 시장금리(r) 연 5%, 3년 만기, 1년 후 이 표를 지급하는 채권의 듀레이션을 계산해 보면 2.88년임을 알 수 있다.

$$D = \sum_{t=1}^{n} t \times \frac{CF_t \div (1+r)^t}{P}$$

기간(A)	현금흐름(B)	현재 가치(C)	가중치×(D)	듀레이션(A×D)
1	4,000,000	3,809,524	0.039	0.039
2	4,000,000	3,628,118	0.037	0.075
3	104,000,000	89,839,110	0.924	2.771
합계		97,276,752	1	2.88

한편 듀레이션은 채권가격의 이자율 탄력성을 나타내는 지표로 활용되므로 다음과 같은 식으로 나타낼 수 있다. 예컨대 계산식을 활용해 시장금리가 1% 하락할 경우 액면 1억 원, 표면금리 연 4%, 시장금리 연 5%, 3년 만기, 1년 후급, 현재 가치 0.95억 원, 듀레이션 2.88인 채권의 가격 변화를 계산하면 다음과 같다.

$$dp = (-)D \times \frac{dr}{(1+r)} \times p$$

채권가격 변화(dp)=−2.88÷(1.05)×(−0.01)×95,000,000원=2,605,714원

유동성이 낮으면 금리는 높아진다

금리의 기간구조란 초단기 1일로 부터 3개월, 6개월, 1년, 3년, 5년, 10년, 30년 등의 기간 동안 금리가 어떻게 형성되어 있는지를 말합니다. 이 금리들을 기간에 따라 구분한 후 선으로 이으면 수익률곡선yield curve이 되지요. 이러한 수익률곡선은 일반적으로 단기채권은 수익률이 낮고 장기채권은 수익률이 높아 우상향합니다. 그런데 단기금리는 현재의 경제 여건에 따라 쉽게 변하는 반면 장기금리는 장기간의 경제 전망에 의존하므로 일정 수준을 유지할 뿐, 단기경제 전망에 따라 쉽게 바뀌지 않습니다. 그러므로 단기금리가 낮을

때 수익률곡선은 급격한 우상향의 기울기를 가질 가능성이 큰 반면 단기금리가 높을 때에는 수익률곡선이 우하향할 가능성이 큽니다.

그런데 일반적으로 단기에서 장기로 갈수록 금리가 높게 형성되는 모습이 나타나는 이유는 무엇일까요? 장기로 갈수록 경제성장률이 높아진다는 의미일까요? 우리는 수익률곡선이 우상향하는 이유로 유동성 프리미엄liquidity premium을 이야기합니다. 채권의 장기수익률은 이론적으로 채권 만기 동안 예상되는 단기이자율들의 평균과 같아야 하지만 장기 보유함에 따른 유동성의 저하를 보상하는 수익률을 반영하고 있다고 합니다. 즉 장기채권수익률은 단기이자율 평균에 유동성 기간 프리미엄의 합을 더한 것과 같습니다. 물론 부도 위험이 없는 국채와 달리 회사채의 경우라면 위험 프리미엄risk premiun이 더해지겠지요.

장기수익률의 변동 폭이 더 큰가?

채권수익률이 변화할 때 일반적으로 장기채권의 가격이 단기채권의 가격보다 크게 변동하는 특성이 있어 장기채권수익률이 더 크게 변동한다고 잘못 알고 있는 경우가 있습니다. 채권수익률은 경제성장과 물가 전망 등에 의해 움직이는데, 향후 30년간의 전망이 향후 1년간의 전망에 비해 쉽게 바뀔 수는 없습니다. 장기채권가격이 더 크게 변동하는 경우가 많기는 하지만 이는 장기채권의 듀레이션, 간단히 말해 채권 만기가 길어서 가격에 더 큰 영향을 주어서 그렇게 나타날 뿐, 일반적으로 장기수익률이 더 큰 폭으로 변동하여 나타나는 것은 아닙니다.

장단기금리의 이해관계자

앞에서 금리에는 시간 개념이 있다는 당연한 말씀을 장황하게 설명하였습니다. 그런데 여기서 우리가 관심을 둬야 할 점은 각각의 금리 기간에 이해관계자가 있다는 말씀입니다. 금리와 관계된 주요 당사자로 금융회사, 정부, 기업, 가계를 들 수 있는데 각각 자금 조달과 운용 측면에서 민감한 기간이 있다는 점입니다. 단기자금에 의존하고 있는 금융회사의 경우 3개월, 우리나라 정부의 경우 5년 국채로 자금을 조달하고 있다면 5년, 3년 회사채를 주로 발행하고 있는 기업의 경우 3년, 10년 동안 주택 구입 자금을 이용하고 있는 가계는 10년 금리에 관심을 보이겠지요. 금리의 기간구조는 항상 파악되고 있으므로 이렇게 특정 금리에 관심을 두고 있는 경제주체들이 어려운 상황에 처하게 되면 금리의 기간구조상 어떠한 구간을 움직여야 할지 알 수 있습니다. 뒤에서 다시 언급하겠지만 이러한 점들은 오퍼레이션 트위스트operation twist에 이용됩니다.

채권시장의 무게를 바라보는 시각

채권시장이 받을 수 있는 무게

금리에 영향을 미치는 다른 요인들을 여러 관점에서 생각해볼 수 있지만 채권시장의 무게에 대해 생각해봅니다. 이때 무게란 채권시장의 듀레이션을 말합니다. 이 듀레이션은 앞서 말씀드렸듯이 시장 전체 채권의 가중 평균 잔존만기와 비슷하다고 생각하면 됩니다. 우리가 일반적으로 이야기 되는 '채권'의 듀레이션이 아니라 '채권시장'의 듀레이션에 대해 알아보고자 하는 이유는 금리 변동과도 밀접한 관계가 있습니다. 이러한 무게를 어떠한 각도에서 바라보아야 할까요?

채권 공급자는 필요 자금 규모를 결정한 후 수요가 공급을 받아줄 수 있는가를 점검하여 공급량을 다소 조정합니다. 채권 수요자는 가지고 있는 자금의 양과 성격에 따라 채권을 최대로 살 수 있는 양을 조정합니다. 채권시장이 무거운 상태면 추가적으로 살 수 있는 양이 시장 전체적으로 얼마 되지 않으며 금리 변동에 따라 시장이 크게 움직이게 됩니다. 그러므로 우리는 '전체 시장이 무거워지고 있느냐? 가벼워지고 있느냐?'에 대해 관심을 기울여야 하겠습니다.

단기물 vs 장기물

첫째, 쉬운 질문으로 시작합니다. 국채 5000억 원이 신규 발행되어 시장에 공급된다고 하였을 때 동일한 규모의 10년물과 3년물 중 일반적으로 어느 채권의 경우가 시장에 미치는 영향이 클까요? 당연히 답은 10년물입니다. 왜냐하면 시장에서는 채권의 공급 규모도 중요하지만 듀레이션이 긴 채권을 사기 어렵습니다. 이미 보유하고 있는 채권들도 충분히 무겁기 때문입니다. 즉 듀레이션이 긴 채권을 들고 있으면 금리 변동에 따라 손익 규모가 크게 변동하기 때문에 자산운용상 위험이 큽니다. 예를 들어 10년 국채의 듀레이션은 3년 국채의 약 3배가 되지요. 즉 금리 변동에 따라 10년 국채 1000억 원에서 나타날 수 있는 자본손익은 3년 국채 1000억 원에서 발행하는 자본손익의 약 3배가 되기 때문에 만기가 긴 채권을 보유하는 데 더욱 신중할 수밖에 없다는 말씀입니다.

총발행 vs 순발행

둘째, 총발행과 순발행의 문제에 대해 알아봅니다. 일반적으로 채권은 만기가 되어 차환 발행하는 경우가 많은데, 예를 들어 5000억 원 채권의 만기가 돌아와서 6000억 원을 발행하는 경우와 8000억 원 채권의 만기가 돌아와서 9000억 원을 발행하는 경우 순발행은 1000억 원으로 같습니다. 즉 두 경우 모두 채권시장에 새로 진입하게 되는 채권은 1000억 원입니다. 나머지 금액은 만기가 되어 돌려받는 돈으로 사면 되니까요. 이 경우 채권시장에 미치는 영향은 같을까요? 그렇지는 않습니다. 순발행 물량도 중요하지만 총발행이 많은 경우 채권시장은 더 무겁게 느낍니다. 즉 단기적으로는 총발행이 많은 경우 공급 물량이 많다고 느껴서 금리 상승 요인이 되지요. 만기가 돌아와 돌려받은 돈으로 반드시 채권에 재투자한다는 보장은 없으니까요.

외화의 흐름과 환율의 관계

이번 시간에 살펴볼 외화흐름과 환율 간에는 굳이 설명하지 않아도 밀접한 관련이 있을 듯 보입니다. 그런데 이들은 서로 영향을 미치는 유일한 요인일까요? 외화의 흐름에 영향을 미치는 요인은 환율 이외에도 많으며, 환율에 영향을 미치는 요인은 외화흐름 외에도 많습니다. 그럼에도 이 둘의 관계에 중점을 두는 까닭은 자금흐름과 가격 간의 관계를 알아보는 것이 우리의 주요 과제 중 하나이기 때문입니다. 먼저 환율에 영향을 미치는 요인들에 대해 외화흐름과 다른 요인들로 구분하여 알아봅니다. 다음 외화흐름에 영향을 미치는 요인들에 대해 환율과 다른 요인들로 구분하여 알아봅니다.

참! 또 말씀드리고 넘어갈 사항이 있군요. '외화의 흐름과 환율의 관계'를 살펴보는데 있어 단기와 장기로 구분하여 접근하고자 합니다. 요인들을 첫째, 외화흐름과 다른 요인, 둘째, 환율과 다른 요인으로 나눈 후 각각 그 안에서 단기와 장기로 구분하는 방식은 기계적입니다. 세상의 많은 것이 칼로 두부를 베듯이 정리되지는 않으니까요. 그러나 다소 명료하게 설명할 수 있지 않을까 하는 욕심이 있습니다.

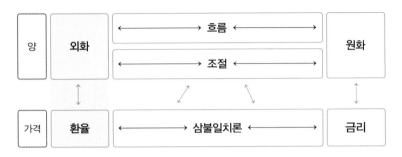

그림 8.1 체계: 외화의 흐름과 환율

이제 외화흐름이 환율에 미치는 요인을 장단기로 나누어 읽어보려고 합니다. 우선 외화흐름을 무역거래와 자본거래라는 관점에서 살펴봅니다. 무역거래도 자세히 보면 수출대금으로 들어온 돈이 곧 원자재 수입자금으로 국외로 빠져나갈 돈인지, 아니면 국내 부품을 구입하거나 국내에서 인건비를 지급할 돈인지 과거 추이를 보아 알 수 있습니다. 또 자본거래도 장기투자기관에서 들어와 상당 기간 국내에 머무를 돈인지 또는 단기헤지펀드에서 들어와 언제든 빠져나갈 수 있는지에 따라 일정 기간 후 환율에 미치는 영향이 달라질 수 있습니다. 여기서 다시 '돈의 꼬리표'라는 화두가 생각나는군요. 많은 통계표와 자료를 통하여 추론해야 하는 과제입니다. 교과서에 나오는 환율이론은 대부분 장기적 관점에서 보는 이론입니다. 단기요인은 당시에는 중요하지만 시간이 흐르면서 장기요인으로 귀결된다고 합니다. 과연 장기요인이 단기요인보다 중요할까요? 학생 시절 환율에 미치는 요인에 대한 이론이 많이 설명된 교과서를 읽으면서, 왜 하나의 통일된 이론으로 일관되게 제시하지 않을까 하는 의문을

표 8.1 환율결정이론

이론	주요 내용
구매력평가이론	환율변화율은 양국 기대물가상승률의 차이와 동일
커버되지 않은 이자율평가이론	현물환시장만 있는 경우 환율변화율은 양국 명목이자율의 차이와 동일
커버된 이자율평가이론	양국 간 이자율 차이는 외국 통화에 대한 선물환율에 반영됨
미래 현물환의 불편추정치로서의 선물환율	선물환율은 미래 현물환율의 불편추정치

품은 적이 있었습니다.

1. 무엇이 환율을 변동시키는가?

자금흐름이 환율에 미치는 요인: 단기요인

환율은 매일 변합니다. 장기 관점의 요인들이 중요하다 할지라도 짧은 기간 동안의 환율 변동에 대해서는 설명하지 못합니다. 장기요인으로 거론되는 물가 수준, 무역장벽, 상품선호, 생산성 차이 등이 짧은 기간 내에 변하지는 않으니까요.

환율의 단기 움직임을 이해하기 위해서는 자본거래의 흐름을 주시해야 합니다. 환율 변동의 장기요인은 무역의 기조적인 추이, 즉 수출과 수입이라는 상품거래의 움직임에 초점을 맞추고 있었습니다. 짧은 기간 발생하는 환율의 움직임이 자본거래에 크게 영향을 받는 이유는 지난 시간 말씀드렸듯이 자본거래의 규모가 무역거래 규모에 비해 엄청나게 클 뿐 아니라 상대적으로 급속하게 이루어지기 때문입니다. 그러므로 환율을 이야기하면서 자본이동 또는 수출과 수입만을 이야기하는 사람들은 세상의 일부만을 보면서 생각하는 셈입니다.

목요일에 금융위기에 대해 살펴보려고 합니다만, 자본거래는 환율에 영향을 주면서 외환위기를 일으키는 주범이 될 수 있는 유력 후보입니다. 외국인의 국내 자산 투자와 내국인의 해외 자산 투자 등으로 움직이는 돈의 흐름에 주목하는 관점을 자산시장접근법asset market approach이라고 합니다. 국내외 채권, 주식 등 자산 가격 변동이 단기적으로는 더 중요하다고 하겠습니다. 자산시장접근법에 대해 쉽게 이해하는 방식도 달러를 하나의 상품이라고 가정하고 수요와 공급을 생각하는 것입니다. 즉 다른 조건이 일정할 경우 달러에 대한 수요가 늘면 대미 달러환율이 오르고 달러에 대한 공급이 늘면 환율이 내리게 되지요. 그러면 무엇이 달러에 대한 수요와 공급을 변화시키는가 하는 문제가 남게 됩니다.

일반적으로 국내 금리가 오르면 달러 수요가 줄어드는 반면 미국 금리가 오르면 달러 수요가 증가한다고 보고 있습니다. 즉 환율을 금리와 관련지어 생각하는 접근이지요. 이와 같은 관점에서 이자율 평형 조건interest parity condition은 국내이자율, 외국이자율, 국내 통화의 예상절상률이 어떠한 관계에 있는지를 설명해줍니다. 이에 따르면 국내이자율은 외국이자율에 예상되는 외국 통화의 절상률을 더

한 합과 같습니다. 이는 국내에서 투자하든 외국에서 투자하든 투자 종료 후 같은 수익을 얻게 된다는 뜻입니다. 이 경우 국내 자산과 외국 자산이 완전대체재라고 가정하고 있다는 점을 명심합시다. 그러나 우리나라와 미국의 3년물 국채수익률이 모두 3%라고 가정할 경우 동일한 금리로 볼 수 있을까요?

반면 국내 금리가 오르면 기업 채산성이 나빠져서 주가가 하락할 가능성이 있는데 이는 주식투자를 통한 자본 유입을 줄입니다. 국내 금리가 내리면 같은 이유로 주식투자를 통한 자본 유입이 늘어날 수도 있습니다. 금리 변동 시 나타나는 자금흐름을 살펴보면 채권투자와 주식투자가 반대 방향으로 움직이는 경향이 있습니다. 그러므로 외국인 주식투자의 영향이 채권투자보다 클 때에는 이자율평형조건 interest parity condition이 성립하지 않을 수 있습니다.

그런데 이러한 채권투자와 주식투자의 경우 환차익을 노리지 않고 들어오는 자본이동은 환헤지를 하고 들어오며, 환차익을 겨냥하여 들어오는 자본이동은 환헤지 없이 들어옵니다. 따라서 환차익을 겨냥하는 자금만이 환율에 영향을 준다고 쉽게 생각할 수 있습니다. 그러나 환헤지를 목적으로 하지 않는 자금도 환헤지를 하는 과정에서 선물환율에 영향을 주며 이러한 선물환의 변동은 현물환율에 영향을 줍니다. 그러므로 환차익을 노리지 않고 환헤지를 하는 거래가 현물환율에 영향을 주지 않는다는 단순한 생각을 버려야 합니다. 결국 해외에서 돈이 들어오면 환헤지를 하든 하지 않든 환율에 영향을 주게 된다는 사실을 알 수 있습니다.

표 8.2 우리나라의 외국인 주식[1] 및 채권[2] 보유비율(기간 말 기준)

(조 원, %)

		2008	2009	2010	2014	2019	2022
주식	보유액(시가)	166.9	289.3	375.5	423.0	593.2	573.8
	보유비중	28.9	32.6	32.9	31.2	33.3	26.4
채권	보유액	37.5	56.5	74.2	100.4	123.7	228.6
	보유비중	4.3	5.6	6.6	6.9	6.8	9.7

주: 1) 상장주식 기준. 코스피+코스닥 시장
　　2) 상장채권 기준
자료: 금융감독원

　　물론 투자를 회수할 때에는 그 선물환율계약이 종료되면서 환율에 주는 반대 방향의 영향도 고려해야 합니다.[11] 한편 외환시장 참가자들이 미래 환율의 상승을 기대하면 현재 환율도 당연히 상승한다고 하겠습니다. 모든 가격 변수의 움직임에는 기대가 항상 중요하지요. 여러 요인이 이미 반영되었다고 시장이 평가한다면 나중에 그 요인이 나타나더라도 기대 환율은 바뀌지 않을 테지요.

11　　일반적인 선물환outright forwards과 달리 역외선물환NDF은 거래 시와 청산 시 모두 현물환율에 영향을 미치게 된다. 은행은 NDF 매도포지션의 만기 청산 시 원금 교환이 일어나지 않으므로 현물환을 매도하여fixing 만기 시 발생되는 현물환 매입초과포지션을 중립square으로 조정해야 한다.

환율 변동에 영향을 미치는 다른 요인들: 장기요인

일물일가법칙: 환율의 균형

전통적인 이론은 모든 가격 변수가 균형으로 수렴하게 된다고 주장합니다. 이에 따르면 환율도 대내외 균형을 동시에 달성하는 균형환율로 수렴하게 됩니다. 물론 대내외 균형을 동시에 달성하게 되는 수준이 얼마인가를 알아내는 일은 어렵습니다. 그리고 모형을 통하여 계산해낸다고 할지라도 실제 환율은 그렇게 움직이지 않습니다. 단기적으로는 경제환경이 급변하는 가운데 투기적인 세력이 가세하면서 적정한 수준으로 수렴되지 않고 오히려 적정 수준에서 더 멀어지는 경우도 빈번합니다.

그러나 언제나 많은 비판을 이기고 오랫동안 살아남은 이론을 통한 접근은 우리에게 장기적 관점에서 많은 시사점을 줍니다. 한국은행을 포함하여 여러 기관과 민간 경제연구소들이 내부적으로 기조적 균형환율에 대한 연구를 하고 있는 것으로 알고 있습니다. 쏠림현상이 나타나 환율이 급변동하는 상황을 넘어서 장기적 관점에서는 환율도 균형에 수렴하는 움직임을 나타냅니다. 그러나 조금 전에 말씀 드렸듯이 균형을 찾기까지 소요되는 시간 속에서 우리는 얼마나 참을 수 있을까요?

다른 측면에서 환율 변동에 대한 여러 문제를 쉽게 이해하는 간단한 방법은 환율 변동의 단기요인을 설명할 때 이미 설명드렸듯이, 달러를 하나의 일반 상품이라고 생각하는 것입니다. 환율도 다른 상품처럼 수요와 공급의 상호작용에 의해 결정됩니다. 다만 항상 다른 주제에서도 그러하듯 여기서도 '수요와 공급에 미치는 요인이 무엇인가?' 하는 문제가 다시 제기되겠지만, 환율이 어떻게 결정되는지를 이해하기 위한 첫걸음은 '동일한 상품은 우리나라와 다른 나라에서 모두 같은 가격으로 팔려야 한다'一物一價 法則, law of one price라고 생각하는 것입니다. 사실 규제와 거래비용이 없다면 이론적으로 그러할 것입니다. 만약 같은 가격이 아니라면 우리나라에서 산 후 미국 가서 팔면 이득을 보거나 또는 그 반대 방향이 성립할 테니까요. 결론적으로 환율은 어디서 돈을 운용하든 손익의 차이가 없어지는 상황이 되는 방향으로 움직이게 됩니다. 기억하시겠지만 우리는 차익거래를 설명하는 과정에서도 '서로 다른 시장을 이용하더라도 그 수익이 같아지는 방향으로 가격이 움직인다'는 주장을 확인한 적이 있었습니다. 이렇듯 서로 다른 시장에서 무엇을 하더라도 결국은 같아진다는 개념arbitrage free이야말로 가격 변동에 대한 기본적인 '시각의 틀'을 제공해줍니다.

구매력 차이가 미치는 영향

환율이 어떻게 결정되는가를 설명하는 가장 대표적인 이론으로 구매력평가이론theory of purchasing power parity, PPP이 있습니다. 즉 두 나라 통화 간의 환율은 두 나라의 물가 수준을 반영하여 조정된다는 이론입니다. 조금 전 말씀드렸던 일물일가법칙에 물가 수준을 적용한 것입니다. 그러나 구매력평가이론은 동일 상품이 아닌 비슷한 상품에 적용하기 어렵습니다. 예를 들면 삼성 갤럭시와 애플 아이폰 그리고 현대 자동차, 도요타 자동차처럼 비슷하지만 선호관계가 있는 상품들이죠. 이를 단순히 구매력으로 측정하기란 곤란합니다.

또한 부동산, 식당 서비스 등 경계를 넘어 거래될 수 없는 비교역 재화non tradable goods의 경우 가격 상승은 구매력에 영향을 미칠지라도 환율에는 직접적인 영향을 미치지 못하는데 구매력평가이론은 이러한 점을 설명할 수 없다는 제약이 있습니다. 동남아시아를 여행하다 보면 우리나라보다 물가가 싸다는 것을 느낍니다. 거래될 수 없는 요소들에 의한 구매력은 나라마다 같지 않습니다. 또 우리나라의 소주 1병을 미국에서 같은 값으로 마실 수 없으며 마찬가지로 스코틀랜드 위스키는 우리나라에서 훨씬 비싼 값으로 팔리고 있지요. 유럽에서는 출근할 때에는 고급 정장을 입어야 하지만 아프리카에서는 굳이 그럴 필요가 없습니다. 생활하는 과정에서 비교하려는 물품의 품질이 꼭 같아야 하는 것은 아닙니다.

지금까지 장기적 관점에서 환율은 일물일가一物一價의 원칙하에서 구매력평가에 의해 결정된다고 설명하였습니다. 그러나 구매력평가이론만으로 환율을 설명하는 데는 한계가 있습니다. 두 나라 간의 상대적 물가 수준, 무역장벽 등의 규제, 앞서 예를 든 갤럭시와 아이폰처럼 국내 재화와 외국 재화 간의 선호 정도, 두 나라 간의 생산성 차이 등은 환율 변동에 미치는 영향을 쉽게 설명하지 못하게 합니다.

2. 환율 변동은 어디에 영향을 미치는가?

환율 변동이 자본이동에 미치는 영향: 단기요인

환율에 민감하게 반응하는 자본이동

이제 환율이 변동하면 자본이동에 어떠한 영향을 미치는가에 대해 알아봅니다. 여러분이 교과서를 찾아보면 환율에 영향을 미치는 요인들에 대해서는 비교적 상세하게 설명되어 있는 반면 환율이 미치는 영향에 대해서는 분명한 설명이 없다는 사실을 발견할 수 있습니다. 이는 환율이 미치는 영향이 너무 간단하여 별로 설명할 이야기가 없거나 또는 다른 요인들이 미치는 영향과 함께 복잡하게 얽혀 있어서 명쾌하게 구분하기가 어렵기 때문이겠지요. 어떤 설명이 더 맞을까요?

우리는 지금 환율이 자본이동에 미치는 영향에 대해 이야기하고 있습니다. 먼저 원론적인 입장에서 국제투자이론을 읽어보면, 환율은 외국인이 투자한 국내 자산의 외화표시 가격에 영향을 주며 이는 외국인의 국내 투자포트폴리오 선택에 영향을 미칠 것입니다. 즉 환율이 오르면 국내 자산이 싸 보이니까 돈이 들어오고, 환율이 내리면 비싸 보이니까 돈이 나가게 됩니다. 그런데 다른 요인들의 변화가 없다면 이러한 외국인의 투자 행태는 다시 환율에 영향을 주어 외국인들이 빠져나가면 환율이 오르고 외국인들이 들어오면 환율이 내리는 시차를 가지는 순환 과정을 밟게 되겠지요. 그러나 이는 환율이 상승 또는 하락한 이후 이러한 수준이 일정 기간 지속될 경우에 대한 설명입니다. 환율이 상당 기간 상승세를 보일 것으로 예상되는 경우에는 가지고 있는 원화자산의 가치가 하락할 경우를 우려하여 외국인들이 국내 투자자산을 매각하는 가운데 새로운 투자자금은 국내로 들어오기 주저합니다. 즉 환율이 오르는 과정에서는 투자 손실을 우려하여 상당 규모의 돈이 밖으로 나가게 됩니다. 반면에 환율이 상당 기간 하락세를 보일 것으로 예상되는 경우에는 원화자산을 가지고 있으면 향후 이익이 될 것으로 예상되므로 돈이 국내로 들어오게 됩니다. 한편 조금 후 환율이 수출입거래에 미치는 영향에서도 언급하겠지만, 환율이 오르면 수출이 증가하는 반면 수입이 감소하여 우리나라에 들어오는 돈이 늘어나게 됩니다. 같은 방식으로 환율이 내리면 수출입을 통하여 우리나라로 들어오는 돈이 줄어들게 되겠지요.

여러분도 이미 아시겠지만, 이렇게 환율이 자본거래와 수출입거래를 통하여 자금흐름에 미치는 영향은 서로 반대 방향으로 작용하는 경우가 많습니다. 따라서 환율이 상승하거나 하락하였을 때 자금흐름이 늘어나느냐 혹은 줄어드느냐는 쉽게 말할 수 없으며 어떤 부문에 대한 영향이 더 크냐를 따져봐야 할 문제입니다. 또 어떤 부문이 더 빨리 반응하는가도 고려해야 하겠지요. 일반적으로 자본거래가 무역거래보다 환율 변동에 더 빨리 반응하지요. 한편 환율이 자본이동에 미치는 영향은 환율 수준 자체보다 향후 환율이 어떻게 변할 것인가의 환율 변동의 방향과 그 폭에 있습니다. 물론 현재 환율 수준도 지금 너무 높으니 더 오르지 않겠다 또는 조금 더 오를 수 있 겠다는 전망을 형성하는 데 영향을 미칩니다. 어쨌든 환율 변동 예 상이 자금흐름을 판단하는 데 중요합니다.

손익실현에 대한 비대칭적 반응

외국인들이 국내 자산 투자에서 보이는 행태는 일반적으로 대칭 적이지 않다고 알려져 있습니다. 즉 환율이 하락하여 외국인 투자자 들이 이익을 얻게 되면, 장부상의 이익을 실현하기 위해 국내 자산 을 팔고 국경을 넘어 나가는 경향이 있는 반면 환율이 상승하여 손 실이 발생하면 이에 적극적으로 반응하지 않고 손해를 본 자산을 그 대로 보유하는 경향이 있습니다. 왜 그럴까요? 일반적으로 누구나 자신의 실패를 인정하지 않으려는 속성이 있어 매몰원가sunk cost에 집착하는 경향이 있지만, 이는 투자성과평가제도와도 관련이 있습 니다. 이익을 실현하는 마음에는 이만큼 이익을 얻었으니 되었다는 만족과 함께 더 이상 이익을 얻으려고 하다가는 오히려 지금보다 손 해 볼 수 있다는 우려가 공존합니다.

우리는 지금까지 자본이동과 관련하여 해외에서 들어오는 돈의 흐름에 대해 알아보았습니다만, 국내에서 나가는 돈의 흐름에 대해 서도 살펴야 합니다. 해외 투자의 경우 환율이 오르면 원화로 표시 된 투자액이 늘어나서 이익이 발생하기 때문에, 이에 따른 이익을 실현하기 위하여 투자를 환수하는 경향이 있습니다. 물론 환율이 내 리면 손해를 보는데 이 경우 외국인 투자가처럼 적극적으로 반응하지 않는 경향이 있지요.

　이와 같은 경향을 통하여 우리는 환율이 영향을 미치는 자금흐름이 다시 환율에 영향을 미치는 순환 과정에서 가속과 상쇄의 원리를 깨달을 수 있습니다. 즉 환율이 하락하면 외국인 투자가들이 이익을 실현하기 위해 자금을 빼내면서 다시 환율이 오르게 되는 상쇄 효과가 있는 반면 환율이 상승하면 외국인들이 움직이지 않아 환율 상승이 가속화할 가능성이 있습니다. 조금 전 말씀드렸듯이 외국인들이 비대칭적으로 움직이기 때문이지요. 그런데 환율 변동에 따른 내국인들의 투자와 투자 환수를 생각하면 외국인 투자자들과 반대로 움직일 가능성이 크므로 환율 변동을 상쇄하게 되지요. 어떤 자금흐름의 규모가 더 큰지와 얼마나 빠르게 움직이는지에 달려 있습니다. 글로벌 금융위기 과정을 살펴보면, 당시 외국인 투자가들은 자국의 사정을 감안하여 돈을 빼나가는 경우sudden stop가 많았지만, 국내 투자자들은 국내 외화자금이 부족하여 환율이 상승하는 가운데 해외 투자자산을 팔아 그 돈을 들여온 경우retrenchment가 많았습니다. 자금이 빠져나가는 과정에서 일부 상쇄하는 완충작용을 했던 것입니다. 그런데 여기에서 외국인과 국내 투자자의 공통점을 발견할 수 있습니다. 국제금융시장이 불안해지자 외국인이든 국내 투자자든, 일단 자기 나라에 있는 본점으로 자금을 불러들이는 모습을 보였던 것입니다.

자본이동과 헤지거래

환율이 자본이동에 미치는 영향을 알아보기 위해서는 환헤지에 대해 알고 있어야 합니다. 이를 간과하면 전혀 엉뚱하게 상상한 결과가 됩니다. 우리는 앞에서 자본이동에는 채권투자와 주식투자가 있으며 환헤지를 하는 거래와 하지 않는 거래가 있다는 사실을 알아본 적이 있습니다. 그런데 이들 자금거래는 너무나 다양한 목적이 있으며 거래별 환헤지 여부도 시장에 알려져 있지 않기 때문에 일률적으로 재단하기가 쉽지 않으므로 조금 극단적으로 이야기해봅니다.

먼저 주식자금은 환차익보다는 그냥 주가차익을 겨냥하여 들어온다고 볼 수 있습니다. 그러므로 환헤지를 하는 경우는 드물다고 알려져 있습니다. 물론 환율이 저평가되었다는 인식이 커질 경우 주식자금은 환차익까지 획득할 수 있으므로 유입 유인이 커지겠지만, 일반적으로는 주가 변동을 노리고 투자하기 때문에 환헤지에 크게 신경 쓰지 않는 것으로 판단됩니다.

다음으로 채권투자자금은 환율 변동에 신경을 많이 쓰는데 투자회사, 중앙은행 등 주요 투자기관들은 환헤지를 거의 하지 않고 단기채권 위주로 투자하는 경향이 있습니다. 환차익을 겨냥하여 들어오면서 향후 금리 상승 시에도 손해가 크지 않으리라고 판단하는 것이겠지요. 그러므로 원/달러 환율이 하락할 것으로 기대되는 경우 환차익을 겨냥한 외국인의 단기채권투자가 증가합니다. 반대로 원/달러 환율이 상승할 것으로 기대되는 경우 환차익을 겨냥하여 들어왔던 외국인들은 단기채권을 팔겠지요. 반면 일부 채권투자의 경우에는 환율 변동 위험에 대비하여 환헤지를 하고 들어오는 자금들도 있다고 알려져 있습니다. 이런 자금들은 주로 금리차익 획득을 위해 환헤지를 하는 경우인데 일시적인 환율 변동보다는 내외금리차 또는 스왑레이트 변동에 따라 결정되는 차익거래 유인의 추이에 민감하게 반응하는 경향이 있습니다. 한편 최근 외국 중앙은행, 국부펀드, 연기금 등 중장기성 투자기관들이 포트폴리오 다변화 목적으로 우리나라 국채와 통화안정증권에 대한 투자를 크게 확대한 바 있는데 이들 자금은 대부분 환헤지를 하고 있지 않지만 환율이 변동하는 상황에서도 유출입 변동이 제한적인 모습을 보여 우리나라 전체 채권자금의 유출입이 안정화 되는데 기여한 것으로 평가받고 있습니다.

2008년 글로벌 금융위기 과정에서 외국인 투자가들은 돈을 빼내가는 경우가 많았지만, 국내 투자자들은 돈을 들여온 경우가 많았다고 조금 전 말씀드렸습니다. 그러나 당시 우리나라 투자자들은 대부분 해외 투자 시 환헤지를 하였기 때문에 환율 상승세를 완화하는데 기여는 크지 않았습니다. 실제로 2008년 하반기 동안 외국인 증권투자자금은 약 290억 달러 유출된 반면 같은 기간 중 국내 투자자들의 해외증권투자자금은 약 240억 달러 유입에 불과하였습니다. 유입액 가운데 국민연금이 일정 부분을 차지했음을 감안할 때 환헤지는 국내 투자자들의 자금 회수를 제약한 요인으로 작용하였다고 볼 수 있습니다.

환율 변동이 영향을 미치는 다른 부문들: 장기요인

수출입거래

환율 변동이 경상수지에 미치는 영향을 보면 환율 상승은 상품수지와 서비스수지 모두를 개선하는 효과가 있습니다. 수출기업의 경우 원화로 수출대금을 환산할 경우 더 많은 이익을 얻게 되므로 수출단가를 인하하여 대외 경쟁력을 갖출 수 있는 반면 수입기업은 환율이 상승하면 원화로 지급해야 할 대금이 늘어나 국내 경쟁력이 낮아진다는 사실은 다시 이야기할 필요 없이 명백한 것으로 보입니다.

한편 자본거래 규모가 수출입거래 규모보다 훨씬 더 크다는 점을 여러번 말씀드렸지만, 수출입거래와 자본거래를 규모로 단순히 비교할 수 없는 점이 있습니다. 경상수지 흑자 또는 적자는 상당 기간 일정한 추세를 나타내는 경우가 잦은 반면, 자본거래는 유출과 유입의 방향이 자주 바뀌면서 독립적으로 발생하여 순유입 또는 순유출 규모는 전체 거래 규모에 비해 크지 않을 수 있다는 점입니다. 그러므로 중장기적인 관점에서 환율 수준의 안정성은 경상수지 흑자 또는 적자 기조에 의해 보다 크게 좌우될 수 있다는 점을 강조하고 싶군요.

그러나 단기적인 요인도 함께 생각해볼 필요가 있습니다. 조금 전 말씀드렸듯이 환율 변동은 자본거래가 발생하는 요인이 되어 경상수지를 상쇄한다는 점에 대해서 말입니다. 되풀이 하자면, 환율이 오르면 수출이 증가하는 반면 수입이 감소하여 우리나라로 들어오는 돈이 늘어나게 되지만 자본 유출이 늘어나서 다시 환율이 떨어지는 순환 과정을 밟게 된다는 뜻입니다.

　다만 환율이 하락하면 경상수지가 적자로 나타나 외자유입이 줄어들어 다시 환율이 상승하는 반면, 환율이 상승하면 외자유입이 늘어나서 환율이 다시 하락하는 메커니즘은 적어도 J-곡선 효과J-curve effects[12]가 사라지는 장기에는 성립하는 명제로 알려져 있습니다. 장기적인 관점에서는 환율 수준이 시장에서 조정되어 수출입거래에 영향을 줄 수는 없다는 말입니다. 이때 얼마나 장기적인지가 중요하겠네요.

　이제 환율이 얼마나 빨리 조정되는지가 수출입거래와 자본이동 등 자금흐름에 어떤 영향을 미칠지에 대해 생각해보고자 합니다. 실증분석연구[13]에 따르면 첫째, 환율이 신축적으로 움직일수록 경상수지 흑자 또는 적자 조정에 유의한 영향을 미치며, 둘째, 환율의 신축적인 변동은 자본거래를 통해 경상수지를 조정하는 확률을 낮추

12　　환율의 변동과 무역수지의 관계를 나타낸 곡선이다. 환율이 상승하더라도 초기에는 무역수지가 악화되다가 상당 기간이 지난 후 개선되는 현상이 나타나게 된다. 즉 환율 상승 초기에는 수출량과 수입량에 큰 변동이 없는 가운데 수출품 가격은 하락하는 반면 수입물 가격은 상승함으로써 무역수지가 악화된다. 그 후 시간이 경과하면서 수출입상품의 가격 경쟁력 변화에 맞춰 수입량이 줄어들고 수출량은 늘어나면서 조정 효과가 나타나 무역수지가 개선된다. 이와 같은 현상을 그래프로 나타내면 알파벳 J 형태의 곡선이 나타나므로 'J-곡선 효과'라고 부른다.

13　　김근영, 〈국제자본이동 하에서 환율신축성과 경상수지 조정: 국가패널분석〉, 《BOK 경제연구》(2014)를 참조하여 정리하였다. 이 연구는 44개국을 대상으로 경상수지 조정과 외국인 자본 유입 간의 관계 및 환율신축성의 역할을 실증 분석하였다.

는 것으로 분석되었습니다. 즉 경상수지 적자국의 경우 유입되는 외화자금이 경상수지 적자를 보전하는 재원으로 활용되는 반면 경상수지 흑자국의 경우는 유입되는 외화자금이 생산성 향상에 기여함으로써 경상수지 흑자를 줄일 가능성이 적어진 것으로 나타났습니다. 셋째, 환율이 신축적으로 변동할수록 자본거래가 경상수지 적자를 조정하는 효과가 상대적으로 약하며 외자유입 효과도 체감하는 특성을 나타냅니다. 넷째, 경상수지 흑자국의 경우 경상수지 흑자가 조정될 확률이 높아지면 외화자본이 유출되는 경향이 있으나 경상수지 적자국의 경우는 이러한 유의한 관계가 나타나지 않는다고 합니다.

마지막으로 환율의 움직임이 수출상품의 가격에 반영되는 정도와 관련하여 국제수지에 미치는 영향에 대해 알아봅니다. 우리나라 상품수지의 경우 국제경쟁이 심화되는 가운데 환율이 가격에 미치는 요인이 약해지는 반면 비가격적 요인의 중요성이 증대됨에 따라 환율 변화의 영향은 점차 약화되고 있는 것으로 분석되고 있습니다. 즉 환율 때문에 싸다고 많이 팔리고 비싸다고 덜 팔리던 모습이 점차 약해진다는 뜻입니다. 우리나라 상품의 품질 수준이 높아지면서 생기는 바람직한 현상이라고 볼 수 있습니다.

경제성장과 고용

환율 변동이 실물경제에 미치는 영향은 그 나라 경제가 얼마나 높은 대외 의존도를 보이고 있는지에 따라 비교적 뚜렷한 차이를 나타냅니다. 예를 들면 환율이 상승하면 수출이 증가하고 수입이 감소하여 국내 생산GDP과 고용이 늘어남에 따라 경제성장이 촉진된다는 긍정적인 면이 강조됩니다. 물론 장기적인 관점에서 올랐던 환율이 자본거래를 통하여 다시 하락한다면 이러한 영향은 없어지게 되겠지요.

물가 변동

환율 변동은 수입물가의 변화를 통해 소비자물가에 영향을 미치게 됩니다. 더욱이 국제원자재가격 상승으로 환율의 수입가격 전가율이 높은 원자재 수입 비중이 커지면 환율이 물가에 미치는 영향은 이전에 비해 더욱 강화됩니다. 우리나라의 경우 수입에 의존하고 있는 석유와 같은 에너지 자원이 특히 그러하지요. 아울러 최근 연구 결과에 따르면 환율 변동의 수입가격 전가율은 2000년대 이후 1에 가까워지는 모습을 보이고 있는데, 이는 환율 변동의 영향이 거의 그대로 국내 가격에 반영되고 있음을 의미합니다.

외채

이렇게 환율이 상승하면 외화로 표시된 국내채무, 즉 외채의 원화 환산액이 증가하여 외채상환 부담이 증가하게 되는 등의 문제도 있습니다. 반면 외국인의 원화채권 투자, 즉 원화표시채무의 경우는 환율이 상승하면 달러로 환산된 금액이 감소하게 되어 명목외채가 줄어든 것처럼 보이게 만드는 효과가 있습니다. 과거에 비해 환율의 영향이 한 방향으로 작용하지 않는 점도 고려할 필요가 있습니다.

원화의 흐름과 금리의 관계

우리나라는 경제개발 과정에서 높은 물가와 만성적인 초과 자금 수요로 인해 높은 수준의 금리를 겪었습니다. 특히 지난 외환위기를 전후하여 급변동하는 금리를 경험한 사실을 돌이켜보면 지금은 아주 낮은 금리 수준을 보이고 있습니다. 이제 금리의 움직임을 돈의 흐름과 관련지어 생각해봅니다. 복습해보면 우리는 환율이 외화의 흐름과 관계를 보이지만 외화의 순유입 규모에 의해 전적으로 좌우되는 것은 아니라는 사실을 알았습니다. 이제 원화의 흐름과 금리 간의 관계를 살펴보면서 무엇이 금리를 변동시키는지 그리고 금리의 변동이 어디에 영향을 미치는지 순으로 알아보겠습니다.

그림 9.1 체계: 원화의 흐름과 금리

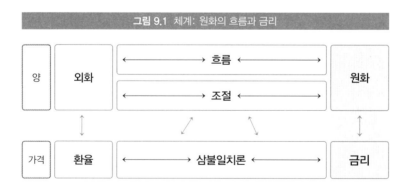

1. 무엇이 금리를 변동시키는가?

짧은 기간 vs 긴 기간

단기요인 vs 장기요인

일반적으로 만기 1년 이내 단기금리는 시중의 자금 사정이 풍부한지, 중앙은행이 금리를 인상 또는 인하할 것인지 등을 반영하여 수시로 변동하는 반면, 만기 1년 이상의 장기금리[14]는 현재의 경기 상황을 어떻게 보는지와 물가가 얼마나 오를 것인지에 대한 예상 등을 반영하여 움직인다고 알려져 있습니다.[15] 무엇이 금리를 변동시키는가에 대한 이야기를 단기금리와 장기금리로부터 시작합니다.

여기서 여러분은 지난 시간에 무엇이 환율에 영향을 미치는지를 이야기했을 때와 조금 다른 점을 발견할 수 있을 것입니다. 그때는 환율에 영향을 미치는 '단기요인'과 '장기요인'으로 구분하여 알아보았다는 점을 기억하리라 생각합니다. 그러나 지금은 금리에 영향을 미치는 '단기요인'과 '장기요인'으로 구분하지 않고 '단기금리'와 '장기금리'에 미치는 요인으로 구분하여 이야기를 시작하려고 합니다. 금리는 '빌리고 빌려주는' 거래에서 발생하므로 시간이 드는 반면,

---

14   장기금리란 단기금리가 이어진 형태라고 말할 수 있다. 즉 3년 금리란 현재부터 1년 후 금리, 1년 후부터 2년까지 금리, 2년 후부터 3년까지의 선도금리를 곱하여 산정된다.

15   《알기 쉬운 경제지표해설》(한국은행, 2010)을 참조하였다.

환율은 시간이 들지 않는 '팔고 사기' 거래이기 때문입니다. 즉 금리는 시간 개념이 있어서 단기금리와 장기금리로 나누어 볼 수 있으므로, 금리 변동에 장기적으로 영향을 미치는 요인은 '나중 시점이 아닌 지금 시점'에서 장기금리에 영향을 미치게 됩니다.

단기금리 vs 장기금리

처음으로 돌아가 '단기금리는 시중의 자금 사정, 중앙은행의 통화정책 기조 등을 반영하여 수시로 변동하는 반면, 장기금리는 경기 및 인플레이션에 대한 기대를 반영하여 움직인다'고 하는 일반적인 인식에 대해 살펴봅시다.

여기서 단기금리에 영향을 미치는 요인 중 '시중의 자금 사정'이란 무엇일까요? 먼저 금융시장의 자금을 간단히 '채권을 사기 위한 돈'(채권투자자금)과 '주식을 사기 위한 돈'(주식투자자금)으로 나누어 볼 수 있으며, 다른 기준으로 '짧은 돈'(단기자금)과 '긴 돈'(장기자금)으로 구분해봅시다. 그러면 당연한 말이지만, 채권을 사고 싶어 하는 돈이 많아지면 채권가격이 오르고 주식을 사고 싶어 하는 돈이 많아지면 주식가격이 오르게 된다고 말할 수 있습니다. 마찬가지로 채권을 사고 싶어 하는 돈 중 단기채권을 사고 싶어 하는 돈이 많아지면 단기채권가격이 오르고 장기채권을 사고 싶어 하는 돈이 많아지면 장기채권가격이 오르게 됩니다. '주식이냐? 또는 채권이냐?' 그리고 '단기채권이냐? 또는 장기채권이냐?'의 대체관계와 대체수익률에 의해 금리가 영향을 받는다는 뜻입니다.

그런데 무엇을 사고자 하는 돈의 양은 항상 변화하기 마련입니다. 주식과 채권처럼 단기채권과 장기채권도 서로 수익률에 영향을 주면서 단기-장기 수익률의 모습yield curve에 영향을 끼칩니다. 돈의 양이 늘었더라도 우리는 '위험을 감수할 수 있는 돈'이 늘었는가? 또는 '위험을 싫어하는 돈'이 늘었는가?, 아니면 '긴 돈'이 늘었는가? 혹은 '짧은 돈'이 늘었는가? 등에 관심을 가져야 합니다. '돈의 꼬리표'를 생각해야 하는 것이죠.

채권의 수요와 공급[16]

금리의 움직임에 대해 알아보기 위해 우선 채권에 대한 수요와 공급을 알아봅시다. 채권가격과 금리는 반대 방향으로 움직인다는 사실을 잊지는 않으셨겠죠?

우선 채권의 수요에 미치는 요인들을 살펴보면, 첫째, 경기가 좋아지면서 경제성장이 이어지리라 예상되면 돈을 투자하거나 쓸 데가 많아지면서 채권가격이 떨어지게 됩니다. 둘째, 채권투자에 기대하는 수익률이 다른 투자 대안에 비해 높아져서 채권을 사고자 하는 돈이 늘어나게 되면 채권에 대한 수요가 증가하면서 채권가격이 비싸지게 됩니다. 반면 주식 또는 부동산이 유망할 듯 보이면 채권을 사지 않게 됩니다.

---

16   채권도 하나의 자산이므로, 채권가격 변동은 일반적으로 자산수요이론theory of asset demand으로 설명된다. 이와 달리 케인스는 화폐의 수요와 공급을 통하여 금리 결정을 설명하는 유동성 선호이론theory of liquidity preference을 제시하였다.

다음 공급요인을 살펴보면 채권을 발행하는 기관이 얼마나 채권을 공급하는지에 따라 달라지겠죠. 주요 채권으로 기업의 회사채와 정부의 국채 등을 들 수 있는데, 이를 나누면 첫째, 기업은 투자 기회를 마련하기 위해 회사채를 발행하여 자금을 조달하므로 경기 확장기에 채권 발행을 확대하게 됩니다. 한편 기업의 신용도가 하락하거나 은행 사정으로 대출받기 곤란할 경우 회사채 발행에 의존하기도 하지요. 이는 일반적으로 기업들이 채권시장을 통하여 자금 조달이 적정한지를 평가받는 작업이 은행의 심사 기능보다 비교적 덜 엄격하기 때문에 가능한 일입니다. 둘째, 정부는 주로 재정적자를 보전하기 위해 국채를 발행하는데, 이는 주로 경기가 좋을 때보다는 좋지 않을 때 늘어난다고 볼 수 있습니다. 예를 들면 경기 진작을 위해 추경예산을 편성할 경우 연초 계획보다 국채 발행이 증가하게 됩니다. 한편 경기가 호황과 불황을 순환하는 시기와 채권 발행 규모와의 관계를 살펴보면, 경기 확장기에는 회사채의 발행이 늘고 경기 수축기에는 국채의 발행이 늘어서 일정 부분 상쇄되는 모습을 보입니다.

　한편 물가 상승에 대한 예상에 따라 채권수익률이 변동하게 됩니다. 우리가 지금 이야기하고 있는 금리는 명목금리이므로 실질금리에 더하여 기대인플레이션이 반영되는 현상은 당연하다고 볼 수 있습니다. 여기서 우리는 인플레이션이 아닌 기대인플레이션을 이야기하고 있습니다. 자산들의 가격에는 항상 기대가 반영되며 기대가 실현되는 시점에서는 가격에 큰 영향을 미치지 않는 경우가 많지요.

앞에서 채권의 수요와 공급을 통해 금리가 결정되는 과정에 대해 알아보았습니다만, 우리의 관심 사항인 자금흐름과의 관계에 대해 직접적으로 영향을 미치는 요인과 관련해서는 구체적으로 말씀드릴 기회가 없었습니다. 그런데 자세히 살펴보면 앞에서 했던 설명의 밑바탕에는 수익률을 따라다니거나 수익률에 의해 결정되는 돈의 흐름이 있습니다.

이제 채권의 수요와 공급이 아닌 화폐의 수요와 공급을 통해 금리 결정을 설명하고 있는 방식으로 말씀드리겠습니다.[17] 여기서 '화폐'란 그냥 '돈' 또는 '현금'이라고 생각하시면 됩니다. 이 설명은 채권에 투자하는 사람들이 유동성을 선호한다고 전제하면서 돈과 채권이라는 두 가지 자산만 있다고 가정하여 채권금리가 어떻게 결정되는지를 설명하고 있습니다. 그러나 결론은 조금 전 설명과 같습니다. 다만 채권의 수요와 공급 설명에서는 기대인플레이션의 변화로 인한 효과를 분석하기 쉬운 반면 유동성 선호에 중점을 둔 설명에서는 소득, 물가, 화폐 공급 변화로 인한 효과를 쉽게 분석할 수 있다는 차이가 있습니다. 유동성선호이론에 따르면 화폐 수요는 소득 효과, 물가 효과에 의해 움직이는 반면, 화폐 공급은 소득의 변화, 물가의 변화, 화폐 공급량의 변화에 따라 움직입니다. 여기서 '돈을 가지고 싶으냐? 또는 채권을 가지고 싶으냐?'가 금리를 결정한다는 점은 분명

17   케인즈John Maynard Keynes는 유동성선호 모형liquidity preference framework을 제시하였다.

하지만, 가지고 싶은 돈의 양을 결정하는 문제는 소득, 물가, 화폐 공급 등에 의해 좌우됩니다. 앞에서 설명한 내용과 비슷하므로 굳이 반복하여 이야기하지는 않겠습니다.

참, 중요한 사실 한 가지! 금리에 영향을 미치는 요인을 이야기하면서 채권 또는 돈의 수요와 공급, 경제성장률, 물가 등을 병렬로 거론해서는 안 됩니다. 수요와 공급에는 모든 요인이 이미 녹아서 반영되어 있으니까요. 그러므로 금리 변동의 주요 요인이 수요와 공급이라고 한다면, 근본 요인을 아직 찾지 못했기 때문이라고 말씀드릴 수 있습니다.

돈의 양이 늘어나면 금리는 하락하는가?

우선 질문을 드립니다. "채권을 사려는 돈의 양이 늘어나면 금리는 하락할까요? 아니면 상승할까요?" 우선 채권을 사려고 하는 돈이 많아지면 채권가격이 올라가니까 금리는 떨어진다고 말할 수 있습니다. 그런데 과연 그럴까요? 다른 시각에서 보면, 돈이 늘어나면 소득이 높아지고 물가가 상승하는 가운데 기대인플레이션도 높아지면서 금리가 올라가는 요인이 됩니다.

그러면 돈이 늘어나서 금리가 떨어지는 직접적인 영향과 돈이 늘어남에 따라 소득과 기대물가 등이 상승하여 금리가 올라가는 영향 중 어느 편이 더 클까요? 일반적으로 돈의 양이 늘어나는 요인은 금리에 빨리 영향을 미치지만, 돈이 늘어나서 소득이 오르고 물가가 상승하는 영향은 시간이 상당히 지나야 나타나는 것으로 알려져 있습니다. 따라서 어느 영향이 클 것인가는 돈의 양이 증가하는 힘이 얼마나 강력하며 얼마나 빨리 소득과 인플레이션 기대에 영향을 주는가에 달려 있습니다.[18]

물가의 영향은 장기적으로 나타나는가?

조금 전, 돈의 흐름뿐 아니라 물가가 상승하고 경제가 성장하는 등 다른 요인들도 금리에 영향을 미치지만, 상당한 시간이 소요된다고 말씀드렸습니다. 그러나 경제가 성장하리라는 '전망'과 인플레이션이 있을 것이라는 '예상'은 경제성장이 이루어지고 물가 상승이 일어날 때까지 기다리지 않습니다. 그러리라는 '기대'를 통하여 현재 금리 수준에도 영향을 끼칩니다. 그만큼 금융시장은 빨리 반응하니까요.

다만 '기대'가 빠른 시간 내에 이루어질 것 같으면 우선 단기금리가 상승하는 가운데 이의 연결로서 장기금리에도 영향을 미칩니다. 반면 상당 시일이 경과한 후 '기대'가 이루어질 것 같으면 단기금리에는 거의 영향을 미치지 않고 중장기금리만 상승합니다. 이럴 때 우리는 '장단기금리를 연결하는 수익률곡선이 가팔라졌다stiffening'고 말합니다.

---

18   오랜 기간의 실증분석 연구(《미쉬킨의 화폐와 금융》, 2008)에 따르면 돈이 풀리면 일시적으로는 금리를 하락시키지만 오히려 금리가 상승하는 것으로 나타났다. 미 연준이 코로나19를 극복하는 과정에서 공급하였던 막대한 유동성으로 인해 작년에는 금리가 하락하였지만 작년 하반기부터 장기금리를 중심으로 금리가 상승하고 있으며 2021년 2월 말 기준 10년물 국채금리는 작년 초 수준으로 상승하였다.

2. 금리 변동은 어디에 영향을 미치는가?[19]

다양한 길을 따라서

금리가 변동하면 돈의 수요와 공급에 변화를 줄 뿐 아니라 경기와 물가 등을 조절하는 기능을 합니다. 경기와 물가가 금리에 영향을 주는 한편 금리도 경기와 물가에 영향을 주는 순환 과정에 있습니다. 좀 더 자세히 말하면 금리는 일정 기간 가계의 저축, 기업가의 투자활동, 정부의 재정자금 조달 등에 영향을 줌으로써 경제성장, 물가, 국제수지, 고용, 자산 가격 변동 등 경제의 여러 부문에 영향을 미칩니다.

이렇게 금리 변동이 경제에 영향을 미치는 여러 과정을 따라가다 보면, 몇 가지 정해진 길을 발견할 수 있습니다. 즉 단기금리 변동을 통해 장기금리에 영향을 미치는 등의 금리 움직임이 실물경제에 영향을 미치는 경로interest rate channel, 자산 가격 변동을 통하여 영향을 미치는 경로asset price channel, 환율을 변동시켜 영향을 미치는 경로 exchange rate channel, 신용을 통해 영향을 미치는 경로credit channel 등을 생각하게 됩니다.

이렇게 설명드렸지만, 실제 경제의 움직임에서 그런 모습을 쉽게 발견할 수 있을까요? 금리는 거시경제환경과 금융시장 안에서 뛰어 놀기 때문에 각국의 구조적인 상황과 경기 국면 등에 따라 달리 움

---

19   《한국의 통화정책》(한국은행, 2012)을 참조하였다.

직일 수밖에 없습니다. 또한 금리는 변동하여 투자나 소비에 영향을 주지만, 이들이 금리에만 영향을 받는 것이 아니므로 파급 효과가 항상 뚜렷하게 나타나지는 않습니다. 예를 들어 기업들이 투자에 대한 의사결정을 할 경우 금리 수준보다 경기 상황에 따른 사업 전망에 더 큰 영향을 받을 수 있으며, 개인의 경우 소득과 고용 전망에 더 영향을 많이 받을 수 있습니다. 아울러 금리가 경제의 각 부분에 영향을 미치기 위해서는 시간이 필요하고 금리 변동이 영향을 미치는 길에 따라 시간이 다르게 소요되며 그 과정에서 서로 간섭하기도 합니다.

아울러 금리가 미치는 영향을 생각하기 위해서는 단기금리와 장기금리의 관계에 대해 알고 있어야 합니다. 장기채권금리는 만기까지의 단기채권금리의 평균적인 예상을 모두 포괄하며 거기에 채권을 장기간 보유하기 때문에 부담해야 할 리스크를 보전해주기 위한 값[20]을 더하여 결정된다고 볼 수 있습니다.

처음에 금리가 왜 변동하게 되었는지에 대해서는 일단 중앙은행이 기준금리를 변경했기 때문이라고 가정해봅니다. 기준금리 변경에 따라 실물경제에 미치는 영향의 길을 달리 말하면, '통화신용정책의 파급 경로'라고 합니다. 다만 지금은 금리가 움직였을 때 어디에 영향을 미치는가에 대해서만 관심을 집중하기로 합니다. 통화정책에 대해서는 수요일 'LECTURE 12 원화의 조절'에서 따로 설명드릴 기회가 있으니까요.

---

[20]   이를 유동성 프리미엄이라 한다.

장단기금리를 따라 가는 길

일반적으로 단기시장금리가 하락하면 장기시장금리와 은행 여수신금리 등이 하락하면서 기업투자와 가계소비가 늘어남에 따라 생산이 증대하고 물가가 상승합니다.

이렇게 금리 변동이 실물경제에 영향을 미치는 경로interest rate channel는 크게 두 단계로 구분할 수 있습니다. 첫째 단기금리에서 장기금리와 은행 여수신금리로 순차적으로 파급되는 과정이며, 둘째 이러한 전반적인 금리의 변화가 소비와 투자 등 실물 부문으로 파급되는 과정입니다.

그런데 단기시장금리가 움직일 때 장기시장금리와 은행 여수신금리가 반드시 단기시장금리와 같은 방향으로 변동하지는 않습니다. 정책금리의 직접적인 영향을 받는 단기시장금리와 달리 장기시장금리는 국내외 경제 상황, 금융시장 여건, 채권 수급 사정 등 다양한 요인에 의해 더 큰 영향을 받기 때문입니다.[21] 예를 들어 장기시장금리는 외국인의 채권투자 확대로 인해 기간프리미엄에 영향을 받기도 하고 은행 여수신금리는 은행의 자본조달 구조에 의해서도 영향을 받지요.

---

21   윤재호(2011)에 따르면 장기시장금리(장기 국고채 수익률)는 통화정책에 대한 기대보다는 기간프리미엄의 영향을 더 크게 받으며, 기간프리미엄은 채권 만기, 채권 수급 여건 등의 영향을 많이 받는 것으로 나타났다. 일례로, 2000년대 중반 미 연준의 정책금리 인상에도 신흥국을 중심으로 미 국채에 대한 수요증가로 미 국채 수익률이 하락하는 그린스펀의 수수께끼Greenspan's conundrum 현상이 발생하였다.

한편 단기금리가 영향을 미치는 부문과 장기금리가 영향을 미치는 부문은 서로 다르다고 볼 수 있습니다. 예를 들어 단기금리는 금융회사의 유동성 사정에 직접 영향을 미치고 장기금리는 주택담보대출의 고정금리에 영향을 미칩니다. 글로벌 금융위기의 대응 과정에서 비전통적 통화정책수단의 하나인 오퍼레이션 트위스트 operation twist[22]가 등장하게 된 배경도 장단기금리가 미치는 부문이 다르기 때문에 이를 조정하기 위한 의도로 실시되었던 것입니다.

자산 가격 변동을 통하여 영향을 미치는 길

금리가 변동하면 주식이나 부동산과 같은 자산의 가격을 변화시킴으로써 실물경제에 영향을 미칩니다. 가계의 소비나 기업의 투자 활동 등이 자산 가격의 움직임에 의해서도 영향을 받기 때문이지요. 주가 또는 부동산가격이 오르면 부wealth가 늘어나 소비가 늘어날 여력이 커지는 가운데 부동산 담보가치가 늘어나게 되므로 대출을 받아 소비 또는 투자를 할 수 있게 됩니다. 한편 기업들은 주가의 변동에 따라 조달할 수 있는 자금 규모가 달라지므로 자산 가격 변동은 투자결정에 영향을 미칩니다.

그런데 이러한 자산 가격은 금리 변동에 의하여 영향을 받을 뿐 아니라 외국인 투자자금의 유출입, 주택담보대출의 담보인정비율

---

22   'LECTURE 12 원화의 조절' 중 '4. 새로운 무기: 비전통적 통화정책수단'과 'LECTURE 16 글로벌 위기'에 상세히 설명되어 있다.

LTV 규제, 정부의 주택정책 등에도 영향을 받으므로 자산 가격 변동 중 금리의 영향만을 구분하기란 쉬운 일이 아니죠. 또 자산 가격 변동을 통하여 실물경제에 영향을 미치는 길은 금리 변동 자체가 실물경제에 영향을 미치는 길보다 시간이 오래 걸리는 경향이 있습니다.

환율을 변동시켜 영향을 미치는 길

금리가 변동하여 환율을 변동시키며 그러한 환율의 변화가 경제에 미치는 영향도 크게 두 단계로 나누어볼 수 있습니다. 그중 국내 금리의 변동이 환율을 어떻게 변화시키는지에 대해서는 다음 시간인 'LECTURE 10 삼불일치론에 대한 이해' 시간에 설명하기로 하겠습니다. 그리고 환율이 변화하게 되면 수출입상품의 상대가격, 국내 물가와 기업들의 재무구조 등에 영향을 미쳐 실물경제에 영향을 주는 과정은 지난 시간인 'LECTURE 8 외화의 흐름과 환율의 관계'에서 이미 말씀드린 바 있습니다.

다만 여기서 한 가지 덧붙이고 싶은 점은 환율의 변화가 경제에 미치는 영향이 금리의 변화가 경제에 미치는 영향보다 논리적으로 더 명확할 뿐 아니라 다수의 실증분석에서도 더 의미 있게 나타나고 있다는 사실입니다.

신용을 통하여 영향을 미치는 길

지금까지 말씀드린 금리 경로interest rate channel, 자산 가격 경로asset price channel, 환율 경로exchange rate channel 등은 결국 금리, 주가, 부동

산가격, 환율 등 가격을 변동시켜 경제에 파급되는 영향인 반면, 지금 말씀드리려는 신용 경로credit channel는 은행대출에 영향을 끼쳐 경제에 파급되는 양적인 과정입니다.

이는 은행대출 경로bank lending channel와 대차대조표 경로balance sheet channel로 크게 나누어볼 수 있습니다. 먼저 은행대출 경로란 금리가 변동하여 은행의 대출에 영향을 미침에 따라 은행대출에 의존하는 기업과 가계의 경제활동에 영향을 주는 과정입니다. 반면 대차대조표 경로는 기업과 가계가 외부자금을 이용할 때 부담하는 프리미엄external finance premium[23]에 영향을 주어 이들의 자금 수요가 변동하며 실물경제활동에 영향을 미치는 과정을 말합니다. 예를 들어 중앙은행이 정책금리 인하를 통하여 통화정책 기조를 완화할 경우 자산가격이 상승하고 이자비용이 감소하는 등 현금흐름이 개선되어 가계와 기업의 순자산 규모가 커짐에 따라 외부자금 프리미엄이 낮아져서 그 결과로 투자와 소비가 늘어나게 됩니다.

---

23   자금의 공급자와 수요자 간에는 '정보의 비대칭'이 존재하여 '역선택adverse selection'과 '도덕적 해이moral hazard' 문제가 발생하게 된다. 자금 공급자는 이러한 점을 고려하여 추가로 비용을 요구하게 되며 자금 수요자는 외부자금 조달금리와 내부자금의 기회비용 간 차이를 부담하게 되는데 이를 외부자금 프리미엄이라고 한다.

삼불일치론에 대한 이해

맨하탄Manhattan을 여행하다 보면 월가Wall Street 옆 가까운 곳에서 트리니티 교회Trinity Church[24]를 발견할 수 있습니다. 자본주의의 심장 근처에서 성부聖父와 성자聖子와 성령聖靈의 연합을 뜻하는 삼위일체trinity를 생각하면서 우리의 주요 관심 사항인 자본자유화와 환율 안정성 그리고 통화정책 독자성autonomy을 연결해봅니다. 이들을 거시경제정책의 삼위일체라고 할 수 있습니다.

톰 크루즈Tom Cruise가 주연한 영화 〈미션 임파서블mission impossible〉이 있습니다. 냉전 종식 후 체코 프라하에서 동유럽 첩보원들의 비밀 명단을 훔쳐 무기상에 팔아넘기는 음모를 막기 위해 작전을 진행

---

24   트리니티 교회Trinity Church는 미국 뉴욕, 보스턴, 시카고, 영국, 아일랜드, 캐나다 등 전 세계에 있다. 뉴욕 맨해튼 월스트리트 한쪽 끝에 있는 트리니티 교회는 1697년에 세워진 최초의 영국 성공회 교회이다. 하지만 트리니티 교회는 1776년 뉴욕 대화재로 소실되었다가 리처드 업존Richard Upjohn이 전통적인 고딕양식으로 디자인해 재건하여 1846년에 완성되었다. 준공 당시 85미터에 이르는 고딕 양식의 첨탑은 뉴욕 제일의 높이를 자랑했는데, 현재는 금융가의 고층 빌딩에 둘러싸여 독특한 분위기를 자아낸다. (네이버 포털 참조)

그림 10.1 트리니티 교회   그림 10.2 〈미션 임파서블〉

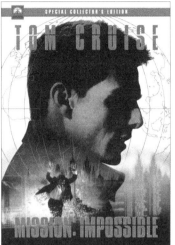

중이던 이단 헌트Idan Hunt(톰 크루즈 분)의 팀원들이 차례로 죽고 헌트는 범인으로 몰립니다. 하지만 누명을 벗고 진짜 범인을 찾아내려는 주인공의 모험이 이때부터 시작됩니다. [25] 이 영화의 마지막에 주인공이 결국 주어진 임무를 달성하기 때문에 영화 제목은 〈미션 파서블〉이 되어야 한다고 생각하였습니다.

거시경제에서 바라본 삼위일체는 '미션 임파서블'일까요?, '미션 파서블'일까요? 이 세 가지가 동시에 이루어질 수 없다는 원리를 '3원 체제 불가능성impossible trinity' 또는 '삼불일치론trilemma'[26]이라고

---

25   위키백과Wikipedia를 참조하였다.
26   Robert Mundell, 'Capital Mobility and Stabilization Policy', 1962년, Neo-Keynesian Model IS-LM의 개방경제체제 하에서 삼불일치론trilemma을 도출해 내었다.

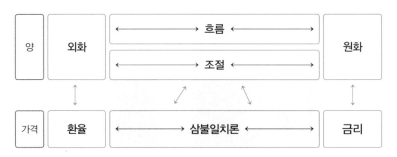

그림 10.3 체계: 환율과 금리 그리고 돈의 조절

양	외화	흐름	원화
		조절	
가격	환율	삼불일치론	금리

합니다. 자본자유화와 환율 안정성 그리고 통화정책 독자성autonomy
의 '3원 체계가 동시에 성립하는 것은 불가능하다'는 표현이 '세 가지
가 불일치한다'는 표현보다 기본 개념에 더 부합한다고 생각합니다
만, 사용의 편의를 위하여 이제부터 간단히 삼불일치론이라는 용어
를 사용하기로 합니다.

전체 그림에서 우리가 어디에 있는지 확인해볼 시간입니다.
'LECTURE 8 외화흐름과 환율의 관계', 'LECTURE 9 원화흐름과
금리의 관계'에 이어 지금은 '환율과 금리 그리고 돈의 흐름은 어떠
한 관계에 있는가'를 알아보는 시간입니다.

1. 삼위일체는 가능한가?

삼각형의 이해

삼불일치론의 원리를 한마디로 요약하면 '자유로운 자본이동, 환

율의 안정, 통화정책의 독자성monetary policy autonomy[27]이라는 세 가지 정책 목표는 동시에 달성될 수 없으며 이 중 두 가지만 선택 가능하다'고 정리할 수 있습니다. 그런데 이 말은 사실일까요? 이제부터 삼불일치론이 성립하는가에 대한 논의가 이루어지겠지만, 우리의 관심은 단순히 삼불일치론이 맞느냐 그르냐에 대한 논쟁을 이해하는 데에서 그치지 않습니다. 우리의 목표는 삼불일치론을 통해 환율과 금리와 자본이동을 함께 생각해보는 역량을 만들어나가는 데 있습니다. 특히 신흥시장국의 입장에서 살펴보면 글로벌 금융시장의 통합이 크게 진전된 여건하에서 환율이 불안정하게 움직이는 상황을 비켜가면서 어떻게 통화정책을 독자적으로 수행해나갈 것인지가 주요한 현안 과제로 대두되어 있습니다. 다음은 삼불일치론의 기본 개념을 간단히 정리해놓은 대표적인 그림입니다.

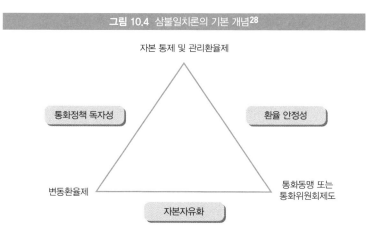

그림 10.4 삼불일치론의 기본 개념[28]

자료: 《한국의 통화정책》, 한국은행, 2012.

이제 이 삼각형을 살펴봅니다. 먼저 삼각형의 빗변에 음영으로 표시되어 있는 '통화정책 독자성', '환율 안정성', '자본자유화'는 거시경제정책의 목표를 의미합니다. 이렇게 하고 싶다는 뜻이지요. 그리고 삼각형의 꼭짓점에 표시되어 있는 '자본 통제 및 관리환율제', '변동환율제', '통화동맹currency union'[29] 또는 '통화위원회제도currency board system'[30]는 외환정책과 환율제도를 나타내고 있습니다. 이제 삼각형을 읽는 방식을 알아보면, 두 개의 빗면이 만나는 꼭짓점을 선택해야 한다는 의미입니다. 즉 왼쪽 빗변인 '통화정책의 독자성'과 아랫변인 '자본자유화'를 목표로 하려면 환율제도는 두 변이 만나는 꼭짓점인 '변동환율제'를 선택해야 하고, 왼쪽 빗변인 '통화정책 독자성'과 오른쪽 빗변인 '환율 안정성'을 목표로 하려면 두 빗면이 만나는 '자본 통제 및 관리환율제'를 채택해야 하며, 아랫변인 '자본자유화'와 오른쪽 빗변인 '환율 안정성'을 목표로 하려면 두 변이 만나는 '통화동맹' 또는 '통화위원회제도'를 선택해야 한다는 뜻입니다. 이제 우리는 삼각형을 읽을 수 있습니다.

---

27   통화정책의 자주성 또는 독립성이라고 옮길 수도 있다.

28   삼각형의 각 꼭짓점은 정책 선택policy choice을 나타내며, 삼각형의 각 변은 정책 목표policy goal를 나타낸다.

29   다수 국가가 어떤 통화를 공통의 법정통화로 하는 데 합의하고 통화금융정책에 대한 협력관계를 수립한 제도를 말한다. 대표적인 예로 유럽통화연맹EMU이 있다.

30   일정한 환율로 자국 통화를 외국 통화(주로 미 달러화)와 언제나 교환할 수 있도록 법적으로 보장하는 제도로, 중앙은행이 자의적으로 통화를 늘리지 못하여 외환보유액 규모에 따라 통화량이 결정된다. 《한국의 통화정책》(한국은행, 2012)에서 인용하였다.

삼불일치론의 의의와 메커니즘

삼불일치론은 넓게는 환율제도, 통화정책, 자본자유화를 선택하는 문제이지만 좁게는 글로벌 금융 여건하에서 자본자유화는 어쩔 수 없다고 전제하고 나면, 환율을 안정 시켜야 하는 책무와 통화정책을 독자적으로 운용해야 하는 책무 간의 상충관계를 어떻게 조화시켜 나가야 하는지에 대한 정책적 함의를 나타내고 있습니다.[31]

우리는 삼불일치론의 핵심 메커니즘을 다음과 같은 사례를 통하여 정리할 수 있습니다. 우선 자본 유출입을 개방한 나라가 고정환율제를 유지하고 있는 가운데 자기 나라의 경제 여건을 고려하여 해외보다 높은 수준의 금리를 운용하고 있다면, 이러한 금리격차가 유지되는 한 내외금리차를 겨냥하여 상당한 해외 자본 유입이 발생하게 됩니다. 환율이 고정되어 있으니 환율 변동에 따른 위험이 없이 낮은 금리로 자금을 조달하여 높은 금리를 얻으려 하는 의욕은 당연한 것입니다. 즉 고정환율제하에서 이러한 금리 격차가 유지되는 조합은 해외 투자자에게 상당히 매력적인 차익거래arbitrage transaction 기회를 제공합니다. 고정환율제 덕분에 환율 변동 위험을 부담하지 않는 가운데 높은 금리를 겨냥하여 해외 투자자들이 외화자금을 들

---

31   글로벌 금융위기 이후에는 급격한 자본이동에 대해 일시적으로 자본이동을 제한하는 정책이 적어도 단기적으로 효과적일 수 있다는 견해가 브라질과 같은 신흥국을 중심으로 다수 제기되었다. 이와 관련하여 IMF도 자본이동 통제에 대한 전면적으로 부정하는 입장을 일부 수정한 바 있다. IMF(2012.11). "The Liberalization and Management of Capital Flows: An Institutional View"을 참고하였다.

여오게 되면 국내시장에 외화자금이 넘쳐나서 환율이 떨어지려고 할 것입니다. 즉 당초의 고정환율제를 유지하고자 하는 노력이 위협받게 되는 것이죠. 그런데 이러한 상황 속에서 정책 당국이 고정환율제를 유지하기 위하여 시장 개입을 통해 환율을 떨어뜨리지 않으려고 하면, 다른 말로 하면 자국 통화 절상 압력을 완화하려고 의도한다면, 국내 금리를 하락시킬 수밖에 없습니다. 자기 나라 금리를 낮추어 더 이상 내외금리차가 존재하지 않도록 해서 해외에서 외화가 들어와서 환율을 떨어뜨리는 문제를 막아야 합니다. 왜냐하면 고정환율제 국가에서는 환율을 일정 수준으로 유지해야 하기 때문입니다. 그러므로 이 경우 금리 조정이 국내 경제 사정을 반영하여 이루어지지 못하고 해외 자금 유출입의 영향을 크게 받게 되지요. 따라서 통화정책의 독자성이 훼손되는 결과가 일어나서 삼불일치론에서 이야기하는 세 가지 목표를 동시에 이루지 못하게 됩니다.

그러므로 이 나라의 경우 변동환율제로 이행해야만, 환율이 시장 메커니즘에 의해 조정됨으로써 내외금리차로 인한 외국인의 이득을 환율 손실로 상쇄해 더 이상의 외국인 투자를 막아낼 수 있습니다. 환율이 자유롭게 변동하면 자국의 경제 여건에 맞게 통화정책을 운용할 수 있습니다. 필요 시 해외보다 높거나 낮은 금리 수준을 유지할 수 있습니다.

삼불일치론은 그동안 경제 규모가 작은 국가들에 대해 경제를 개방하라고 요구하는 정책의 기본 틀로 이해되어 왔다고 할 수 있습니다. '반드시 그렇다' 또는 '그러해야만 한다'고 말하면 종종 이데올로

기가 됩니다. 선진국이 힘주어 이를 말할 때는 더욱 더 그러하지요. 삼불일치론에 대한 지금까지의 설명이 충분히 이해되지 않았다고 하더라도 걱정할 필요는 없습니다. 이제부터 다른 각도로 접근해보 겠습니다.

2. 삼불일치론과 정책조합의 선택

선택할 수 있는 환율제도

삼불일치론은 무엇보다 환율제도와 밀접한 관련이 있습니다. '자 본시장이 개방되어 있는 가운데 변동환율제를 선택할 것이냐? 고정 환율제를 선택할 것이냐?'의 문제는 삼불일치론의 관점에서 거시경 제정책조합 선택의 문제이며 이는 환율제도의 변화에 따라 변천해 왔다고 볼 수 있습니다.

조금 후 역사의 흐름을 따라가겠지만 그 이전에 환율을 어떻게 운 용할 것인가의 구분에 대해 먼저 알아볼 필요가 있습니다. 삼불일치 론하에서 자본자유화가 전제된다면 환율제도는 크게 나누어 다음 과 같이 구분할 수 있습니다. 첫째, 환율 안정에 중점을 두면서 통화 정책의 독자성을 포기하는 고정환율제도hard peg [32], 둘째, 통화정책

---

[32]　외국 통화 대비 자국 통화의 교환 비율을 일정 수준으로 유지하는 환율 체 계로서 엄격한 고정환율제도로 통화동맹currency union, 통화위원회제도currency board system, 미 달러화 통용제도dollarization 등을 들 수 있다.

의 독자성을 유지하면서 환율 변동성을 허용하는 변동환율제도free floating 그리고 셋째, 환율 안정과 통화정책 독자성 모두를 일정 수준 추구하는 다양한 중간 형태의 환율제도soft peg, intermediate regime 등으로 나누어볼 수 있습니다.[33]

환율제도의 역사와 교훈

이제 타임머신을 타고 과거로 돌아갑니다. 역사적으로 볼 때 1930년대 이전의 금본위제도는 자유로운 자본이동이 보장된 상태에서의 극단적인 고정환율제였기 때문에 모든 나라가 독자적인 통화정책을 포기할 수밖에 없었습니다. 자기 나라의 돈 값이 금값에 묶여 있어 환율이 고정되어 있었다는 말씀이지요.

그러나 그 후 금의 불규칙한 생산량에 의존할 수밖에 없는 문제점과 제한된 금의 규모가 전 세계의 유동성을 뒷받침하는 데 커다란 제약요인이 된다는 문제점이 부각되면서 금본위제가 무너지고 브레턴우즈체제[34]가 수립되었습니다. 이는 미국만 금본위제를 유지하고 다른 나라의 돈 값은 미 달러화에 고정하는 체제였습니다. 이 또한 고정환율제였지만 각국의 통화정책은 거시경제 안정을 도모하는 주

---

33 환율의 평가절상 압력 중 일부만 환율 수준에 반영하고 나머지는 정책 당국이 외환시장 개입을 통해 중화할 수 있는 환율체제로서 크롤링페그제crawling peg와 관리변동환율제managed floating 등을 들 수 있다.

34 제2차 세계대전 이후 금본위제도의 정신을 이어 받아 미국은 금 1온스당 35달러로 금평가gold parity를 유지하고 각국은 자국 통화의 대미 달러환율(중심 환율)을 설정한 후 상하 1% 범위 안에서 환율을 유지하였다.

요 수단으로서 독자성을 인정받았습니다. 자유로운 자본이동은 제약될 수밖에 없었으며 자유로운 자본이동이 허용되었다면 미 달러화와 고정되어있던 환율을 유지할 수 없었습니다. 환율의 안정이 주요한 이슈였으며 금리를 통하여 경기를 조절할 수 있다는 점은 새로이 발견된 원리였습니다.

이 두 사례는 역사 속에서 삼불일치론이 어떻게 성립하는가를 보여줍니다. 제시된 〈표 10.1〉는 여러 환율제도와 삼불일치론의 관계를 나타내고 있습니다.

그 이후 전 세계적으로 자유로운 자본이동이 자원과 기술의 이전을 통해 경제성장을 촉진하는 원동력으로 받아들여지고 세계화의 급속한 진전으로 자본이동에 대한 통제가 어려워졌기 때문에 대부분의 국가가 고정환율제도 또는 독자적인 통화정책 가운데 하나를 선택해야 하는 상황에 놓이게 되었습니다. 자본이동이 새로운 과제로 등장하게 된 것이죠. 산업발전으로 자본이 축적된 나라들은 자본자유화의 이점을 강조하였습니다. 돈은 선진국에서 신흥시장국으

표 10.1 환율제도와 삼불일치론의 관계

	고정환율제도	자본이동 자유화	통화정책의 독자성
금본위제도	○	○	×
브레턴우즈체제	○	×	○
변동환율제 채택	×	○	○
고정환율제 고수	○	○	×

자료: 《한국의 통화정책》, 한국은행, 2012.

로 흘러가야 했습니다. 새로운 수익을 제공해 줄 수 있는 새로운 시장이 필요했으니까요. 제2차 세계대전 이후 국지전은 있었지만 더이상 탱크가 돌진하고 전투기가 날아다니는 세계대전은 없었습니다. 자본의 전쟁이 시작된 것입니다.

이와 같은 흐름 속에서 미국은 글로벌 금융시장이 통합된 가운데 변동환율제도와 통화정책의 독립성을 30년간 유지하고 있는 반면 유럽 내 유로화 사용국들은 통화통합을 통해 일종의 역내 고정환율제도를 채택하고 있습니다. 여기서 우리는 유로지역에서 통화정책의 주권을 포기하였다는 사실에 주목해야 합니다. 삼불일치론하에

표 10.2 국가별 환율제도 현황(IMF 회원국[1] 비중)

(%)

	2008	2019	2022
고정환율제도(Hard pegs)	12.2	12.5	13.4
통화동맹(No separate legal tender)	5.3	6.8	7.2
통화위원회제(Currency board)	6.9	5.7	6.2
중간단계 환율제도(Soft pegs)	47.9	46.4	46.9
전통적 페그제(Conventional peg)	22.3	21.9	20.6
유사페그제(Stabilized arrangement)	12.8	13.0	11.9
크롤링페그제(Crawling peg)	2.7	1.6	1.5
크롤링밴드제(Crawl-like arrangement)	1.1	9.4	12.4
수평밴드페그제	1.1	0.5	0.5
(Pegged exchange rate within horizontal bands)			
기타 페그제(Other managed arrangement)	8.0	6.8	5.7
변동환율제도(Floating)	39.9	34.4	34.0
관리변동제(Floating)	20.2	18.2	18.0
자유변동제(Free Floating)	19.7	16.1	16.0

주: 1) 190개국

자료: IMF(Annual Report on Exchange Arrangements and Exchange Restrictions, AREAER), 2022.

서 고정환율제를 선택하게 되면 통화정책의 독자성이 이루어질 수 없다는 사실을 이제 우리는 알고 있습니다. 물론 유로지역에 대한 설명은, 유로화 자체가 변동환율제를 택하고 있으니까 조금 다른 문제일 수도 있지만, 소속 국가의 입장에서 보면 기본 개념은 같지요. 한편 1980년대 초 이후 신흥시장국은 자유변동환율제 또는 관리변동환율체제로 이동하는 모습을 보이고 있습니다.

자본자유화가 진전되면서 보다 많은 나라가 변동환율제와 통화정책의 독자성을 선택했음에도 삼불일치론의 정책조합문제는 여전히 남아 있습니다. 왜냐하면 많은 나라가 대외적으로는 변동환율제를 표방하고 있으나 수출입에 미치는 영향을 고려하여 변동환율제를 유지하기보다는 환율 변동성을 제약하려는 경향을 나타내고 있기 때문입니다. 우리나라도 대외적으로 변동환율제를 표방하고 있지만 완전한 변동환율제 국가로 분류되고 있지 않습니다.

글로벌 금융위기 이후 급격한 자본이동으로 완전한 형태의 자본자유화를 추진하는 것이 바람직한 것인지에 대한 의구심이 제기되는 가운데 국제자본이동하에서 어떠한 정책조합을 선택할 것인가에 대한 논의는 이전보다 훨씬 활발해지고 있습니다. 정책조합의 선택과 관련하여 우리 경제는 환율의 변동을 얼마나 수용할 수 있을까요? 이제 이 주제에 대해 이야기해보려 합니다.

삼불일치론 관점에 본 환율 변동

균형으로 수렴한다는 가정

환율제도의 운영은 삼불일치론을 이야기하는 데 중요할 뿐 아니라 오는 금요일 통화정책과 외환정책의 바람직한 연계운영 방안을 모색하는 데 주요한 논의의 장場이 되므로 이를 좀 더 살펴보기로 합니다. 앞서 말한 바와 같이 변동환율제하에서는 국내 금리를 국내 경제 사정에 맞게 조정할 수 있는 반면 고정환율제하에서는 이자율 평형조건 등을 감안하여 국내 금리를 주요국 금리 수준에서 벗어나 독자적으로 결정할 수 없습니다. 그 이유는 앞에서 충분히 설명하였지요.

또한 강조하고 싶은 점은 중기적 관점에서 볼 때 두 환율제도의 차이는 사라지고 결국 어떠한 환율제도를 선택하느냐에 상관없이 동일한 실질환율과 산출수준에 도달하게 된다는 사실입니다. 즉 외국 물가 수준과 비교되는 국내 물가 수준의 변화를 통해 실질환율은 조정됩니다. 이러한 이론적 시각에서 보면 고정환율제 하에서 명목환율은 유지되지만 물가 변동을 통해 실질환율이 움직입니다. 이렇게 실질환율이 변동하여 경제균형은 중기적인 관점에서 자연산출수준으로 복귀하게 됩니다.

환율의 발산과 고통

시장경제론자들이 이야기하는 시장의 자율조정 메커니즘을 전적으로 받아들여서 중장기적 관점에서 환율의 균형이 성립한다는 주장을 수용한다고 할지라도 환율조정 과정이 상당히 길어져서 국민의 경제생활이 고통스러울 수 있습니다. 그러므로 고정환율제가 성공하느냐 또는 실패하느냐의 여부는 환율이 언제까지 일정 수준으로 돌아올 수 있으며 언제까지 일정 수준에서 지속될 수 있는지에 대한 시장의 신뢰와 정책 당국의 역량에 달려 있다고 하겠습니다.

만일 자국 통화 가치 하락, 즉 환율이 크게 상승할 것이 예상됨에도 환율을 일정 수준으로 유지하려고 노력할 경우, 정책 당국은 외환시장에 달러를 공급할 수밖에 없어 종종 외환보유액의 상당 부분을 소진하게 됩니다. 이를 우려하여 다른 대안을 찾아본다면 결국 국내 금리를 상승시켜 해외 자본을 끌어들임으로써 국내 경기를 희생시킬 수밖에 없습니다. 즉 국내 정책금리 인상을 선택할 경우 기업이 고금리를 부담하게 되어 경기침체가 일어날 가능성이 있습니다. 반대로 시장의 기대를 반영하여 자국 통화의 평가절하를 단행하는 선택을 할 수 있습니다.[35] 간단히 말하면 고정환율제를 포기한다는 뜻입니다.

한편 변동환율제하에서 환율은 우리가 이미 아는 바와 같이 금리 변동과 상관없이 움직이는 경우가 있습니다. 또한 금리가 변동하더라도 환율에 대한 파급 효과를 예측하기 어려워 통화정책이 원하는

---

35   1992년 9월 16일 검은 수요일Black Wednesday 당시 유럽에서 있었던 투기적 공격speculative attack에 굴복한 영란은행Bank of England의 파운드화 평가절하 결정은 기초경제 여건과 괴리된 고정환율 유지가 얼마나 어려운지에 대한 사례를 보여주고 있다.

목표를 달성하기 곤란합니다. 이론적으로도 환율 수준은 현재 여건 뿐 아니라 미래의 금리 수준과 미래의 환율 수준에 대한 시장의 합리적 기대에 의해 설명되기 때문입니다.

3. 삼불일치론에 대한 선행연구

주요국 통화정책과의 커플링coupling

삼불일치론은 그동안 거시경제정책의 기본 틀로 이해되어 왔지만, 자본자유화체제와 변동환율제도 조합에서도 국내 통화정책이 외국의 통화정책과 동조적으로 변하는 경우가 빈번함에 따라 삼불일치론 성립에 대한 의문이 제기되어 왔습니다. 삼불일치론이 성립한다면 변동환율제하에서는 금리는 자국의 경기와 물가 등 국내 사정에 따라 움직이며 서로 다른 두 나라의 경제 사정의 차이는 환율에 의해 조정되므로, 두 나라 간에 같은 방향으로 정책금리가 움직일 필요가 없는 것이죠. 그럼에도 만일 정책금리가 같은 방향으로 움직였다면 두 가지 중 하나의 경우일 것입니다. 첫째, 삼불일치론이 성립하지 않거나 둘째, 삼불일치론이 성립한다는 전제하에서는 우연히 두 나라의 경기 상황이 비슷하게 움직이거나 실물경제 상황과는 별도로 금융시장이 과도하게 통합되어 있는 경우입니다.

현실에서도 '두 나라의 정책금리가 같은 방향coupling으로 움직였느냐? 또는 다시 다른 방향decoupling으로 움직였느냐?'에 대한 관심

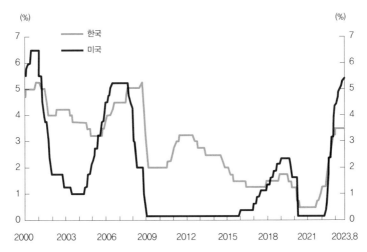

그림 10.5 한국과 미국의 기준금리

주: 1) 미국 기준금리는 상한과 하한의 평균값
자료: 한국은행, 미 연준

은 계속되어 왔습니다. 특히 글로벌 금융위기 대응 과정에서 통화정책의 국제 공조 필요성이 강조되는 가운데 신흥시장국 통화정책이 선진국에 의해 지나치게 영향 받는 것이 아닌가 하는 우려가 제기되었습니다. 만일 그렇게 될 수밖에 없다면, 삼불이치론이 성립하느냐 또는 성립하지 않느냐의 이론적 흥미를 떠나서 신흥시장국은 자국의 경제 사정 변화를 무시하고 선진국을 따라 해야 하니까 큰일이죠.

삼불일치론은 성립하는가?

그동안 개방경제하에서 통화정책의 '자율성'이 저하되었는지 여부를 삼불일치론 관점에서 실증분석하는 연구들이 발표되어 왔습니다. 즉 변동환율제하에서도 통화정책의 독자성이 저하되었다면 삼불일치론이 성립된다고 말하기 어려울 것입니다. 이와 같은 선행연구들을 '통화정책의 독자성'에 대한 연구와 '국내외 통화정책의 동조성'에 대한 연구로 크게 나누어볼 수 있습니다. 이제 아시겠지만 지금까지 '독자성'과 '동조성'에 대한 정의를 명확하게 내리지 않고 이야기해왔습니다. 조금 전에도 통화정책의 '자율성'이라는 용어를 일부러 사용하였습니다. 처음부터 정의를 명확하게 말씀드리면, 이해하는 데 오히려 복잡해질 수도 있으니까요.

이제 설명하겠지만, 앞서 이야기한 '통화정책의 독자성'과 '국내외 통화정책의 동조성'이라는 두 가지 연구의 주제는 상당히 다릅니다. 먼저 통화정책의 독자성이란 '자본이동과 환율 변동이 자유로울 경우 국제금리의 변동에 관계없이 정책금리를 국내 경제 여건에 맞추어 조정할 수 있다'는 의미인 반면 통화정책의 동조성이란 '서로 다른 나라의 금리정책이 동시에 또는 일정 시차를 두고 같은 방향으로 변동한다'는 의미라고 할 수 있습니다. 즉 '독자성'이란 각국이 '원하는 대로 정책금리를 조정할 수 있느냐?'에 초점을 맞춘 반면 '동조성'이란 여타 국가들과 달리 '독립적으로 움직일 수 있느냐?'에 관계없이 '결과적으로 거의 같은 시점에 정책금리를 같은 방향으로 움직였느냐?'에 초점을 맞추고 있습니다.

이제 이러한 연구들의 목적을 알았으니 실증연구의 결과만을 간단히 알아보겠습니다. 대부분의 실증연구들이 그렇듯, 연구자들에 따라 다소 결과가 다소 엇갈리고 있습니다. 먼저 '통화정책의 독자성'에 대한 연구들을 살펴보면 대체로 개방경제하에서도 통화정책의 독자성이 성립함[36]을 지지하였으나 일부에서는 중앙은행 통화정책의 독자성이 저하되었다고 주장하였습니다.[37]

한편 통화정책의 동조성과 관련해서는 동조화 경향이 높아졌다는 견해가 우세하였습니다.[38] 우리나라를 대상으로 한 실증연구들도 자유변동환율제도 이행 이후 오히려 우리나라 금리정책이 해외, 특히 미국과의 동조성이 크게 높아졌음을 지적하고 있습니다.[39] 그렇다면 삼불일치론은 성립하지 않는 것일까요?

36　Woodford(2007)는 글로벌 거시모형을 이용하여 국제유동성global liquidity 이론, 해외생산갭global slack이론 등의 주장처럼 세계화가 통화정책의 유효성에 미치는 영향은 크지 않다고 주장하였다. Bolvin and Giannoni(2008)는 다양한 해외변수에서 주성분분석을 이용하여 추출한 공통요인을 분석하여 미국의 경우 해외 요인이 통화정책 파급 경로 및 유효성에 유의한 변화를 초래하지 않았음을 실증적으로 증명하였다.

37　Rogoff(2006)는 미 연준을 비롯하여 주요국 중앙은행도 다수의 여타 중앙은행들이 그들의 정책결정을 따를 경우에만 국내 금융시장에 영향을 미칠 수 있다고 주장하였다.

38　특히 2000년대 이후를 분석 대상으로 한 Aizenman et al.(2008)에 따르면 선진국의 경우 지난 10년간 자본자유화 폭이 확대되면서 국가 간 금리 연관성도 동시에 강화되었다. 신흥시장국의 경우 자본자유화에 따라 국가 간 금리 동조성은 높아졌으나 외환보유액 확충으로 환율 변동성이 억제됨으로써 금리 동조성의 정도는 선진국보다는 약하다.

39　Aizenman(2008)이 우리나라의 트릴레마 지수를 계산한 결과, 2000년대 들어 1990년대에 비해 금융개방도가 높아지고 환율의 변동성이 확대되었으나 통화정책의 동조성은 크게 상승하였다. 김소영·신관호(2009)는 구조블럭 외생VAR 모형을 분석한 결과, 미국의 금리정책 변화 충격에 대해 한국의 금리정책이 어느 정도 종속적으로 움직였으며 이는 국제자본이동으로 인해 국가 간 유동성 사정이 전파된 데 기인한 것이라고 주장하였다.

통화정책의 독자성과 동조성

그런데 여기서 우리는 이러한 실증연구들의 차이를 눈여겨볼 필요가 있습니다. '동조성'이 높아졌다고 '독자성'이 약화된 것일까요? 비슷하게 해석할 수 있을까요? 조금 전 설명한 바와 같이 '동조성'이란 '과정과 요인'을 고려하기보다 두 나라의 정책금리가 같은 방향으로 움직였는지에 대한 '결과'를 중시하는 개념입니다. 위와 같은 실증연구 사례들을 살펴보면 우드포드Woodford(2007)를 중심으로 한 일부 논문을 제외한 다수의 연구들이 해외 통화정책의 파급 경로에 대한 구분 없이 사후적인 국내외 금리 동조화를 기준으로 통화정책의 독자성이 저하되었다고 평가하였음을 알 수 있습니다. 주로 실증분석이 이루어진 통화정책의 국가 간 동조성은 삼불일치론의 통화정책 독자성과 일치되는 개념이라 할 수 없습니다.

반복하지만, 통화정책의 독자성이란 '자본이동과 환율 변동이 자유로울 경우 다른 나라들이 어떻게 정책금리를 운용하더라도 국내 경제 여건에 맞추어 정책금리를 자율적으로 조정할 수 있다'는 의미인 반면, 통화정책의 동조성이란 '통화정책을 자국의 경제 상황에 맞게 자율적으로 운용할 수 없으며 다른 나라의 금리정책을 염두에 두고 일정시차를 가지면서 같은 방향으로 변동한다'는 의미이기 때문입니다.

그런데 '독자성'와 '동조성'이라는 두 가지 개념이 만나게 되는 지점이 있습니다. 각국의 통화정책이 각국의 경제 여건에 맞추어 독자적으로 수행된다고 할지라도 경제 여건 자체가 대외 의존적일 경우 결과적으로 통화정책이 동조적으로 움직이는 결과를 가져오게 됩니다. 즉 독자적으로 따로 움직였는데도 불구하고, 같이 움직인 결과로 나타나게 된다는 말입니다. 이를 좀 더 자세히 설명하면, 한 나라 경제에 대한 수요 또는 공급 충격이 국내요인보다 전 세계적인 공통 충격common shock에 의해 발생할 경우, 국가 간 경제관계가 긴밀해지면서 개별 국가 수요 충격idio-syncratic shock이 관련된 다른 나라에 미치는 파급 효과가 커지게 된다는 뜻입니다. 예를 들면 글로벌 자본이동에 따라 국내 유동성 사정이 변하거나 해외 유가 상승 같은 공급 충격이 발생하여 국내 물가에 미치는 영향력이 커져 거시경제 자체가 밀접하게 동조화될 가능성을 말합니다.

결론적으로 기존 실증연구들은 개방경제하에서 통화정책의 '독자성'이 유지되고 있다는 의견을 제시함으로써 삼불일치론이 성립함을 대체로 지지하고 있다고 볼 수 있습니다. 말씀드린 바와 같이 통화정책의 '독자성'과 '동조성'은 구분되어야 하며, 통화정책의 '동조성' 여부를 가지고 삼불일치론의 성립 여부에 대한 증거로 제시하기는 미흡하다고 하겠습니다.

4. 비판과 반론

전제에 대한 비판과 반론

대부분의 이론에 대한 비판이 그렇듯 삼불일치론에 대한 비판도 그 전제의 현실성에 대한 반론 제기로 시작되지요. 물론 그렇다고 할지라도 가정의 현실부적합이 이론의 유용한 시사점을 전적으로 부정하지는 않습니다. 마치 엄격한 완전경쟁시장이 세상에 존재하지 않더라도 그 개념이 중요하듯 말입니다. 그럼 비판적 입장에서 삼불일치론을 공격해봅시다. 그리고 그에 대한 반론을 제기해 봅니다.

첫째, 삼불일치론은 자본거래에서 교환되는 국내외자산 간의 높은 대체성을 가정하고 있습니다. 쉽게 말하면 우리나라 국채와 미국 국채의 성격이 동일하다고 전제하고 논리를 이끌어나가고 있죠. 그러나 아무리 시장성이 높은 국내외 자산이라 하더라도 금융환경에 내재된 리스크와 불확실성의 차이 때문에 모든 자산을 완전한 대체재로 간주하기는 어렵습니다. 금융위기가 발생할 때마다 안전자산 선호 경향flight to quality으로 인해 자금이 미국으로 흘러들어가는 현상을 보면 현실적으로 미국 국채는 우리나라 국채보다 신용도가 높습니다. 반면 우리나라 사람들이 우리나라 국채에 대해 느끼는 감정은 다릅니다. 우리나라 국채의 신용도란 우리나라 정부의 신용도로, 우리나라 정부가 부도를 낸다면 우리나라 전체가 파산한다는 의미와 비슷하니까요. 어쨌든 국가 간 금리 차이에 국가별 신용도가 고려되어야 합니다. 과거 변동환율제 초기에는 유위험금리평형이론UIP을 바탕으로 내외금리차가 환율 방향에 대한 지표가 될 수 있었으나, 엥겔Engel(1996), 카발로Cavallo(2006)에 따르면 최근에는 그렇지 않다는 의견이 제기됩니다. 사실 유럽 재정위기 국가인 그리스의 사례에서 보듯이 국가 간 리스크sovereign risk 차이와 비교할 때, 금리

격차가 환율에 미치는 영향은 그리 크지 않았습니다. 또한 금리 수준이 높은 개발도상국에서 상대적으로 금리 수준이 낮은 선진국으로 자금흐름이 역류하는 현상flowing uphill도 자주 목격된다는 사실은 국가 간 자본이동에 금리격차 이외에 다른 요인이 크게 작용한다는 의미로 해석될 수 있습니다.

이에 대한 반론을 살펴보면, 국가 간 신용도의 차이를 들어 삼불일치론의 전제를 비판한다면 두 나라 간 내외금리차를 리스크를 감안한 금리 차이로 바꾸어 놓으면 된다고 반박할 수 있습니다. 쉽게 말씀드리면 신용파산스왑Credit Default Swaps, CDS[40]금리를 반영하는 것이죠. CDS금리로 대변되는 국가 간 신용차이와 거래에 소요되는 비용 등은 자본이동을 감안해야 할 요소지만 이에 대한 언급이 없다고 삼불일치론을 비판할 수는 없습니다. 또는 무위험차익거래[41]의 개념으로 계산해 낼 수 있지요. 원화운용수익률이 외화조달금리에 외환스왑레이트[42]를 가산한 이율보다 높으면 무위험차익거래 기회가 발생합니다. 내외금리차는 채권을 통한 강력한 자금 유출입 유인

---

40 신용파생상품의 기본적인 형태로 채권이나 대출금 등 기초자산의 신용위험credit risk을 전가하고자 하는 보장매입자protection buyer가 일정한 수수료premium를 지급하는 대가로 기초자산의 채무불이행 발생 시 신용위험을 떠안는 보장매도자protection seller로부터 손실액 또는 일정 금액을 보전받기로 약정한 거래를 말한다.
41 내외금리차(원화운용수익률−외화조달금리) − 외환스왑레이트−거래비용으로 정의된다.
42 외환스왑레이트는 간단히 말해 외국인이 채권 등 원화자산 운용을 위해 외화를 담보로 제공함과 동시에 원화자금을 차입하는 데 소요되는 비용을 말한다. 'LECTURE 11 돈의 흐름과 조절'에 상세히 설명되어 있다.

중의 하나이지요. 물론 장기 투자자의 포트폴리오 다변화에 따른 유입도 있을 수 있지만요. 다만 사고를 단순화하기 위해 부수적인 요소들을 넣지 않았을 뿐입니다.

둘째, 삼불일치론에 대한 주장의 근거를 살펴보면 외환시장에서 형성되는 환율이 균형이라고 가정하면서 정책 당국이 외환시장에 개입할 경우 환율이 시장 균형에서 이탈하므로 단기 차익을 노릴 수 있는 기회가 발생한다고 설명하고 있습니다. 그러나 외환시장이 항상 균형환율을 유지하지 않을 가능성도 배제할 수 없습니다. 실제로 정책 당국이 외환시장에 개입할 때는 시장 변동성이나 불균형에 대응하여 시행되는 사례도 빈번합니다. 따라서 정책 당국의 외환시장 개입이 언제나 시장 참가자들에게 차익거래의 기회를 제공한다고 볼 수는 없을 것입니다. 예를 들어 2008년 금융위기 당시 한국 원, 말레이시아 링기트, 인도네시아 루피아 등은 상당한 절하 압력을 받았고 정책 당국의 시장 개입으로 지탱된 사례가 있었습니다. 정책 당국이 균형환율에 대해 시장보다 더 높은 이해를 가질 수도 있는 것입니다.[43] 특히 탐욕과 공포가 시장을 지배할 때는 더욱 그러하겠죠.

그러나 이에 대한 반론을 살펴보면, 삼불일치론 가정의 초점은 환율 변동으로 인한 차액거래 발생 가능성에 있을 뿐 환율이 어떤 요

---

[43] Williamson(2008)의 Band/Basket/Crawl(BBC)은 정책 당국은 진정한 균형 환율이 어떠한 수준인지는 정확히 모르지만, 일정한 범위 내에 존재한다는 것은 알고 있으며 그 범위를 벗어나지 않도록 유지한다는 의견을 제시하였다.

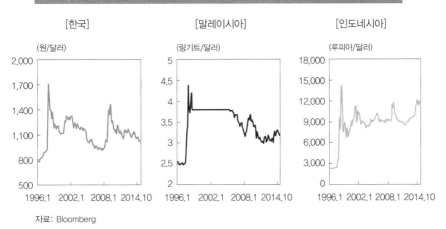

그림 10.6 한국, 말레이시아, 인도네시아 환율

[한국]

(원/달러)

자료: Bloomberg

인에 의하여 일시적으로 균형에 있느냐 있지 않느냐는 중요한 문제
가 아니라고 반론할 수 있습니다. 다만 시장 균형의 사고에서 출발
할 뿐입니다.

셋째, 어떤 국가의 실물자본의 수익률(Wicksell 자연이자율)[44]이 외
국보다 상당히 높을 경우 고수익을 추구하는 해외 자본 유입이 지
속적으로 유입되기 쉬우므로, 비록 어떤 국가가 변동환율제를 채택
한다고 하더라도 단순히 국내 금리와 환율 선택의 조합만으로 거시
안정성을 달성하기는 어렵다는 점입니다. 특히 직접투자 혹은 장기
주식투자 등의 경우 자연이자율이 반영된 잠재수익률에 더 영향을

44　　빅셀Wicksell, J.G.K.은 이자율을 자연이자율과 화폐이자율로 구분하였다. 자
연이자율은 화폐가 사용되지 않는 상태에서 실물자본을 빌려주거나 빌릴 때 발생하
는 실질이자율이다. 〈자연이자율＝실물자본사용료/실물자본〉

받고 있습니다. 이렇듯 해외 자금의 유입이 금리에 영향을 더 받느냐? 혹은 주가수익률에 더 영향을 받느냐? 하는 문제는 사실 그 나라의 시장 특성과 외국인들의 투자 행태에 따라 달라질 것입니다. 그런데 우리나라의 경우 외국인 투자자들이 주가보다 금리에 더 영향을 받는다고 유의미하게 말하기 어려우므로 우리나라의 경우 삼불일치론이 성립한다고 단언하기 어렵다는 비판적 의견이 제기되었습니다.[45]

그러나 이에 대한 반론을 살펴보면, 그 이후의 자료(2005~2008)를 이용하여 분석한 결과, 내외금리차로부터 환율로의 인과관계가 부분적으로 나타나며, 이는 채권투자와 은행 차입의 비중이 커지면서 내외금리차가 자본 유입을 통해 환율에 미치는 영향이 증가한데 기인한다는 의견도 제기되었습니다.[46] 아울러 최근에는 외국인들의 국내 채권 규모가 크게 증가하였기 때문에 자금 유출입의 금리 의존도가 더욱 커졌을 것이라고 추정해봅니다. 그러므로 삼불일치론을 비판하는 이러한 주장은 최소한 우리나라에서 완전히 수용되기 어려울 것입니다.

결론적으로 삼불일치론은 가설의 전제들 때문에 현실과 완전히 부합되지는 않는다고 볼 수 있습니다. 국가 간 자본이동 요인은 매

---

[45]　박찬호, 〈내외 금리차와 환율 간 관계분석〉, 《조사통계월보》(한국은행, 2008)을 참고하였다.
[46]　임진·서영경, 〈금리정책 동조화의 경로분석〉, 《금융경제연구》(한국은행, 2010)을 참고하였다.

우 복잡한데 삼불일치론은 단순화하여 설명하고 있는 셈입니다. 그러나 우리는 어느 경제학이론이든 가정의 전제하에서 진행이 되며 그 가정이 현실과 다소 부합하지 않더라도 그 이론이 주장하는 뜻이 퇴색하지는 않는다는 사실 또한 알고 있습니다. 사고를 명쾌하게 하기 위하여 현실의 부수적인 요소들을 제거하여 '생각의 틀'을 만드는 작업은 필요합니다.

모서리해corner solution 선택 주장과 반론

우리는 앞서 삼불일치론의 세 측면에 대해 알아보았습니다. 그것들은 자본자유화, 환율의 안정성, 통화정책의 독자성이었습니다. 이제 환율의 안정성이란 엄격하게 유지될 경우 고정환율제와 동일한 의미라는 사실도 알고 있습니다. 여기서 이 세 측면은 어떻게 운용될 수 있을까요?

삼불이치론의 세 가지 거시 정책 목표를 모두 달성할 수 없으므로 그중 두 가지를 선택할 수밖에 없다는 '두 개의 모서리해two corner solution'에 대한 논의는 1992년 ERMEuropean Exchange Rate Mechanism[47]이 투기 세력의 공격으로 인해 위기를 겪게 된 후, 1993년 ERM의 환율 변동 폭이 확대되자 자유변동환율제도를 선택하거나

---

47   유럽 국가들은 일종의 고정환율제도인 ERM을 발족하였다. 여기에 참여한 회원국은 통화 상호 간에 중심환율을 설정하고 ±2.25% 내에서 환율을 지키도록 하였으며 환율이 여기에서 벗어날 경우 시장 개입을 통해 대처하도록 하였다. 이 제도는 회원국 통화 간 환율의 과도한 변동을 막아 경제의 안정적 성장에 기여한다는 목적이 있었다.《한국의 통화정책》(한국은행, 2012)에서 인용하였다.

고정환율제도를 유지하는 통화동맹이 바람직하다고 강조하는 과정에서 제기되었습니다.[48] 특히 1997년 아시아 금융위기 이후에는 고정환율제를 내세우나 상황에 따라 변동환율제를 용인하는 중간 형태fixed but adjustable의 환율제도가 금융위기를 유발한crisis-prone 요인이라는 지적이 대두되면서 고정환율제도 또는 자유변동환율제도 중 하나를 선택해야 한다는 주장이 다수 제기되었습니다.[49] 왜냐하면 당시 아시아 국가들은 그리 나쁘지 않은 경제의 기초체력이 유지되는 가운데 환율 운용에 있어서 고정환율제도와 자유변동환율제 사이에서 엉거주춤한 모습을 보이고 있었기 때문입니다.

그러나 이렇듯 자본자유화, 고정환율제도, 통화정책의 독자성이라는 세 가지 중 반드시 두 가지를 선택해야 한다는 주장에 대응하여, 삼불일치론은 이 세 가지가 동시에 성립할 수 없음을 의미할 뿐, 이 중 반드시 극단적인 두 가지를 선택해야 하는 것은 아니며 다양한 선택이 가능하다는 반론도 제기되었다는 점을 지적하고 싶습니다. 예를 들면 환율의 평가절상 압력에 대응하여 일부만 환율 수준에 반영하고 나머지는 정책 당국이 외환시장에 참여하여 중화하는 정책도 삼불일치론과 배치되지 않는다는 뜻입니다.

48 Barry J. Tobin Eichengreen and C. Wyplosz, "Two Cases for Sand in the Wheels of International Finance", The Economic Journal, 105, 1994.

49 Reuven Glick, "Fixed or Floating: Is it Still possible to Manage in Middle?" paper prepared for the conference on financial markets and policies in East Asia, Asia-Pacific School of Economics and Management, ANI, Canberra, 4-5 September, 2000.

1990년대에 제기된 '중간지대는 사라진다disappearing middle'는 의견은 정책 당국이 관리변동환율제를 유지할 경우 변동성 제한으로 인하여 더 큰 위기를 초래할 수 있으므로 두 가지 모서리해로 갈 수밖에 없다는 것이었습니다.[50] 이러한 주장은 우리나라, 태국, 멕시코 등의 과거 위기 경험에 기초하고 있습니다. 그러나 2001년 말 그동안 통화위원회제도의 성공적인 사례로 여겨졌던 아르헨티나의 환율 체제가 붕괴되면서 '두 개의 모서리해'에 대한 주장이 약화되었으며, 이후 일부 재반론이 제기되면서 환율제도가 무엇인가에 대한 논의는 여전히 계속되고 있습니다. 오히려 최근 들어서는 전 세계적으로 중간지대가 사라진다는 증거는 없다는 주장이 유력하게 제시되고 있습니다.

이제 이러한 모서리해로의 이동 타당성에 대한 논쟁을 넘어 각국 여건에 적합한 환율제도를 모색하려는 논의가 진행되고 있습니다. 그런데 이러한 논쟁에는 통화정책과 외환정책을 수립하는 데 있어 한번 세워진 원칙이 계속 유지된다는 전제가 숨어 있습니다. 그러나 급변하는 경제 여건 변화에 정책적 대응이 경직적으로 이루어져야 하는 것은 물론 아닙니다. 장기시계長期視界의 관점에서 어떠한 정책

50　국제자본이동이 자유로운 경우 개별 국가가 국제자본이동에 맞서 환율을 관리하기란 현실적으로 거의 불가능하여 관리변동환율제도와 같은 중도적 환율제도intermediate regime는 필연적으로 위기 상황을 맞게 되며, 장기적으로는 Currency Board, Dollarization 등 극단적인 형태의 고정환율제도 혹은 완전자유변동환율제도로 이행하게 된다는 주장이 있다("Hollow Middle", Eichengreen, 1994, "Bi-Polar View", Fischer, 2001).

조합을 만들어 지속해나간다고 하더라도, 최소한 일시적으로 충격이 발생했을 경우에는 정책조합을 탄력적으로 변경할 수 있다고 생각합니다. 금요일 정책조합에 대해 이야기하는 시간에 다시 다루어 보기로 하지요.

Question 1

강연 중 삼불일치론의 주요 개념과 메커니즘에 대해 말씀하셨습니다만, 자본 이동을 허용하는 가운데 고정환율제 또는 변동환율제를 채택할 경우 경제에 어떠한 문제가 생기게 되는지 명확하게 이해되지 않습니다. 죄송하지만 한 번 더 설명을 부탁드립니다.

Answer 1

예, 제 설명이 부족했던 것 같습니다. 지난 강연에서도 이 삼각형에 대해 잘 이해되지 않는다고 하시는 분들이 계시더군요. 다시 한번 설명드리겠습니다.

첫째, 고정환율제를 선택한다고 가정합니다. 만일 금리를 인하하는 통화정책을 시행할 경우, 해외 금리는 높고 국내 금리는 낮은 상황이 되기 때문에, 국내외 금리의 차이에 따라 높은 금리를 찾아가는 자본이 외화자금 형태로 유출됩니다. 즉 달러가 빠져나가는 것이죠. 이렇게 달러가 나간다면 환율이 상승하려고 할 것입니다. 즉 우리나라 돈의 가치가 떨어지게 되는 압력을 받게 됩니다. 그런데 고정환율제를 택하고 있으면 환율 수준을 지켜야 하므로 환율을 변동시키지 않기 위해서는 다시 금리를 인상할 수밖에 없습니다. 그러므로 자본이동이 자유로운 가운데서 금리는 조정할 수 없으며 환율 수준의 안정성만 지켜나갈 수 있다는 말씀입니다. 그런데 이 경우 경기침체가 심화되어 국내 경제 상황이 아무리 어렵더라도 국내 금리를 인하할 수 없게 되는 문제가 있습니다.

둘째, 변동환율제를 선택한다고 전제합니다. 만일 금리를 인하하는 통화정책을 시행할 경우, 해외 금리는 높고 국내 금리는 낮은 상황이 되기 때문에, 국내외 금리의 차이에 따라 높은 금리를 찾아가는 자본이 외화자금 형태로 유출됩니다. 즉 달러가 빠져나가는 것이죠. 이렇게 달러가 나간다면 환율이 상승하게 됩니다. 그런데 변동환율제를 택하고 있으므로 그냥 환율을 놓아두면 됩니다. 이 경우 금리를 국내 경기 상황에 맞게 탄력적으로 대응할 수 있다는 이점이 있습니다. 환율의 안정성, 즉 고정환율을 포기하게 되면 자본이동이 자유로운 가운데 통화정책의 독자성을 지킬 수 있다는 말씀입니다. 그러나 이 경우 환율이 급변동하는 문제를 방지할 수 없다는 문제가 있습니다. 환율의 급변동은 수출입뿐 아니라 자본이동에도 영향을 주면서 우리에게 불확실한 경제환경에 따른 고통을 안겨줄 것입니다. 즉 고정환율제는 대내균형을 희생하여 대외 불균형을 조정하자는 제도이고 변동환율제는 대외 균형을 희생하여 대내 불균형을 조정하자는 제도입니다.

향후 금리가 오를 확률이 아주 높아 채권 보유 기간 동안 자본손실을 입을 가능성이 매우 큰 데도 국내 기관투자가들은 채권을 팔지 않고 그냥 보유하고 있는 경우가 빈번합니다. 또한 금리가 오른다고 전망될 때에도 해외에서 채권매수자금이 유입되는 경우가 있습니다. 이는 어떻게 설명할 수 있을까요?

Answer **2**

좋은 질문입니다. 첫날 숏short에 대해 설명하면서 이와 관련된 이야기 중 일부를 잠깐 스치고 지나간 기억이 있군요. 말씀하신 대로 금리 상승을 전망한다면 많은 투자자가 자본손실을 우려하여 채권매수를 꺼립니다. 그러나 보유하고 있는 채권을 팔지 않거나 더 사는 경우도 있지요. 이를 어떻게 설명할 수 있을까요? 네 가지 관점에서 접근해보도록 하겠습니다.

첫째, 세상에 확실한 예상이란 없습니다. 금리 상승 기대가 확실하다면 이미 현재의 채권금리에 상당 부분 반영되어 있어 추가 상승 기대는 그리 강하지 않을 수 있다는 점을 말씀드립니다. 극단적인 경우 추가 상승 요인이 현실화되면 금리가 오히려 하락할 수도 있지요.

둘째, 채권매수 세력을 단기 투자자와 장기 투자자로 나누어 생각해야 합니다. 단기 투자자들은 당장의 금리 변동 방향과 폭에 관심을 가지지만 보험사 연기금 등 장기 투자자들은 조달금리와 연계된 운용금리 '수준'에 주목합니다. 물론 장기 투자자도 단기적인 금리 변동에 신경을 쓰지 않는 것은 아니지만, 조달금리 수준을 넘어서면 언제든지 채권을 매수할 수 있습니다. 이른바 자산부채종합관리 ALM이지요. 더욱이 향후 금리가 크게 상승하지 않고 언제 하락으로 반전될지 모른다고 생각하면 이 정도에서 매입하자라고 나설 수 있습니다.

셋째, 재투자수익의 관점입니다. 금리가 오른다고 보유하고 있는 장기채권을 팔고 나면 채권 매각 대금을 어디에 투자할까요? 돈을 놀릴 수는 없어 단기채권에 투자한다면, 채권수익률곡선이 우상향하는 일반적인 상황에서는 단기금리가 더 낮으니 투자수익률은 더 낮아진다고 보아야겠지요. 장기채권이 가진 표면이자수익률을 무시할 수 없습니다. 극단적인 경우 아무리 금리가 상승한다고 해도 만기까지 들고 간다면 당초 의도했던 수익률만큼은 얻을 수 있으니까요. 물론 중도에 자본손실을 이겨낼 수 없는 포지션 한도를 가지고 있다면 그럴 수는 없겠지요.

넷째, 해외 투자자의 경우 조금 전 말씀드린 장기 투자자의 전략은 국내 투자자와 같습니다만, 강연 중 설명한 바와 같이 금리뿐 아니라 환율도 고려해야 하겠지요. 이에 대해서는 앞에서 충분히 이야기하였으므로 생략하겠습니다.

이와 같이 금리 상승으로 단기손실이 예상되더라도 보유물량이 한꺼번에 쏟아져 나올 수는 없습니다. 또 금리 상승 속도가 급격하다면 공개시장에서의 국채 매입을 통해 금융시장을 안정시키려는 통화당국의 노력이 나타날 수도 있으니까요.

Question **3**

지금까지 말씀하시면서 금리와 환율의 긴밀한 연계관계에 대해 강조하셨습니다. 그런데 우리나라 통화정책은 물가안정목표제하에서 이루어지고 있는 것으로 알고 있습니다. 금리의 운용이 통화정책과 밀접하게 연계되어 있다는 점은 쉽게 이해할 수 있겠는데, 금리와 밀접한 관련이 있는 환율은 물가안정목표제와 어떤 관련이 있는지요?

Answer **3**[51]

좋은 질문입니다. 말씀하신 것처럼 현행 우리나라의 통화정책은 물가안정목표제하에서 운용되고 있으므로 통화정책 논의 과정에서 물가수준이 기준금리 결정에 커다란 영향을 미치며, 또 기준금리 결정이 시장금리에 영향을 미칩니다. 또한 환율도 교환되는 두 나라의 물가 수준 변동에 영향을 받습니다. 그러므로 금리와 환율은 다른 요인들과 함께 물가를 통해서도 연결된다고 볼 수 있습니다. 따라서 환율과 물가의 관계를 정리해본다면 통화정책과 환율정책을 어떻게 운용할 것인지에 관한 시사점을 얻을 수 있습니다.

---

51   《한국의 통화정책》(한국은행, 2017)에 주로 의존하였다.

그런데 물가안정목표제하에서의 통화정책은 환율제도와도 밀접한 관계가 있습니다. 일반적으로 물가안정목표제를 도입한 경우 자유변동환율제를 채택하는 것이 바람직하다고 알려져 있습니다. 환율이라는 또 다른 지표를 설정하지 않는다는 뜻이지요. 목표 인플레이션만을 명목지표로 함으로써 환율 등 다른 여러 가지 지표를 설정할 때보다 통화정책의 투명성을 제고할 수 있습니다. 하나의 지표만을 내세운다면 정책 운영이 더 분명하게 드러난다는 사실은 더 설명할 필요가 없지요. 만일 고정환율제를 도입할 경우에는 일정 수준의 환율이라는 또 다른 명목지표를 설정하게 되므로 국내 거시경제 목표를 달성하기 위한 통화정책의 효력이 크게 줄어들게 되겠지요.

하지만 소규모 개방경제하에서는 자유변동환율제를 선택한다고 공언하였더라도 환율 변동에 따른 충격을 현실적으로 고려하지 않을 수 없습니다. 그러나 이렇게 환율 안정을 위하여 외환시장에 개입하게 되면 두 가지 목표인 환율목표와 인플레이션목표 간 상충관계가 발생하겠지요. 변동환율제를 채택한 신흥시장국은 통화정책 운영에 있어 선진국에 비해 환율 충격에 더 민감한 반응을 보이며, 상대적으로 큰 외환보유액을 보유하고 있습니다. 또한 '환율 변동에 대한 우려fear of floating' 현상을 지속적으로 나타내는 가운데 환율 충격에 대응하여 빈번하게 외환시장에 개입하게 됩니다. 그러므로 물가안정목표제하에서도 관리변동환율제도를 수용하는 편이 바람직하다는 주장도 제기되고 있습니다. 이러한 의견은 일부 물가안정목표제를 도입한 국가들이 실제로 외환시장에 개입하고 있다는 현실을 반영하고 있습니다. 다만 환율목표는 명시적으로 공표되지 않는다는 공통점이 있지요. 환율목표제가 암묵적으로나마 운영될 경우 대규모 자본 유출 시 대응능력이 제약되며 환율 수준 조작으로 불공정한 무역거래를 하고 있다는 대외적인 비판이 제기될 가능성이 있습니다.

한편 앞서 설명한 대로 통화정책 수립에 있어 환율의 움직임은 매우 중요합니다. 우선 교역재와 수입중간재, 기대물가 등을 통한 물가에 대해 영향을 미칩니다. 또 수출경쟁력, 대외 균형수준 등 대외부문에 대해서도 영향을 미치며, 환율 변동성이 자본 유출입에도 영향을 주므로 금융시장의 안정성도 이에 크게 좌우됩니다. 환율은 직접 경로[52]와 간접 경로[53]를 통해 물가에 영향을 주므로 물가안정목표제를 도입한 국가에서는 환율이 물가에 어떠한 영향을 미치는가에 더욱 주목할 필요가 있습니다. 특히 물가안정목표제 국가들의 환율 움직임과 목표물가 달성 여부 간의 관계를 조사한 연구들을 보면, 목표물가 달성에 있어서 환율의 변동성이 가장 큰 위험요소 중 하나로 나와 있습니다. 따라서 물가안정목표제하에서 통화정책을 수립하는 과정에서 환율 변수를 여타 물가에 영향을 주는 변수를 함

---

52   환율의 변화가 국내통화표시 수입재가격 변동을 통해 물가에 영향을 미치는 경로이다.

53   환율의 변화가 비교역재와 교역재의 상대가격 변동을 통한 총수요를 변동시킴으로써 물가에 영향을 미치는 경로를 말한다. 일반적으로 직접 경로보다 시차가 길다.

께 고려할 필요가 있습니다. 이러한 물가목표 달성을 위해 일반적으로 경직적 물가안정목표제strict inflation targeting[54]보다는 신축적 물가안정목표제flexible inflation targeting[55]를 선호하고 있습니다. 정책금리 결정에 인플레이션갭[56]과 GDP갭율[57]을 함께 고려하는 방식입니다.

설명이 좀 길어졌습니다. 결론적으로 물가안정목표제는 금리를 단일 지표로 하되 환율이 미치는 여러 가지 영향을 함께 고려한다고 말씀드릴 수 있습니다.

Question **4**

금리와 환율은 시장상황에 따라 자금을 효율적으로 사용하는데 기여하지만 오르고 내리는 데에 따라 이해관계가 상충하는 경우가 있습니다. 예를 들어 금리의 경우 고금리를 선호하는 은퇴생활자와 같이 금융자산을 많이 가지고 있는 사람들이 있는 반면 저금리를 선호하는 기업과 가계 등도 있습니다. 환율의 경우도 수출기업과 수입기업 간에 이해관계가 다릅니다. 이런 다양한 경제주체의 손익을 어떻게 조정해나갈 수 있겠는지요?

54　　인플레이션 변동성 최소화에 초점을 두는 물가안정목표제로서 물가는 안정될 가능성이 큰 반면, 명목환율, 실질 GDP, 명목금리 등의 변동성은 확대될 가능성이 크다.

55　　명시적인 중간 목표 없이 중장기적으로 민간의 기대인플레이션을 안정시키는 데 중점을 두되, 단기적으로는 성장률이 잠재 수준으로 수렴하도록 신축적으로 운영되는 체제를 말한다.

56　　목표 인플레이션율과 실제 인플레이션율의 차이를 말한다.

57　　잠재 GDP와 실제 GDP의 차이를 말한다.

예, 질의하신 것처럼 배분의 문제는 항상 어렵습니다. 모든 가격변수의 변동이 그러하듯, 금리와 환율을 조정하면 반드시 이득을 보는 사람과 손해를 보는 사람 사이에 소득과 자산이 재분배되는 결과를 야기합니다.

먼저 환율의 경우를 말씀드리면, 수출에 크게 의존하고 있는 우리 경제의 특성상 수출이 경제성장을 이끌고 있는 점을 인정해야 합니다. 다만 환율이 일정 수준 이상 유지될 경우 수출기업은 수입기업을 포함하여 다른 사람들의 경제적 희생하에서 이득을 취하고 있다고 볼 수 있습니다. 다른 말로 하면 일종의 보조금을 받고 있다고 할 수 있죠. 이렇게 환율조정에 따른 대외 경쟁력 확보가 필요하다는 주장은 앞으로도 상당 기간 지속되겠지만, 이제 우리 경제도 가격경쟁력을 통한 수출확대가 한계에 다다르고 있는 만큼 기술 차별화를 통하여 성장 동력을 확보해야 할 것입니다.

한편 환율을 조정할 경우 수출가격뿐 아니라 수입가격의 변화를 야기합니다. 이 경우 환율 변화만큼 수입가격이 변하는 완전전가와 환율 변화보다 수입가격이 작게 변하는 불완전전가로 구분됩니다.[58] 일반적으로 환율 충격이 지속된다는 인식이 들어서야 가격이

---

[58]　1970년대 처음 환율전가 개념이 도입되었을 때에는 환율전가율이 완전전가에 가까운 것으로 인식되었으나, 그 후 실증분석 결과 환율 변동이 물가에 완전히 반영되지 않는 것으로 나타났다.

전가되기 시작하며 그러한 환율 지속성 인식에는 상당한 시간이 소요된다고 알려져 있습니다.[59] 자원배분 측면에서도 환율 운영에 관심을 기울여야 하는 또 다른 이유입니다.

한때 일부 정부 관계자와 기업을 중심으로 '환율주권론'이 강하게 제기된 적이 있었습니다. 환율을 우리나라 마음대로 주무를 수 있으면 물론 좋겠지요. 하지만 앞서 삼불일치론에서 살펴보았듯이 환율-금리-외화자금흐름의 메커니즘상 그렇게 될 수는 없습니다. 또한 '환율주권론'으로 대표되는 고환율 유지 주장은 환율의 자원배분 기능을 왜곡하여 수출 부문(대기업)과 내수 부문(중소기업, 가계) 간의 불균형을 야기할 뿐 아니라 통상 마찰의 원인이 되는 등 다양한 문제가 뒤따릅니다. 실제로 과거 수출대기업 중심의 환율정책으로 인한 국내 경제에 대한 낙수 효과spillover effect는 오늘날 그 효과를 의심받고 있습니다. 그러므로 기본적으로 환율의 움직임을 시장에 맡기면서 필요할 경우 미세조정smmothing operation해야겠지요. 환율의 배분기능은 '결과적으로' 나타나는 것이라고 생각합니다.

다음으로 금리의 경우도 마찬가지라고 생각합니다. 금리도 자금을 필요한 부문에 배분하는 역할을 하지요. 모두 돈이 필요하지만 조금 더 필요한 사람과 조금 덜 필요한 사람을 '얼마의 대가까지 지불하면서 돈이 필요한가?'라는 질문으로 구분해내는 작업입니다. 높

59　특히 외국 수출업자와 국내 수입업자가 국내시장 점유율 유지를 도모할 경우 환율상승분만큼 수입물가가 상승하지 않고 국내 생산자와 같이 국내시장가격 기준으로 수입가격을 결정pricing to market하는 현상이 발생한다.

은 금리를 부담하고서라도 돈을 잘 활용하여 더 많은 이익을 낼 수 있는 부문으로 돈이 흘러가도록 함으로써 자금거래에 참여하는 사람들의 효익을 높이는 한편 나라 전체적으로도 자금이용의 효율성을 높이는 역할을 하는 것이지요. 금리가 높은 나라는 먹고살 만한 나라라는 말이 있습니다. 그만한 금리에 돈을 빌려서 투자할 생산 부문이 있다는 뜻이니까요. 또 높은 금리에 돈을 빌려줄 수 있다면 빌려주는 사람도 이자수입으로 살 수 있겠지요.

정책 당국이 기준금리를 조정한 결과 나타나는 소비, 투자, 주가, 부동산 등에 미치는 영향도 금리의 배분기능입니다. 외국인의 자본유출입 변동과 계속 논란이 되고 있는 가계 부채에 미치는 영향도 결과적으로 금리의 배분기능이죠. 그러나 이해관계자에게 어떻게 자금을 배분할 것인가의 문제는 결과론이라고 생각합니다. 조금 전 말씀 드렸듯이 정책 당국은 물가, 성장 또는 고용, 금융안정을 위하여 기준금리를 조정하며 이에 영향을 받은 장기금리는 결국 시장에서 결정되어 예금금리와 대출금리에 반영됩니다. 이해관계의 조정을 위하여 금리를 결정할 수는 없지만, 결과적으로 영향을 미치게 되는군요.

WED

돈의 조절

돈의 흐름과 조절

돈의 흐름을 조절하는 방식을 이해하기 위해 먼저 외화와 원화가 연결되면서 어떤 모습으로 돌아다니는지에 대한 몇 가지 사례를 알아봅니다. 물길을 아는 어부만이 고기를 잡을 수 있다는 말을 듣고 먼 길을 돌아 강의 물살과 바다의 파도를 살폈으므로 이제 강물과 바닷물이 합쳐지는 기수역汽水域에서 돈이 어떻게 움직이는지를 알아볼 차례입니다. 예로부터 치수治水는 국가 경영의 기본이었습니다. 원화와 외화를 바꾸고 빌리는 과정에 일어나는 돈의 교환은 환율뿐 아니라 국내 금리에도 영향을 미치며 원화와 외화의 흐름도 당연히 바

그림 11.1 체계: 돈의 조절

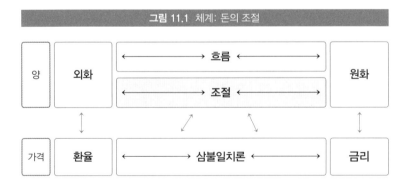

뀌게 되지요. 물이 논이나 밭 또는 어장으로 흘러가도록 물길을 조절해야 합니다.

1. 연계거래의 복잡한 흐름

연계거래는 왜 중요한가?

연계거래에 따르는 리스크

우리나라는 1997년 외환위기와 2008년 금융위기를 맞아 모두 금융회사의 외화유동성 부족 문제를 겪었으며 이로 인하여 시스템 리스크systemic risk가 발생하였습니다. 특히 글로벌 금융위기가 확산된 데에는 파생상품을 통한 금융의 중첩화financial laying가 좋지 않은 한몫을 담당하였습니다. 해외 자본들이 자신들의 파생금융 문제로 보유자산을 축소하는 과정deleveraging에서 해외로 나갔던 유동성을 거두어들이면서 외화유동성 부족이 심화되었지요. 우리나라의 경우도 스왑거래를 통해 은행 간 자금 조달과 운용이 연계되어 있는 상황interconnectedness에서 해외 투자와 조선사들을 중심으로 한 파생금융 이용이 외화운용에 걸림돌로 작용하였습니다.

조금 후 다양한 연계거래의 사례를 설명해드리겠지만, 통화스왑과 외환스왑거래는 국내 시중은행과 외은지점 간에 얽혀 있는 가장 주요한 외화자금거래입니다. 글로벌 금융위기 시 통화스왑거래는 주요한 문제가 되었습니다. 잠시 옆으로 빠지는 이야기가 되겠지만 이런 질문도 있을 수 있겠네요. '스왑거래가 그렇게 중요하다면 왜 2008년에만 문제가 되고 1997년 외환위기 때는 문제가 되지 않았나요?' 답은 간단합니다. 당시에는 우리나라 금융시장이 덜 발달되어 있어 스왑거래가 많지 않았기 때문입니다. 오늘날 금융시장 연계거래의 중심에는 스왑거래가 있다고 해도 과언이 아닙니다. 그리고 아시다시피 이러한 스왑거래는 외화유동성과 밀접한 관련이 있습니다. 그리고 많은 연계거래를 만들어내지요.

우리는 금융위기를 거치면서 유동성 리스크가 금융시스템 내에서 상호작용하여 빠르게 확산되면서 심각한 위기로 연결될 수 있다는 교훈을 얻었습니다. 연계거래는 '돈의 꼬리표'가 비교적 길며 서로 얽혀 있는 거래지요. 우리가 경제를 생각할 때는 개별 금융회사 단위가 아닌 금융시장 전체의 관점에서 생각해야 합니다. 개별 금융회사의 리스크 회피전략이 금융시장 전체 시각에서는 회피가 아니라 다른 금융회사로 리스크를 이전한 결과가 되는 경우가 잦습니다. 정책 당국의 입장에서 금융회사의 리스크 관리상황을 평가하는 문제와 금융시장 전체의 리스크에 대응하는 문제에는 또 다른 시각이 필요합니다.

물론 우리나라의 외화유동성 리스크가 연계거래에 의해서만 발생하는 것은 아니지만[1], 스왑을 통한 연계거래는 금융위기와 관련하여 중요합니다. 특히 우리나라 은행 부문은 외화자금거래에 있어 글로벌 금융 상황 변화에 민감하게 반응하는 외은지점을 중심으로 스왑거래가 이루어지고 있습니다. 이로 인하여 은행 간 높은 연계성을 나타내고 있으므로 대외 충격으로 인해 외화유동성 리스크가 급격히 확산되고 증폭되는 이유가 되지요.[2] 우리가 연계거래에 관심을 기울여야 하는 중요한 이유가 됩니다. 그런데 이러한 스왑거래는 거기서 끝나지 않고 외자를 조달한 국내 시중은행이 기업들에게 외화대출을 해주거나 또는 수입결제자금을 빌려주거나 하면서 다른 거래를 만들어내며, 외은지점들도 조달한 원화로 국내 채권투자를 하든지 또는 원화대출을 하든지 하면서 다른 거래와 연결되지요.

한편 연계거래는 앞서 말씀드린 국내 시중은행의 외자조달의 경우에 국한되지는 않습니다. 무역거래에서 적자가 발생하는 경우뿐 아니라 흑자가 발생하여 금융회사를 통한 해외 투자가 이루어지는 경우 등에도 환헤지를 위한 연계거래는 발생하니까요. 연계거래 규모가 커질수록 위험이 발생할 가능성이 도사리고 있는 것입니다.

꼬리표를 감추는 연계거래

'돈의 꼬리표'가 짧으면 추적할 필요가 없는 반면 '돈의 꼬리표'가 길면 다른 금융상품들과 연결되면서 금융시장에 미치는 영향이 커집니다. 꼬리표가 얽히게 되지요. 그런데 하나의 거래는 다양한 다

---

1   우리나라 금융회사의 외화자금 조달은 도매자금 조달wholesale funding에 주로 의존하고 있어 외화 유출 시 대규모로 일어나게 되며, 외화자금 운용은 장기 외화대출 위주로 되고 있어 외화유동성 부족 시 즉시 회수하기 어렵다.

2   이화연·배지현·오진하, 〈은행부문의 외화유동성에 대한 스트레스 테스트 모형〉,《한국은행 금융안정보고서》(2013)를 참고하였다.

른 거래와 연결될 수 있어 금융시장에 미치는 영향을 예상하기 어렵습니다. 그러므로 이러한 거래는 일반적으로 몇 가지 형태로 연결된다는 사전 지식이 있어야 합니다. 어둠 속에서도 '저기에 뭐가 있을 것이다'라고 확신하면서 일정 공간을 주시하면 당초 아무것도 없는 줄 알았던 곳에서 물체가 서서히 자신을 드러냅니다. 군대 생활할 때 경계근무자의 수칙을 반복하여 외우고 외곽 경계를 섰던 경험이 생각나는군요. 대부분의 경우 전방을 주시하기보다는 순찰자를 의식하게 되지만요.

조금 후 다양한 연계거래의 형태에 대해 말씀드리겠습니다. 어떠한 상황에서 이러한 연계거래가 일어날 수 있다는 사실을 알고 조준할 수 있다면, '돈의 꼬리표'가 얽히면서 모습을 감추었던 연계거래를 발견할 수 있습니다. 특히 정책 당국자들인 한국은행, 기획재정부, 금융위원회, 금융감독원 담당자들은 서로 의견과 정보를 교환하면서 증권예탁원, 예금보험공사, 한국거래소KRX 등의 정보를 일정 부분 공유하고 있으므로 금융시장의 일반 참가자들보다 자금의 큰 흐름을 추적하기가 용이합니다. 물론 금융시장의 세세한 정보에 실시간으로 밀착하는 시장 참가자들에 비하여 움직임을 체감하는 데 다소 시간이 걸릴 수는 있지만, 광범위한 정보에 접근할 수 있으므로 정보의 가볍고 무거운 정도를 가려야겠지요.

외화와 원화의 연계거래[3]

다양한 거래

이제 연계거래 몇 가지를 제시합니다. 실제 있었던 복잡한 거래에서 발생 기간과 해당 기관 등을 삭제하고 금리와 환율의 수치를 생략하여 주요 거래의 개요를 설명함으로써 이해를 쉽게 할 수 있도록 노력하였습니다. 사실 앞서 금융상품과 거래에 대해 비교적 상세히 설명한 이유도 지금 이러한 거래 메커니즘을 이해할 수 있도록 하기 위한 의도였습니다. 설명드릴 연계거래의 내용을 분명히 이해하기란 쉬운 일이 아닙니다. 명확하게 알 수 없다고 절망하실 필요는 없습니다. 이렇게 복잡한 흐름을 들려드리는 이유 중 하나에는 실제 돈이 어떤 행태로 돌아다니는지에 대한 사례를 제시함으로써 이를 감안하여 돈을 조절하는 작업이 쉽지 않다는 사실을 보여주기 위한 목적도 포함되어 있습니다.

대표적인 사례로 우선 외국인의 국내 주식시장 투자와 내국인의 해외 주식시장 투자에 대해 알아보고 다음으로 은행이 대출을 확대한 사례와 기업의 외자조달 행태에 대해 살펴보겠습니다. 그리고 주요 차익거래라고 할 수 있는 금리차익거래, 본드-스왑스프레드거래, 스왑베이시스거래에 대해 정리하겠습니다.

[3]　파생금융상품을 이해하는데 어려움이 있는 독자들은 교과서를 다시 본 후 읽어보기 바란다. 처음 접하는 독자들은 이 부분을 건너뛰어도 좋다.

외국인의 국내 주식시장 투자

우선 외국인이 국내 주식시장에 투자할 경우에 대해 알아보겠습니다. 외국인 주식투자자금이 유입될 경우 주식투자를 위한 원화가 필요하므로 외국인은 외환시장에서 외화를 원화로 바꾸어야 합니다. 이에 따라 외화가 공급됩니다. 반면 주식을 팔고 원금을 해외로 가져나갈 경우 주식을 매각한 원화자금을 외화로 바꾸어야 하므로 외화수요가 늘어납니다. 이러한 외화자금의 수요와 공급은 현물환율에 당연히 영향을 미칠 뿐 아니라 일반적인 경우 선물환율에도 같은 방향으로 영향을 미칩니다. 즉 주식시장을 통하여 외화가 공급될 경우 현물환율과 선물환율 모두 하락하며 외화가 회수될 경우 현물환율과 선물환율 모두 상승합니다.

또한 이러한 외화자금의 유출입은 외화자금시장에서 통화스왑시장(CRS 시장)⁴으로 파급됩니다. 이미 설명한 바와 같이 통화스왑은 거래 상대방이 서로 외화자금과 원화자금을 빌리고 빌려주는 장기 자금거래로 볼 수 있습니다. 예를 들어 외국인의 주식투자자금이 유출될 경우 통화스왑거래에 미치는 영향에 대해 설명하겠습니다. 외국인 투자기관이 자체적인 경제 전망 판단이나 본국의 자금회수 지시에 따라 국내 증권시장에서 주식을 매도하면, 주가 하락 요인으로 작용하게 되며 이러한 주식 매도자금을 해외로 송금할 때 국내 외환

---

4   1년 미만의 거래는 외환스왑시장을, 1년 이상의 거래는 통화스왑시장을 주로 이용한다.

시장에서 달러 수요가 증가하여 현물환율이 상승합니다.

한편 향후 환율이 하락하리라는 기대심리가 지속되고 있는 상황에서 외국인 투자기관이 외화를 매각하여 현물환율이 일시적으로 상승할 경우 외화공급자들은 이를 선물환 매도를 늘리는 기회로 삼습니다. 특히 장기간에 걸쳐 받을 수출대금이 정해져 있는 조선업체와 같은 수출기업들은 미래에 들어올 외화를 조금이라도 비싸게 팔 수 있는 기회를 노리고 있습니다. 수출대금을 받아 외화가 들어오는 시점에 외화를 팔 경우 그 당시 환율이 자기 회사에 유리하지 않을 수 있기 때문에 계속 외환시장을 주시하다가 유리한 환율이 형성되는 시점이 되면 외화가 들어오기 전이라도 나중에 들어올 외화를 선물환율로 미리 팔아놓는 것이지요. 이 경우 시중은행은 수출중공업체의 선물환 매도 거래를 수용하게 되는데, 이미 말씀드렸듯이 은행은 수동적으로 고객의 요구를 받아들이고 있습니다. 시중은행들은 외환포지션이 선물환 매입으로 증가하게 되므로, 이를 헤지하여 외환포지션을 중립으로 가져가기 위해 현물환을 매도해야 합니다. 이렇게 현물환을 매도하기 위해서는 달러자금을 차입해야 하는데 원화자금을 빌려주고 외화자금을 빌리는 통화스왑(Buy&Sell 또는 CRS receive) 수요가 늘어나면서 원화고정금리인 통화스왑금리가 하락하게 됩니다.

내국인의 해외 주식시장 투자

이제 국내 거주자가 해외주식시장에 투자할 경우 우리나라 금융시장에 미치는 영향에 대해 알아봅시다. 금융기관이 해외주식투자를 하면 일반적으로 환위험을 헤지하게 되는데 이 과정에서 통화스왑시장 또는 외환스왑시장으로 영향이 파급됩니다. 예를 들어 내국인이 해외주식펀드를 통하여 주식투자를 하는 경우를 상정해보겠습니다. 내국인이 해외주식펀드에 가입하면 자산운용사는 투자자가 맡긴 원화를 외화로 바꾸어 해외주식을 사게 되며 그와 동시에 외화자산의 환율 변동 위험을 헤지하기 위하여 선물환을 매도합니다. 원칙적으로는 주식투자 기간에 맞추어 선물환을 매도해놓는 것이지요.[5]

이때 원화를 외화로 바꾸는 과정에서 현물환율은 상승합니다. 반면 환위험을 헤지하기 위하여 선물환을 매도한 자산운용사의 상대편에 서서 선물환을 매입한 은행은 자신의 환위험을 헤지하기 위해 현물환 매도 수요를 늘리게 되므로 현물환율은 하락 압력을 받습니다. 이와 같은 점을 통해 우리는 내국인의 해외주식투자로 외화자금 수요가 늘어 환율이 상승할 것으로 일반적으로 생각하기 쉬우나, 환헤지 과정에서 다시 환율 하락 요인이 발생하므로 환율에 미치는 영향은 미미할 수 있다는 사실을 알 수 있습니다. 한편 이때 자산운용사의 선물환 매도에 따라 선물환율이 하락하며 통화스왑금리도 하락하게 됩니다.

5   실제로는 주식투자 기간(예: 3년)에 맞추어 환변동을 헤지하지 않고 단기(예: 6개월)에 걸쳐 여러 번(6회) 헤지하고 있다. 더욱이 이종통화(예: 브라질 헤알화)에 투자할 경우 이종통화스왑을 찾기 어려우므로 달러로 헤지하는 경우도 빈번하다.

은행의 대출 확대

금융기관이 대출재원을 조달하기 위해 국내 원화시장(예금, CD, 은행채)과 외화자금시장을 활용하는 과정에서 두 시장 간 연계관계가 발생하는 경우가 있습니다. 예를 들어 은행들이 대출을 확대하려고 경쟁하는 상황 속에서 은행의 외자 조달이 여의치 못할 경우 은행들은 CD와 은행채 발행을 늘려 부족 자금을 보완하게 되는데 그 결과 CD와 은행채 금리가 상승합니다. 채권시장을 통해서 자금 조달이 이루어질 수밖에 없으므로 채권금리 상승으로 연결됩니다. 그런데 은행이 외화자금 조달에 어려움을 겪고 있다면, 이 경우에도 원화자금을 빌려주고 달러자금을 빌리는 통화스왑 수요가 늘어나면서 원화고정금리인 통화스왑금리가 하락하게 되는 것이죠.[6]

기업의 외자조달

기업이 필요한 자금을 조달하기 위해 외화자금차입과 원화자금차입을 상호 대체시장代替市場으로 활용하는 과정에서 두 시장이 연계되기도 합니다. 예를 들어 대기업이 해외에서 외화자금을 조달하기 어려울 경우 기업의 외화자금 차입 수요가 국내 시장으로 이전되면서 기업의 회사채 발행 수요가 증가하거나 은행 차입이 증가하게 됩니다.

---

6   이를 보다 쉽게 설명하면, 은행은 외화자금 조달이 긴요하므로 은행은 보다 불리한 조건에도 외화를 차입하려 할 것이다. 외화가 부족할수록 외국인들은 보다 싼 금리로 원화를 조달할 수 있으므로 통화스왑금리가 하락하게 된다.

한편 외화자금시장에서는 기업들의 달러에 대한 수요가 늘어 원화자금을 빌려주고 외화자금을 빌리는 통화스왑 수요가 늘어나면서 원화고정금리인 통화스왑금리가 하락하게 됩니다.

금리차익거래

외환스왑시장Fx swaps market, 통화스왑시장CRS market, 국내 채권시장 등 각 금융시장의 일시적인 수급요인과 같이 다양한 이유로 금리 차이가 있을 경우 외화자금의 유출입을 통해 차익거래[7]가 이루어져서 외환스왑레이트, 통화스왑금리, 국고채금리 등에 영향을 미치게 됩니다. 예를 들어 외은지점이 국내 채권에 투자하기 위해 외화자금을 조달할 경우 외은지점이 해외에서 조달한 외화를 통화스왑금리로, 원화로 교환하여 국내 채권을 매입하게 됩니다. 그러면 채권수익과 통화스왑금리의 차이(채권수익률-CRS금리)에 해당하는 수익을 얻게 되는데, 이 과정에서 국내 채권에 대한 수요 증가로 채권금리는 하락하고 원화에 대한 수요가 늘어 원화고정금리인 통화스왑금리는 상승하게 됩니다.

---

7   1년 미만 거래는 외환스왑시장, 1년 이상 거래는 통화스왑시장을 주로 이용한다.

스왑레이트에 대한 직관적 이해

원화자금시장에 콜금리, CD금리 등이 있듯이 외화자금시장에는 스왑레이트라는 가격 변수가 있다. 외화자금시장의 경우 원화자금시장에 비해서는 거래규모가 활발하지 않은 데다 경제뉴스, 교과서 등에서도 외화자금시장에서의 대차거래를 소개하는 경우가 많지 않으므로 스왑레이트는 매우 생소한 용어일 수밖에 없다고 생각한다. 스왑레이트는 간단히 말해 외환스왑시장에서 외환의 대차거래 시 기준이 되는 금리라고 할 수 있다.

외환스왑거래는 양 당사자가 현재의 계약 환율에 따라 다른 통화를 교환하고, 일정 기간 후 최초 계약 시점에서 정한 선물환율에 따라 원금을 재교환하는 거래를 말한다. 이를 간단하게 말하면, 원화 RP시장에서 채권을 담보로 원화를 차입하듯이 외화자금시장에서 원화를 담보로 제공하고 외화를 차입(Buy&Sell 스왑)하는 거래라고 말할 수 있다. 다시 말해, 스왑레이트는 외화를 차입하는 입장에서 보면, 원화를 담보로 제공하고 외화조달 시 지급받는 이자율(수익)이며, 원화를 조달하는 입장에서 보면, 외화를 담보로 제공하고 원화 조달 시 지급하는 이자율(비용)이다. 외국인이 원화를 조달할 때는 원화가 고금리 통화이므로 스왑레이트를 지급해야 하며, 그 거래 상대방은 고금리통화인 원화를 빌려주는 대신 저금리통화인 달러화를 받게 되므로 스왑레이트를 지급받게 된다.

이러한 스왑레이트는 국가 간 자금거래 시 금리차익이 발생하지 않도록 선물환율에 내외금리차가 반영된다는 금리평가이론에 따라 가격 수준이 결정된다. 따라서 스왑레이트는 '(선물환율−현물환율) / 현물환율'로 나타낼 수 있는데, 이는 결국 이론상 내외금리차와 일치하게 된다. 만약 내외금리차와 스왑레이트가 괴리될 경우에는 차익거래 유인이 발생하므로 외국인 또는 외은지점의 채권자금이 유입될 수 있다.

한편 스왑레이트는 외화자금시장에서 외화자금 사정을 나타내는 대용지표로도 활용되는데 내외금리차가 일정한 상황을 가정할 때 외화자금 사정이 위축될수록 스왑레이트는 하락하게 된다. 이를 좀 더 쉽게 설명해보자. 글로벌 금융위기 당시와 같이 외화조달 여건이 악화된 상황일수록 외국인들은 보다 좋은 조건으로 원화를 조달할 수 있으며, 이 경우 외화를 담보로 제공하며 원화를 차입할 때 보다 낮은 금리(스왑레이트)를 지급하려 할 것이다. 따라서 외국인들의 원화조달금리인 스왑레이트는 더욱 하락하게 된다. 극단적으로 금융위기 당시 스왑레이트가 마이너스까지 하락한 상황도 있었다. 다시 한 번 강조하면, 스왑레이트는 외화자금시장에서 자금의 대차거래와 관련되는 가격 변수이며, 환율은 외환시장에서 원화와 외화 간 교환비율을 나타내는 가격 변수이다.

'본드-스왑스프레드'거래

다음으로 이자율스왑시장IRS market과 채권시장의 금리 차이를 이용하는 거래[8]에 대해 설명해보겠습니다. 본드-스왑스프레드(IRS금리-국채수익률)의 마이너스 현상[9]을 이용하는 거래를 통해 이자율스왑IRS시장과 국채시장이 연계됩니다. 예를 들어 국내 은행이 현물채권에 투자하기 위하여 이자율스왑시장을 이용한다고 보면, 국내은행이 단기금융시장에서 CD금리로 자금을 조달하고 이자율스왑시장에서 CD금리를 수취하고 통화스왑금리를 지급하는 거래를 통해 금리 변동 리스크를 헤지IRS pay한 후 채권을 매입합니다. 그러면 수익률과 이자율스왑금리(채권수익률-IRS금리) 차이에 해당하는

---

[8] '국채현물매입-이자율스왑고정금리를 주는 거래IRS pay' 거래와 함께 상대적으로 부담이 적은 '국채선물매입-이자율스왑고정금리를 주는 거래IRS pay'도 활성화되었다.

[9] 2004년 10월에서 2007년 11월 중 본드-금리스왑스프레드(3년물)는 평균 -12bp를 유지하였다.

수익을 획득할 수 있습니다. 이러한 과정에서 채권금리는 하락하고 이자율스왑금리는 상승하게 됩니다.

스왑베이시스거래

지금까지 복잡한 거래 메커니즘을 따라오시느라 수고 많으셨습니다. 이제 마지막으로 이자율스왑시장과 통화스왑시장을 연결[10]하여 스왑베이시스(IRS금리−CRS금리) 변동을 이용하는 거래를 설명하겠습니다.

만일 향후 스왑베이시스가 축소되리라 예상하면, 즉 향후 이자율스왑금리에 비해 통화스왑금리가 상대적으로 상승할 것으로 예상하는 것이니까, 지금 이자율스왑금리를 받고 통화스왑금리를 주는 거래(IRS receive−CRS pay)를 하게 됩니다. 반대로 스왑베이시스가 확대되리라 예상되면 이자율스왑금리를 주고 통화스왑금리를 받는 거래(CRS pay−IRS receive)를 하게 됩니다.

예를 들어 외국인 투자자가 향후 스왑베이시스 축소를 기대하여 차익거래를 시도할 경우 외국인이 LIBOR로 외화자금을 조달한 후 스왑 상대방과 통화스왑을 통해 외화를 원화로 교환CRS pay하고 동시에 이자율스왑금리를 받는 거래IRS receive를 실행하게 되는데 이 경우 현재 낮은 수준인 이자율스왑금리와 높은 수준인 통화스왑금리의 차(IRS금리−CRS금리)에 해당하는 수익을 획득하게 됩니다. 이

---

10   국내 외은지점, 외국인 및 국내 대형 시중은행들이 주로 참여한다.

과정에서 원화에 대한 수요가 늘어 통화스왑금리는 상승하고 고정금리에 대한 수요가 늘어 이자율스왑금리는 하락하게 되어 스왑베이시스는 축소되는 것이죠.

연계거래를 살펴 얻은 교훈

종합적 시각이 필요한 연계거래

지금까지 주식시장, 대출시장, 채권시장을 대상으로 이자율스왑IRS, 통화스왑CRS 등을 통해 연계되어 있는 '원화와 외화 그리고 금리와 환율의 연결고리'에 대해 살펴보았습니다. 국내외 금융시장의 통합이 확대되는 가운데 연계거래는 다양한 파생상품거래와 엮어 있어 내용이 복잡하여 종합적인 사고가 필요합니다. 그런데 이러한 연계거래 규모는 평소에는 크지 않으나 금융시장이 불안정하여 금리와 환율 등이 각 시장 사이에서 원활히 연계되지 못할 경우 차익을 겨냥하여 발생하는 경우가 빈번합니다. 이러한 차익거래는 기회가 생기면 즉시 과감하게 이루어지는 경향이 있습니다. 왜냐하면 투기적인 전망과는 달리 이익을 획득할 수 있는 기회가 확실히 보장되기 때문이죠. 정책 당국의 입장에서는 거래관계가 복잡하므로 관련 리스크를 감지하는 데 어려움이 있습니다.

갑자기 반대 방향으로 돌아서는 연계거래

만기까지 가면 이익이 보장되는 차익거래의 경우에도 현재 손실이 나타나고 있고 당분간 그 손실이 확대될 가능성이 예상된다면 반대되는 손절매성포지션 청산거래unwinding를 일으켜 현재의 차익거래를 상쇄함으로써 당초의 거래를 없던 것으로 만들 수도 있습니다. 예들 들면, 누증되어 온 스왑시장과 국채시장을 연계한 차익거래포지션이 채권금리가 상승하고 스왑금리가 하락하여 시가평가에 따른 손실을 나타내고 향후 이러한 평가 손실이 더욱 확대될 것으로 예상된다면 청산될 수 있습니다.

연계거래를 둘러싼 금융환경의 불안정

이러한 연계거래를 둘러싼 금융환경의 불안정은 도처에 산재해 있습니다. 뒤에서도 말씀드리겠지만, 해외증권투자가 급증하고 수출업체의 선물환 매도 확대에 따라 차익거래기회가 확대된 적이 있었습니다. 또한 서브프라임 모기지 부실에 따라 외국투자기관들의 위험회피 성향이 확산되면서 외화자금이 빠져나가기도 했습니다. 아울러 몇 가지의 요인, 예를 들어 미리 확정되어 있던 일부 기업의 M&A용과 같은 대규모 외화자금 수요가 국제금융시장의 사정과 관계없이 진행되는 과정, 은행들이 실적평가를 앞두고 대출을 확대하려는 적극적인 노력, 결산을 앞두고 이익 규모를 확정하려는 외은지점들의 행태 등에 따라 시장의 움직임은 평소와 달라집니다. 앞에서 살펴본 바와 같이, 글로벌 신용경색으로 외화자금 수요가 해외에서 충족되지 못하여 국내 통화스왑시장으로 유입되면 통화스왑금리가 하락 압력을 받게 되며 이는 현물채권시장, 이자율스왑시장의 금리와 괴리

요인을 나타내면서 여러 가지 차익거래를 발생시키게 됩니다.

연계거래가 야기하는 문제점

차익거래를 통한 금리 변동은 우리 경제의 기초 여건을 반영하지 못하는 경우가 있습니다. 이러한 금리 변동은 자금시장의 불확실성을 증대시켜 자금이 단기화 되며 실물 부문에 대한 신용공급 위축을 야기하여 자금중개기능을 저해할 수 있습니다. 즉 금리 변동 폭이 확대되어 금리 수준의 불확실성이 커지게 되면 시장 참가자들은 장기적인 금융계약을 회피함으로써 시중 자금이 단기화되어 안전자산에 대한 투자와 단기대출의 비중은 확대됩니다. 이러한 경향으로 투자의 불확실성이 증대되는 가운데 중장기투자와 기업대출이 위축되며 회사채 발행과 같은 기업의 안정적 자금 조달에 어려움이 발생하게 됩니다. 또한 민간소비의 불확실성을 키우는 요인으로도 작용하게 되지요.

연계거래를 감안한 정책 운영

이러한 연계거래는 통화정책 측면에서도 파급 경로의 원활한 작동을 방해하여 통화정책의 영향력을 저하시키는 요인으로 작용하게 됩니다. 금융시장이 불안해질 경우 금융회사들이 국제금융시장의 환경 변화 가능성에 따른 위험을 고려하지 않고 연계거래의 차익거래포지션을 과도하게 늘리는 경향이 있습니다. 이러한 연계거래를 종합적으로 파악하는 데에 한계가 있다는 점을 고려해야 합니다. 또한 원화시장과 외화시장이 긴밀히 연계된 상태에서는 어느 한 시장만을 대상으로 한 정책이 다른 시장에 예기치 않은 부작용을 초래할 수 있으므로 정책은 이런 시장 간 연계관계를 종합적으로 고려하여 시행할 필요가 있습니다. 우리가 지금까지 연계거래를 살펴본 이유와 이제부터 돈의 양과 흐름의 조절을 알아보려는 의의가 여기에 있습니다.

2. 양과 흐름의 조절

욕망의 흐름과 조절

앞서 우리는 원화와 외화의 복잡한 거래 가운데 놓여 있다는 사실을 알아보았습니다. 이와 같이 금융회사들과 기업들은 항상 이익을 창출할 기회를 노리고 있습니다. 금융회사들이 이익을 위하여 활동하는 노력은 당연한 일이지만, 개별 금융회사의 움직임이 한 방향으로 쏠리게 되면 일시에 대규모 자금이 이동하여 금리나 환율의 변동폭이 과도하게 커질 수도 있습니다. 자본주의 시대에 돈은 '인간 욕망의 최대공약수'라고 말씀드렸죠. 욕망은 제어하기 어렵게 충동적입니다. 돈은 좌충우돌하는 가운데 수익률이 높은 곳을 찾아 헤매면서 비슷한 성격끼리 만나 대규모로 몰려다니게 됩니다.[11] 높은 수익

---

11   '타자가 욕망하기 때문에 우리는 타자가 욕망하는 것을 욕망한다. 이것은 인

이 예상되면 다른 사람의 돈까지 빌려서 투자하게 됩니다.

금융 규제는 금융시장 나아가 우리 경제의 안정을 목적으로 합니다. 이러한 전제하에서 금융기관이 이익을 창출하기 위해 과도한 위험을 부담할 가능성을 차단해야 합니다. 그러나 여기서 이야기하려는 '돈의 조절'은 이러한 규제의 측면에 한정되지 않습니다. 지금 우리는 경제를 뒷받침하기 위하여 시장 메커니즘을 이용하면서 필요한 원화와 외화를 적정하게 조절하는 수단과 방식을 설명하고자 합니다. 원화를 적정하게 관리하는 과제는 주로 금리의 조절과 관련됩니다. 외화를 적정하게 관리하는 과제는 주로 환율의 운용과 관련됩니다.

물길을 바꾸다

자금의 조절이란 금리와 환율 등 가격을 조정하여 돈의 양, 즉 규모를 조절할 뿐 아니라 돈이 흘러가는 길을 조정하는 작업을 말합니다. 예를 들면 금융중개지원대출[12]을 5000억 원 확대한 결과 늘어난 돈을 환수하기 위하여 만기가 짧은 통화안정증권 5000억 원을 발행할 경우 나간 돈과 들어온 돈의 양은 같습니다만, 시중에서 돈이 흘러 다니는 길은 달라집니다. 한국은행이 중소기업을 대상으로 자금을 뽑아낸 결과 금융회사들이 들고 다니는 단기 여유 자금을 환수하

간적인 것이다.'《Introduction à la Lectuture de Hegel, 헤겔독해입문》, 강신주《철학 vs 철학》에서 재인용하였다.
12   한국은행이 은행들에게 중소기업 지원용으로 저리로 지원하는 대출이다.

였으니까요. 이렇게 돈의 양은 동일해도 돈의 길을 바꿀 수 있습니다. 여기서 우리는 금융회사의 [조달 → 운용]의 메커니즘을 다시 짚어보면서 '돈의 꼬리표'를 생각합니다.

　돈의 가격을 조절할 경우 자금흐름도 조절됩니다. 예를 들어 환율이 올랐다면, 또는 말씀드리기 조심스럽습니다만, 환율을 상승시키는 방향으로 외환시장 개입이 있었다면, 수출기업으로 흘러들어가는 돈은 늘어나는 반면 수입부품을 사용하는 내수기업으로 흘러가는 돈은 줄었을 것입니다. 기준금리를 올려서 예금금리와 대출금리에 영향을 주면 차입자의 주머니에서 예금자의 주머니로 이자증가분만큼의 돈이 흘러갔다고 볼 수 있지요. 흔히 돈의 조절이라 하면 자금 양의 증감에 관심을 집중하는 경향이 있습니다만, 우리는 [조달 → 운용]의 관점에서 돈이 흘러가는 길이 어떻게 바뀌는지 항상 관심을 기울여야 하겠습니다.

쉬워 보이는, 그러나 결코 쉽지 않은 조절

말로써 말한다

　중앙은행이 시장과 상대하는 방법은 주로 정책금리를 변경하거나 환율에 영향을 주거나 돈의 양을 조절하는 방식을 통하여 이루어지지만, 이에 대한 설명은 LECTURE 12와 LECTURE 13에서 다룰 예정이므로 여기서는 순서를 바꾸어 다른 방식을 먼저 말씀드리겠습니다.

중앙은행은 주로 돈을 사용하여 정책을 수행하지만 말로만 하기도 하는데 커뮤니케이션의 한 방식입니다. 매우 중요한 정책수단이지만 어찌 보면 가장 쉽고도 어려운 방식이지요. 이는 비용이 적게 들어서 선호되기도 하고 직접 조치를 취하기 곤란한 상황이어서 택하기도 하는 방식입니다.

먼저 경제 상황에 대한 인식 공유와 장기금리의 조절에 대해 이야기하고자 합니다. 정책 당국과 금융시장 간에 경제 상황에 대한 인식을 공유하는 것은 긴요합니다. 특히 기준금리 변경을 통하여 장기금리를 움직이고 이를 통하여 소비와 투자 등에 영향을 미치고자 하는데 경제 여건에 대한 공감대가 형성되어 있지 않을 경우 장단기금리가 따로 움직이게 되니까요. 좀 다른 이야기이지만, 한국은행이 경제 동향에 대한 분석자료를 꾸준히 발표하고 있는 점도 시장 참가자들과 경제 상황에 대한 인식을 같이함으로써 시장의 기대에 영향을 미치려는 의지가 담겨 있다고 하겠습니다.

한편 이러한 커뮤니케이션은 금리와 환율 변동에 대한 구두개입으로도 나타납니다. 중앙은행은 '현재의 금리 수준이 높다 또는 낮다' 또는 '현재의 환율 수준이 높다 또는 낮다'라고 의견을 표명하는 경우가 거의 없습니다. 다만 '현재 상승속도 또는 하락속도가 너무 빠르다'는 식으로 속도 조절에 대해 이야기하지요. 그러면 시장은 그 의도를 알아차리고 곧 이와 관련된 조치가 있을지도 모른다고 긴장하면서 거래를 자제하게 됩니다. 물론 시장 상황이 급변할 때에는 이러한 구두개입이 통하지 않을 때도 있습니다. 이 경우 구두개입의 효과가 있었다면 돈을 사용하는 조치가 없겠지만, 그렇지 않다면 자금 조치를 고심하게 되겠지요.

아울러 여기서 구두개입의 하나인 선제적 안내forward guidance에 대해 잠깐 이야기해야겠네요. 선제적 안내도 구두개입의 일종이지만, 비전통적 통화정책수단의 하나로 사용하면서 주목을 받고 있기 때문이지요. 목요일 'LECTURE 16 글로벌 금융위기' 편에서 다시 설명하겠지만, 간단히 말하면 향후 정책 방향을 미리 알려준다는 뜻이죠. 이는 위기 상황에서 불확실성을 제거하려는 목적도 있지만, 정책금리 조정 또는 대규모 자금 조절 등 다른 뾰족한 수단이 없기 때문에 사용한다고 볼 수도 있습니다.

한편 이러한 선제적 안내는 전통적 통화정책에서도 사용해왔으므로, 비전통적 통화정책수단이라고 부를 수 있는지에 대한 의문도 있습니다. 일반적으로 선제적 안내 중에서도 '향후 경제 여건이 좋아지면 금리를 인상하겠다'와 같은 구속력이 약한 델포이Delphi1[13] 방식은 전통적으로 있었다고 말해지는 반면, '연말까지는 금리를 올리지 않겠다'는 식의 구속력이 강력한 오디세이Odyssey[14] 방식은 비전

13　델포이 또는 델퓌는 고대 그리스 시대 가장 중요한 신탁이었던 델포이 신탁을 말한다. 그리스의 포키스Phocis 협곡에 있는 파르나소스 산의 남서쪽 산자락에 자리 잡고 있으며 지구의 배꼽인 움팔로스가 놓여 있던 장소라고 전한다. 여기서는 신전이라고 일컬어지는 중앙은행의 신탁을 말한다.

14　고대 그리스의 장편 서사시로 트로이 전쟁 영웅 오디세우스의 10년간에 걸친 귀향 모험담이다. 저자는 일반적으로 《일리아스》의 저자인 호메로스로 전해지고 있다. 여기서는 오디세우스가 거친 바다를 건너면서 사이렌Siren의 유혹에 견디기 위해 자신을 배의 돛대에 묶어 어떠한 상황에서도 풀어주지 말라고 부하들에게 명령한

통적이라고 일컬어지고 있습니다. 환자의 상태가 위중할수록 강력한 처방을 할 수밖에 없는 현실을 반영하고 있지요. 사실 전통적이냐 또는 비전통적이냐 하는 구분이 일반 국민에게 무엇이 중요하겠습니까? 금융경제학자들이나 정책 당국자들에게만 중요하지요.

미세한 조정

중앙은행은 대부분의 경우 장기금리 수준과 환율 수준에 정책적으로 개입하지 않습니다. 장기시장금리를 조정할 필요가 있을 때에는 단기정책금리를 움직여서 조정하되 이를 받아들이느냐 받아들이지 않느냐는 시장의 몫입니다. 또 외환시장이 급변동할 때 미세조정을 한다고 발표하고 있는데 일반적으로 외환시장에서 자율적으로 팔려는 사람들과 사려는 사람들이 치고받는 과정에서 형성되는 환율 수준을 대체로 받아들입니다.

그러나 중앙은행은 글로벌 금융위기에 대응하는 과정에서 미 연준이 보여준 것처럼 장기채권을 직접 매입함으로써 장기금리에 영향을 주기도 하고 외환시장에서 형성되는 환율보다 조금 낮게 또는 높게 팔고 사는 과정에서 환율 수준에 개입하기도 합니다. 다만 그러할 경우 불가피한 상황에서 미세조정을 한다는 용어를 사용하지요. 이는 개입에 대한 부정적 인식을 희석하려는 의도를 나타냅니다. 그런데 이러한 미세조정이라는 용어에는 정책을 사용하여 시장의 급격한

이야기에 비유하고 있다. 어떠한 경제 상황 변화에도 이를 지키는 중앙은행의 선제적 안내를 뜻한다.

움직임을 조정할 수 있다는 자신감이 숨어 있다고 볼 수 있습니다.

두더지 잡기: 거래 메커니즘 알기

저는 시장 준칙market principle에 의거하여 참가자들의 자율에 금융시장을 맡겨야 한다는 주장에 동의하지 않습니다. 필요할 경우 당연히 규제해야 합니다. 그런데 앞에서 살펴본 바와 같이 금융거래는 복잡하게 움직입니다. 그러므로 하나의 문제를 해결하기 위하여 그 현상에만 집중한다면 대부분 실패하게 됩니다. 특히 우리가 관심을 두고 있는 원화-외화의 연계거래에서는 앞서 살펴본 바와 같이 파생상품거래가 개입되고 있어서 현물거래를 규제하면 파생상품시장에서 규제 회피를 위한 거래가 이루어지며, 파생상품거래만을 규제하면 현물시장에서 규제를 무력화하는 거래가 이루어지게 됩니다.

그러므로 규제를 할 경우에는 연계되어 있는 전체 거래의 메커니즘을 파악한 후 조치해야 합니다. 우리가 지금까지 그 구조를 열심히 파고든 이유도 여기에 있습니다. 연계거래를 도외시하고 하나의 현상에 매달려 규제하던 과거 사례를 여기서 제시하지는 않겠습니다만, 정책 당국의 입장에서 빠르고 복잡한 시장의 새로운 움직임을 계속해서 추적해야 하는 과제는 쉽지 않습니다. 길거리를 지나다 보면 '두더지 잡기' 게임이 있습니다. 두더지 한 마리를 잡기 위해 하나의 구멍을 겨냥하다 보면 다른 곳에서 두더지가 튀어 오릅니다. 연결고리를 생각하면서 지속적인 시장 모니터링monitoring을 해야 하는 이유입니다.

운동장이론: 규제와 자율

저는 '운동장이론'이라는 비유를 즐겨 사용하고 있습니다. 체육시간에 학생들이 운동장의 한편에서 미끄럼을 타고 있거나 그네를 타고 있습니다. 학생들의 체육활동에 대해 간섭하지 않고 선생님은 학생들이 자율적으로 놀고 있는 모습을 보고 있습니다. 마음대로 노는 가운데 가끔 담을 넘어 학교 앞 문방구에 가서 오락게임을 하거나 간식을 사먹으려는 일부 문제 학생도 있습니다. 이때 선생님은 호루라기를 불어 경고를 줌으로써 이런 학생들을 규제합니다. 체육시간에 선생님이 가만히 앉아 있더라도 쉬는 시간은 아닙니다. 물론 선생님의 경우 감시는 상대적으로 쉬운 편이라고 할 수 있습니다. 운동장 자체는 움직이지 않으니까요.

그러나 금융의 경우 환경이라는 운동장이 움직이고 있습니다. 금융회사는 이윤을 추구하는 과정에서 금융 당국의 규제를 피해나가려는 강력한 인센티브가 있기 마련입니다. 금융환경이 변화하고 영업 행태도 바뀌는 여건에서 금융회사들은 정해진 규정에서 빠져나갈 틈을 찾으려 하며 금융 당국은 이를 방지하기 위해 규제를 수정해나갑니다. 규제는 먼저 이야기했듯이 여러 시스템의 메커니즘을 고려하여 상호 연계가 완벽하게 이루어져야 합니다. 빈틈이 있을 경우 금융회사들의 이익 창출 동기가 이를 파고들게 되지요. 규제를 피하고자 하는 금융회사의 의욕은 때로 신종 금융상품이라는 이름으로 출시됩니다. 학생들은 여러 이유를 들며 수업시간 중에 외출할 수 있는 이유를 찾아냅니다. 정책 당국이 금융회사 직원들에게 뒤지지 않는 전문지식을 확보해야 하는 이유입니다.

검객의 손: 규제의 방식

금융을 이야기할 때 조절과 규제는 비슷한 뜻이지만 달리 사용됩니다. 조절이란 주로 거시적인 입장에서 돈을 팔고 사는 가격과 빌리고 빌려주는 가격을 변경시키며 자금흐름의 양과 질을 바꾼다는 뜻으로 사용되는 반면 금융 규제는 미시적이며 직접적으로 조절하는 방식의 뜻으로 사용됩니다. 규제란 무엇을 하지 못하게 하는 제한조치일 뿐 아니라 이렇게 해야 한다는 장치이기도 합니다. 즉 금융회사의 자산, 부채, 자본에 대한 규제, 금융회사의 활동에 대한 감독과 평가, 금융회사의 활동을 널리 알려야 하는 공시제도, 소비자 보호를 위한 제도, 금융회사 사이의 과도한 경쟁 제한, 예금보험제도 운용 등을 규제라 할 수 있습니다.

너무 강한 규제는 학생들의 성장과 발육을 저해합니다. 운동장을 벗어나지 않되 운동장 안에서 자유롭게 뛰어놀도록 하는 원칙이 중요합니다. 아주 오래전 〈스카라무슈Scaramouche〉[15]라는 영화를 본 적이 있습니다. 펜싱을 하는 검객들의 긴박한 싸움으로 유명하지요.

15 　평범한 사나이가 복수를 위해 검술의 대가로 변신하는 과정을 그린 사극으로 펜싱 장면이 뛰어난 오락영화이다. 1921년 출간된 라파엘 사바티니의 원작을 1952년 조지 시드니 감독이 영화로 만들었다. 스튜어트 그랜저, 엘리노어 파커, 자넷 리, 멜 페러가 출연하였다. 우리나라에서는 1984년 만화가 이현세가 《검객 스카라무슈》를 발간하였다.

여자 주인공의 미모와 함께 검객의 스승이 한 말이 기억납니다. '손 안의 새를 너무 가볍게 잡으면 날아가 버리고, 너무 세게 쥐면 새가 죽는다. 검劍도 그렇게 잡아야 한다.' 금융 규제는 얼마나 강하게 또는 약하게 해야 할까요? 시장친화적인 규제도 있는 것일까요?

원화의 조절

원화 조절을 이야기하기에 앞서, 지난 월요일 'LECTURE 6 원화의 큰 흐름'에서 돈이 나오는 곳과 돈이 흐르는 속도에 대해 설명한 부분과 'LECTURE 9 원화의 흐름과 금리의 관계'에서 무엇이 금리를 변동시키는지 그리고 금리의 변동이 어디에 영향을 미치는지에 대해 이야기한 부분을 상기합시다. 오늘은 그렇게 생겨나서 돌아다니는 돈을 어떻게 조절하느냐는 점에 대해 말씀드립니다. 먼저 '한국은행은 돈의 양을 어떻게 관리할까요?'라는 질문을 여러분께 던져보겠습니다. 간단한 메커니즘만 알면 되지만 쉽게 대답하기 어려운 질문입니다. 심지어 금융회사에 오래 근무한 분들도 잘 답변하지 못하는 경우를 보았습니다.

이러한 상상을 할 수 있습니다. 여러 강의 상류에서 다목적댐으로 물이 흘러들어오고 댐은 적정 수량水量을 유지하면서 여러 배수문을 통하여 물을 흘려보내는 광경을 그려봅니다. 물을 필요 이상으로 많이 내보내면 홍수가 나며 너무 적게 뿜어내면 농사짓기 어렵습니다. 이렇게 물의 양을 조절하는 방식이 통화량 조절일까요? 돈의 양을 조절하는 주제에 대해 두 가지 이야기를 들려드립니다. 이제부터 단계를 밟아 다목적댐을 살펴보는 여행을 함께 떠나시죠.

1. 다목적 댐의 수문: 자금의 양

금리 수준에 영향을 받는 수량水量

첫 번째 이야기입니다. 'LECTURE 6 원화의 큰 흐름'에서 한국은행 금융통화위원회가 정하는 기준금리의 영향을 받는 은행의 예금금리와 대출금리 등에 의하여 돈이 늘어나거나 줄어든다고 설명한 바 있습니다. 협의의 돈과 광의의 돈에 대해 다시 기억을 떠올려봅시다. 현금통화와 지급준비금 그리고 광의의 돈이라고 할 수 있는 통화량(M1, M2 등)을 생각합니다. 광의의 돈은 금리 수준의 영향을 받아 양이 늘어납니다. 일반적으로 경제가 성장하는 경우 돈의 양은 늘어나게 됩니다. 경제성장과 물가 수준을 고려하여 이루어지는 금리조정에 의하여 결과적으로 돈의 양이 조절될 뿐입니다. 이와 같이 정해지는 돈의 양은 정책운용상 정보변수라는 참고지표로 활용됩니다.

지렛대의 작동과 그 결과

설명해드린 대로 댐의 저수량을 결정하는 예금금리와 대출금리(예대금리)는 시중은행에 의해 자율적으로 결정되지만, 이러한 예대금리는 채권시장에서 형성되는 장기시장금리에 의해 영향을 받습니다. 왜냐하면 채권시장금리는 은행의 자금 조달 비용과 밀접한 관계가 있을 뿐 아니라 자금 운용의 기준이 되는 금리이기 때문입니다. 한편 한국은행은 은행이 결정하는 예대금리를 직접 관리하지는 않지만, 기준금리를 조정하고 시장금리에 대해 간접적인 영향을 미치는 다양한 수단을 사용함으로써 예대금리에 영향을 미치므로 간접적으로 시중의 자금 사정에 영향을 미친다고 볼 수 있습니다.

그렇다면 한국은행은 왜 직접 은행의 예대금리를 결정하지 않는 것일까요? 또 다른 측면에서 예대금리는 시장금리를 중심으로 결정되는데 중앙은행이 영향을 주려는 의도는 바람직한 모습일까요? 그리고 한국은행은 어떠한 방식으로 장기시장금리에 영향을 주는 것일까요? 이러한 질문들에 대해 생각해봅시다.

한국은행은 직접적으로 장기금리에 영향을 주려고 노력하지 않습니다. 다만 일반적으로 여러 가지 정책을 발표하고 조치를 취하는 과정에서 장기금리에 영향을 주는 결과가 나타날 뿐입니다. 장기금리가 경제성장과 물가 등 거시경제 변수에 영향을 미치기 때문에 기준금리를 움직여서 장기금리에 영향을 미치려고 한 결과 돈의 양에 영향을 줍니다. 우리나라는 통화량조절방식이 아닌 금리 조절 방식에 의하여 통화정책을 수립하여 운영하고 있다는 점을 다시 생각합시다.

그럼 한국은행의 어떤 행동이 장기금리에 영향을 미치는 결과를 가져오는 것일까요? 먼저 약 6주마다 통화정책 방향을 금융통화위원회가 발표하는 한편 여러 가지 정책보고서와 조사보고서를 정기적으로 또는 수시로 발표하여 우리 경제의 현황과 문제점 그리고 나아가야 할 방향을 제시합니다. 예를 들어 우리 경제의 성장 동력 확충을 위한 산업구조의 개선에 대한 올바른 전략이나 향후 성장률과 물가 등 경제 전망에 대해 금융시장과 한국은행이 인식을 같이한다면 장기금리는 단기금리에 대비하여 너무 높거나 낮지 않고 적정한 수준에서 유지될 것입니다. 또한 앞서 말씀드린 구두개입으로 신호를 보내거나 조금 후 설명할 공개시장조작 등 다양한 조치를 통하여 장기시장금리에 영향을 주기도 합니다.

2. 닻을 내리다: 기준금리

관심은 돈의 양에서 금리로 옮아가고

돈의 양을 조절하는 주제에 대해 이야기하면서 정책금리의 결정에 대해 말씀드립니다. 돈의 양은 결국 금리로 조절되니까요. 반복하자면 정책금리를 결정하는 목적이 돈의 양을 조절하는 데 있지는 않습니다. 금리 조절은 물가와 성장을 향해 있습니다. 1997년 이전에는 우리나라도 돈의 양을 직접 조절하는 방식을 사용하였으나 이렇게 돈의 양 조절을 포기하고 금리 중심 정책을 사용하게 된 이유는 금융시장 발전에 따라 돈의 양이 실물경제의 움직임과 괴리를 보이는 경우가 잦아졌기 때문입니다.

돈의 양을 직접 조절하던 통화량 목표 시기에는 돈을 조절하는 방식이 상대적으로 이해하기 쉬웠습니다. 이는 중간 목표를 통화량 증가율로 설정하고 이를 달성하기 위해 노력하는 메커니즘이었습니다. 그 당시의 방식을 잠시 살펴보면, 통화량 관리를 목적으로 하되 이를 직접 관리하기 힘드니까 직접 통제할 수 있는 지급준비금 총액을 운용목표로 활용하였습니다.[16] 지급준비금 총액은 한국은행이 지급준비율을 조정하거나 공개시장조작 등을 통해 관리가 가능하니까요. 이러한 방식에는 통화량이 지급준비금 총액과 비슷하게 움직인다는 가정[17]이 전제되어 있습니다. 그래야 지급준비금을 관리함으로써 통화량을 조절할 수 있으니까요.

그러나 시간이 흘러 경제환경이 크게 변화함에 따라 통화량과 실물경제 그리고 물가 수준과의 관계가 점점 약해지는 것으로 나타났습니다. 즉 통화량을 관리하여 경제에 영향을 미치려던 의도가 잘 작동하지 않게 되었습니다. 이와 같은 환경의 변화에 맞추어 외환위기 이후 통화량 관리방식을 버리고 물가안정목표제 도입과 함께 금리를 운용목표로 하는 금리 중심 통화정책 운영방식[18]을 채택하여 오늘에 이르고 있습니다. 우리나라 경제가 단순히 돈의 양을 관리하면 될 만큼 단순하지 않고 복잡하게 되었다는 뜻입니다. 또 중앙은

---

16 '목표로 설정한 통화량을 통화승수로 나누어 지급준비금으로 나타내면 얼마가 될까?'라고 계산해본 후 공개시장조작을 통해 이 수준을 달성하기 위해 노력하였다.

17 이를 안정적 비례관계를 나타내는 승수관계가 있다고 말한다.

18 물가안정목표제 도입 이래 정책금리로서 '콜금리 목표'가, 2008년 3월부터는 '한국은행 기준금리'가 이용되고 있다.

행 혼자서 돈의 양을 관리하던 시기가 막을 내리고 금융회사와 일반 국민과 함께 돈의 양을 조절하게 되었다는 뜻이기도 합니다.

목표를 설정하면 반드시 달성한다

1997년 12월부터 이른바 IMF 사태를 겪는 과정에서 한국은행은 불안한 외환시장을 안정시키기 위한 수단을 강구할 수밖에 없었습니다. 이에 대한 설명은 내일 'LECTURE 15 우리나라의 외환위기' 시간에 다루게 되겠지만, 이 과정에서 금리의 역할에 주목하면서 금리의 급격한 상승을 용인하였습니다. 즉 우리나라 금리를 올려 내외 금리차를 확대해놓으면 고금리를 찾고 있는 외국인 투자자들이 외화자금을 들고 들어오게 되므로 외환위기를 초래한 외화유동성 부족 문제가 해소될 수 있다고 예상한 것입니다. 이와 같은 조치에 힘입어 외화자금이 꾸준히 유입되면서 외환시장이 안정되는 모습을 보였으며, 우리나라 금리는 점차 하락하는 추세를 나타냈습니다.

이제 조금 복잡한 설명이지만 간단하게라도 통화정책 운영체계 개편을 말씀드리지 않을 수 없습니다. 2008년 3월 통화정책 운영체계를 개편하기 이전에는 콜금리를 기준으로 정책이 운용되고 있었지만, 몇 가지 문제점을 해소할 필요[19]가 있어 정책금리를 '콜금리 목표'에서 현재 사용하는 '한국은행 기준금리'[20]로 변경하게 되었

19 　통화정책 운영체계의 개편에는 콜금리의 시장성 제고 이외에도 당시의 지준제도 및 한국은행 여수신제도가 과거 통화량목표제에서의 기본 틀을 그대로 유지하고 있어 금리 중심 운영취지에 제대로 부응하지 못한다는 점도 고려되었다.

습니다. 이는 간단한 차이로 볼 수 있지만 숨어 있는 뜻이 간단하지는 않습니다. 우선 '콜금리목표제'에서는 공개시장조작을 통하여 시장금리인 콜금리를 금융통화위원회가 정한 목표 수준으로 거래되도록 해야 하므로 콜금리가 목표 수준을 벗어나면 공개시장조작을 잘했다고 볼 수 없습니다. 그런데 콜금리는 콜자금을 차입하는 기관의 신용도에 따라 조금씩 달리 형성되므로 자금의 양을 잘 조절했다 할지라도 차입기관에 따라 달라지는 콜금리의 평균을 목표 수준에 정확하게 맞추기가 어려웠던 것입니다. 반면 '기준금리'로 방식을 바꾼 이후에는 금통위원회에서 정한 기준금리의 수준으로 공개시장조작을 하면 되므로 콜금리가 기준금리에 다소 수렴하지 않아도 목표 수준을 항상 달성할 수 있게 되었습니다.[21]

두 방식에 대한 여러 가지 장단점을 말할 수는 있겠지만, 정책금리 개편 논의 당시에는 그 기저에 '콜금리도 시장금리이므로 단기자금 사정을 반영하여 변동해야 한다'는 입장과 '콜금리는 목표금리이어서 정책 대상이므로 움직이지 않는 편이 정책을 더 잘 수행하는 것이다'는 상반된 입장이 공존하고 있었습니다. 참고로 '콜금리목표제'는 미 연준Fed에서 운용되는 방식이며 '기준금리'는 유럽중앙은행

20　　한국은행과 금융기관 간 자금거래의 기준이 되는 금리를 말한다. 초과유동성 흡수를 위한 RP매각조작 시에는 고정 매각금리로, 유동성 공급을 위한 RP매입조작 시에는 입찰 최저금리로 사용된다.

21　　한국은행이 7일물인 RP금리가 1일물인 콜금리와 비슷한 수준을 유지하는 것이 합리적이라고 판단한 이유는 담보부거래인 RP의 기간위험과 무담보거래인 콜 거래의 신용위험이 상쇄한다고 보았기 때문이다.

ECB와 영란은행BOE 등에서 운용되는 방식입니다. 사실 이 문제는 제 관심 사항이기도 하며 여기에 대해 더 자세히 말씀드릴 내용이 많지만 너무 세부적으로 들어가는 것 같아서 이쯤에서 생략하기로 합니다.

금리로 말한다

바다를 항해하던 배가 닻을 내립니다. 움직이는 장단기금리체계, 즉 채권수익률곡선상에서 기준점을 확보합니다. 다양한 만기의 금리체계 중 가장 짧은 만기인 하루짜리 금리를 결정하는 일입니다. 금융통화위원회에서 다수결로 기준금리를 정하면, 이에 영향을 받아 서로 다른 장단기금리에 영향을 미치면서 변화하지요. 예를 들어 현 시점의 1년 금리는 이론상으로는 향후 12개월 동안 금리를 가중평균한 값이지만 채권시장 참가자들이 계산기를 두드려서 산정하지는 않습니다. 수요와 공급을 통하여 결과적으로 거래된 금리라고 말할 수 있습니다. 그러면 사후적으로 "아! 시장은 12개월의 평균값을 이렇게 생각하는구나!" 할 뿐이죠.

채권시장을 통하여 정해진 금리가 예금금리와 대출금리 등에 영향을 주어 기업, 정부, 가계의 경제활동에 영향을 미치게 됨은 이미 설명한 바와 같습니다. 물론 채권금리가 매일 변한다고 은행들이 예금과 대출금리를 매일 바꾸지는 않지요. 일반적으로 3개월 또는 6개월 정도의 기간에 조달한 자금의 금리를 평균한 값cofix을 사용하면서 시장금리가 상승하였거나 하락하였을 경우 일정한 폭만큼 반영하고 있습니다.

기준금리를 결정하기 위해서는 물가, 경제성장 등 실물 부문이 어떻게 영향을 받는지를 판단하는 과정이 중요합니다. 그리고 그 변동 폭[22]을 결정해야 하겠지요. 그러나 실물경제에 영향을 미치는 과정과 언제쯤 영향을 미치느냐 하는 시차를 정확히 파악하기란 쉽지 않습니다. 어제 'LECTURE 9 원화의 흐름과 금리의 관계'에서 통화정책 부분의 설명을 생략하면서 금리가 어디에 영향을 미치는가에 대해 말씀드린 적이 있습니다. 그때 금리 변동이 실물경제에 미치는 영향에 시간차가 있다고 설명한 내용을 기억하시는지요? 우리나라의 통화정책 파급시차를 연구해보면 미국과 같은 주요국과 유사한 것으로 나타나고 있습니다. 1999~2008년을 대상으로 한 연구를 보면 통화정책이 실물생산에 파급되는 효과는 3~6분기 중에 최고 수준에 달하는 것으로 나타났습니다. 그러나 그동안 금리 중심으로 통화정책을 시행해보고 물가안정목표제가 정착된 영향으로 금융회사, 기업, 가계 등이 금리의 변화에 민감하게 반응하는 정도가 다소 높아진 점을 감안하면 파급시차가 단축되었을 가능성도 있겠네요.

한편 통화정책이 실물경제에 미치는 영향을 살펴보면, 수축·확

---

22   적정한 변동 폭을 계산해 내는 데에는 계량경제모델이 이용되기도 하지만 위기 상황과 같은 특수한 상황이 아니면 대부분의 중앙은행은 점진적인 방식을 선호한다. 미 연준은 1990년대에 들어서면서부터 정책금리를 조정할 때 0.25%포인트 단위로 미조정하는 방식을 활용해 왔는데, 당시 미 연준 의장의 이름을 따 '그린스펀의 베이비스텝Greenspan's babystep' 방식이라고 부른다.

장·긴축·완화국면에 따라 다르게 나타날 수 있습니다. 일반적으로 통화정책은 과열된 경기를 식히는 효과가 있지만 침체된 경기를 부양하는 효과는 떨어진다고 합니다.[23] 흔히 '끈은 당길 수는 있어도 밀 수는 없다'는 말로 이를 표현하지요.

물가안정목표제inflation targeting

한국은행은 물가안정과 금융안정을 통화정책의 양대 목표로 하여 중기적 관점에서 물가흐름을 정기적으로 점검하여 물가안정에 노력하는 한편 금융안정에도 유의하여 통화신용정책을 수행하고 있다. 현행 통화정책 운영체제는 물가안정목표제[24]로 한국은행은 정부와 협의하여 명시적인 물가안정목표를 소비자물가지수를 대상지표로 2년 단위로 설정하고 있다. 2020년 현재 현행 물가안정목표는 2.0%이다. 한국은행은 이를 달성하기 위해 매달 기준금리 수준(2020년 12월말 현재 0.5%)을 결정하고 정책수단을 활용하여 익일물 콜금리가 기준금리 수준에서 크게 벗어나지 않도록 유도하는 금리 중심의 통화정책 운영방식을 채택하고 있다. 또한 다양한 정보변수를 활용하여 장래의 인플레이션을 예측하고 실제 물가상승률이 물가안정목표에 수렴하도록 통화정책을 운영하고 있으며 이 과정에서 임금, 상품 및 서비스 가격의 결정에 영향을 미치는 기대인플레이션도 물가안정목표에 안착anchored할 수 있도록 노력하고 있다.

---

23 김기화(2010), 김준태(2001)도 한국의 경우 긴축적 통화정책 효과가 완화적 통화정책 효과보다 큰데 이는 주로 은행대출금리의 하방경직성에 기인한다고 분석하였다.

24 한국은행법 제6조(통화신용정책 운영방향의 수립 등) ① 한국은행은 정부와 협의하여 물가안정목표를 정한다. ② 한국은행은 매년 통화신용정책 운영방향을 수립·공표하여야 한다. ③ 한국은행은 제1항의 규정에 의한 물가안정목표의 달성에 최선을 다하여야 한다.

3. 세 가지 무기: 전통적 통화정책수단

먼저 이야기하는 최종대부자lender of last resort 기능

통화정책수단을 이야기하기 전, 통화정책의 목적에 대해 짚어볼 필요가 있습니다. 왜냐하면 수단은 목적에 의존하니까요. 일반적으로 통화정책의 목적으로 물가안정, 성장 또는 고용을 말합니다. 여기서는 당초 중앙은행이 설립될 때에는 금융안정을 위한 최종대부자의 역할이 중요했다는 점을 강조해봅니다.

중앙은행의 전통적인 통화정책수단은 크게 보아 대출, 지급준비금, 공개시장조작의 세 가지로 구분할 수 있습니다. 금융시장이 불안할 때 금융회사를 대상으로 돈을 빌려주어 구원한다는 최종대부자 기능을 위해서는 일반적으로 대출제도를 거론하지만 그뿐 아니라 공개시장조작을 통한 채권매입도 주요 수단으로 사용합니다. 우리나라도 과거 금융시장 불안에 대처하기 위한 과정에서 그러했으며 글로벌 금융위기에 대처하는 과정에서 선진국 중앙은행들도 단기 유동성을 제공provision of liquidity하기 위하여 채권매입이라는 수단을 사용하였습니다.

자금 조달에 실패한 금융회사에 대해 유동성을 지원해주는 최종대부자 기능은 중앙은행으로서의 책무이자 권한입니다. 화재를 진압하러 출동하는 소방차와도 같습니다. 아니, 비유하자면 소방 헬기가 더 적정하겠네요. 위기 시 금융회사들에게 단기자금을 빌려주면 금융시장을 안정시키는 데 큰 도움이 됩니다. 재무구조는 튼튼하나 일시적인 유동성이 부족한 경우나 금융시장 불안 등을 이유로 자금 인출이 갑작스럽게 일어나는 경우bank run 은행들에 대한 유동성자금 지원은 필수적입니다. 급격한 자금 유출은 우량 금융회사에서도 일어날 수 있습니다. 〔자산 : 부채〕 불일치로 영업해야 하는 금융회사의 숙명입니다.

한편 중앙은행이 돈을 빌려주면서 확실히 상환 받으려면 담보를 확보해야 합니다. 이때 담보는 양질이어야 하며 그렇지 않다면 할인되어야 합니다. 양질의 담보를 확보할 수 있다면 벌칙금리를 부과하되 아낌없이 유동성을 공급해주어야 합니다. 담보를 징구하지 못했는데 빌려준 돈을 받지 못하게 될 경우 국민의 부담으로 돌아가고 맙니다. 만일 일시적 유동성 부족으로 쓰러지는 금융회사를 그냥 바라보고만 있다면 모든 국민의 경제적 피해로 귀결됩니다.

삼총사의 활약 그리고 다르타냥d'Artagnan[25]

중앙은행의 전통적인 통화정책수단은 크게 보아 대출, 지급준비금, 공개시장조작의 삼총사로 구분할 수 있다고 조금 전 말씀드렸습니다. 정책수단의 삼총사 이외에 다르타냥은 어디로 갔을까요? 마치 총, 칼, 대포만을 들고 전쟁에 나서는 군인과 같습니다. 탱크, 미사일, 비행기는 필요 없을까요?

---

25   알렉상드르 뒤마Alexandre Dumas(1802~1870)가 쓴 장편소설에 나오는 주인공.《삼총사》는 루이 13세 때를 배경으로 검객 다르타냥과 삼총사인 아토스, 포르토스, 아라미스가 리슐리외 추기경의 음모에 대항하여 왕비를 구하는 무용담이다.

처음 통화정책수단에 대해 공부할 때에는 수단의 상세한 내용을 읽기만 할 뿐, 무슨 영향을 주기 위해 필요한 수단인지에 대해서는 잘 모릅니다. 이러한 통화정책수단은 돈의 양에 영향을 주는 수단일 까요? 또는 금리에 영향을 주는 수단일까요? 아니면 이 모두에 영향 을 미치는 수단일까요?

돈을 빌려주고 받아주다: 여수신제도

한국은행이 금융회사와 돈을 빌려주고 맡아주는 거래를 한다는 사실은 상식적으로 알고 계시겠지요. 그런데 돈을 '빌리고 빌려준다' 라고 하지 않고 굳이 '빌려주고 맡아준다'는 말을 사용하고 있다는 점을 눈여겨보기 바랍니다. 교과서에 따르면 여수신제도는 중앙은 행이 금융기관을 대상으로 대출과 예금을 통해 돈의 수급을 조절하 는 정책을 말합니다. 현재 한국은행은 금융회사를 대상으로 금융중 개지원대출, 자금조정대출과 자금조정예금, 일중당좌대출, 특별대 출을 취급하고 있습니다.[26]

그런데 이들을 살펴보면 대부분 대출이며 예금제도는 자금조정 예금 하나밖에 없다는 사실을 알 수 있습니다. 그러니까 여수신제도

---

[26]   이를 간단히 설명해보면 금융중개지원대출은 중소기업들에 대한 신용정책 목적으로 지원되며, 자금조정대출과 자금조정예금은 금융시스템에 유동성을 적절히 공급하기 위한 목적으로 지원된다. 일중당좌대출제도는 다른 대출과는 달리 일중 영 업시간 중에만 자금을 공급한다는 차이가 있으며, 특별대출제도는 예외적으로 지원 된다는 점에서 상시적으로 운용되는 다른 대출제도와 다르다.

하면 '한국은행이 돈을 주로 빌려주기 위하여 만든 제도이지 돈을 빌리기 위한 제도는 아니다'라는 사실을 알 수 있습니다. 예금제도도 금융기관이 돈이 남을 때 다른 데 운용할 곳이 없으면 이자를 조금 줄 테니까 한국은행에 예금하고 싶으면 하라는 제도입니다. 참고로 지급준비금도 은행들이 한국은행에 예금하는 제도이지만 이는 법적으로 강제하는 예금이므로 성격은 다르다고 하겠습니다.

표 12.1 한국은행의 여수신제도 현황(2023년 9월 말 현재)

구분	기능	대출한도	대출금리	만기
금융중개지원 대출	- 중소기업대출 확대 유도 • 무역금융지원 프로그램 • 신용대출지원 프로그램 • 영세자영업자지원 프로그램 • 기술형창업지원 프로그램 • 설비투자지원 프로그램 • 지방중소기업지원 프로그램	43조 원	연 0.2~0.25	1개월
자금조정대출 및 자금조정예금	- 한국은행 기준금리 상하 일정 폭의 금리 수준에서 한국은행으로부터 부족 자금을 차입(자금조정대출)하거나 여유 자금을 예치(자금조정예금)할 수 있게 함으로써 단기시장금리의 변동 폭을 제한	-	한국은행 기준금리 ±50bp (단, 대출의 경우 기준금리가 1% 미만일 경우 한국은행 기준금리의 두 배)	1일
일중당좌대출	- 하루 중 일시적인 지급 결제 부족 자금 지원	-	무이자[1]	당일 업무 마감 시각
특별대출	- 최종 대부자 대출	시행 시 결정		

주: 1) 금융기관 자기자본의 25%를 초과하는 일중당좌대출에 대해서는 직전분기 말월의 3년물 국고채 유통 수익률에서 무담보 익일물 콜금리를 차감한 금리(최저금리는 0%)
자료: 한국은행

돈을 강제로 맡기게 하다: 지급준비제도

지준정책은 강력한가?

법률에 정해놓은 지급준비율을 적용하여 한국은행에 강제로 예금 토록 하는 지급준비금의 기본 성격에 대해 별도로 말씀드릴 필요는 없겠지요. 여기서는 지급준비금이 돈을 거두어들이거나 내보내는 정책으로서 어떤 특징이 있는지를 살펴보도록 하겠습니다. 지급준비율을 통해 단기유동성에 영향을 미칠 수 있지만, 우리나라는 2006년 이후 지급준비율을 조정한 적이 없습니다.[27] 주요국 중앙은행들도 최근 지급준비율을 조정한 사례가 거의 없습니다. 다만 중국의 경우 금리 자유화가 되어 있지 않은 점을 감안하여 지급준비율을 조정하는 사례가 다소 빈번하였습니다.

그런데 왜 우리나라를 비롯하여 선진국은 돈의 조절을 위한 수단으로 지급준비율을 조정하지 않을까요? 답은 영향이 너무 강력하기 때문이라고 볼 수 있습니다. 간단히 생각해보면 지급준비율을 낮추면 돈이 많이 풀리며 반대로 지급준비율을 높이면 돈이 환수된다고 할 수 있지만, 지급준비대상 예금 규모가 엄청나게 커서[28] 지급준비

---

[27] 우리나라는 2006년 12월 23일 마지막으로 지급준비율을 조정하였다. 다만 2013년 2월 28일 신규로 도입된 재형저축에 대한 지급준비율을 0%로 설정한 바 있다. 2023년 9월말 현재 지급준비율 수준은 장기주택만련저축, 재형저축은 0%, 정기예금, 정기적금, 상호부금, 주택부금, CD는 2%, 기타 예금은 7%이다. 참고로 외화예금에 대해서도 종류에 따라 1~7%의 지급준비율을 부과하고 있다.

율을 조금만 조정하더라도 움직이는 돈의 규모가 매우 크므로 쉽게 조정하기 어렵습니다. 너무 강력하므로 함부로 사용할 수 없다는 사실은 흔히 모기 한 마리를 잡기 위하여 큰 칼을 휘두를 수 없다는 말로 비유되고 있습니다. 대형 폭탄을 함부로 사용할 수 없다는 말로 대치할 수도 있을까요?

만일 지급준비율이라는 수단을 사용해야 한다면, 시장에 미치는 충격을 완화하기 위하여 단기적으로 지급준비율 조정과 반대되는 방향으로 공개시장조작을 하게 됩니다. 예를 들어 돈을 풀기 위해 지급준비율을 인하하는 경우 돈이 일시에 너무 많이 풀리게 될 것이 걱정되므로 인하 시점과 동시에 공개시장조작의 일환인 통화안정증권 발행을 통해 지급준비금으로 늘어난 돈의 양을 상당 부분 환수합니다. 반대로 지급준비율을 인상하는 경우에는 통화안정증권을 환매하여 시중 유동성을 늘려줌으로써 은행들이 지급준비금 예치에 필요한 돈을 마련할 수 있게 해줍니다.

돈의 흐름에 미치는 영향

이렇게 지급준비율 조정과 통화안정증권 발행 규모 조정을 통하여 돈을 조절하게 되면 어떤 결과가 나타날까요? 만일 동일한 규모가 이루어졌다고 생각해보면 은행의 입장에서는 한국은행에 대한

---

28   2023년 8월 기준 예금은행의 지급준비대상 예금의 평균 잔액은 2,154조 원이다.

은행 자산인 지준예치금이 통화안정증권으로 바뀐 결과가 됩니다. 결국 시중에서 돌아다니는 돈의 양에 미치는 영향은 없으며 무수익 자산인 지준예치금이 수익자산인 통화안정증권으로 전환되었을 따름입니다. 따라서 은행들의 입장에서는 무수익자산인 지준예치금이 줄어들고 수익자산인 통화안정증권이 늘어나서 수익구조만 개선되었을 뿐 은행이 가진 돈의 양은 조절되지 않은 결과를 가져옵니다.

공개적으로 시장을 조작하다

언어의 해석

공개시장조작이란 용어 자체를 생각해보면 쉬운 듯, 쉽지 않은 듯, 알 듯, 모를 듯합니다. 가끔 '공개시장조작이 있다면 폐쇄시장조작도 있나요? 또 조작이란 조작造作, manipulation을 말하는 것인가요, 조작操作, operation을 말하는 것인가요?'라는 질문을 받을 때가 있습니다.

누군가 '생각을 언어로 표현하는 것이 아니라 언어를 통해서만 생각할 수 있다'고 했던가요? 재미로 말씀드려봅니다. 먼저 폐쇄시장조작이란 용어는 없습니다. 다만 '드러내놓고 하지 않는다'는 의미로 쓰인다면 통화정책수단 중 공개시장조작을 제외한 나머지는 모두 폐쇄시장조작수단이라고 할 수 있겠네요. 즉 다른 정책수단의 사용에 대한 의사결정이 사무실 또는 회의실에서 정책 담당자들 간의 논의와 결재 과정을 통해 결정되는 반면 공개시장조작은 금융시장에서 공개적으로 언제, 어떠한 증권을 대상으로, 얼마나 정해진 규모 또는 정해진 금리로 조치하는지 미리 고시할 뿐 아니라 입찰방식 등을 통해 금융시장에서 투명하게 이루어지니까요. 한편 조작이라는 단어의 선정은 조작造作, manipulation이 '일을 거짓으로 그럴듯하게 꾸며 냄'의 의미로 사용되므로 '일을 목적에 맞게 이끌어 경영함'을 뜻하는 조작操作, operation이 맞겠지요. 그러나 '조작'이라고 하면 처음의 뜻을 먼저 생각하게 되어 사람들에게 부정적인 인식을 줄 수 있어 최근에는 '공개시장조작open market operation, OMO'을 '공개시장운영'으로 바꾸어 사용하기도 합니다. 용어를 풀어가는 과정에서 공개시장조작의 내용에 대해서도 어느 정도 설명이 된 것 같군요.

돈의 양을 조절할 수 있는가?

이번 시간을 시작하면서 돈의 양을 조절하는 두 가지 이야기를 들려드린다고 말씀드리고 나서 지금까지 첫 번째 이야기만 해 왔습니다. 여러분 중 일부는 '두 번째 이야기는 왜 안 나오는 것이지?'라고 생각하신 분이 계실 것입니다. 첫 번째 이야기는 우리가 통화량이라고 부르는 돈의 양과 관련된 이야기였습니다. 지금부터 말씀드릴 두 번째 이야기는 단기금융시장의 지준자금 조절과 관련됩니다. 모두 '돈의 양'을 조절하는 문제이지만, 대상이 되는 '돈의 종류'가 다른 것입니다. 간단한 질문으로부터 출발합니다.

왜 공개시장조작을 통하여 지준시장에서 움직이는 돈을 늘리거나 줄이는 것일까요? 궁극적으로는 돈을 조절하여 콜시장[29]에서 콜금리를 조절하기 위해서지요. '콜금리목표제'하에서는 콜금리를 금융통화위원회에서 정한 수준으로 맞추어야 하며 '기준금리체제'하에서는 콜금리를 기준금리를 중심으로 수렴하도록 해야 하니까요.

여기서 중요한 점은 '한국은행이 단기금융시장인 지준시장[30]에서 이러한 통화정책수단을 사용하여 원하는 만큼 돈을 공급하거나 환수할 수 있느냐?' 하는 질문입니다. 여러분은 어떻게 생각하십니까? 한국은행은 일시적으로 단기자금을 적정수준보다 초과하여 공급하거나 환수하여 지준시장을 포함하는 콜시장에서 돈이 남거나 부족하게 만들 수는 있지만 장기적으로 그렇게 운용할 수는 없습니다. 왜냐하면 그때에는 금융통화위원회가 미리 정해놓은 수준보다 콜금리가 큰 폭으로 높게 형성되거나 큰 폭으로 낮게 형성되기 때문입니다. 그렇다면 목표를 달성하지 못하게 되므로 시장운영에 실패하였다고 볼 수 있습니다. 그러므로 통화정책수단을 통하여 단기자금시장에서 일시적으로 자금을 환수하거나 공급할 수 있지만 기조적으

29　콜시장은 금융회사 상호 간에 일시적인 자금 과부족을 조절하기 위하여 초단기로 자금을 차입하거나 대여하는 시장이다. 지급준비금 예치의무가 있는 은행들은 콜거래를 통해 지준 과부족을 해결하므로 지준시장으로서의 의미도 있다. 이처럼 콜거래는 금융회사의 일시적 자금 과부족을 조절하는 거래이기 때문에 초단기물거래가 대부분이다. 《한국의 금융시장》(한국은행, 2016)을 인용하였다.

30　은행의 지급준비금 적립에 필요한 돈이 거래되는 시장을 말한다. 지준의 수요는 은행예금에 지급준비율을 곱하여 계산된다. 지준의 공급은 지준수요를 맞추어주기 위해 콜시장 등을 통하여 공급된다. 개념상으로는 콜시장뿐아니라 RP시장 등을 통하여도 지준자금이 공급될 수 있으나 현실적으로 대부분 콜시장을 통한다. 현실적으로 지준시장은 콜시장의 부분집합이라고 볼 수 있다.

로 돈이 남거나 모자라게 할 수는 없습니다.

그러면 한국은행은 시중의 돈의 양을 조절할 수 없다는 말일까요? 여기서 여러분이 잘 이해하기 어려운 문제가 있습니다. 한국은행이 조절하는 돈은 단기금융시장의 돈이다. 즉 콜시장의 돈만 조절하여 일정 수요 규모로 맞춘다는 말입니다. 그 일정 수요 규모란 예금 규모 곱하기 지급준비율을 통해서 정해지며 단기적으로는 예금 규모 변동에 따라 정해지므로 거의 일정하다고 보아야겠지요. 이렇게 지준시장이라는 단기금융시장에서 돈의 수요가 정해지는 가운데 정부의 조세수입과 재정지출, 외환시장개입에 따른 외환보유액 변동으로 돈의 공급이 늘어나거나 줄어들게 됩니다. 한국은행은 단기자금 시장에서 이러한 돈의 수요와 공급을 공개시장조작을 통해 맞추어 주는 역할을 할 뿐입니다.

한편 한국은행이 일정 부분이라도 영향을 미칠 수 있는 돈의 양은 첫 번째 이야기에 등장했던 좀 더 긴 돈인 통화량(M2, Lf 등)이 되겠습니다. 이때에도 돈의 양을 직접 조절할 수는 없으며 기준금리를 변경함으로써 예금금리와 대출금리에 영향을 미치고 이는 다시 은행과 기업, 가계의 대출 행태와 차입수요에 영향을 미침으로써 통화량을 변화시키는 먼 길을 돌아가야 합니다.

돈의 흐름을 조절하는 수단

두 번째 이야기에 나왔던 지준자금을 조절하는 공개시장조작의 주요 수단으로는 통화안정증권 발행, 증권매매, 통화안정계정 예치

표 12.2 증권매매 대상증권의 범위

	증권 단순매매	RP매매
대상증권	국채 정부보증채 〈한시적 확대〉[2] 산금채, 중금채, 수금채, 주금공 MBS	국채, 통안증권[1] 정부보증채, 주택금융공사 발행 MBS 〈한시적 확대〉 산금채, 중금채, 수금채, 농업금융채, 수 산금융채, 일반 은행채, 예보채 및 8개 공공기관 발행 채권

주: 1) RP매입에 한함
　　2) 한국은행은 코로나19 확산 이후 유동성공급 경로를 확충하기 위해 20. 4. 14~21. 3. 31까지 한시적
　　　으로 대상증권을 확대
자료: 한국은행

등이 있습니다. 이중 증권매매는 국채와 정부보증채를 팔고 사는 단
순매매와 일정 기간 빌리고 빌려주는 RP매매로 구분됩니다. 통화안
정계정은 한국은행 내에 설치된 금융기관의 기한부 예금계정인데,
금융기관이 여기에 돈을 넣으면 단기유동성이 흡수되고 돈을 찾아
가면 단기유동성이 공급되지요. 이들 수단의 자세한 내용에 대해 궁
금한 분은 교과서에 상세히 나와 있으니 찾아보세요. 별도자료를 준
비하려다가 생략하였습니다. 한편 한국은행은 2014년 3월에 가계
부채 구조개선을 위해 주택금융공사 발행 MBS를 RP매매 대상증권
에 포함시켰으며, 코로나19에 대응하기 위해 2020년에 증권 단순매
매와 RP매매 대상증권을 한시적으로 확대하였습니다.

설거지: 돈을 조절하는 마지막 작업

그럼 여기서 질문 하나를 드립니다. 공개시장조작, 한국은행대출,

외환시장 개입, 정부의 예산집행 등이 같은 날 이루어졌다고 가정하면 어떤 일이 가장 마지막에 이루어질까요?

매일 단기자금시장으로 돈이 들어오고 단기자금시장으로 부터 돈이 빠져 나갑니다. 강 상류에서 댐으로 물이 흘러오고 댐은 수문을 열어 하류로 물을 내보냅니다. 이렇게 드나드는 이유를 지급준비금 변동 요인이라고 합니다. 즉 정부가 세금을 걷어 한국은행에 예치하거나 한국은행이 외화자산을 매각하면 돈이 흡수되고 한국은행이 외화자산을 매입하거나 금융중개지원대출을 하면 지급준비금시장에 돈이 공급됩니다. 단기자금시장의 돈이 적정 수준보다 크게 남거나 모자라게 될 경우 단기자금시장금리인 콜금리[31]가 변동하게됩니다.[32] 따라서 한국은행은 이러한 변동 요인을 감안하여 지급준비금의 공급 규모를 예측하고 이를 지급준비금 수요와 비교하여 돈이 부족할 것으로 예상되면 유동성을 공급하는 방향으로, 남을 것으로 예상되면 돈을 흡수하는 방향으로 공개시장조작을 수행함으로써 콜금리가 기준금리 수준에서 크게 벗어나지 않도록 조절하고 있습니다. 수요와 공급을 전망하기 위해 담당자는 하루 종일 전화기와 씨름을 합니다.

---

[31]　구체적으로는 무담보 익일물 콜금리를 의미한다.
[32]　한국은행의 과제는 콜금리가 금융통화위원회에서 결정하는 기준금리 수준에서 크게 벗어나지 않도록 은행의 지준 규모를 적절히 조절하는 것이다. 은행이 지준의 과부족을 해결하기 위해 초단기(대부분 익일물)로 자금이 거래되는 콜시장을 이용하기 때문에 콜금리는 은행의 지준 상황에 따라 크게 영향을 받는다.

그러므로 앞에서 던진 질문에 대한 대답, 거래의 마지막에 자금을 정리하는 일은 공개시장조작의 몫일 수밖에 없습니다. 즉 정부 부문, 민간 부문, 국외 부문, 한국은행의 다른 부문 등에서 발생하는 거래가 모두 끝난 뒤 자금을 적정 수준으로 맞추는 것이죠. 특히 지급준비금 예치 마감일에 즈음해서는 더욱 정교한 자금 조정이 필요합니다. 저도 한때 공개시장조작을 담당하는 팀에 있었는데, 공개시장조작을 담당하는 사람들은 지급준비금 예치 마감일에 자금을 조정하는 작업을 '설거지'라고 표현합니다. 잔치가 끝난 후 주방에서 남은 음식을 정리하고 그릇을 깨끗이 씻어야 하는 사람들이 있습니다. 그래서 이야기하죠, '설거지 끝났으면 맥주 한잔 할까?'

4. 새로운 무기: 비전통적 통화정책수단

헬리콥터가 뜨게 된 배경

2008년 9월 리먼 브라더스 사태 이후 글로벌 금융위기가 심화되면서 세계 경기가 급격히 위축되었기 때문에 각국의 중앙은행은 정책금리를 큰 폭으로 인하하여 경기부양에 나설 수밖에 없었습니다. 그러나 이러한 조치에도 경제 상황은 더욱 악화되었으며 글로벌 금융시장 전반이 불안해졌습니다. 주요 선진국 중앙은행들은 정책금리를 제로 수준까지 내린 이후에는 더 쓸 수 있는 무기가 없었습니다. 전통적인 금리조절정책만으로는 경기침체 상황을 막을 수 없다는 판단하에 비전통적unconventional 수단[33]이라는 새로운 무기를 도입하였습니다. 유동성함정liquidity trap[34]에 빠진 경제를 구해야 한다는 절박함 때문이었습니다.

미 연준은 금융위기에 맞서 싸우는 과정에서 가장 적극적인 방식으로 비전통적 통화정책수단을 활용해왔는데, 다양하게 새로운 방식을 만들어가는 모습은 창의적 예술가의 모습처럼 보였습니다. 미 연준 이외 유럽중앙은행, 일본은행, 영란은행 등 모두 정책금리 하단이 제로에 붙어서 더 인하할 수 없는 막다른 골목에 몰렸습니다.

이러한 비전통적 통화정책수단은 글로벌 금융위기 이후 갑자기 나타나게 된 것일까요? 비전통적 통화정책수단에 대한 연구는 대공황을 교훈 삼아 이미 여러 각도에서 진행되었습니다. 이를 전공한 버냉키 전 의장이 미 연준에 취임한 일은 다행이었다고 하더군요. 비록 위기의 초기 단계에서 적극적인 모습을 보이지는 않았지만 말입니다. 한편 일본은행의 구로다 총재는 '일본은행은 비전통적 통화

33　비전통적이라는 용어 대신에 '보완적complementary', '비일상적unusual', '일시적temporary', '비표준적non-standard', '추가적additional' 등의 표현이 사용되기도 하는데 이는 그만큼 비전통적 통화정책수단에 대해서 다양한 정의가 존재하고 있음을 의미한다.

34　폴 크루그먼Paul Robin Krugman은 명목이자율이 제로에 부딪힌 상황을 유동성함정이라고 부른다. 크루그먼의 유동성함정은 케인스의 유동성함정과는 조금 다르다. 케인스의 유동성함정은 어떤 낮은 이자율 수준에서 투기적 화폐 수요가 무한히 늘어나기 때문에 통화공급에도 불구하고 금리가 더 이상 떨어지지 않는 상태를 가리킨다. 다시 말해 케인스에게는 양의 이자율에도 유동성함정이 발생할 수 있다. Blinder(2010) 참조. 정운찬·김홍범, 《화폐와 금융시장》, 2012년에서 재인용하였다.

정책을 가장 먼저 채택한 중앙은행으로 1990년대 말부터 세계에서 선구적으로 제로금리정책과 양적완화정책 등 과거에 유례없는 다양한 정책을 실천해 왔다'고 발표한 바 있습니다.[35] 물론 당시 그러한 정책을 조기에 종료함에 따라 끝까지 밀고 나가지 못했지만요.

위기 또는 비정상적 상황에서 유효성이 현저히 떨어진 전통적 통화정책수단을 보완하기 위해 길이 다하여 없어지는 곳에서 새로운 길을 만듭니다. 그러나 비전통적 프로그램이란 오랜 전부터 이어진 중앙은행의 최종대부자 기능[36]을 수행하기 위한 다른 방식일 뿐입니다.

이러한 비전통적 통화정책수단에는 무엇이 있을까 살펴보면 양적완화quantitative easing, QE, 오퍼레이션 트위스트operation twist[37], 선제적 안내forward guidance 등이 있습니다. 실제 비전통적 통화정책을 어떻게 활용하였는가에 대해서는 내일 금융위기에 대해 이야기하면서 미국을 중심으로 자연스럽게 말씀드리도록 하겠습니다.

---

35   국제경제학회 제17회 세계대회에서 일본은행의 구로다 총재가 강연한 내용 (非伝統的金融政策の実践と理論, 2014. 6. 7); 김진홍 번역을 인용하였다.

36   "전통적 최종대부자 기능이 역사적으로 최초로 확립된 시기는 베저트가 영란은행의 최종대부자 역할을 논의했던 1870년대로 보는 것이 정설이다."《벤 버냉키, 연방준비제도와 금융위기를 말하다》(미지북스, 2014)를 인용하였다.

37   오퍼레이션 트위스트를 양적완화정책의 일부로 간주하는 견해도 있다.

세 가지 지원방식

양적완화 quantitative easing, QE

전통적 수단을 사용하여 정책금리가 제로 또는 더 인하할 수 없는 수준(실효하한, effective lower bound)[38]에 도달하였거나 전통적 통화정책의 파급 경로가 현저히 훼손된 상황에서는 금융안정을 회복하고 경기침체를 방지하기 위하여 새로운 무기를 도입할 수밖에 없었습니다. '양적완화'란 중앙은행이 단기시장금리를 아주 낮은 수준, 즉 거의 제로(0) 수준으로 유지하는 가운데 장기시장금리를 낮추기 위해 국채나 신용위험이 있는 채권을 매입하는 방식으로 돈을 대규모로 공급하는 정책수단이라고 말할 수 있겠습니다. 이를 위해 대상기관과 대상증권 등을 확대하였지요. 여기서 강조하고 싶은 점은 정책금리가 아주 낮은 수준으로 인하되어 있지 않으면 돈을 대규모로 공급하는 비전통적 수단을 사용할 수 없다는 사실입니다. 왜냐하면 돈을 대규모로 공급하게 되면 콜금리와 같은 단기시장금리가 거의 제로 수준으로 떨어져 상대적으로 높은 수준인 정책금리목표와 괴리가 생기기 때문입니다. 대규모로 돈을 푸는 양적완화를 시행하고 있는 선진국을 살펴보면 모두 정책금리를 제로 수준으로 낮추어놓은 나라들입니다. 그럼에도 '다른 주요국과 달리 우리나라는 왜 양

38　중앙은행의 통화정책 수행 목적에 부합함과 동시에 금융시장에서의 부작용을 통제할 수 있는 범위 내에서 최대한 낮출 수 있는 정책금리 수준을 의미한다.

적완화를 하지 않느냐?'라고 물어보는 친구들이 아직 있습니다. 정책금리와 양적완화에 대한 관계를 잘 몰랐기 때문이지요.

양적완화정책을 금융기관에 대한 유동성 공급, 신용시장credit market 지원, 국채 매입으로 나누어 새로운 방식이란 무엇인지 알아봅니다.[39]

먼저 금융기관에 대해 유동성을 공급하는 방식은 은행의 대출능력을 확충하고 대출취급 태도를 완화하기 위한 조치입니다. 즉 기존 유동성공급제도를 개선하여 만기를 연장하고 담보기준을 완화하며 대상기관을 확대하는 한편 새로운 유동성공급제도를 도입하여 활용하는 방식입니다. 즉 보다 많은 금융회사를 대상으로 담보 조건을 완화해주어 돈을 많이 빌려갈 수 있도록 하는 방법이지요. 이는 전통적 방식의 요건을 완화하는 등의 방법을 따르므로 다른 수단에 비해 정책 수행이 용이하고 중앙은행이 부담하는 신용위험이 상대적으로 작다는 장점이 있지만, 금융기관에 공급된 유동성이 가계와 기업에 대한 대출로 이어지지 않을 가능성이 있습니다.

39　　이는 Klyuev, Imus and Srinivasan(2009)이 제시한 분류방식이다. 비전통적 통화정책수단의 분류방식은 이외에도 다음과 같이 다양하다.

Bernanke(2009년 1월)	양적완화, 질적완화(신용완화)
Borio and Disyatat (2009년 11월)	신용정책, 준부채관리정책, 외환정책, 지준총량정책
Lenza, Pill and Reichlin (2010년 10월)	중앙은행의 대차대조표 확대, 중앙은행의 거래 대상 기관 확대, 전통적 통화정책 효과의 보완 및 대체

둘째, 신용시장을 지원하는 조치는 신용위험증권의 거래 여건을 개선하기 위해 중앙은행이 CP, 회사채, ABS 등을 매입하는 방식으로, 신속한 효과[40]를 기대할 수 있는 점이 장점입니다. 그러나 중앙은행이 부담해야 하는 신용위험이 상대적으로 크고, 지원 대상인 신용위험증권의 가격이 불안한 금융시장의 변화 가운데서 정책이 왜곡될 수 있으며, 어떤 신용증권을 매입해 줄 것인가에 대한 형평성 문제마저 제기될 수 있다는 단점이 있습니다.

셋째, 중앙은행이 국채를 매입outright purchase하는 방식은 정책금리가 실효하한에 도달한 이후에도 장기금리가 하락하지 않을 경우 장기국채를 직접 매입함으로써 돈을 풀어서 금리 하락을 유도하기 위한 수단입니다. 쉽게 말해 중앙은행이 국채를 담보로 정부에게 돈을 빌려주는 방법입니다. 이 경우 정부는 세금을 걷지 않고도 돈을 쓸 수 있지요. 중앙은행의 국채 매입은 국채금리 하락은 물론 상당 기간 완화적 통화정책 기조를 유지할 것으로 민간 경제주체에 신호를 주는 효과[41]도 있기 때문에 은행 대출금리와 신용위험증권의 금리 하락도 기대할 수 있습니다. 그러나 금리가 올라 국채가격이 하

40　중앙은행이 은행 대출의 형식을 취하지 않고 특수목적회사Special Purpose Vehicle, SPV를 통해 최종 차입자를 직접 지원할 수 있다.

41　국채를 대규모로 보유하고 있는 중앙은행이 출구전략을 신속히 실행하기 위해 국채매각을 서두르게 되면, 국채는 물론 여타 신용위험증권의 가격에도 적지 않은 충격을 줄 수 있기 때문에 국채 매각은 장기간에 걸쳐 점진적으로 이루어질 수밖에 없다. 결국 중앙은행이 상당한 규모의 국채를 매입하는 것은 완화적 통화정책 기조를 비교적 장기간 유지하겠다는 신호로 해석할 수 있다.

락할 경우 그동안 국채를 매입했던 중앙은행이 평가 손실 또는 매각 손실을 입을 수도 있습니다.

오퍼레이션 트위스트 operation twist

통화량을 확대하는 방식 이외에 주목해야 할 비전통적 통화정책으로 '오퍼레이션 트위스트'를 들 수 있습니다. 과거에 전혀 사용하지 않은 방식이라고 말할 수는 없으나 글로벌 금융위기 과정에서 새롭게 주목을 받았던 정책이라고 할 수 있습니다. 트위스트라고 하니 1960년대 우리나라에서도 유행했던 춤 생각이 나는군요.[42]

통화정책의 핵심은 금리정책인데, 중앙은행은 금리정책을 위해 그다지 많은 수단을 가지고 있지 못합니다. 정책금리는, 우리나라에서는 기준금리라고 부르지만, 여러 금리에 영향을 주고자 하는 하루짜리 초단기금리입니다. 전통적 통화정책은 하루짜리 금리를 조정하여 장기금리에 영향을 주는 방식입니다. 장기금리 수준은 소비와 투자 등에 영향을 미치게 되며 예금금리와 대출금리도 이러한 시장금리의 움직임에 따라 결정되니까요. 그러나 채권시장 참가자들이 경기와 물가 등을 어떻게 바라보느냐에 따라 정책금리 조정의 방

---

[42]　1960년대 초 미국에서 등장한 춤으로 사교계에서 받아들여지면서 전 세계적으로 유행했다. 엉덩이와 다리의 독특한 동작은 '한쪽 발로 가상의 담배를 비벼 끄면서 가상의 수건으로 엉덩이를 닦는 것'으로 표현되었다. 이 춤에서 파트너는 여러 자세와 빙빙 도는 동작을 동시에 취하지만 서로 접촉하지는 않는다. (브리태니커 백과사전)

향과 다르게 장기금리가 움직이기도 하지요. 이때 중앙은행은 장기금리를 직접 조정하고 싶은 유혹에 빠지게 됩니다만, 특별한 경우가 아니면 직접 장기금리에 영향을 주는 조치를 취하지는 않습니다.[43] 시장 참가자들의 판단을 존중하면서 금융시장의 메커니즘에 의존하는 것이죠.

그러나 금융위기 이후에는 달랐습니다. 그만큼 다급했다고도 볼 수 있지요. 미 연준은 금리정책의 대상에 주목하였습니다. 금리정책의 대상이 되는 경제주체는 크게 금융회사, 기업, 가계 등을 들 수 있는데, 금융회사는 주로 단기금리에 민감하고 기업과 가계는 주로 중장기금리에 민감하다고 볼 수 있습니다. 그러므로 경제주체들이 금리 변동에 민감하게 반응하는 정도를 반영하여 금리정책을 운영했다고 말씀드릴 수 있겠습니다. 조금 전 말씀드렸듯이 실제 미 연준이 어떤 방식과 단계로 실시했는지는 내일 'LECTURE 16 글로벌 금융위기'에서 설명하도록 하지요.

전통적으로 중앙은행은 단기금리를 움직이는 방향으로 정책을 운영하는데 직접 장기금리를 조정하는 방식을 동원한 것입니다. 작은 칼과 큰 칼을 차례로 사용했다고 할까요. 조정방식은 간단합니다. 장기금리를 낮추고 싶으면 장기채권을 사고 단기금리를 낮추고 싶으면 단기채권을 사면 되니까요. 채권의 수익률곡선의 모습을 조정

43　국채의 만기가 최장 30년까지 다양하게 구성되어있는 것과 달리 통화안정증권의 최장 만기가 2년인 것은 평상시 장기시장금리에 미치는 영향을 최소화하려는 중앙은행의 의지가 담겨 있다.

해나가는 것이죠. 트위스트란 결국 금리를 비트는 것입니다. 그러나 오퍼레이션 트위스트는 공급되는 유동성이 일정하다는 면에서 유동성이 무한히 공급되는 양적완화와는 구분됩니다. 즉 오퍼레이션 트위스트라는 말에서 유추할 수 있듯 장기금리를 위해 유동성을 풀면 단기자금을 반드시 거두어들여 유동성 총량을 일정 수준으로 유지해야 합니다.

선제적 안내 forward guidance

안내guidance란 '금리나 돈'으로 말하지 않고 '언어'로써 말한다는 뜻입니다. 구두개입입니다. 그동안 중앙은행들이 향후 정책 방향에 대해 말을 아끼기는 했지만 전혀 안내를 삼가해온 것은 아니었습니다. 그러나 정책금리가 제로로 수렴하여 움직이지 못하게 되자 좀 더 확실한 메시지를 전하는 '선제적 안내'라는 방식을 들고 나왔습니다. 이러한 안내는 조금 전 말씀드렸듯이 향후를 구속하는 강도에 따라 좀 약한 델포이 방식과 좀 더 센 오디세이 방식으로 구분되지요. 일정 기간 통화정책의 확장적 기조를 유지할 것이라는 점을 공표함으로써 시장의 기대를 관리하고자 한 것입니다. 예를 들어 2008년 12월 미 연준은 FOMC 회의 직후 '경제 상황의 취약성으로 인하여 예외적으로 낮은 수준의 정책금리Federal Funds Rate 목표를 한동안for some time 유지하게 될 것 같다'는 표현을 넣어 선제적 안내를 하였습니다.

그런데 이러한 선제적 안내의 시행 배경을 살펴보면 중앙은행이 실제 정책금리를 이렇게 운용하겠다는 의지와 다른 경제주체들이 향후 중앙은행은 정책금리를 이렇게 운용할 것이라는 예상에 차이가 있었다는 사실을 알게 됩니다. 여기서 차이란 중앙은행의 향후 방향이 불확실하게 인식되었다는 점이기도 하지요. 어쨌든 선제적 안내는 중앙은행의 정책 의도에 따른 여러 가지 고려 요인을 제시해 줌으로써 불확실성을 줄이는 가운데 장기금리가 낮은 수준을 유지할 것이라는 신호를 보내어 통화정책 완화에 기여하였습니다. 선제적 안내가 커뮤니케이션 수단인가 또는 정책수단인가에 대한 논란이 있지만, 시장에 충격을 주기보다 시장의 기대와 중앙은행의 인식 간 격차가 좁혀지도록 하는 데 목적이 있다면, 이러한 신호가 무슨 수단인가를 따지는 것이 무슨 의미가 있을까요?

그러나 모든 정책이 그러하듯 선제적 안내에도 문제점이 있습니다. 더욱이 막다른 골목에서 내세운 궁여지책의 경우라면 더욱 그렇겠지요. 중앙은행이 선제적 안내를 했음에도 상황이 변하여 정책금리를 조기에 인상하는 등 내뱉은 말에 책임을 지지 못할 경우 정책의 신뢰성이 약해집니다. 반면 상황이 변화하였는데도 자신이 내뱉은 말의 약속을 지키려고 하는 경우 정책 운용이 탄력을 잃을 수 있습니다. 아울러 선제적 안내를 성공적으로 지속할 경우 시장의 기대가 한 방향으로 쏠리는 현상이 나타날 뿐 아니라 시장 여건 변화로 선제적 안내를 변경할 경우 과민반응을 보이면서 글로벌 채권투매, 신흥시장국의 통화 가치 급락 등의 패닉이 나타날 가능성이 있습니다.[44] 문제를 해결하기 위한 조치가 또 다른 리스크를 가져오게 될 수도 있는 것이죠.

두 얼굴의 영향

금융위기에 대응하여 미 연준, 유럽중앙은행 등 주요 선진국 중앙은행이 비전통적 통화정책수단을 활용한 결과, 글로벌 경기의 심각한 침체를 완화하고 유럽지역에서는 국가채무위기에 대한 우려가 줄어들게 된 한편 국제금융시장이 안정을 회복하는 등 상당한 역할을 한 것으로 평가됩니다. 또한 이와 같은 정책 집행으로 인하여 글로벌 시장의 불안이 완화되었으며 이에 따라 신흥시장국 금융시장도 어느 정도 안정되고 투자와 소비 심리 회복 등에 어느 정도 기여하였다고 볼 수 있습니다.

반면 이러한 정책 수행으로 글로벌 유동성이 확대되면서 한때 국제유가와 같은 원자재 가격이 상승하는 요인이 되기도 했으며 신흥시장국 통화 가치가 절상되어 수출이 둔화되는 경우도 있었습니다. 또한 자본이동의 변동성이 확대되는 등 부정적인 영향도 있었습니다. 그리고 이러한 선진국의 양적완화와 같은 비전통적 수단은 경기침체를 막는데 어느 정도 역할을 했지만 늘어난 돈이 자국의 주식시장과 부동산시장으로 흘러들어가 자산 가격을 다시 상승시켰으며 해외로 나가서 투자수익률이 상대적으로 높은 신흥시장국으로 유입

---

44 Andrew Filardo & Boris Hofmann, 'Forward guidance at the zero lower bound', BIS Quarterly Review(2014)를 중심으로 작성되었다.

되기도 하였습니다. 이렇게 자산 가격의 급등이 만들어낸 위기를 치유하기 위한 방법이 다시 자산 가격 상승을 야기하고 이에 따라 경기가 미약하나마 회복되는 결과를 만들어내는 과정이 바람직한 것일까요? 자본시장이란 근본적으로 불안정하므로 버블은 생겨날 수밖에 없으며 이렇게 생겨난 버블은 다른 버블로 치유할 수밖에 없다는 주장도 있습니다. 이렇게 양적완화의 불안정을 우려하는 가운데서도 세월은 흘렀습니다.

그런데 이러한 양적완화의 부작용은 결국 2021년부터 물가 상승으로 나타났습니다. 물론 물가 상승의 원인이 글로벌 공급망 붕괴와 같은 다른 요인들도 있었지만 오랜 기간에 걸친 양적완화가 주요인이라는 점에는 많은 전문가가 동의하고 있습니다.

미국을 비롯한 주요국 중앙은행은 이러한 물가 상승에 대응하기 위해 2022년부터 기준금리를 인상하고 양적긴축Quantitative Tightening에 나서면서 코로나19 기간 중 풀었던 돈을 회수하고 있습니다. 이 과정에서 시장금리가 급격히 상승하고 자산 가격 조정도 나타나고 있죠. 이와 관련한 자세한 내용은 'LECTURE 18 코로나19: 전화위복 vs 더 큰 위기의 잉태'에서 더 자세히 다루도록 하겠습니다.

외화의 조절

이제 경계를 넘나드는 외화의 조절에 대해 살펴볼 차례입니다. 먼저 외화 유출입과 규제에 대한 찬반양론을 살펴본 후, 평상시 사용하는 거시경제정책수단으로 조절하는 방법과 거시건전성정책수단을 사용하는 방법에 대해 알아봅니다. 자본 유출을 직접적으로 규제하기보다 자본 유입을 어떻게 간접적으로 관리할 것인지, 자본 유출에 대비하기 위하여 국가비상금인 외환보유액을 어떻게 관리해나가야 하는지를 살펴봅니다. 그리고 위기 시 우리에게 부담을 주는 외채를 관리하는 방안과 우리에게 도움을 주는 중앙은행간 통화스왑에 대해서도 알아보겠습니다.

1. 외화 유출입과 규제

자본거래 규제의 논의 배경과 삼불일치론

글로벌 금융위기를 계기로 국가 간 자본이동을 제한할 것인지 여부에 대한 관심에 이어 어떻게 규제할 것인가에 대한 논의가 활발합니다. 자본거래 규제에 대해서는 과거에도 금융위기 때마다 거론되어 왔으며 실효성이 있는지 많은 우려가 있었던 점도 사실입니다. 하지만 글로벌 금융위기에 대처하는 과정에서 선진국과 신흥시장국 모두 막대한 비용을 부담하면서 자본이동 제한에 대한 공감대가 넓게 형성되었습니다. 전면적인 자본자유화를 옹호해온 IMF조차 자본거래 규제의 필요성을 인정하지 않을 수 없었습니다. 그러나 이 모두 기본적으로는 자본자유화의 커다란 틀 속에서 이루어지는 논의로서 세계경제의 발전과 외환자유화에 따른 편익과 대규모 자본 유출입이 초래하는 비용 사이에서 고민해야 할 문제입니다.

앞에서 설명하였던 삼불일치론을 다시 상기해보면, 고정환율정책과 자유로운 자본이동 그리고 통화정책의 독자성은 동시에 달성할 수 없는 목표들입니다. 모두를 껴안고 갈 수 있는 방안을 찾을 수 없다는 현실을 알고 있습니다. 지금 외화 유출입에 대한 규제를 논의하기에 앞서 우리가 처한 현실에 대한 냉정한 자세가 요구됩니다. 내수시장 규모가 작으며 수출의존도가 높은 가운데 수출상품의 가격경쟁력이 필요한 소규모 개방경제의 위치를 생각합니다. 특히 금융위기 시 외채부담을 고려할 경우 안정적 환율 유지가 긴요합니다. 물론 국내 경기와 고용 그리고 물가 수준을 관리하기 위해 금리를 자율적으로 조정할 수 있는 독자적인 통화정책도 포기할 수 없는 중요한 목표입니다. 한편 내외금리차로 인해 금리차익거래의 유인이 지속하는 한, 자본이동에 따른 시장 교란은 반복될 수밖에 없습니다.

다시 거울 앞으로 돌아와 그동안의 역사적 교훈과 소규모 개방경제가 지닌 한계를 인식하면서 삼불일치론을 생각해봅니다. 이제 자본규제의 필요성을 당위론으로 주장하는 단순함을 넘어서 국제적인 논의의 가운데서 구체적으로 어떻게 실효성 있는 규제를 만들어내고 운영해나갈 것인지를 고민해야 할 시점입니다.

우리나라의 입장에서 바라본 조절 필요성

우리나라 자본시장은 선진국에 가까운 개방도와 발전 정도를 갖추고 있어 국제금융안정기에는 자본 유입이 활발하나 국제금융시장의 위험이 높을 경우에는 자본이 급격히 유출되는 모습을 보였습니다.[45] 특히 과거 신흥시장국의 금융위기 사례를 보면 갑작스런 자본유출Sudden Stop이 단일 국가에 집중되기보다 유사한 특성을 보이는 국가에 동시다발적으로 발생하거나 국가 간 전염에 의해 여러 국가로 파급되는 경향이 있음을 주의해야 합니다. 우리나라를 드나드는 자금의 리스크에 대해서는 1997년 IMF 사태라 부르는 외환위기와 2008년 금융위기의 영향에 따른 외화유동성 부족 사태를 떠올려 보면, 규제를 해야 할 필요에 대해 더 말씀드릴 필요는 없다고 생각합니다.

---

[45]　서영경·성광진·김동수, 〈원/달러 환율변동성이 큰 배경과 시사점〉(2011)을 참조하였다.

외화 유출입의 조절 메커니즘

글로벌 자금 이동의 필요성을 느낀다고 할지라도 우리나라와 같이 개방경제체제를 유지하고 있는 나라에서 자본의 유출입을 관리하는 작업은 상당히 어렵습니다. 세상에 하고 싶다고 모두 할 수 있는 것은 아니니까요. 그리고 자본의 유출입은 대출과 차입 또는 증권투자의 모습을 하고 있는데 무역거래보다 그 이동 규모가 클 뿐아니라 움직임의 속도가 빠르며 변동성도 높습니다. 무조건 해외 자본의 유출입을 규제하는 조치는 다양한 부작용을 수반할 수 있으므로 바람직하지 않습니다. 특히 내국인과 외국인을 차별하는 전면 규제를 취하기는 더욱 어렵습니다.

그러므로 기본적으로 자본이동의 자유화 원칙을 유지하는 가운데 취할 수 있는 정책을 생각해보아야 합니다. 우선 자본 유출입이 국내 경제에 미치는 영향을 최소화하는 거시경제정책을 생각하게 됩니다. 다음으로 거시건전성정책을 사용해볼 수 있겠죠. 이제부터 이들 정책과 그 효과 등을 점검해보겠습니다. 여기서 잠깐, 이러한 정책수단들은 자본의 유입기와 유출기를 고려하여 비대칭적으로 마련할 필요가 있다는 점을 미리 말씀드립니다. 일반적으로 자본 유입은 장기간 지속되며 자본 유출은 단기간에 급격하게 발생하니까요.

2. 거시경제정책수단

활용과 한계

거시경제정책을 활용하여 자본 유출입의 변동성을 완화할 수 있는 정책을 살펴봅니다. 환율정책과 통화정책을 각각 사용할 수도 있고 환율정책과 통화정책을 병행하여 활용할 수도 있습니다. 그러나 결론부터 말하자면 급격한 자본 유출입이 발행할 경우 이들 정책을 활용하여 목적을 달성하기에는 한계가 있지요. 우리의 관심사는 일상적인 자금이동의 조절보다 대규모 자금이동에 대한 대책에 있습니다.

환율정책의 활용

달러자금이 대규모 지속적으로 유입될 경우 대미 달러 환율은 추세적인 하락을 보이고 원화는 강세가 되므로 돈을 들어온 사람은 나중에 빠져나갈 때 막대한 환차익을 얻을 수 있습니다. 예를 들어 들여온 돈으로 1달러를 1100원으로 바꾸어 채권을 산 후 채권가격이 1100원 그대로라고 가정할 경우에도 채권을 팔고 달러를 가져나갈 때의 환율이 1달러에 1000원이 되면 우리나라 돈으로 100원이 남게 되지요. 그러면 환율정책에서 어떻게 대처해야 할까요. 자금이 유입되더라도 나중에 본전치기가 되거나 손해가 되도록 해야 유입을 줄일 수 있을 텐데요.

그런데 환율 변동에 대응하는 방안은 두 가지 선택 대안밖에는 없습니다. 첫째, 환율의 급락(원화의 급격한 절상)을 그냥 용인하는 방안과 둘째, 외환시장에 개입하여 미세조정방식으로 환율의 점진적인 하락을 유도하는 방안입니다. 그런데 두 경우를 살펴보면 모두 부작용을 초래할 수 있습니다. 첫째 방식은 환율 급락에 따라 무역거래에서 대외 경쟁력이 급격히 약화될 뿐 아니라 환율의 단기변동성이 크게 확대되는 문제가 있습니다. 다만 환율이 급락한다면 추가 하락 가능성이 더 이상 없어서 추가적인 자금 유입이 제한되는 효과는 있지요. 둘째 방식은 환율이 점진적으로 하락하는 과정에서 아직 충분히 하락하지 않아 추가적인 하락이 예상되면 해외 자금이 지속적으로 추가 유입되는 문제가 있습니다. 또한 외환보유액이 늘어나면서 시장 개입에 따른 비용이 발생한다는 문제도 있네요. 어떤 방안이 더 좋을까요? 환율정책으로 대규모 해외 자본 유입을 관리하는 데에는 근본적인 한계가 있습니다.

한편 외환시장 개입을 할 경우에도 미세조정방식으로 환율 변동폭을 작게 하면서 지속적인 유입을 용인할 것인지, 또는 환율 하락세하에서도 소폭의 상승과 하락을 반복하면서 시장을 조절해나갈 것인지도 생각해야 합니다. 기업과 가계를 위하여 환율을 안정적으로 유지하는 데 목적이 있느냐 또는 급등락을 반복하게 하여 단기 환차익을 겨냥하는 세력이 적정한 유출입 시점을 결정하는 데 어려움을 겪게 함으로써 유입 규모를 조금이라도 줄일 수 있느냐의 문제는 남겠습니다. 각각 양면성이 있으며 이는 이론이라기보다 시장을 다루는 기술의 문제입니다.

통화정책의 활용

자본 유입이 급격히 이루어질 경우 통화정책면에서 일단 정책금리를 인하하여 대응할 수 있습니다. 초단기금리인 정책금리를 낮추면 장기금리인 채권수익률이 함께 떨어질 수 있는데 이 경우 내외금리차를 겨냥한 해외 자본이 들어올 유인이 적어지니까요. 그런데 이 방식은 외환정책을 사용하는 경우보다 더 한계가 있다고 말씀드릴 수 있습니다. 우선 초단기금리인 정책금리를 인하한다고 하여 장기금리가 반드시 하락하지 않을 수 있다는 점입니다. 그러면 통화정책의 조치는 무용지물이 되고 말지요.

다음으로 국내 경제 사정상 도저히 금리 인하 카드를 사용할 수 없는 경우가 있습니다. 예를 들어 국내에서 물가 상승 기대가 확산되고 있거나 자산 버블이 우려되는 경우에는 정책금리를 인상해야지 인하할 수는 없지 않겠습니까?

마지막으로 선진국에서 완화적인 통화정책을 지속하여 자국의 저금리를 견디지 못하여 대규모 자금이 몰려들 경우 우리나라가 상당 폭 금리를 인하한다고 하더라도 이들 유입자금을 제어하기 곤란하여 정책금리를 인하한 효과가 제약될 수 있습니다. 그러므로 통화정책으로도 자본이동을 제어하기 어렵습니다.

그러나 국내 금리 조정의 사정과 자본 규제 필요성의 시점이 일치한다면 통화정책이 기능을 발휘할 수도 있겠습니다. 앞의 예에서 자금의 급격한 유입을 막기 위하여 금리를 인하해야 할 필요성이 있을 때 국내 경기가 침체되어 있고 물가가 안정되어 있다면 정책금리를 인하할 수 있겠지요. 이렇게 제한적인 여건하에서 이루어질 수 있는 선택입니다.

3. 거시건전성정책수단

자본이동을 어떻게 규제할 것인가?

우리는 앞에서 외환정책과 통화정책 등 거시경제정책수단을 사용하여 대규모 자본이동을 통제하는 데 한계가 있다는 사실을 알게 되었습니다. 따라서 우리의 관심은 '자본이동의 변동성 확대를 규제하기 위하여 도대체 어떤 정책을 사용해야 하는가?'로 옮아가게 됩니다.

돌이켜 보면 1996년 12월 OECD 가입과 1997년 말 외환위기를 계기로 본격 추진된 자본자유화는 우리에게 주로 긍정적인 혜택을 가져줄 것으로 생각되었지만, 글로벌 금융위기 과정에서 그 부정적 효과[46]를 새삼 인식하게 되면서 자본이동의 변동을 어떻게 완화할 수 있을까 하는 고민은 계속되고 있습니다. 모든 일이 그러하듯 자본자유화에도 양면성이 있으므로 다른 신흥시장국은 경제발전 단계를 감안하여 자본자유화의 범위와 속도 등을 점진적으로 추진해왔

---

[46] 대규모 해외 자금이 지속적으로 유입될 경우 환율 급락, 자산 버블 형성 등이 일어나며, 그 자금이 급속히 유출될 경우 환율 급등, 자산 가격 급락, 금융기관 파산, 외환시스템 붕괴를 초래할 수 있다.

는데 우리의 진행 속도는 너무 빨랐던 것일까요?[47]

　해외 자금의 유출입을 억제하기 위한 논의는 실행 가능성과는 별개로 많이 이루어져 왔습니다. 그런데 자본 유입 시의 문제보다는 유출 시의 부작용이 더 크다는 것이 일반적인 의견입니다. 그리고 해외자금 유입을 억제하는 목적은 유입의 부정적 영향을 방지하는 데도 있지만, 그보다는 대규모 유입을 억제해야 급속한 대규모 유출 시의 부작용을 사전에 예방할 수 있다고 하는 데 중점이 있습니다.

　먼저 외국자본 유출을 억제하는 방안의 경우 현재 들어와 있는 외국자본의 불안이 야기될 뿐 아니라 만일 우리나라가 외국자본이 필요한 순간 어떤 외국자본이 들어오겠느냐는 비판을 면하기 어렵습니다. 또한 자본 유출 억제 방안은 우리나라 '외환거래법'상 긴급한 상황이 발생할 경우로 제한되어 있으며, 'OECD 자본이동 자유화 규약'의 심사를 받아야 하는 등의 어려움이 있습니다.

　반면 외국자본 유입을 제한하는 방안에 대해서는 국제적 공감대가 어느 정도 형성되어 있습니다.[48] 이러한 방안의 구체적인 방식으로 가변예치의무제Variable Deposit Requirement, VDR, 자본거래세

47　우리나라의 자본자유화 정도는 OECD 전체 평균과 비슷한 수준으로 선진국 수준에 접근해 있으며 신흥시장국 중에서는 국제금융시장이 형성되어 있는 홍콩과 싱가포르를 제외하고는 가장 높은 것으로 평가된다. 안병찬, 《금융위기 이후 우리나라의 외환정책》(2011)을 인용하였다.

48　2010년 G20 서울 정상회의에서 외환보유액 수준이 적정하고 환율의 고평가가 심화되고 있는 신흥시장국이 자본이동의 과도한 변동으로 지나친 조정 부담에 직면하는 상황에서는 거시건전성 조치를 통하여 대응할 수 있다고 합의하였다.

표 13.1 자본 유입 규제 수단

	기본 개념	사 례
가변예치의무제	해외 유입 자금 중 일부를 중앙은행에 무이자 예치하도록 의무화	호주(1972), 칠레(1991), 콜롬비아(1993, 2007), 태국(2006)
자본거래세	외국인이 외화자금을 유입하여 자국 통화로 환전할 때 과세	브라질(2009)
자본이득세	주식투자 등의 양도차익에 대해 과세	미국, 영국 등 주요 선진국

자료: 안병찬, 《금융위기 이후 우리나라의 외환정책》(2011)의 내용을 요약하여 정리

fanancial transaction tax, 자본이득세capital gains tax 등을 들 수 있습니다. 그런데 이러한 방식은 규제 회피를 위한 자본 유출 가능성, 해외 투자자의 신뢰 저하 우려와 함께 다른 나라들과의 이중과세방지협정과 같은 조약, 'OECD 자본이동 자유화 규약'상의 문제 등을 감안할 때 우리나라에서 도입하기 어려운 방안이라고 합니다.[49]

외화건전성정책의 도입

외환 부문의 건전성정책

우리는 앞에서 자본이동을 직접 규제하기 어렵다는 사실을 알았으니 이제 개별 금융회사의 건전성을 확보하고 금융시스템 전체의 안정성을 유지하기 위한 정책으로 넘어갑니다. 〔외화 : 원화〕 불일치 문제를 이번 강연에서 계속 강조하고 있습니다. 특히 자본시장이 거

---

49   안병찬,《금융위기 이후 우리나라의 외환정책》(2011)을 참조하였다.

의 개방된 가운데 자유변동환율제를 운용하고 있는 신흥시장국의 경우에는 통화 불일치currency mismatch[50] 문제와 함께 만기 불일치 위험maturity mismatch도 크므로 외환 부문의 건전성을 적절히 관리해야 합니다. 신흥시장국의 경우 금융위기는 금융회사의 외환 부문에서 비롯할 때가 빈번하였으므로 이들 외환 부문의 건전성을 규제함으로써 외화자금 이동을 간접적으로 규제할 수 있지 않을까 생각해보는 것입니다.

그런데 이러한 거시건전성정책을 사용하기 위해서도 자본자유화와 시장개방이라는 기본 틀을 유지하는 가운데 글로벌 기준에 적합해야 한다는 현실적인 제약이 있습니다. 여기서 기본적인 의문이 들지 않습니까? 상당수의 나라가 직접적인 자본이동 규제를 선호할 경우에도 외환건전성정책을 통해서 간접적으로 자본 유입을 규제하는 방식을 취해야 할까요? 간접적인 방식을 선호하는 입장에서는 만일 자본이동에 대한 직접적인 규제가 허용되면, 각국이 자국의 이익을 위해 금융거래의 기본인 자유로운 자금흐름을 막아 세계경제의 발전을 저해한다고 주장합니다. 아마도 오랜 세월 경제와 금융이 발전하여 막대한 자본을 축적한 선진국의 정치적인 입김도 작용하고 있겠지요.

---

50   Allen(2002), Cavallo(2001) 등은 통화 불일치 확대가 신흥시장국 금융위기를 초래한 주요인이었다고 주장하였다. Goldstein and Turner(2004)는 부문별로는 금융기관, 특히 은행 부문에 대한 건전성 규제의 중요성을 강조하였다.

거시건전성정책

건전성규제정책은 미시건전성 규제micro-prudential regulation와 거시건전성 규제macro-prudential regulation로 나뉘는데 우리의 관심은 우선 금융시스템 전체의 안정을 위한 거시건전성정책에 있습니다. 일반적으로 외환 부문의 거시건전성 규제수단으로 외화예금에 대한 지급준비금의 최저 한도 설정, 금융기관의 외화대출용도 제한, 금융기관에 대한 외환포지션 한도 설정, 금융기관에 대한 거시건전성부담금 도입 등 다양한 정책을 생각해볼 수 있습니다.

우리나라는 국제정합성[51]과 우리나라의 특수성 등을 감안하여 선물환포지션 한도제도, 외화건전성 부담금제도Macro-prudential Stability Levy, 외국인 채권투자에 대한 과세환원조치 등을 신규 도입한 바 있습니다. 자세한 사항은 '거시건전성정책 3종 세트' 이야기로 뒤에 별도로 제시하였으니 여기서는 대략적인 내용만 설명해드릴까 합니다.

첫째, 선물환포지션 한도제도는 은행의 과도한 외환파생 레버리지에 따른 단기 외화 차입 증가를 방지하고자 2010년 10월부터 국내 은행과 외은지점의 선물환포지션 한도를 전월말 자기자본의 일정 비율로 설정하고 있습니다.

---

[51]　2011년 10월 프랑스 파리 G20 재무장관 및 중앙은행총재회의에서는 자본의 변동성 완화를 위해 다음과 같은 자본이동 관리원칙coherent conclusions에 합의한 바 있다. '거시건전성정책은 운용의 자율성을 대폭 인정하되, 자본 통제는 한시적으로만 운영하며, 신흥시장국의 자본이동 관리정책과 기축통화국들의 국내통화정책에 대해 IMF가 감시Surveillance활동을 수행한다. 신흥시장국의 자본이동 관리정책의 자율성을 인정함과 동시에 점진적 자본자유화를 촉구한다'는 내용으로 구성되어있다.

둘째, 거시건전성 부담금제도Macro-prudential Stability Levy는 높은 경기순응성을 보이는 은행의 비예금성외화부채에 대해 2011년 8월부터 일정 규모의 부담금을 부과하는 가운데 단기 외화 차입에 보다 높은 요율을 적용함으로써 외화 차입의 만기 구조 개선도 도모하고 있습니다.

셋째, 외국인 채권투자 과세환원제도는 2011년 1월부터 외국인 채권투자의 이자소득과 양도차익에 대해 과세로 전환하여 국내 투자자와 동일하게 취급하도록 하였습니다. 이와 같은 정책을 시행한 결과, 은행의 단기 외화 차입 비중이 상당 폭 줄어들고 외채구조도 크게 개선되는 등 대외 충격에 대한 선제적 대응능력이 향상된 것으

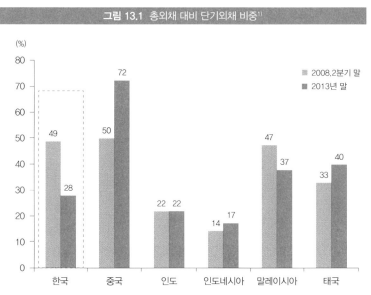

그림 13.1 총외채 대비 단기외채 비중[1]

주: 1) 중국은 2008년 말, 2013.2분기 말 추정치 기준
자료: IMF, Worldbank

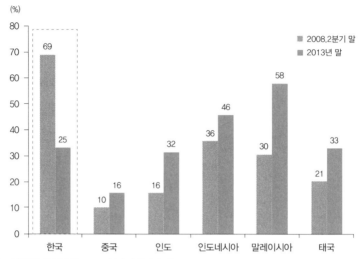

그림 13.2 외환보유액 대비 단기외채 비중[1]

(%)

■ 2008.2분기 말
■ 2013년 말

주: 1) 중국은 2008년 말, 2013.2분기 말 추정치 기준
자료: IMF, Worldbank

로 평가됩니다.

미시건전성정책

앞에서 거시건전성정책을 살펴보았으니 다음으로 개별 금융회사
의 외화자산과 외화부채가 불일치하는 문제와 만기가 불일치하는
문제에 따라 발생할 수 있는 외화유동성 위험을 방지하기 위한 미시
건전성정책에 대해 간단하게 알아보겠습니다. 이 또한〔자산 : 부채〕
관점에서 불일치 문제를 다루고 있는 정책입니다. 돈의 유입을 규제
하기보다 돈을 가지고 있어야 하는 금융회사의 구석구석을 규제하
여 필요한 돈을 꼭 가지고 있도록 하는 방안이죠.

글로벌 금융위기 과정에서 금융회사의 외환 부문 취약 요인이 드러남에 따라 종전부터 운영되어 왔던 개별 금융회사의 외화유동성비율, 만기 불일치비율, 중장기 외화대출재원조달비율 등에 대한 규제를 강화할 필요가 있었습니다. 이에 대해 자세히 말씀드리지는 않겠지만, 외화부채의 만기도래 일정을 고려하여 그 규모에 해당하는 대부분의 외화 현금을 가지고 있어야 한다는 논리에 따른 규제라고 할 수 있습니다.

거시건전성정책 3종 세트

선물환포지션 한도제도

외화자금의 이동과 외환포지션제도가 밀접한 관련이 있다는 점은 이제 별도로 설명하지 않아도 알 수 있다. 그러므로 외환포지션제도를 잘 운용함으로써 자본이동을 규제할 필요가 있다. 그런데 글로벌 금융위기에 즈음하여 이미 운용하고 있는 종합포지션제도[52]는 별문제가 없었으나 선물환포지션 문제가 드러났다. 즉 국내외국환은행들의 종합포지션은 기본적으로 균형을 유지하고 있었으며 외은지점들은 주어진 한도를 크게 하회하고 있었으나 선물환포지션에는 문제가 있었다. 외은지점들의 경우 종합포지션 중 선물환포지션은 큰 폭의 매입 초과를 나타내고 있었던 반면 현물환포지션은 매도 초과를 나타내면서 현선물포지션간 극단적인 괴리를 보였다. 이런 상황이 왜 발생되었을까? [자산 : 부채] 관점에서 보면 은행들이 조선사 등으로 부터의 대규모의 선물환을 매입한 한편 단기외화를 차입하여 이 외화를 매도하였기 때문이다. 단기외화 차입금이란 곧 외채가

---

52   종합외환포지션=현물환포지션(현물외화자산−현물외화부채)＋선물환포지션(선물외화자산−선물외화부채)으로 표시된다.

아닌가? 이에 따라 외채 급증, 현물환율 하락 압력 증대, 스왑시장 수급 불균형 등의 문제가 야기되었다. 이러한 거래는 글로벌 금융위기를 앞두고 우리나라의 외화유동성 사정을 악화시키고 대외 지급 능력에 대한 우려를 확산시켰다. 이 조치는 그러한 문제에 대한 재발방지책이다.

따라서 다시는 이러한 금융시스템 리스크가 발생하도록 놓아둘 수 없다고 인식하고 선물환포지션을 적정 수준으로 관리하는 정책을 수립하여 2010년 10월 9일 외국환은행의 선물환포지션을 자기자본의 일정 비율로 제한하는 양적규제를 시행하였던 것이다. 이와 같은 선물환포지션 한도는 국내 은행은 전월 말 자기자본의 50%, 외은지점은 250%로 설정했으며 향후 경제 여건, 시장상황, 기업활동에 미치는 영향에 따라 분기별로 한도 조정 여부를 결정하기로 하였는데, 그 후 선진국의 완화적 통화정책에 따른 자본 유입세 지속에 따라 최초 한도인 국내 은행 50%, 외은지점 250%를 2011년 7월에 각각 40% 및 200%로 축소하였으며, 2013년 1월에는 30% 및 150%로 순차적으로 낮추는 등 탄력적으로 운용하였다. 이후 외화유동성 확대를 위해 2016년 7월에 40% 및 200%, 2020년 3월에 50% 및 250%로 한도를 재확대 하였다.

외국인 채권투자 과세환원

글로벌 금융위기 이후 우리나라는 해외 자금의 국내 채권투자를 확대하기 위하여 2009년 5월 외국인의 채권투자에 대한 원천징수를 면제 조치한 바 있다. 그러나 이후 국제금융시장이 안정세를 회복하는 가운데 이러한 원천징수 면제에 힘입어 외국인 채권투자에 따른 외화자금 유입 규모가 크게 증가되어 시장금리가 하락하고 원화절상 압력이 증가하게 되는 요인으로 작용하게 되었다.

이와 같이 외국인 채권투자규모가 과도하게 증가함에 따라 2011년 1월 정부는 외국인 채권투자의 이자소득 및 양도차익에 대해 과세[53]로 전환하여 국내 투자자와 동일하게 취급하도록 하였다. 다만 금융시장의 변동성이 확대될 경우에 대비하여 탄력세율을 허용할 수 있도록 하여 0%까지 인하할 수 있도록 하였다.

이렇게 외국인 채권투자에 대해 과세를 재개함에 따라 외국인의 채권투자 수익이 감소하고 투자절차가 번잡해짐에 따라 채권투자자금의 대규모 유입세가 둔화되었다.

외환건전성부담금제도

2011년 8월 1일 외환건전성 부담금Macro-prudential Stability Levy제도를 도

표 13.2 우리나라의 외환 부문 거시건전성정책 변화

	발표시기/ 시행시기	조치내용
① 선물환포지션 한도 제도	2010. 6월/ 2010. 10월	국내 은행은 전월 말 자기자본의 50%, 외은지점은 전월 말 자기자본의 250%로 설정
(한도 변경)	2011. 5월/ 2011. 7월/ 2012. 12월/ 2016. 7월/ 2020. 3월	국내 은행: 50% → 40% →30% → 40% →50%, 외은지점: 250% →200% →150% → 200% →250%
② 외국인채권 투자과세환원	2010. 12월/ 2011. 1월	2009. 5월부터 면제하였던 외국인 채권투자의 이자소득(14%) 및 양도차익(20%)에 대한 원천징수 부활 필요 시 탄력세율 허용(0%까지 인하 가능)
③ 외환건전성 부담금[1] 부과[2]	2010. 12월/ 2011. 8월	금융기관의 비예금성외화부채에 대하여 부담금 부과(요율) 1년 이하: 20bp, 1년 초과~3년 미만: 10bp, 3년 초과~5년 미만: 5bp, 5년 초과: 2bp 〈긴급시 최대 100bp〉
(요율 변경)	2015. 7월/ 2020. 3월	잔존만기 1년 이내 비예금성외화부채에 대해서만 10bp 부과 / 2020. 4~6월은 외환건전성 부과금 부과대상에서 제외

주: 1) 외환건전성부담금은 거주자로부터 차입한 외화부채를 포함한 비예금성외화부채 잔액(stock)에 부과하는 조치로 외국인의 채권투자자금, 주식투자자금(flow)에 과세하는 거래세(토빈세)와는 다름
　　 2) 유럽 국가들은 부과 재원을 재정 확충(영국, 프랑스) 또는 정리기금(독일, 스웨덴) 등의 목적으로 활용하는 반면 한국의 경우 위기 시 금융회사 등에 대한 예치 예탁 또는 스왑방식을 통하여 외화유동성을 지원한다는 점에서 차이가 있음
자료: 한국은행, 기획재정부

입하여 은행의 외화조달 비용을 증가시키는 가격규제를 시행하였다. 이는 은행의 외화 차입 즉 비예금성외화부채의 잔액에 대해 만기별로 차등화한 부담금levy을 부과하는 건전성 강화조치[54]로서 외환거래와 증권거래 시마다 과세하는 거래세Tobin tax와는 차이가 있다.

　이는 은행의 외화 차입금이 증가하면서 외환 부문 시스템 리스크가 증가함에 따라 비예금성외화부채에 부담금을 부과함으로써 이러한 부채의 과도한 증가를 억제하는데 목적이 있다. 또한 은행의 비예금성외화부채 전체에 부담금을 부과함에 따라 우회거래를 방지하는 효과를 겨냥하는 가운데서도 외화부채의 만기에 따라 부과요율을 차등화하여 외화 차입의 장기화를 유도함으로써 자본의 안정성을 확보하였다.

4. 국가비상금

중요성의 인식

　신흥시장국은 외환위기를 겪으면서 배운 교훈을 잊지 않고 그동안 외화유동성을 확보하기 위한 노력을 지속해왔으며 다행히 외환보유액을 상당부분 축적하는데 어느 정도 성공했다고 자부해왔습니다. '저물가하의 고성장Great Moderation'이라는 설명과 함께 지속되어 온 미국 경제의 활황은 신흥시장국이 상품수출로 벌어들인 돈을 미

---

[53]　　원천징수제도를 부활하여 외국인 채권투자의 이자소득 및 양도차익에 대해 각각 15.4% 및 20%를 부과하였다.
[54]　　비예금성외화부채 중 1년 이하 20bp, 1년 초과~3년 이하 10bp, 3년 초과~5년 이하 5bp, 5년 초과 2bp를 부과하였으며 지방은행은 요율의 50%를 적용하였다.

국 국채 매입을 통하여 미국으로 다시 공급하는데 의존해왔습니다. 미국이 국제수지와 재정수지 적자를 동반하는 과정에서 신흥시장국은 막대한 외환보유액을 축적할 수 있었습니다.

특히 글로벌 금융위기에 즈음하여 해외 요인에 의해 금융안정을 달성하지 못할 위험이 커짐에 따라 동아시아를 중심으로 한 신흥시장국은 자기보험self-insurance으로서의 외환보유액 규모를 크게 늘리면서 글로벌 금융시장의 동요에 대응하여 왔습니다. 해외 부문으로부터 촉발된 갑작스런 자산축소deleveraging에 대비한 완충장치buffer로서 외환보유액의 중요성은 더욱 부각될 수밖에 없었습니다.

어느 나라가 필요한가?

잠시 외환보유액을 많이 보유하고 있는 나라들을 살펴볼까요? 2023년 9월말 기준으로 중국(3조 1151억 달러), 일본(1조 2372억 달러), 스위스(8184억 달러) 등에 이어 한국(4141억 달러)이 세계 9위 수준을 기록하고 있네요.

여기서 알 수 있는 중요한 점은 신흥시장국은 외환보유액을 대규모로 보유하고 있는 반면 미국과 유로 사용국가 등 선진국은 외환보유액을 많이 보유하고 있지 않아 크게 다른 모습을 보이고 있다는 사실입니다. 한편 외환보유액 규모 2위 국가인 일본과 3위 국가인 스위스는 선진국이지만 달러나 유로를 쓰지 않고 엔화 또는 스위스프랑을 사용하고 있다는 점을 기억합시다.

그런데 왜 선진국은 외환보유액을 많이 보유하고 있지 않을까요?

비상금이 거의 필요 없기 때문입니다. 이는 상당수 선진국이 국제결제통화를 발행하고 있는 가운데 국제금융시장에서 달러화를 쉽게 차입할 수 있는 능력이 있을 뿐 아니라 금융기관 간 통화스왑bilateral currency swaps lines을 통해 쉽게 국제결제통화를 조달할 수 있기 때문입니다. 나중에 밝혀지지만 2007년 12월에서 2008년 9월 중 미 연준이 다른 나라들과 통화스왑협정을 체결할 때 맨 먼저 대상이 된 나라들은 선진국이었습니다. 특히 미국의 경우 외환보유액이라는 이름으로 다른 나라 돈을 많이 들고 있을 이유가 없지요. 필요하면 달러를 찍으면 되니까요.

반면 신흥시장국은 국제결제통화를 발행하지 않는 데다 국가 간

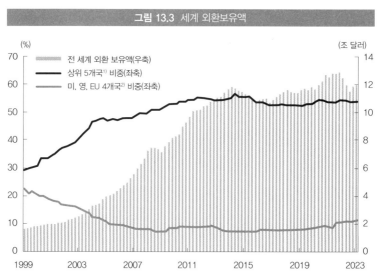

그림 13.3 세계 외환보유액

주: 1) 중국, 일본, 스위스, 러시아, 인도, 브라질
　　2) 독일, 프랑스, 이탈리아, 스페인
자료: IMF

그림 13.4 우리나라 외환보유액

(억 달러)   (억 달러)

5,000   5,000

4,000   4,000

3,000   3,000

2,000   2,000

1,000   1,000

0   0

1996   2001   2006   2011   2016   2021

자료: 한국은행

또는 금융기관 간 통화스왑을 원활하게 이용하기 어렵기 때문에 자체보험기능을 갖출 필요를 간절하게 인식하였습니다. 우리나라도 이와 같은 추세에서 예외는 아니었습니다.

비상금 또는 최후의 보루

이제 와서 외환보유액international reserves의 정의에 대해 설명드리려니 조금 늦은 감이 있네요. 간단히 말씀드리면 국가비상금이며 자기보험self-insurance이라고 할 수 있습니다. 좀 더 정확하게 이야기하면 통화당국monetary authority이 국제수지의 불균형을 보전하고 환율을 안정시키기 위해 효율적으로 통제할 수 있으며, 즉시 사용가능한 readily available: liquid or marketable 대외 자산external assets을 말합니다.[55]

여기서 주의해야 할 점! 이미 LECTURE 4에서 말씀드렸습니다만, 정부, 한국은행 등 공적기관이 '국내'에서 운용하고 있는 외화자산은 포함되지 않습니다. 또한 공적기관을 제외한 '금융회사들'이 보유한 외화자산도 제외됩니다. 외환보유액은 비상시에 사용하기 위한 외화입니다. 그런데 비상시에는 한국은행이 금융회사에 빌려주었던 외화가 회수되지 않을 가능성이 매우 크기 때문입니다.[56] 정부 신용으로도 해외 차입이 곤란한 시기에는 금융회사들이 해외에 나가 외화를 빌리기 어렵습니다. 따라서 이들은 비상시 사용할 수 있는 돈에서 제외됩니다. 그리고 금융회사들이 가지고 있는 외화가 포함되지 않는 이유는 비상 상황이 발생하면 금융회사들도 영업활동에 사용하거나 부채를 상환해야 하기 때문입니다. 제 코가 석자인 셈이지요. 비상시에 금융회사들이 해외에서 빌린 차입금을 연장하기도 어렵다는 역사적 경험이 있습니다. 형편이 어려울수록 남들이 도와주지 않는 법입니다.

아울러 한 가지 더 말씀드리면, 금융회사들도 약간의 외화비상금을 가지고 있습니다. 그런데 비상시에는 자신의 신용도가 하락하게 될 우려 때문에 외화가 필요해도 이를 사용하려고 하지 않고 한국은행에게 외환보유액을 지원해달라고 요청합니다. 반면 한국은행은 외환보유액은 최후의 보루여서 규모가 줄어드는 모습을 국제금융시

---

55   IMF의 외환보유액 편제기준International Reserves Guideline(2001)에 따른다.

56   1997년 외환위기시 금융회사들의 외자조달이 곤란해지면서 한국은행의 외국환은행에 대한 외화예탁금을 회수할 수 없었다.

장에 보이기 곤란하므로 먼저 금융회사가 보유하고 있는 외화를 사용하라고 합니다. '비상금이니 사용하기 곤란하다', '지금이 비상시국이니 비상금을 사용하라'는 논쟁에 대해 기획재정부와 한국은행의 의견과 금융위원회, 금융감독원, 금융회사의 입장이 다를 수밖에 없었습니다.

얼마나 가지고 있어야 하나?

적정기준의 제시[57]

평상시에는 왜 그렇게 수익률이 낮은 비상금을 많이 가지고 있어 국가적으로 손해를 보고 있느냐고 다그치던 사람들도 위기가 발생하면 왜 비상금을 적게 가지고 있느냐고 야단입니다. 여러 분야에서 나름대로 목소리를 높이던 사람들이었습니다. 외환보유액을 얼마나 유지해야 하는가는 계속되는 질문이었습니다. 글로벌 금융위기 직전에도 우리나라 외환보유액 규모가 너무 커서 관리비용을 과도하게 부담하고 있다는 비판이 많았습니다. 아마도 글로벌 금융위기 국면이 종결되었다고 판단되는 시점에서 다시 외환보유액이 많다는 이야기가 또 나오겠지요.

그런데 적정 외환보유액 수준을 계산해내는 보편적인 산정기준은 없습니다. 국제적으로 통용되는 일치된 기준[58]이 있을 경우 그 수준

---

57   안병찬, 《글로벌 금융위기 이후의 외환정책》(2011)을 참조하였다.

에 맞추면 논란이 없을 텐데 말이죠. 외환보유액의 적정 규모를 무역수지 상의 일시적 불균형, 자본수지상의 외채 만기, 외국인 포트폴리오의 유출 예상 규모, 통화스왑한도currency swaps line와 국부펀드 sovereign wealth funds 규모를 감안하여 산정할 수 있다는 의견[59]도 제시되었습니다. 그러나 국제금융기구와 학계 등도 나라마다 자본자유화 수준과 무역의존도 등에 차이가 있을 뿐 아니라 외환보유액의 보유비용과 대외지급 수요가 수시로 변하며 적정수준을 산정하기가 매우 어렵다고 합니다. 특히 우리나라의 경우처럼 지정학적 위험을 적절하게 반영할 수 있는 평가방법이 없습니다.

현재 우리나라의 외환보유액 규모는 경상적인 외환지급 규모나 위기 발생 시 유출 가능한 외화규모를 고려할 때 부족하지 않은 수준으로 평가되고 있으나, 아시아 외환위기와 글로벌 금융위기의 교

---

58   거래적 예비적 동기에 의한 통화수요이론에 기초한 지표 접근법, 정책 당국의 목적함수를 최소화하거나 극대화하는 조건으로 적정외환보유액을 도출하는 최적화 접근법, 외환보유액 수요함수를 기초로 한 축약형 방정식의 추정을 통해 적정 외환보유액을 산정하는 행태방정식 접근법이 있다. 안병찬, 《글로벌 금융위기 이후의 외환정책》(2011)을 참조하였다.

59   이윤석·김정한·임형준(2010)에 따르면 2008년 12월과 2009년 3월 말 기준으로 실제 외환보유액은 필요외환보유액 대비 최소 500억 달러, 최대 1,400억 달러 부족했던 것으로 나타났다. 한편 Greenspan-Guidotti(1999)는 유동외채(잔여만기 1년 이내)를 커버할 수 있는 규모의 외환보유액이 필요하다고 주장하였으며, 최근에는 Sudden Stop 및 Double Drain(자본 유출 및 자국 통화 신용경색)이 강조됨에 따라 자본자유화 정도, 통화량 등도 주요 변수로 인식Obstfeld and Taylor(2008)되었다. Garcia and Soto(2004), Jeanne and Ranciere(2005) 등은 외환보유의 한계편익과 한계비용을 일치시키는 적정보유액 추정모형을 개발하였다.

훈을 생각하는 가운데 우리나라의 지정학적 특수성을 감안하면 장기적이고 동태적인 관점에서 외환보유액은 가급적 여유 있게 보유하는 편이 낫다고 저는 생각합니다.

반면 외환보유액은 모래성과도 같아서 바닷가에서 발견한 아름다운 조개껍데기를 보호하기 위하여 모래성을 튼튼하게 쌓더라도 큰 파도 한 번에 무너질 수 있다는 주장도 있습니다. 대규모 자본이동은 힘이 센 파도와 같습니다. 올바른 비유일까요? 여기 홍수를 대비하기 위한 시설이 있습니다. 100년 만에 한 번 올 수 있는 폭우에 대비하기 위한 장치는 150년 만에 한 번 올 수 있는 엄청난 폭우에 무너졌습니다. 우리는 200년 만에 한 번 올 수 있는 폭우에 대비하려 합니다. 그러나 더 큰 태풍이 올 수도 있겠지요. 홍수방지시설을 건설하는 데는 막대한 비용이 소요됩니다. 더욱이 외환위기는 국지적 폭우와는 다릅니다. 전 국토에 차별 없이 영향을 주니까요.

외채와의 비교

아울러 한 가지 더 짚어보아야 할 점은, 외환보유액과 외채 규모를 단순 비교하여 총외환보유액이 총외채 규모를 초과할 경우 '이 정도면 되었다' 또는 '아직 불충분하다'라고 말하면 적정하지 않다는 점입니다. 2008년 금융위기 과정을 돌이켜보면 외환보유액을 바닥까지 전부 사용할 수는 없습니다. 다른 나라들도 마찬가지로 불안해하였습니다. 왜냐하면 비상금이 어느 수준 이하로 줄어들게 되면 위기 상황 속에서 국가신인도가 떨어집니다. 또한 앞으로 외화자금 사정이 더욱 나빠질 가능성에 대비하여 외환보유액 사용을 자제할 수밖에 없습니다.

비용부담

외환보유액은 외환수급의 불균형이 심화되거나 금융회사의 해외 차입이 어려워져 외환시장과 외화자금시장이 극도로 불안해지는 등 긴급 상황이 발생할 경우 최종적으로 사용하기 위한 국가비상금last resort이라는 점은 잊지 말아야 하겠지만. 외환보유액을 보유하게 되면 평소 유지비용[60]이 발생합니다. 외환보유액을 많이 보유할 경우 외화자산 운용수익을 얻고 국가신인도가 높아지는 등의 좋은 점이 있는 반면 외화 매입에 따라 증가한 통화량을 환수하기 위해 발행한 통화안정증권 이자 지급 비용을 부담한다는 점을 고려하지 않을 수 없습니다. 그러므로 외환보유액 보유에 따른 수익과 비용을 더불어 계산해야 하는데 그 비용에는 금융위기 발생 시 적절하게 대응할 수 없어 지불해야 하는 막대한 손실이 포함되어야 합니다. 이는 미리 계산하기 어려운 비용입니다. 또한 그럭저럭 외채상환 시점에서 만기연장roll-over으로 대응해나간다고 하더라도 그 과정에서 차입비용

---

[60]　외환보유액의 순net 보유비용은 두 가지 방식으로 계산될 수 있다. 먼저 외환보유액규모 만큼의 외화 차입금 규모의 조달비용에서 외환보유액 운용수익을 차감하는 방식인데, 이는 외환보유액 운용 대신 차입금을 상환하면 수익과 비용을 상쇄할 수 있다는 관점을 바탕으로 하고 있다. 또 다른 방식은 통화안정증권 발행 비용에서 외환보유액 운용수익을 차감하는 방식인데, 이는 비용 산정을 외환보유액을 운용하고 있는 한국은행의 수지 관점에서 바라보고 있다.

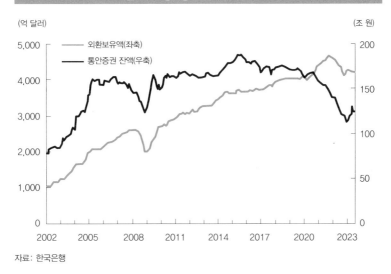

그림 13.5 통안증권 잔액 및 외환보유액

(억 달러)

(조 원)

— 외환보유액(좌축)
— 통안증권 잔액(우축)

자료: 한국은행

이 크게 상승하는 경우도 고려해야겠지요. 외환보유액은 결국 보험입니다. 관리비용은 화재발생에 대비하기 위한 평소의 보험료 지급과도 같습니다.

비 오는 날 우산의 한계

외환보유액 확충을 위한 노력에도 불구하고 신흥시장국은 2008년 글로벌 금융위기 이후 외환보유액 축적의 한계를 분명히 알게 되었습니다. 즉 외환보유액을 상당 규모 확보한다고 할지라도 금융위기의 파도를 비켜가기 어렵다는 사실을 인식하게 되었던 것이죠. 특히 외환보유액을 상당히 축적해 놓더라도 일정 수준보다 더 사용할 수는 없다는 사실을 알게 되었습니다. 리먼 사태 이후 신흥시장국은 외환보유액을 활용하여 유동성 부족에 신속히 대응하여 왔으나 과거 위기에 비해서는 외환보유액 감소율이 크게 둔화되었는데, 이는 외환보유액 소진을 우려fear of losing reserves, Aizenman(2009)하여 시장 개입을 자제한 결과였습니다.

이와 같은 경험으로 인하여 '사후적으로' 외환보유액을 사용하는 데에는 한계가 있으므로 국제협력을 강화하는 가운데 '사전적으로' 거시건전성 감독을 강화할 필요가 있다는 주장이 힘을 얻게 된 것입니다.

앞에서 외환보유액에 대해 여러 가지 이야기를 했지만 외환보유액은 결국 외환위기로부터 나라를 지키고 금융안정을 확보하기 위한 중요한 장치입니다. 이러한 점을 반영하여 삼불일치론trilemma에 금융안정을 추가하여 사불일치론Quadrilemma 의사결정체계로 확장해야 한다는 주장[61]도 대두되었습니다. 금융안정을 위한 다각적인 노력은 외환보유액 확충, 국제협력 강화, 통화스왑협정 체결 등 다방면에서 진행되어야 합니다.

[61]　　Joshua Aizenman, 'The impossible Trinity-from the Policy Trilemma to the Policy Quadrilemma'(2011)

5. 외채 관리

어디까지 외채인가?

언제든 갚아야 할 돈: 외채와 단기외채

이른바 IMF 사태는 외환위기로 명명되지만 외채위기이기도 합니다. 해외에서 빌린 외화를 갚아야 하는데 우리나라가 가진 외화가 모자랐으니까요. 외화를 빌린 일은 결국 나쁜 일이었을까요? 금융시장이 개방되어 있는 여건에서 외국인들이 들어와 우리나라 국채를 사면 외채가 됩니다. 그렇다면 우리는 외채 수준을 통제할 수 있는 것일까요?

이런 몇 가지 질문을 던지면서 도대체 외채가 무엇인지부터 먼저 알아야 합니다. 총외채gross external debt는 '한 나라의 거주자가 비거주자에게 미래 특정 시점에 원금이나 이자 또는 원금 및 이자를 지급해야 하는 우발적이 아닌, 현재에 확정된 채무의 잔액'이라고 정의됩니다.[62] 따라서 채권은 원리금 지급의무가 확정되어 있어 외채에 포함되나 주식은 잔여가치에 대한 청구권을 가지는 지분이므로 외채에 포함되지 않습니다.

그런데 총외채 중에 더 신경을 써야 할 부분은 당연히 단기외채입

---

[62]   국제통화기금의 외채 통계 작성 및 이용 지침 제2장(IMF, External Debt Statistics : Guide for Compilers and Users, November 2001). 안병찬,《글로벌 금융위기 이후 외환정책》(2011)에서 재인용하였다.

WED

307

니다. 갚아야 할 때가 곧 돌아오기 때문이죠. 금융, 회계, 재무의 대부분이 그렇듯이 외채의 경우도 단기와 장기의 구분은 잔존 만기가 아닌 계약 만기 1년을 기준으로 하고 있습니다.

여기서 주의할 점! 장기외채 중 만기가 짧아진 부분도 갚을 때가 곧 다가오므로 신경을 써야 하겠지요. 잔여만기 1년 이내인 장기외채와 단기외채를 합하여 유동외채short-term external debt on a remaining maturity basis라고 합니다. 이렇게 말씀드리면 장기외채는 전혀 신경 쓰지 않아도 된다는 이야기처럼 들릴지 모르겠네요. 그렇지 않습니다. 일반적으로 금리가 더 높은 장기외채도 우리가 갚아야 할 돈이므로 당연히 지속적으로 모니터링해야 합니다. 그런데 내일 말씀드리겠지만, 1997년 외환위기 직전 우리 정부는 장기외채 도입보다 단기외채 도입을 오히려 완화하여 일반적인 외채관리기준의 반대 방향으로 정책을 시행한 바 있었습니다. 왜 그랬을까요?

외채를 불러들이는 거래들

우리는 앞에서 외채란 무엇인가의 정의 그리고 좀 더 주의를 기울여야 하는 단기외채에 대해 알아보았습니다. 그런데 단순히 외채 규모의 변화에 관심을 보이는 것으로는 부족하다는 느낌이 듭니다. 어떤 거래가 일어난 후, 반드시 또는 상당한 개연성을 가지고, 외채를 증가시키는 요인이 있다면 거기에도 신경을 써야 하지 않을까요? 우리가 간과하고 있는 주요한 점에 대해 알아봅니다.

첫째, 외국인들의 국내 증권투자에 대해 생각해 봅시다. 외화자금이 우리나라에 들어오는 흐름 중 외화 차입은 우리나라가 외화를 조달할 필요가 있어서 이루어지는 거래이지만, 외국인의 국내 증권투자는 외화자금 수요와는 달리 외국인의 자발적인 투자수요에 의해 일어납니다. 자기들이 필요해서 우리의 의사와는 상관없이 시장에 들어와서 사는 것이죠. 이렇게 외국인의 투자 성향 변화에 따른 자금흐름은 원칙적으로 우리나라의 기초경제 여건이 좋으며 금융시장이 발전하여 그런 것이지만, 대외 여건 변화에 따라 언제든지 자금이 유출될 수 있어 외화유동성 문제를 야기할 수 있다는 점에 더욱 유의하여야 합니다.

둘째, 우리는 앞에서 주식은 외채에 포함되지 않는다고 정의하였습니다. 그런데 외국인이 주식을 팔고 우리나라를 떠날 때 외환시장이나 환율에 영향이 없을까요? 외국인이 우리나라에 투자하였던 채권을 팔고 나갈 때와 무슨 차이가 있는 것이죠? 채권은 확정된 원리금이 있으며 만기 시 자금이 유출될 가능성이 있는 반면 주식은 만기가 없어 다르다고 할 수 있지만, 채권도 만기 시 재투자할 수 있으며 시장성이 좋은 주식도 언제든지 팔고 나갈 수 있습니다. 생각해 봅시다. 우리가 외채에 관심을 보이는 이유는 돈을 갚아야 할 때 갚을 돈을 구할 수 없다든지 돈을 갚는 과정에서 환율이 큰 폭으로 변동하여 외환시장이 불안정해질까 걱정하기 때문입니다. 특히 우리에게는 그러한 트라우마trauma가 있으니까요. 채권이든 주식이든 외국인 투자자가 우리나라를 떠날 때에는 원화를 외화로 바꾸어야 하며 이 경우 금융회사들은 외화를 차입하여 원화–외화를 교환해주어야 하지요. 이 경우 외채는 늘어날 수밖에 없으며 만일 그 규모가 크다면 환율에도 당연히 영향을 주게 됩니다. 이러한 점에서 채권과 주식의 차이는 없는 것이죠. 그러므로 외채 문제를 생각할 때 비록 주식은 외채 규모에 포함되지 않는다고 할지라도 외국인 주식투자의 규모에 대해서도 면밀한 주의를 기울여야 합니다.

셋째, 은행의 외화대출을 생각해봅시다. 은행은 외화를 차입하여 기업에게 대출을 합니다. 〔자산 : 부채〕 관점에서 은행은 외화대출이라는 자산과 외채라는 부채가 늘었지요. 은행들 입장에서는 외화포지션에 변동이 없습니다. 외화자산과 외화부채가 동시에 늘었으니까요. 그러나 만일 기업들이 그 외화를 빌려서 기계를 수입하였다면 외화는 이미 해외로 나갔습니다. 그 후 외화대출 만기가 되어 은행이 기업에게 외화대출을 갚으라고 하면 기업은 원화로 외화를 사야겠지요. 은행은 다시 외화를 차입하여 기업에게 원화-외화를 바꾸어주어야 합니다. 은행의 외채가 다시 증가합니다. 즉 외화대출의 만기는 새로운 외화대출을 일으키는 요인이 되지요. 물론 은행이 기업으로 부터 외화를 상환 받으면 새로 늘어났던 은행 외채는 감소합니다. 물론 외화대출을 받은 기업이 그동안 수출하여 번 외화로 외화대출을 갚으면 은행의 외화대출과 외화 차입금은 상쇄되어 외채가 감소하게 됩니다. 그러나 우리가 항상 관심을 기울여야 할 상황은 글로벌 금융위기와 같이 국제금융시장에서 외화 차입이 어려워지는 경우입니다. 은행 입장에서 외화대출 만기 시 국제금융시장이 경색된 여건 속에서 외화를 일시적으로 단기차입해야 할 뿐 아니라 처음 외화대출 시 빌렸던 외화 차입금을 만기연장해야 하는 어려운 상황에 놓이게 되지요. 결론적으로 외화대출의 만기는 외채문제를 일으킬 수 있다는 점을 잊지 말아야하겠습니다.

넷째, 파생금융상품과 관련된 문제를 생각해봅니다. 2006년부터 2008년 9월까지 외채가 급증하였는데 이는 조선업체와 자산운용사의 선물환 매도에 기인하였습니다. 우리가 앞에서 살펴보았지만 선물환매도는 달러 값이 떨어질 것으로 생각하고 미리 파는 거래입니다. 당시 정부당국이 고환율을 유지하기 위해 노력하면서 환율을 정책적으로 높은 수준으로 가져갔으나 금융회사와 기업들은 정부의 정책적 환율 받치기에도 불구하고 시장의 힘으로 '곧 환율이 떨어질 것이다. 즉 원화절상이 될 것이다'라고 생각하고 선물환 매도를 했던 것이지요. 그런데 은행들은, 앞에서 말씀드린 대로, 이들 선물환 매도를 수동적으로 받아들여 선물환 매입 포지션을 취하면서 외환 포지션을 중립square으로 가져가기 위하여 외화를 차입하였습니다. 외채의 증가이지요. 이렇게 증가한 외채는 조금 후 2008년 글로벌 금융위기가 발생하면서 우리나라의 외화 유동성 사정을 악화시키게 되는 요인이 되었던 것입니다. 그러므로 대규모 파생금융거래가 어떤 추이를 보이면 그 파생거래에만 관심을 집중하지 말고 그와 연계되어 어떤 거래가 일어난 후 어떤 결과를 초래할지에 관심을 집중해야 하겠습니다. 우리가 오늘 '원화와 외화 그리고 금리와 환율의 연결고리'에 대해 말씀을 나누는 이유도 이러한 점에 있습니다.

외채 규모의 변화

2006년부터 급증했던 외채는 리먼 브라더스 사태 이후 외화수급 사정이 호전되면서 증가 속도가 많이 둔화되었습니다. 또한 대외 채권이 대외 채무보다 더 빠르게 증가하면서 순 대외 채권의 규모도 큰 폭 증가하였습니다. 이는 경상수지가 큰 폭의 흑자 기조를 유지하고 외국인 증권투자자금[63]이 대규모 유입된 데 따른 것입니다. 아울러 총외채에서 차지하는 단기외채의 비중이 감소하는 등 외채구조도 크게 개선되었습니다.

그런데 '어느 정도까지 외채가 늘어나더라도 우리경제가 이를 감

표 13.3 리먼 사태 이후 정부와 한국은행의 외화유동성 공급·회수현황

방식		외화유동성 공급		최종 회수
		최대	기간	
정부[1] 〈300.3〉	스왑거래 경쟁입찰방식 대출 수출입금융 지원	100.0 92.0 108.3	2008.10~12 2008.11~2009.1 2008.11~2009.2	2009.11 2009.6 2009.12
한국은행 〈267.7〉	경쟁입찰방식 스왑거래 미 연준 통화스왑자금 외화대출 수출환어음 담보대출	102.7 163.5 1.5	2008.10~12 2008.11~2009.1 2008.11~2009.2	2009.8 2009.12 2009.7
합계		568.0		

주: 1) 정부 추정치
자료: 기획재정부, 한국은행, 《글로벌 금융위기 이후 외환정책》(안병찬, 2011) 인용

[63] 최근 몇 년간 주식투자자금은 유출되고 있는 반면, 채권투자자금은 유입되고 있다.

표 13.4 외채 및 대외 채권

(억 달러)

		2005말	2006말	2007말	2008말	2014말	2019말	2022말
	외채(A)	1,605	2,270	3,362	3,141	4,230	4,707	6,652
만기별	장기외채	954	1,113	1,730	1,673	3,084	3,353	4,988
	단기외채[1]	651	1,157	1,632	1,468	1,146	1,355	1,573
부문별	일반정부	123	151	367	249	671	928	1,573
	중앙은행	13	10	129	243	352	253	298
	예금취급기관	834	1,375	1,934	1,702	1,854	2,064	2,757
	기타 부문	635	734	931	947	1,353	1,462	2,024
	대외 채권(B)	3,165	3,775	4,140	3,406	6,764	9,572	10,217
	(장기)	543	827	864	668	1,611	3,871	3,918
	(단기)	2,622	2,948	3,276	2,738	5,154	5,701	6,299
	〈외환보유액〉	2,104	2,390	2,622	2,012	3,636	4,088	4,232
	순 대외 채권(B−A)	1,560	1,505	778	265	2,534	4,865	3,565

주: 1) 계약 만기 1년 이내 외채
자료: 한국은행

내할 수 있느냐?'의 문제는 쉽게 답하기 어렵습니다. 적정 외채보유의 건도 적정 외환보유액의 문제처럼 보편적인 기준[64]을 제시하기는 곤란하지만, 현재 우리나라의 외채 규모는 안정적으로 관리할 수 있는 수준인 것으로 판단됩니다. 외환보유액 수준을 감안하면 비상시의 경우에도 외채 만기도래분과 단기외환 지급수요에 대처할 수

64   세계은행World Bank의 세계개발금융Grobal Development Finance 보고서는 외채 수준을 평가하기 위한 지표로 외채/국민총소득(명목 GNI), 외채원리금 상환부담율 Debt Service Ratio 등 지급능력solvency 지표와 단기외채비율 및 유동외채비율 등 유동성 지표liquidity를 제시하고 있다. 안병찬,《글로벌 금융위기 이후 외환정책》(2011)을 참조하였다.

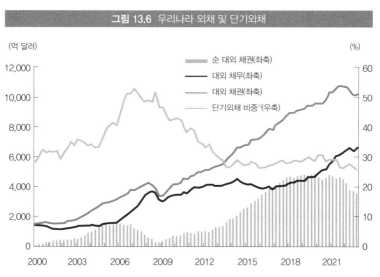

그림 13.6 우리나라 외채 및 단기외채

(억 달러)   (%)

순 대외 채권(좌축)
대외 채무(좌축)
대외 채권(좌축)
단기외채 비중[1](우축)

주: 1) 단기외채/총외채
자료: 한국은행

있을 것으로 보이나 향후 금융경제 여건이 악화될 경우를 꾸준히 대비해야 하겠습니다.

6. 중앙은행 간 통화스왑

통화스왑의 체결

2008년 10월 30일 한국은행과 미 연준은 300억 달러 규모의 한미 통화스왑협정Currency Swaps Agreement을 체결함으로써 외화유동성 부족에 대한 시장의 우려를 불식시켰습니다.[65] 또한 2011년 10월 19일 일본과의 통화스왑 규모를 종전 130억 달러에서 700억 달러 규모로 확대하고, 2011년 10월 26일 중국과의 원/위안 통화스왑을 종전 260억 달러에서 560억 달러 규모로 확대함으로써 유럽 재정위기에 따른 금융시장의 불안에 선제적으로 대응하였습니다. 이후 금융시장이 안정되었음에도 불구하고 한국은행은 UAE, 말레이시아, 인도네시아, 호주, 캐나다, 스위스 등과의 통화스왑을 체결하였습니다. 물론 금융위기 때 통화스왑의 필요성을 이미 경험한 바라 코로나19 팬데믹에 따른 금융시장 불안이 확산되던 지난 3월 신속하게 미 연준과 통화스왑을 재체결하였죠.

이러한 중앙은행 간 통화스왑은 실제 유동성이 공급되는 효과 liquidity injection effect뿐 아니라 유동성이 보증liquidity assurance 되는 공시 효과를 통해 외화자금시장의 경색을 완화하는 데 기여하였습니다.

통화스왑의 힘

2008년 글로벌 금융위기가 발생한 이후 중앙은행 간 통화스왑의 필요성은 꾸준히 제기되어 왔지만, 막상 협정이 체결된 후 금융시장의 반응은 기대 이상이었습니다.[66] 미국발 금융위기가 유럽과 아시아로 전이되면서 전 세계적으로 달러 유동성이 부족한 상황이 지속

---

65   2008년 10월 30일 한미통화스왑 300억 달러를 체결하였다. 그 후 이 스왑자금은 5차례에 걸친 경쟁입찰을 통해 164억 달러를 외환시장에 공급하였다.

66   2008년 10월 30일 한미 통화스왑 체결이 발표됨에 따라 당일 KOSPI는 전일의 968.97P에서 1,084.72p로 115.75p 급등하였으며 원/달러 환율은 전일의 1,427원에서 1,250원으로 177원 급락하였다.

되고 있는 가운데 체결된 한미 통화스왑협정은 일정 부분이지만 우리나라가 보유하고 있는 외환보유액 뒤에 달러 발권력이 뒷받침되고 있다는 신호를 국제금융시장에 던진 일이었습니다. 한 번 이루어졌으니 만일의 경우 또 할 수도 있다는 희망으로 잠재적 우려도 희석되었습니다.

그런데 글로벌 금융위기가 미국에서 시발되었음에도 미국과의 통화스왑 덕분에 우리나라의 외환시장이 안정을 찾는 계기를 마련할 수 있다는 사실은 아이러니입니다. 돌이켜보면 우리나라뿐 아니라 유럽중앙은행, 영란은행, 일본은행, 스위스국립은행, 캐나다은행 등 다른 나라들과 미 연준 간 협정이 이미 체결된 이후였습니다.

당시 미국이 통화스왑협정을 여러 나라와 체결한 목적은 만일 전 세계적으로 정부와 대형 금융회사들이 파산할 경우 야기될 수 있는 금융시스템 리스크를 피하는 가운데 달러를 지원함으로써 달러의 국제결제 기능을 유지하고 싶었기 때문입니다. 또한 자금지원을 통하여 글로벌 달러시장 금리의 상승을 억제하여 저금리 기조를 지속하려는 이유도 있었습니다. 금리가 오르면 금융시장의 불안을 해소하기 어려울 뿐 아니라 경기 회복도 어려워지니까요. 세계경제를 위하여도 중요한 사항이었지만, 미국을 위해서도 다른 나라들의 사정이 중요했기 때문입니다.

코로나19 기간에도 미국과의 통화스왑은 힘을 발휘하였습니다. 금융시장의 변동성이 최고조에 이르렀던 2020년 3월 19일 미 연준은 한국을 비롯하여 덴마크, 노르웨이, 스웨덴, 호주, 뉴질랜드, 브라질, 멕시코 중앙은행 및 싱가포르 통화청과도 동시에 스왑계약을 체결한다고 발표하였습니다. 코로나19 팬데믹 시기와 관련된 내용은 'LECTURE 18 전화위복 vs 더 큰 위기의 잉태'에서 더 자세히 다루도록 하겠습니다.

통화스왑의 교훈

이러한 계약체결의 과정을 살펴보면서 몇 가지를 생각해볼 점이 있었습니다.

첫째, 미국과의 통화스왑협정은 주로 선진국을 대상으로 했다는 점입니다. 아시다시피 선진국은 국제결제통화를 발행하고 있는데 왜 굳이 달러스왑이 필요했을까요? 당시 미국 금융회사들이 달러를

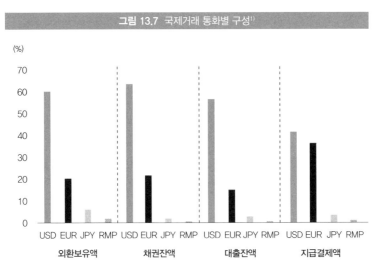

그림 13.7 국제거래 통화별 구성[1]

주: 1) 2019년 말 기준
자료: ECB(The international role of the euro, June 2020.)

회수하는 가운데 국제금융시장이 매우 불안정해지면서 금융위기에 대처하기 위해서는 당시 모두가 선호하던 달러 유동성이 필요하였기 때문입니다. 더욱이 국제결제통화를 발행하던 선진국은 외환보유액을 충실하게 적립하지 않았기 때문에 미 연준과 통화스왑협정 체결이 긴요하였습니다. 유로, 엔화, 스위스 프랑, 캐나다 달러를 발행할 수 있음에도 결정적인 순간에는 역시 달러가 중요하다는 사실

표 13.5 금융위기 시 미 연준의 통화스왑협정 체결 현황

일시	한도(억 달러, 신규 기준)	총한도 (억 달러)
2007.12.12	ECB(200), 스위스(40)	240
2008. 3.11	ECB(100), 스위스(20)	360
2008. 5. 2	ECB(200), 스위스(60)	620
2008. 7.30	ECB(50)	670
2008. 9.18	ECB(550), 스위스(150), 일본(600), 영국(400), 캐나다(100)	2,470
2008. 9.24	호주(100), 스웨덴(100), 덴마크(50), 노르웨이(50)	2,770
2008. 9.26	ECB(100), 스위스(30)	2,900
2008. 9.29	ECB(1,200), 캐나다(200), 영국(400), 일본(600), 덴마크(100) 노르웨이(100), 스위스(300), 스웨덴(200), 호주(200)	6,200
2008.10.13	ECB, 스위스, 영국 무제한 확대	무제한(3) + 1,350
2008.10.14	일본 무제한 확대	무제한(4) + 1,350
2008.10.28	뉴질랜드(150)	무제한(4) + 1,500
2008.10.29	한국(300), 브라질(300), 싱가폴(300), 멕시코(300)	무제한(4) + 2,700

자료: 기획재정부

을 알 수 있었습니다. 위기 당시 달러를 신속하고도 풍부하게 공급할 수 있는 기관은 달러를 찍어내는 미 연준뿐이었습니다.

둘째, 미 연준은 선진국 중앙은행과 몇 단계에 걸쳐 계약을 먼저 체결한 후 신흥시장국 중앙은행과는 마지막에 계약을 체결하였습니다. 이는 미국이 아무래도 세계경제와 국제금융시장에서 중요한 위치를 차지하고 있는 선진국과의 관계를 더 중시한다는 입장을 분명히 드러낸 결과라고 볼 수 있습니다. 너무 당연한 결과라고 생각합니다. 우리가 금융위기를 대비하기 위한 대책으로 국제협력을 이야기하지만 한계가 있다는 점을 알 수 있습니다.

셋째, 미 연준은 신흥시장국과도 통화스왑을 체결하였습니다. 신흥시장국 입장에서 통화스왑swaps 협정은 엄격한 상환조건을 부과하는 IMF 차입과 달리 비교적 큰 규모의 달러자금을 자국 통화를 담보로 확보할 수 있는 매력적인 장치입니다. 그런데 미 연준은 당시 어려움을 겪던 많은 신흥시장국 중에서도 당시 경제 상황이 상대적으로 양호하였던 국가들만을 대상으로 계약을 체결하였다는 점입니다.

2008년 11월 미 연준과 우리나라, 브라질 등이 통화스왑계약을 체결한지 얼마 지나지 않아 브라질 상파울로에서 개최된 국제회의에 참가하여 저녁 모임에서 브라질 중앙은행 직원을 만나 식사를 할 기회가 있었습니다. 그때 브라질 중앙은행 직원은 미국과의 통화스왑을 요청하던 다른 남미 국가를 지칭하면서 그 나라는 경제 여건이 매우 불안한데도 요청하였으나 결국 받아들여지지 않았다면서 당연하다고 말하더군요. 또 미국의 입장에서도 상대국의 미 국채 매각을

표 13.6 우리나라와 다른 나라의 통화스왑협정 체결 현황(2023년 9월 말 기준)

미국	캐나다	스위스	중국	UAE	말레이시아	호주	인니	일본[2]	CMIM[5] (다자간 통화스왑)
300억 달러 (2008.11.19)	사전한도 없음 (2017.11.16)	100억 프랑 /11.2조 원 (약 106억 미 달러 상당) (2018.2.9)	1,800억 위안 /38조 원 (약 265억 미 달러 상당) (2009.4.20)	200억 디르함 /5.8조 원 (약 54억 미 달러 상당) (2013.10.13.)	150억링깃 /5조 원 (약 47억 미 달러 상당) (2013.10.20)	50억 호주달러 /5조 원 (약 45억 미 달러 상당) (2014.2.23)	115조루피아 /10.7조 원 (약 100억 미 달러 상당) (2014.3.6)	30억 달러 (2005.5.27)	192달러 (2010.3.27)
300억 달러 (2009.2.4)								30억 달러 (2007.7.4)	
300억 달러 (2009.6.26)		3,600억위안/ 64조원 (약 560억 미 달러 상당) (2011.10.26)		종료 (2016.10.12)		100억 호주달러 /9조 원 (약 77억 미 달러 상당) (2017.2.8)		200억 달러 (2008.12.26)	384달러 (2014.7.17)
종료 (2010.2.1)								30억 달러[3] (2010.4.30)	
600억 달러 (2020.3.19)		4,000억 위안/ 70조원 (약 590억 미 달러 상당) (2020.10.22)		200억 디르함 /6.1조 원 (약 54억 미 달러 상당) (2019.4.13.)		120억 호주달러 /9.6조 원 (약 81억 미 달러 상당) (2020.2.6)		300억 달러 (2011.10.26) + 300억 달러 (미 달러화) (2011.12.15)	
								30억 달러[4] (2012.10.31)	
2021.12.31	상설계약 (만기 없음)	2026.3.1	2025.10.21	2022.4.12	2023.2.2	2023.2.5	2023.3.5	2013.7.3 (기종료)	—

주: 1) ( ) 내는 계약 체결일이며 우리나라 기준
　　2) 원/엔 통화스왑이나 미 달러화에 상당하는 금액으로 표시
　　3) 글로벌 금융위기 당시 일시적으로 확대하였던 원/엔 통화스왑 계약 종료에 따른 규모 환원(200억 달러 → 30억 달러)
　　4) 2011년 12월 15일에 체결하였던 300억 미 달러 규모의 통화스왑은 종료되고 30억 달러 상당의 원/엔 통화스왑만 지속
　　5) Chiang Mai Initiative Multilateralisation
자료: 한국은행

방지하여 미국의 시장금리를 안정시킬 수 있는 장점이 있다며 미국이 자국 필요에 의해 한 측면이 크다고 말하였는데, 이러한 이야기는 당시 이미 확산되어 있었지만 상당한 설득력이 있었습니다. 결국 통화스왑협정 체결도 외환보유액을 상당히 보유하고 있는 등 자국의 경제 여건이 양호해야만 체결할 수 있는 것이죠. 이는 작년 코로나19로 어려움을 겪었던 시기에도 마찬가지였습니다. 미 연준은 상시 통화스왑 체결 국가인 5개국[67]과 2008년 금융위기 당시 통화스왑협정을 체결하였던 9개국[68] 등 14개국에만 미 달러화를 공급하였습니다.

넷째, 미 연준이 코로나19에 따른 금융 불안을 잠재우기 위해 대응했던 속도를 보면 금융위기와는 비교도 되지 않게 신속하였습니다. 금융위기 당시에는 ECB 및 스위스와 통화스왑협정을 체결하고 약 9개월 후에 다른 국가들로 확대하였던 반면 이번에는 2월 중순 금융시장 변동성이 확대된 이후 약 한 달여만에 주요국과 통화스왑협정을 체결하였습니다. 그만큼 금융시장에 달러화 부족현상이 심각했다고 판단을 한 것이겠죠. 실제로 미 연준은 코로나19 대응 과정에서 약 4500억 달러(잔액기준)를 주요국에 공급하였습니다.

67　미 연준은 2013년 10월 31일부터 캐나다, 영국, 일본, ECB, 스위스와 무제한 규모의 상시 통화스왑협정을 체결하였다.
68　미 연준은 2020년 3월 19일 한국, 호주, 브라질, 멕시코, 싱가포르, 스웨덴과는 600억 달러, 덴마크, 노르웨이, 뉴질랜드와는 300억 달러 규모의 통화스왑협정을 체결하였다.

Question **1**

한국은행은 단기자금시장에서 자금의 규모를 지준율에 의한 필요 지준 규모로 맞추어갈 뿐 자금의 양을 조절하지 않는다고 말씀하셨습니다. 그런데 모든 금리는 일반적으로 자금의 수요와 공급에 의하여 결정되듯이 콜금리도 단기자금시장에서 자금의 수요와 공급에 의하여 결정되리라고 생각합니다. 만일 금융통화위원회에서 기준금리가 인하 또는 인상으로 결정된다면 자금의 수급이 변하게 될 텐데, 그날 공개시장조작 담당자는 시장의 콜금리를 기준금리 목표에 맞추기 위하여 어떤 조치를 취하는지요?

Answer **1**

예, 메커니즘을 정확하게 이해하지 못할 경우 일반적으로 그렇게 생각할 수밖에 없다고 생각합니다. 그러나 사실은 그렇지 않습니다. 금융통화위원회가 기준금리를 인하 또는 인상으로 결정하는 날, 공개시장조작 담당자는 어떤 조치를 취할까요? 사실은 아무런 자금조정을 하지 않습니다. 그럼에도 시장의 콜금리는 인상 또는 인하된 새로운 기준금리 목표를 중심으로 움직이게 되지요. 시장 참가자들이 변경된 기준금리 목표에 따라야 한다는 인식이 있기 때문입니다. 만일 새로운 기준금리가 3.0%로 제시되었는데도 종전의 3.25%를 중심으로 움직이고 있다면 한국은행이 RP거래를 통하여 3.0%로 돈을 빌려주겠다고 발표하겠지요. 그럼 3.25%로 돈을 빌리려는 사람들이 어디에 있겠습니까? 또 당일 새로운 기준금리가 3.5%로 제시되었는데도 종전의 3.25%를 중심으로 콜금리가 움직이고 있다면 한국은행이 RP거래를 통하여 3.5%로 돈을 빌리겠다고 발표하겠지요. 그럼 3.25%로 돈을 빌려주려는 사람들이 어디에 있겠습니까? 시장은 이러한 사실을 이미 알고 있기 때문에 한국은행이 특별한 자금 조치를 하지 않아도, 새로 제시된 목표 수준을 중심으로 자율적으로 움직이게 되는 것입니다. 중앙은행의 정책 수행에 대한 시장의 신뢰라고 볼 수 있습니다. 그러므로 단기자금시장인 콜시장에서 콜금리는 자금의 수요와 공급의 미세한 차이에 의하여 움직인다고 볼 수 없습니다. 다만 수급의 차이가 아주 클 경우는 금리가 움직일 수밖에 없지요.[69] 또한 콜금리가 미세한 자금의 수급에 움직이는 경향이 바람직하다고 볼 수도 없습니다. 이에 대한 많은 논란이 있었습니다. 자금의 수급을 작은 차이라도 반영하여 금리가 움직여야만 더 발달된 시장이라는 주장도 있었습니다. 그렇지만 저는 1일물 금리

---

69   금융통화위원회가 기준금리를 변경하는 날, 이로 인하여 단기자금시장의 수요와 공급이 변할 특별한 이유는 전혀 없다.

가 오히려 움직이지 않는 편이 공개시장조작에 대한 시장의 신뢰를 보여주고 있다고 생각합니다.

Question 2

선진국 중앙은행들은 국채를 대상으로 공개시장조작을 하고 있는 반면 우리나라는 통화안정증권을 중심으로 공개시장조작을 하고 있는 것으로 알고 있습니다. 왜 우리는 국채를 가지고 금리 조정을 하지 않는지 궁금합니다.

Answer 2

예, 좋은 질문입니다. 먼저 우리나라와 선진국의 금융시장 여건이 다른 점을 고려해야 합니다. 선진국은 기본적으로 돈을 푸는 구조를 가지고 있는 반면 우리나라는 돈을 거두어들이는 구조를 가지고 있습니다. 예를 들면 미국의 경우 국제결제통화를 가지고 있어 해외에서 지속적인 달러자금 수요가 있으므로 돈을 풀어야 하는데, 그 방법의 하나로 국채를 매입하고 달러를 내어줍니다. 이렇게 매입한 국채를 가지고 다시 공개시장조작을 통하여 돈의 양을 조절할 수 있습니다.

반면 우리나라는 국제결제통화가 아니므로 해외에서 우리나라 통화의 수요가 없는 가운데 국제수지 흑자에 따른 외환을 흡수하는 과정에서 원화가 늘어난 만큼 거두어들여야 합니다. 그렇지 않으면 적정 규모를 초과한 돈의 양이 금리를 떨어뜨리거나 물가 상승을 부추기게 되니까요. 이때 돈을 거두어들이는 대신 채권을 주어야 하는데 그 방법으로 한국은행이 통화안정증권을 발행하게 됩니다. 통화안정증권을 발행하여 그 대금을 받으면서 시중의 돈을 환수하게 되는 구조이지요.

만일 우리나라가 국채로 공개시장조작을 하기 위하여 국채를 매입하게 되면 시중에 유동성이 늘어나므로 다시 통화안정증권을 발행하여 환수해야 합니다. 이러한 이중 작업을 할 필요는 없습니다. 물론 한국은행도 국채를 일부 가지고 있으며 이를 이용하여 환매조건부매매거래RP를 하기도 하지만 기조적으로 유동성을 조절structural adjustment하는 수단은 아닙니다. 국채를 매입하는 목적은 RP거래 시 활용하기 위해서입니다.

그러므로 국채 또는 통화안정증권 중 무엇을 주요 수단으로 돈을 조절하느냐의 문제는 기본적으로 통화정책의 전반적인 메커니즘이 '유동성을 공급하는 기조이냐? 또는 유동성을 환수하는 기조이냐?'에 달려 있는 것입니다. 단기자금시장이나 채권시장의 발달정도 또는 공개시장조작의 기술은 이 문제와 관련이 없습니다.

Question 3

아무래도 국가 간 자본이동이 여러 가지 문제를 일으키는 것 같습니다. 자본이동을 직접 통제하기 위한 토빈세 도입에 대해서는 어떻게 생각하시는지요?

국가 간의 자본이동을 제한하는 규제capital control는 과거 금융위기 때마다 제기되었던 문제입니다. 한때 우리나라도 주요 선진국의 양적완화로 외화유입이 큰 폭 증가하는 가운데 원화 가치가 급격히 상승함에 따라 토빈세Tobin Tax[70] 도입에 대한 논란이 뜨거웠던 기억이 있습니다.

토빈세는 '국가 간 단기성 외환거래에 부과하는 금융거래세'라고 간단히 정의할 수 있습니다. 이는 국제 투기자본hot money의 급격한 유출입으로 인한 통화 가치의 급등락을 막기 위한 방안으로 제안되었지요. 만일 토빈세를 도입하게 되면 경제의 기초 여건에 크게 벗어나서 움직이는 유출입 외화자금을 일정 부분 통제하여 외환시장의 안정화를 도모할 수 있습니다. 또한 자본 규제를 통하여 환율 변동 압력을 완화시켜 통화정책의 자율성을 확보하며 외환시장을 안정시키기 쉽습니다. 아울러 해당 국가의 재정수입도 늘릴 수 있다는 장점도 있지요.

그러나 자본거래를 규제하면 자본 유입이 감소하거나 이미 들어왔던 자금이 이탈할 가능성이 있으며 외환 거래량이 감소하여 환율이 불안정해지고 증권시장의 변동성이 확대되는 등의 부작용을 초

---

[70]   세금 앞에 토빈이라는 이름이 붙은 이유는 1981년 노벨 경제학상 수상자인 미국의 제임스 토빈James Tobin 교수가 도입을 주장한 데에서 유래한다.

래할 우려도 있습니다. 또한 바람직한 자본거래까지도 규제하게 될 수 있으며 감시비용이 소요될 뿐 아니라 국내 금융시장이 외부환경 변화에 적응하려는 노력을 지연시킵니다. 아울러 대외 신인도가 떨어지거나 해외 차입 금리가 높아지는 등 규제에 따른 비용이 초래됩니다. 그리고 토빈세를 도입하려면 한 국가만 실시해서는 효과를 발휘하기 어려우며 전 세계적으로 합의하여 동시에 시행해야만 큰 효과가 있습니다. 그렇지 않으면 세금이 부과되지 않는 국가로 자금이 이동하게 되므로 도입국의 자본거래만 위축되고 증시의 변동성이 확대되는 등의 피해를 볼 수 있기 때문이지요. 이러한 점이 토빈세를 시행하는 데 걸림돌이 되고 있습니다.

세계 최초로 토빈세를 도입한 브라질의 경우에도 중도에 폐지하고 말았습니다.[71] 토빈세를 본격적으로 도입하려면 세율 적용에 대한 국제적인 합의가 있어야 하므로 도입에 오랜 기간이 걸리겠지요. G20회의에서도 국가 간 금융거래세를 부과해야 한다는 주장이 영국, 프랑스, 독일 등 일부 유럽 국가들을 중심으로 부각되었으나

---

[71] 2009년 10월 브라질 정부는 국제 투기자금 유입에 따른 금융시장의 변동성 확대 및 헤알화의 급격한 절상을 방지하기 위해 2008년 3월 외국인의 국내 채권투자에 대해 금융거래세IOF tax를 도입(1.5%)한 이후 2008년 10월 금융위기로 중단하였다가 2009년 10월 재개(2.0%)하였다. 2010년 10월 두 차례에 걸쳐 세율을 인상(6%)하였으며 2013년 6월 동 제도 시행을 중단한다고 발표하였다. 다만 외국인의 외환 파생상품 투자에 대한 거래세는 유지하였으며 향후 투기자본 유입으로 금융시장 불안이 심화될 경우 채권투자자금에 대한 거래세율을 다시 인상할 수 있음을 시사하였다. 동 조치는 브라질의 경기부진 및 높은 물가상승률, 글로벌 투자자금의 안전자산 선호 강화 등으로 최근 브라질로의 글로벌 증권투자자금 유입이 크게 둔화된 데 기인한다.

IMF와 미국 그리고 러시아와 캐나다 등의 이견으로 합의점을 찾지 못하였습니다.

외환보유액을 어떻게 운용하는지 상세한 사항을 알고 싶습니다. 그리고 외환보유액을 가지고 있으면 환율 변동 위험이 있을 텐데 이를 어떻게 관리하는지 궁금합니다.

외환보유액과 관련하여 두 가지 질문을 하셨는데 첫 질문에 대해서는 상세히 설명할 수 없는 점에 대해 먼저 죄송하게 생각하며, 다음 질문에 대해서는 사실 별로 하는 일이 없다는 말씀을 드려야겠네요.

　먼저 첫 질문과 관련하여 원론적인 말씀을 드립니다. 외환보유액은 경상거래 수입자금의 지급과 만기외채의 상환 등에 사용하는 지급준비자산인 동시에 환율 안정을 위한 외환시장 개입의 재원입니다. 그러므로 외화자산 운용은 유동성liquidity과 안전성safety을 최우선으로 하면서 수익성profitability을 제고해야 합니다. 투자수익에 집착하다가 필요할 때 사용하지 못하는 비상금이 되면 큰일이지요. 이러한 점에서 중앙은행이 외환보유액을 운용하는 방식은 이윤극대화를 목표로 운용되는 일반 금융회사와 다를 수밖에 없습니다. 더욱이 국제금융시장의 모니터링 대상이 되므로 수익률을 겨냥하여 투기적 거래를 할 경우 평판위험reputation risk이 발생할 수 있습니다. 외환보유액은 달러를 중심으로 유로, 엔화 등 국제결제통화로 운용될 뿐 아니라 금, 특별인출권Special Drawing Right, SDR, IMF 포지션IMF Reserve Position 등 안전자산으로 운용됩니다.

여기서 잠깐! 달러 또는 유로화 등으로 운용된다는 말은 달러 또는 유로화 현금을 가지고 있다는 뜻이 아니라 국채와 같은 수익이 있는 자산으로 운용된다는 말입니다.

그런데 외환보유액은 기본적으로 달러 기준으로 발표되므로 달러와 다른 통화들 간의 환율이 변동되면 달러 기준 외환보유액 규모는 변하게 됩니다. 예를 들어 달러가 유로화, 엔화 등에 비해 강세를 보이면 아무 거래를 하지 않았다고 가정하더라도 외환보유액 규모는 감소합니다. 달러화 자산의 가치는 그대로지만 유로화와 엔화 등 이종통화 자산을 달러로 환산한 금액이 줄어들기 때문입니다. 그리고 외환보유액을 운용하는 과정에서 발생하는 이자수입과 매매수익은 외환보유액 증가 요인이 됩니다.

한편 우리나라가 어떤 자산으로 운용할지는 물론 지금 어떠한 자산을 보유하고 있는지에 대한 상세한 정보는 어디에도 공표되지 않습니다. 국제금융시장의 시각에서 보더라도 우리나라 외환보유액은 상당히 큰 규모이므로 우리나라의 운용전략이 드러날 경우 그 구성의 변화가 미 달러 환율뿐 아니라 미국 금리를 변동시키는 등 국제금융시장에도 영향을 줄 수 있기 때문입니다. 다만 최근에는 연차

보고서를 통해 미 달러화 비중을 공개하는 것과 같이 외화자산 구성 내역 공개 범위를 조금씩 넓혀나가고 있습니다.

잠시 우리나라 외환보유액이 국제적으로 영향을 끼쳤던 에피소드를 살펴볼까요? 조금 오래전 일이지만 2005년 2월 국회 업무보고서에 '외환보유액 투자대상 통화를 다변화하겠다'는 간단한 문장이 들어간 적이 있었습니다. 당시 미국의 쌍둥이 적자로 달러 가치가 하락세를 보이는 상황에서 대상 통화를 다변화하겠다는 계획을 밝힌 것이었죠. 그러나 이로 인해 국제금융시장에서는 우리나라가 달러를 매각하겠다는 뜻으로 받아들이고 우리나라가 시발점이며 다른 나라들도 달러를 매각할지 모른다는 우려가 확산되었지요. 달러를 보유하고 있던 투자자들이 두려움 속에서 달러를 투매하면서 달러 가치 하락을 자극했던 기억이 있습니다. 물론 당시의 쇼크가 우리나라 외환보유액만의 영향은 아니었다는 점은 있습니다. 배경을 살펴보면 당시 국제금융시장에서는 주요국 중앙은행들이 미 달러화 비중을 줄이려는 움직임이 있다고 알려져 있었습니다. 당시 2000억 달러가 넘는 외환보유액을 가진 우리나라가 이러한 움직임에 방아쇠를 당긴 것이 아니냐는 우려가 있었던 것이지요. 이러한 쇼크에 대해 한국은행이 '통화 다변화에 나설 의사가 없다'고 부인하여 쇼크는 진정되었지만, 어쨌든 우리나라의 외환보유액이 국제금융시장을 들었다 놓았던 사건이었습니다.

이제 다음 질문에 대해 말씀드릴 차례군요. 외환보유액은 우리나라에서 가장 거대한 외환포지션입니다. 외환보유액의 맞은편에는 통화안정증권이 있습니다. 이를 설명하기 위해 우선 외환보유액이 어디에서 생겨났는지 알아봅시다. 한국은행이 보유하고 있는 외환 보유액은 외환시장에서 금융회사를 대상으로 원화를 주고 외화를 산 결과물입니다. 지금 보유하고 있는 외환보유액을 약 4200억 달러, 1달러당 1300원이라고 가정하면 546조 원의 원화를 찍어서 외화를 샀다고 할 수 있습니다.[72] 원화를 주고 산 대가가 외환보유액이라면, 현재 시중에 495조 원의 돈이 추가로 풀려 있다는 말일까요? 그렇다면 돈이 넘쳐서 큰 폭의 인플레이션이 일어났을 것입니다. 이와 같은 문제를 방지하기 위하여 무엇을 하였을까요? 통화안정증권을 발행하여 그 돈의 상당부분을 다시 거두어들였습니다. 즉 국경을 넘어 들어온 외화는 우리나라 현금(화폐발행액) 또는 통화안정증권으로 변신하여 시장에 풀렸던 것입니다. 물론 통화안정증권을 발행한 대가로 이자를 지급합니다. 즉 원화 이자를 내면서 외화를 매입한 셈입니다.

한편 외환보유액과 통안증권을 〔자산 : 부채〕 관점에서 살펴봅시다. 국가비상금을 마련하는 과정에서 한국은행 대차대조표에는 2023년 7월 현재 원화부채인 통화안정증권은 약 127조 원으로 외화자산인 외환보유액의 1/4에 육박하는 규모로 나타나서 〔외화 : 원화〕 불일치 규모currency mismatch가 엄청나게 큰 모습이지요. 우리나라 전체의 환율 변동 위험을 온 몸으로 껴안으면서 외환포지션을 유

---

72   운용 과정에서 발생한 투자수익, 매매손익 등은 없다고 가정한다.

지하고 있음을 알 수 있습니다. 일반 금융회사라면 작은 환율 변동에도 금방 도산할 포지션이지요. 그러나 한국은행은 거대한 외환포지션을 중립으로 만들 수 없습니다. 그만한 원화와 외화를 주고받을 수 있는 상대방이 없으니까요. 다만 회계상으로는 대차대조표에 평가조정금계정으로 처리함으로써 손익계산서상의 당기순이익에 영향을 미치지 않도록 합니다.

금융위기의 교훈과 새로운 변화

금융위기란 무엇인가?

무엇이든 마지막까지 부딪혀보아야 본질을 이해하게 되지요. 예로부터 곤궁한 상태가 되어야 진정한 친구를 발견할 수 있다고 했듯이, 물도 100℃ 넘게 끓여보거나 0℃ 이하로 얼려보아야 다양한 성질을 알 수 있습니다. 원화와 외화 간의 자금흐름과 가격상의 연결고리도 막다른 골목인 경제위기 상황에 처했을 때 본연의 모습을 더 명쾌하게 드러냅니다. 이제 외환위기를 비롯하여 다양한 경제위기 속에서 원화와 외화가 어떻게 서로 영향을 미치며 흘러가는지에 대해 알아보려고 합니다. 대부분의 소설이나 영화가 극한 속에서 인간

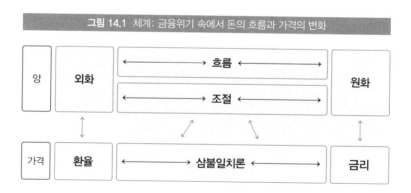

그림 14.1 체계: 금융위기 속에서 돈의 흐름과 가격의 변화

의 숨은 모습을 드러내듯이 자금의 흐름과 조절, 금리와 환율의 변화와 상관관계 또한 위기 속에서 다양한 움직임을 보여줍니다.

1. 역사의 교훈

위기의 역사

위험이 되는 기회

먼저 위기의 개념과 간단한 역사를 살펴볼 필요가 있습니다. 위험과 기회의 합성어인 위기라는 말은 개별 경제주체들의 관점을 떠나 거시적 입장에서 다시 생각해보아야 합니다. '기회'라고 생각했던 시간이 '위험'이 되는 결과가 됩니다. 아니, '기회'라고 생각했기 때문에 '위험'이 되는 것이죠. 이것이 위기의 본질입니다. 기회는 욕망을 불러오고 탐욕은 위험을 잉태합니다. 여러 가지 문제가 불황기에 생겨나는 듯 보이지만 호황기에 축적되었다가 불황기에 가서 현실화됩니다. 저수지의 쓰레기는 여름 휴가철에 쌓였다가 날씨가 추워지면서 물이 줄어들면 제 모습을 드러냅니다. 다양한 모습을 지닌 금융위기의 역사가 있었습니다. 많은 금융위기가 기회를 잡기 위해 위험을 인식하지 못한 데서 비롯되었습니다. 기회가 크다고 생각했을 때 더욱 그러하지요. 안정된 호황기가 길었을 때(Great Moderation 또는 Goldilock) 위기가 더 심하게 다가옵니다 Nothing is so destabilization as stability. '산이 높으면 골_谷이 깊다'고 했던가요?

기회가 끝날 때 위기가 찾아옵니다. '비가 올 때 우산을 빼앗는다' 는 말은 위기에 대응하는 금융시스템의 문제로 거론되곤 합니다. 그러나 위기 속에서 또 다른 기회를 찾아나서는 사람들도 있습니다. 빅숏big short을 잡은 사람들입니다. 결국 위기와 기회는 반복되는 것일까요?

위기의 역사

금융위기는 화폐경제가 출현한 이후 늘 존재하였으며 우리는 역사를 통해 금융위기가 화폐 가치와 관련 있다는 사실을 알고 있습니다. 오래전의 금융위기는 지금에 비하면 훨씬 단순하였습니다. 제왕들은 정치적 우위를 차지할 수 있는 기회라고 생각하여 전쟁을 치루기 위한 막대한 자금을 마련하기 위해 화폐에 포함된 금 또는 은의 함량을 줄임으로써 돈의 양을 확대하였습니다. 전쟁을 치르는 과정에서 국고가 탕진되어 부채를 갚지 못하겠다고 주장하는 군주 때문에 파산한 이탈리아의 금융업자도 있었습니다.[1] 또는 조선시대 말 경복궁을 재건하기 위해 당백전을 대량 발행한 대원군도 있었습니다.[2] 당시 화폐 가치가 하락하여 극심한 인플레이션이 발생하면서

---

1   예를 들어 14세기 메디치가는 은행업, 유통업 등에서 수완을 발휘하면서 막대한 부와 권력을 가지게 되었다. 그러나 15세 후반 메디치은행이 부르고뉴의 공작인 샤를과 영국의 에드워드 4세에게 거액을 대출해주고 전액을 돌려받지 못하는 등, 군주와 귀족들에게 빌려주었던 대출채권이 부실화되어 파산하면서 메디치가의 세력은 이후 크게 약화되었다(팀 팍스, 《메디치 머니》, 2008).

경제위기가 심화되기도 하였습니다.

역사적 교훈을 배우며 앞으로 다가올 금융위기에 대처할 자세를 가다듬는 일은 중요합니다. 우리나라 경제개발 이후를 기준으로 아주 짧은 시계를 가지고 금융위기를 바라보는 경향이 있지만, 몇백 년에 걸친 위기 사례를 살펴보는 작업은 우리에게 넓은 시야의 통찰력을 제공해줍니다. 금융위기가 발생할 가능성이 있을 경우 여러 가지 경고 신호가 나타나게 되지만 우리는 이를 알지 못하거나 욕심 때문에 눈을 감아버렸습니다.

오래전부터 경제위기는 반복되었으며 많은 연구를 통하여 지나간 위기의 진행 과정과 발생 원인에 대한 해석이 이루어지고 있습니다. 그러나 위기의 본질을 파악하기 위해 벗겨버려야 할 형식의 표피도 점차 복잡해지고 있습니다. 위기가 발생할 정확한 시점과 얼마나 지속될지에 대해서는 계속 알지 못하고 있습니다. 그래서 역사는 반복된다고 하는 것일까요?

대공황Great Depression의 교훈[3]

금융위기의 역사를 이야기하려면 금융위기의 어머니인 대공황 Great Depression으로부터 시작하지 않을 수 없습니다. 2008년 글로벌

2　　1866년 흥선대원군은 경복궁 중건사업 및 서구열강 침입에 대비한 군비 확충에 필요한 재원 마련을 위해 당백전當百錢을 발행하였다. 그러나 당시 통용되던 상평통보에 비해 실질 가치는 5~6배에 지나지 않으면서 100배의 명목가치를 지니는 당백전을 대량 유통시킨 결과, 화폐 가치가 폭락하면서 조선사회는 극심한 인플레이션을 경험하게 되었다.

금융위기를 맞았을 때, 코로나19가 전 세계를 덮쳤을 때, 전 세계 사람들은 첫 글로벌 위기였던 1930년대 대공황의 진행 과정과 대응정책 등을 주요한 교훈으로 삼을 수밖에 없었습니다. 비록 오늘의 현실은 실험실과 달라서 역사로부터 똑같은 결과를 얻을 수 없지만요. 언제나 경제위기의 밑바탕에는 그 시대의 정치·사회 문제와 관련된 경제구조의 불안정이 자리 잡고 있으니까요. 우리는 1930년대 대공황의 경험에서 현재 위기에 대처할 교훈을 찾아야 하지만, 동시에 현재 시점에서 대공황을 재해석할 수도 있습니다.

대공황 시대 경제·사회의 구조적인 문제를 설명할 역량도 없지만 시간상 제약도 있으므로 대공황 시대에 대해서는 우리의 주제인 '원화와 외화 그리고 금리와 환율의 연결고리'를 중심으로만 말씀드리겠습니다. 대공황 시대에 금본위제도를 유지함으로써 비롯된 환율의 문제가 위기의 확산과 경기 회복 지연에 크게 영향을 미쳤다고 합니다. 또한 대공황을 극복하는 과정에서 미국의 뉴딜정책을 비롯한 각국의 개별 정책들은 경기 회복에 크게 도움을 주지 못하였으며 결국 금본위제를 포기하고 팽창기조로 전환하게 된 점이 경기 회복의 계기가 되었다고 합니다. 환율정책과 통화정책에 관한 이러한 시사점들은 모두 우리의 주제와 긴밀한 관계가 있지요.

---

3   양동휴, 〈1930년대 세계대공황과 2008년 위기〉, 《금융경제연구》(한국은행 금융경제연구원, 2009)을 참조하였다.

일반적으로 일컬어지는 위기 발생 요인

욕망의 공통점

대공황을 비롯한 지난 경제위기들의 발생요인을 생각해보면 몇 가지 공통점을 발견할 수 있습니다. 첫째, 위기는 경제적으로 좋은 일이 발행한 후에 발생합니다. 둘째, 위기는 자산과 부채 간의 불일치에서 발생합니다. 제가 〔자산 : 부채〕 관점을 강조하는 이유가 여기에 있습니다. 셋째, 위기는 불확실한 환경 속에서 관성의 법칙이 작용하는데 그 원인이 있습니다. 넷째, 위기는 정책 당국의 무관심 혹은 무능력 때문에 발생합니다. 이들은 각각 하나의 요인으로 작용하기보다 서로 결합되어 위기를 만듭니다. 물론 이들 요인의 밑바탕에는 인간의 탐욕이 자리 잡고 있습니다. 우리가 경제원론 첫 시간에 배운 '인간의 욕망은 무한하고 자원은 제약되어 있다'는 경구 속에 들어 있는 '인간의 무한한 욕망' 말이죠. 이제 이 네 가지 요인에 대해 간단히 설명을 덧붙여 볼까 합니다.

신기술의 탄생과 신시장의 발견[4]

첫째, '신기술에 의한 상품의 탄생'이나 '새로운 시장의 발견'에 따른 투자 기회는 사람들에게 욕망을 불러일으킵니다. 휴대폰이 나오

---

4   2014년 6월 26일 이성태 한국은행 전 총재의 〈투자·소비의 선순환과 시장경제의 미래〉 강연 내용을 참고하였다.

면 이를 사고 싶은 욕망에 이어 휴대폰을 만드는 기업의 주식을 사서 이익을 얻고 싶은 욕망이 생깁니다. 비슷한 예를 들어보면 1800년대 초 기차와 철도가 새로운 상품으로 각광을 받으면서 새로운 여행의 기회와 물품 수송의 혁신을 가져다주었습니다. 많은 사람이 이에 열광하면서 엄청난 투자 기회라고 생각하였으나 과도한 투자는 투기가 되고 이후 버블이 생기면서 철도회사 주식가치가 폭락하였습니다. 텔레비전, 냉장고, 자동차, 비행기 등 지금은 아주 당연하게 여기는 일상 제품들도 한때는 세계를 놀라게 한 첨단기술의 상품이었습니다. 얼마 전까지 우리는 컴퓨터와 인터넷 등에 매혹되어 새로운 경제의 세상이 펼쳐지는 줄 알았습니다. 컴퓨터의 표기 문제Y2K가 우리를 배신하고 닷컴 버블이 일어나기 전까지는 말이죠. 그런데 이렇게 새로운 기회에 열광하는 욕망은 항상 도를 넘어 투자 기회 앞에서 자신을 제어하기 어려워집니다. 시장은 항상 과도하게 올랐다가 무자비無慈悲하게 추락하는 경향이 있습니다. 부처님께서 말씀하신 자비慈悲가 없는無 속세입니다.

그런데 문제는 여러 가지 위기를 경험하거나 공부한 사람들도 이러한 새로운 기회를 앞두고 '이번만은 다를 것이다This time is different'[5]라고 생각한다는 점입니다. 기회를 앞에 두고 인간의 탐욕이 이성적 판단을 가로막은 결과입니다. 금융위기란 우리가 생각하는 것보다 훨씬 더 과거 사례와 비슷하게 흘러가는 데도 말이죠.

---

5   Kenneth S. Rogoff & Carmen M. Reinhart, This time is different, 2009.

[자산 : 부채] 불일치

조금 전 위기는 자산과 부채 간의 불일치에서 발생한다고 말씀드렸습니다. 여러분은 제가 첫날부터 〔원화 : 외화〕, 〔긴돈 : 짧은돈〕, 〔실물자산 : 금융부채〕, 〔우리나라 돈 : 다른 나라 돈〕 등의 포지션 불일치가 위험을 만들어낸다는 점에 대해 자주 설명하는 과정에서 '당연한 말을 왜 반복하나?'라고 생각하였을 것입니다.

그런데 자산과 부채의 불일치 문제는 평소에도 지속되고 있다고 말씀드렸는데 새삼스럽게 왜 위기의 요인이라고 하는 것일까요? 답은 너무 간단하지요. 빌리고자 하는 돈의 규모가 매우 커졌다는 데 문제가 있습니다. '새로운 상품' 또는 '새로운 시장'이 매우 좋아보이므로 자기 돈만으로 자산을 구입하기에는 성에 차지 않아 다른 사람의 돈을 과도하게 빌려 투자했던 것이지요. 부채가 증가하면 차이요인이 확대되어 큰 위험이 다가옵니다. 투자 기회를 앞두고 돈을 빌리고자 하는 마음은 우리의 자연스러운 욕망입니다. 쉽게 만족할 줄 모르기 때문에 호황기에 과도한 차입을 지속한 결과로 위기가 잉태됩니다. 발생된 위기는 불황기로 이어질 수 있지만 위험이 불황기에 잉태되지는 않습니다. 돈을 빌리는 요인이 된 '기회'와 불일치가 만들어내는 '위험' 사이에서 균형을 유지하는 일은 어렵습니다.

불확실성과 관성의 법칙

경제를 이끌어가는 투자란 결국 미래의 기대수익을 바탕으로 자금을 조달함으로써 이루어지는데 이 모든 사정이 불확실합니다. 미래는 항상 불투명하지요. 기대수익이 그렇다는 것은 새삼 말씀드릴 필요도 없지만 자금의 조달도 초기에 가능할지 연장이 가능할지 또는 조건이 바뀔지 알 수 없으니까요. 투자 의사결정은 마치 도박과도 같습니다.

이렇게 상황이 불확실하면 사람들은 특별한 변화가 없는 한 현재 상태가 계속 이어진다고 생각하는 경향이 있습니다. 물리학에서 말하는 '관성의 법칙'입니다. 인간의 습성이라고 말할 수도 있겠네요. 경제가 호황 → 침체 → 불황 → 회복 → 호황의 순환 과정cycle을 보인다는 사실을 누구나 알고 있지만, 불타는 잔치가 계속되어도 경기침체에 대비하기는 어렵습니다. 많은 사람이 경기순환의 전환점을 예측하는 데 실패하고 있습니다. 요인은 관성의 법칙 때문입니다. 인간의 본성인 탐욕과 공포가, 현실이 지속되리라고 믿는 관성의 법칙 밑을 흐르고 있지요. 경제 전문가들은 경제구조가 바뀌었다고 합리화하면서 그 증거를 설명하기에 바쁘지요. 인간의 합리성은 제한적이니까요.

무관심 vs. 무능력

글로벌 금융위기를 예측한 사람은 많지 않았습니다. 미 연준, 정부, 월가Wall Street의 투자금융가, 유수한 학자도 알지 못했습니다. 거장Maestro이라고 불렸던 그린스펀Alan Greenspan 의장까지도 마찬가지였습니다. 한편 광야에서 외치는 목소리는 언제나 있었습니다. 그러나 위기가 아닌 시기에도 항상 위기를 외치는 사람들이 있으므로 많은 사람이 관심을 기울이지 않았습니다.

미래를 예측하는데 과거의 추세에 의지하다 보면 위기를 알기 어렵습니다. 위기의 발견이란 기회가 위험으로 바뀌는 시기를 찾아내는 일이니까요. 과거를 무시할 수는 없지만 누구나 일정한 추세선을 만들려는 욕심 앞에서 변곡점은 보이지 않습니다. 위기는 시장에서 태어나고 자라고 마침내 터지는 모습으로 세상에 드러납니다. 시장에서 한 발 떨어져 있는 정책 당국자들과 학자들이 이를 사전에 발견해내기란 어렵습니다. 한편 시장 가까이 있는 시장 참가자들은 이상한 분위기를 느낄 수 있지만 욕심이 눈을 가려 알지 못하는 경우가 빈번합니다. 지난 시간 말씀드렸지만 정보의 비대칭성은 진정한 모습을 모르게 합니다. 그리고 파티를 깨기 위해서는 위기가 아닐 경우 감당해야 할 비난을 감수해야 합니다. 지식과 지혜도 필요하지만 용기가 필요합니다.

금융위기의 취약성vulnerability과 기폭제trigger

금융위기는 금융회사에 대한 신뢰가 무너질 때 일어납니다.[6] 신뢰를 잃어버린다면 위기가 다가오지 않아야 할 상황이라도 자기실

---

[6] 이러한 기준에서 볼 때 코로나19로 인해 2020년에 경기침체가 발생하고 금융시장 변동성이 확대되었으나 이를 금융위기라고 결론짓기는 어렵다. 정확히 말하면 금융위기로 전개되기 전에 중앙은행 및 정부 등 정책 당국이 금융위기로 전개되는 것을 저지하였다고 볼 수 있겠다. 만약 정책 당국의 대응이 늦어 금융기관들이 파산하여 금융회사에 대한 신뢰가 무너졌다면 금융위기로 번졌을 수도 있겠다. 코로나19가 금융위기의 기폭제가 될 수 있었던 것이다.

현적 예언self-fulfilling prophecy[7]이 될 수 있어서 위기를 맞이하게 되지요. 매우 큰 사건들이 대부분 그러하듯이, 여러 개의 서로 다른 원인이 동시에 일어나게 되었습니다. 이들은 서로 병렬적이면서 배타적인 관계였을까요? 그렇다면 동시에 발생한 사실은 우연이었겠지요.

그러나 우리는 금융위기가 발생하게 된 구조적 불안정 요인인 경제의 취약성[8]과 위기에 직접 방아쇠를 당긴 기폭제[9]를 구분할 필요가 있습니다. 평소 몸이 허약하였는데 무리하게 등산을 가서 쓰러졌다면 평소의 허약한 체질이 문제일까요? 무리한 등산이 문제일까요? 제1차 세계대전이 한 발의 총성[10] 때문이었고 클레오파트라의 코가[11] 세계 역사를 바꾸었다면, 총알 하나와 클레오파트라의 코는 기

---

7   위기에 대한 우려가 발생하면 그 상황 자체가 사람들을 자극하여 실제로 위기가 초래될 수 있다는 뜻이다.

8   최초의 충격을 전달하고 증폭하는 역할을 하는 금융시스템 및 규제감독상의 구조적인 약점을 의미한다.

9   위기를 촉발한 특정 요인이나 사건을 의미한다.

10   1914년 6월 28일, 오스트리아–헝가리 제국의 황태자였던 프란츠 페르디난트 대공이 세르비아 사라예보를 방문하였다가 유고슬라비아 민족주의자 가브릴로 프린치프에게 암살당한 사건이 발생하였다. 이 사건으로 오스트리아–헝가리 제국이 세르비아에 선전포고하였고 양국의 동맹국들이 참전하면서 지역간 분쟁이 세계대전으로 확산되기에 이르렀다. 즉 오스트리아–헝가리 제국 황태자 암살 사건이 제1차 세계대전의 기폭제로 작용한 것이다.

11   "클레오파트라의 코가 조금만 낮았더라면 세계의 역사가 달라졌을 것이다"라고 했던 프랑스의 철학자 파스칼의 말에서 알 수 있듯이 클레오파트라의 미모가 아름답지 않았더라면 안토니우스가 그녀에게 반해 옥타비아누스와 전쟁을 치르지 않았을 것이고 로마 및 세계 역사의 판도도 많이 바뀌었을 것이다. 파스칼의 말이 사실이라면 클레오파트라의 미모를 상징하는 높은 코는 세계 역사의 판도를 바꾼 기폭제 역할을 한 것이다.

폭제에 해당합니다. 많은 요인을 취약성과 기폭제로 분별하는 작업은 중요합니다. 물론 쉽지는 않겠지만요.

2. 위기의 구분

경제위기

지금까지 경제위기의 발생요인에 대해 짧게 말씀드렸지만, 이번 강연의 주제는 '원화와 외화 그리고 금리와 환율의 연결고리'이므로 여러 가지 위기 중에서도 외환위기에 대해 초점을 맞추어봅니다. 우리는 경제문제와 관련된 위기를 경제위기, 금융위기, 외환위기 등 다양한 용어로 부르고 있지만, 여기서 우선 외환위기는 금융위기의 일종이며 금융위기는 경제위기 중 하나라고 말씀드립니다. 사실 하나의 위기는 다른 위기와 서로 밀접한 관련이 있기에 따로 떼어 말하기 어렵습니다. 설명에 하루가 다 지나갈 정도로 밀접하지요.

그런데 금융시장이 발달될수록 서로에게 의존적인 은행들은 금융시장의 움직임과 운명을 같이합니다. 한 은행의 신용이 무너지면 그 은행의 자산을 보유한 다른 은행의 신용도 함께 낮아집니다. 밀물이 들어올 때 떠올랐던 배는 유동성이 썰물처럼 빠져나가면 가라앉게 됩니다.

기본적으로 금융은 무너지기 쉽고 신뢰는 취약합니다. 특히 신흥시장국의 경우 외환위기가 전반적인 금융위기로 이어지는 경향이

그림 14.2 경제위기의 구분

금융위기				재정위기	실물경제위기
은행위기	외환위기	외채위기	체계적 금융위기		

잦습니다. 왜 그럴까요? 다음에서 외환위기에 대해 집중하는 가운데 경제위기 전반을 말해보기로 합니다. 하나의 현상을 몇 가지 특징을 근거로 다른 범주로 구분하는 작업은 그 현상에 대한 이해를 분명하게 하는 데 도움이 되니까요. 학자마다 조금씩 다르기는 하지만 경제위기를 금융위기, 재정위기, 실물경제위기로 나누어 보는 기준이 일반적이라고 하겠습니다. 일부는 재정위기를 금융위기 설명에 포함하기도 합니다. 물론 칼로 무엇을 베듯이 명료하게 구분되지는 않지만요.

금융위기

호황기 때 발생되어 누적된 경제지표 변동의 신호는 금융위기의 가능성을 알려줍니다. 자산 가격의 상승, 인플레이션 전망, 급증하는 차입, 대규모 경상수지 적자 등이 튀어나오게 됩니다. 그러나 위기가 도래하기 전까지는 충분히 인식하지 못합니다. 왜냐하면 위기가 누적되는 동안 경제적 분위기가 좋기 때문입니다. 파티는 계속됩니다. 그러다 어느 순간 하나의 모멘텀이 찾아오지요. '여기 포도주가 떨어졌어요!' 일반적으로 자산과 부채의 만기가 다가오면 대부분

연장되기 마련인데, 만기연장이 불가능해지는 사례가 나타납니다. 돈을 찾으러 오는 사람이 늘어납니다. 위기는 도둑처럼 몰래 스며듭니다. 그런데 호황기 때는 돈을 빌려주는 사람이 많은 반면 불황기에는 자금이 빠져나가는 경향이 있습니다. 이와 같이 필요 없을 때는 돈이 들어오고 필요할 때는 돈이 빠져나가게 되지요. 비올 때 우산을 뺏는 행동이 돈의 기본 속성입니다.

이와 같은 금융위기를 정의해보면, 국내외의 정상적인 금융거래가 크게 위축되거나 중단될 위험에 처하게 되는 경우를 포괄적으로 지칭합니다. 따라서 금융자산 가격이 급격히 하락하고, 금융기관의 금융중개 기능이 마비되는 상황을 의미하지요. 자산 가격 폭락과 금융회사 도산을 특징으로 하는 금융시장의 붕괴라고 할 수 있습니다.

금융위기도 다양한 관점으로 나누어볼 수 있지만 국제통화기금 IMF의 기준에 따르면 은행위기Banking Crisis, 외환위기Currency Crisis, 외채위기Debt Crisis, 체계적금융위기Systemic Financial Crisis 등으로 구분할 수 있습니다. 은행위기는 은행이 고객의 예금인출 요구에 대응하지 못하여 실제적 또는 잠재적 파산에 놓인 상태를 이릅니다. 한편 외환위기는 특정 통화에 대한 투기적 공격으로 통화 가치가 큰 폭으로 하락하는 상황을 말합니다. 또한 외채위기는 대외 채무에 대한 지급의무를 이행하지 못하는 상태를 의미합니다. 마지막으로 체계적금융위기는 효율적인 중개기능이 어려워지는 등 금융시장이 붕괴되어 실물경제에 대해 대규모 부정적인 영향을 미치는 상태를 말합니다.

케네스 로고프Kenneth S. Rogoff와 카르멘 라인하트Carmen M. Reinhart는 그들의 책[12]에서 수백 년간 여러 나라에서 발생한 금융위기 데이터를 이용하여 연구한 결과, 금융위기는 다음과 같은 특징을 공유하면서 여러 가지 파급 효과를 불러온다는 의견을 제시하였다. 이를 그대로 인용해보면, 첫째, 자산시장 붕괴는 하락 폭이 크며 오래 지속된다. 주택가격은 평균 6년 이상의 기간 동안 약 35% 하락하는 반면 주식가격은 평균 3년 반 동안 56% 하락한다. 둘째, 은행위기의 부정적 파급 효과로 극심한 생산성 부진과 높은 실업률이 나타난다. 실업률은 경기 하락 사이클 국면에서 평균 7% 상승하며 약 4년에 걸쳐 지속된다. 경제적 생산성은 최고점에서 바닥까지 평균 약 9% 하락하며 경기침체기간은 약 2년으로 실업률 장기화에 비하면 상당히 짧은 기간이다. 셋째, 국가부채의 규모는 크게 증가하는 경향이 있다. 제2차 세계대전 이후 데이터를 분석해보면 국가부채는 금융위기 이전에 비하여 평균 86%의 실질 증가를 나타내었다. 이러한 국가부채의 증가는 경기 위축으로 세수가 급감하는 데 기인하며 또한 많은 나라의 경우 금리가 급상승하면서 국가채무 이자 부담이 크게 증가하는 데도 요인이 있다.

재정위기

위기의 발생

이제 재정위기에 대해 알아봅니다. 재정위기란 정부의 수입보다 지출이 많아 부채가 늘어나고 적자가 지속되는 가운데 조세수입 또

---

12   Kenneth S. Rogoff & Carmen M. Reinhart, This time is different, 2009.

는 국채 발행과 같은 정상적인 재정수입으로 일반적인 재정지출과 국채원리금 상환이 불가능해짐에 따라 국가채무 부도가 발생하거나 발생할 가능성이 큰 상태를 말합니다. 이러한 재정위기는 구체적으로 채무의 상환 정지moratorium, 채무의 일부 탕감hair-cut, 채무의 만기연장, 금리 재조정 등의 형태로 진행됩니다.

재정위기가 적자 누적으로 발생된다는 점은 당연한 상식이지만, 그로 인한 부채가 외화일 수도 있고 자국 통화일 수도 있다는 점은 간과하기 쉽습니다. 재정부채가 외국 통화일 경우는 금융위기의 외채 부문에서 설명하기로 하지요. 그런데 자국 통화로 표시되는 재정적자의 요인도 항상 국내에 있는 것은 아닙니다. 수출 중심의 경제 구조에서 글로벌 경제 사정이 악화되는 요인으로 경기가 침체되어 세수가 줄어들게 되면 해외 요인이 자국 통화로 표시되는 재정적자의 핵심 요인이 되는 경우도 있습니다.

재정위기를 앞두고 재정적자가 지속될 경우 정부는 국채를 매각하여 자금을 조달하고 싶으나 금융회사들이 자발적으로 국채를 매입하지 않겠지요. 그러므로 정부는 금융회사를 상대로 국채 인수를 강요하게 되는데, 이때 금융회사들은 자금 조달과 운용상 어려움에 처하게 됩니다. 예를 들어보면 첫째, 국채 매입자금을 조달해야 하며, 둘째, 국채 발행 증가로 금리가 상승하여 자본손실이 발생하고 셋째, 국채를 만기상환 받지 못하거나 금융시장에서 적정가격으로 매각되지 않아 유동성 문제가 발생하기도 합니다. 또 당장의 문제를 회피하기 위하여 중앙은행에 국채 인수를 강요하는 경우도 있지요.

이는 재정정책의 부담을 통화정책으로 떠넘기는 결과가 됩니다.[13]

위기는 전염된다

　정부는 시중은행에 국채 매입을 독려하기도 하는데 정부의 강압을 이기지 못하여 은행들이 국채를 사게 되는 경우도 있었지요. 여러분이 쉽게 짐작하듯, 이렇게 될 경우 재정위기는 곧 은행위기로 전이될 가능성이 있습니다. 이러한 재정 불균형 상태는 은행자산의 부실화를 통하여 외환위기를 촉발할 수 있습니다. 외국인 투자자는 물론이거니와 국내 투자자도 정부가 채무를 상환할 수 없을지 모른다는 의구심이 들어 자기 나라 돈으로 외화를 매입하여 해외로 유출하기 때문입니다. 이와 같이 재정위기는 금융위기, 외환위기 등 다른 위기로 이어지기도 합니다. 물론 다른 위기가 재정위기의 발생 원인이 되기도 하지요. 경제활동 과정에서 생산성이 급락하고 물가가 폭등하게 됩니다. 이렇게 재정위기와 인플레이션도 밀접한 관계가 있지요. 재정위기가 실물경제위기로 전이되는 것입니다. 재정위기가 심해지면 재정지출을 줄이려고 하는 과정에서 경기침체가 올 가능성이 있습니다.

　이렇듯 재정위기는 금융위기뿐 아니라 실물경제위기를 불러오면

13　　이를 정부 부채의 화폐화Monetization라고 한다. 재정지출 증가로 인한 적자를 보전하기 위해 정부가 중앙은행에 국채를 매각하는 것으로 중앙은행의 독립성을 심각하게 위협할 수 있다. 다만 글로벌 금융위기와 코로나19에 대응하는 과정에서 정책금리가 제로에 도달한 미 연준이 유동성을 공급하기 위해 국채를 매입하였으나 이를 두고 중앙은행의 독립성이 훼손됐다고 평가하기는 어렵다.

서 전반적인 경제위기로 치닫게 되지만, 정부가 재정적자를 이유로 국내 부채를 갚지 못하겠다고 부도 선언을 하는 일은 드물었습니다. 금본위제도를 유지하기 위해 돈을 마음대로 발행할 수 없는 경우를 제외할 경우, 극단적인 방법이지만 자기나라 돈을 마구 찍어내어 갚으면 되니까요. 물론 이 경우 인플레이션이 발생합니다. 물가 상승으로 정부의 부채가 줄어드는 효과가 있어 정부의 상환 부담은 줄어들게 되지요. 물가 폭등은 정부의 신뢰성에 치명적인 문제를 야기하며, 더 설명해드릴 필요 없이 경제에 나쁜 영향을 미치게 되지만, 국가부도를 선언하는 일은 더 무서운 일이라는 판단하에 지속적인 물가 상승을 방조하거나 용인하던 사례도 많았습니다.

위기와 신뢰

재정적자가 누적되면 재정위기가 발생할 가능성이 크다고 말씀드렸지만, 세계에서 가장 재정적자 누적 규모가 큰 미국과 일본의 경우를 보면 달리 말하고 싶어지는군요.

우선 미국의 경우를 말씀드리면, 글로벌 금융위기를 맞아 우리는 왜 미국의 정책 담당자와 투자은행 등이 폭등하는 주택가격과 급증하는 가계 부채 문제에 대해 그동안 둔감하였는지 이해할 수 없다는 말을 하지만, 위기가 잉태되는 동안 그들은 급증하는 쌍둥이 적자, 즉 재정적자와 무역수지 적자에 더 큰 관심을 보이고 있었습니다. 이 둘은 동전의 앞뒷면이라고 할 수 있지요. 미국의 무역수지 적자는 중국 과 같은 신흥시장국의 자본 유입에 의한 자본수지 흑자로

그림 14.3 미국과 일본의 재정적자[1]

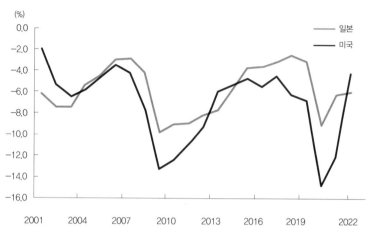

주: 1) GDP 대비
자료: OECD

메우고 있으며 이들의 자금은 유입되어 주로 미국 국채에 투자되었기 때문에 미국의 재정적자를 보전하는 데 도움이 되었습니다. 이들 해외 유입자금이 없었다면 미국 국채가 원활히 매각되지 못했을 가능성이 있으며 또한 국채 매수세가 크지 않아 발행금리는 높아졌을 것입니다. 미국의 무역수지 적자를 통한 소비는 결국 차입한 돈으로 소비를 한다는 말이므로 지속되기는 어려우며 어느 순간에 가서는 자산 가격의 폭락을 야기하리라는 우려가 지속적으로 제기되었습니다. 그런데 이에 대해 미국 정부는 다른 나라들이 미국 국채를 매입하는 현상은 미국의 높은 생산성을 감안할 때 자연스럽다고 주장하면서 책임을 회피하는 모습을 보였습니다. 한편 일본의 경우 재정적자 누적 규모[14]가 크지만 재정위기 발생에 대한 우려가 제기되지 않고 있습니다. 이는 일본 국채의 대부분을 일본 국민이 보유[15]하고 있기 때문입니다.

이와 같은 두 가지 사례를 통해 재정위기 발생 가능성은 그 나라 정부에 대한 신뢰의 문제와 밀접한 관련이 있다는 사실을 알 수 있습니다. 단순히 재정적자가 그 나라 GDP에서 차지하는 비율로 계량화하여 판단할 수는 없다는 말입니다.[16] 또한 재정적자란 결국 외채문제로 비화하지 않을 경우 위기가 발생할 가능성이 적다는 시사점을 줍니다.

실물경제위기

다음 실물경제위기에 대해 이야기하면서 극심한 인플레이션hyper inflation[17]과 디플레이션 문제로 구분해봅니다.

---

14   2022년 말 기준 일본의 GDP대비 정부 부채비율은 261.3%에 달해 선진국 평균비율 112.5%를 크게 상회하였다. (IMF Fiscal Monitor, April 2023)

15   2020년 1/4분기 현재 일본 국채의 91.6%가 일본 국내에서 소화되고 있다. (〈회계연도 2019 자금순환통계〉, 일본은행)

16   일반적으로 기축통화국 및 선진국의 GDP대비 정부 부채비율이 개발도상국의 동 비율보다 훨씬 높지만 아직까지 기축통화국의 재정위기를 우려하는 목소리는 크지 않다. 특히 2020년 중에는 전 세계적으로 코로나19에 대응하기 위해 적극적인 재정정책을 집행하여 대부분 국가의 GDP대비 정부 부채비율이 큰 폭으로 증가하였으며 선진국의 비율(2019년 말 104.8% → 2020년 말 122.9%, +18.9%p)이 개발도상국(52.6% → 62.2%, +9.6%p)보다 훨씬 큰 폭으로 상승하였다.

17   우리는 제1차 세계대전 종전 직후의 독일과 2009년 아프리카 짐바브웨이의 수천 배에 달하는 물가 상승을 많이 들어 알고 있지만, 18세기 말 미국의 물가상승률도 200%에 근접하였다는 사실은 잊고 있다.

우리는 물가 폭등의 위험에 대해서는 알고 있지만 물가 하락에 대해서는 잘 알지 못합니다. 근래 우리 경제가 겪어보지 못한 탓이죠. 그러나 미국의 대공황 시대에는 물가 하락을 동반하는 경제위기가 보다 일반적이었습니다. 물가가 하락하면 가계와 기업이 소비와 투자를 미루기 때문에 경기가 위축되기 마련입니다. 경기 위축은 세금 수입의 감소를 가져오므로 재정위기 가능성마저 커집니다. 이럴 경우 디플레이션이라는 악순환의 고리에서 헤어나오기 어렵게 되는 것이죠. 외환위기로 인한 환율 급등은 수입물가 상승을 통해 인플레이션을 초래하며, 결국 기대인플레이션과 금리가 급등하는 부작용을 야기하게 됩니다.

또한 호황기의 낙관적 견해로 거품을 형성했던 부동산과 주식의 가격의 붕괴가 소득과 소비를 감소시켜 불황을 야기한다는 사실은 다시 말할 필요도 없을 것입니다. 자산 가격 하락은 [실물자산 : 금융부채] 불일치로 은행위기를 불러일으킵니다. 실물경제위기는 은행위기와 함께할 경우 기나긴 경기침체를 초래합니다.

2020년 중 코로나19 팬데믹으로 인한 경기침체는 실물경제위기로 평가할 수 있겠네요. 전염병 확산에 대한 정확한 정보가 없는 상황에서 이동 제한lockdown과 같이 정부의 여러 조치에 따른 경기침체가 발생하였죠. 금융시장의 변동성이나 경제성장률의 하락 폭이 글로벌 금융위기 때와 유사하여 일부에서는 2020년의 위기를 금융위기와 비슷하다고 생각하는 경우도 있지만 위기의 시작이 금융 부문에서 비롯되지 않았다는 점과 금융기관의 파산 등으로 인한 금융시스템의 붕괴 조짐이 발생하지 않았다는 점에서 2020년의 위기는 실물경제위기로 평가하는 것이 적절하다고 생각합니다. 물론 지금은 2020년의 위기가 본격적인 실물경제위기였다고 말할 수 있지만 만약 초기에 중앙은행 및 정부의 적극적인 정책 대응이 없었더라면 금융위기와 재정위기로 확산될 수도 있었습니다. 이런 점에서 하나의 위기가 다른 위기와 서로 밀접한 관련이 있다고 말하는 것입니다. 또한 위기가 진행되면서 상황 변화에 따라 위기의 성격이 얼마든지 변할 수 있다는 점도 기억해야겠습니다.

은행위기

이제 앞에서 미루었던 금융위기를 은행위기Banking Crisis, 외환위기Currency Crisis, 외채위기Debt Crisis 순으로 알아봅니다.

우선 은행위기는 은행의 자산 손실 또는 예금인출사태bank run 등으로 인한 파산 또는 이를 막기 위한 정책 당국의 포괄적인 개입 등이 발생하는 위기로 정의할 수 있습니다. 'LECTURE 2 돈의 성격'에서 말씀드린 바와 같이, 〔긴 돈 ↔ 짧은 돈〕, 〔위험한 돈 ↔ 안전한 돈〕, 〔원화 ↔ 외화〕뿐 아니라 〔금융자산 ↔ 실물자산〕 과정에서 자산과 부채는 경제적 사건에 서로 달리 움직입니다.

그런데 이러한 차이에 따라 은행이 대규모 투자손실을 입은 경우 한꺼번에 예금을 인출하려고 몰리면서 은행들은 패닉을 거쳐 지급불능 위험에 직면합니다. 비록 건전한 자산을 많이 보유하고 있으며 잘못된 소문에 의한 소동이라고 할지라도 당장 내어줄 수 있는 유동성자산이 부족하다면 지급불능 상태에 빠지게 되지요. 돈을 맡기는 사람과 운용하는 사람 사이에 놓인 정보의 비대칭은 금융시장의 불확실성에 의해 증폭되며, 이는 신뢰로 극복할 수밖에 없습니다. 이러한 은행위기는 금융제도의 신용창조기능을 약화하고 소비자들이 현금을 더욱 선호하게 함으로써 통화량을 감소시킵니다. 은행에 돈을 넣어두면 불안하니까요. 돈이 돌지 않아 금리가 오르면서 기업들은 어려워지며, 나아가 유동성 사정이 경색됨에 따라 실물경제에 충격을 주게 됩니다. 종전에는 '은행위기가 실물 부문의 불황 때문에 일어나는가?' 또는 '은행위기가 실물 부문을 공황으로 몰아넣는가?' 하는 인과관계에 대한 논란이 있었지만, 글로벌 금융위기를 거치면서 두 가지 경우 모두 성립될 수 있다고 의견이 모아지고 있습니다.

한편 정책 당국의 입장에서는 은행이 부도위험에 처하게 되면 금융시스템이 붕괴될 가능성이 있기 때문에 구제금융을 고려하지 않을 수 없습니다. 또는 은행의 부실자산을 정부가 매입해주거나 구제금융을 대가로 부실은행을 비교적 재무상태가 건전한 은행과 합병하거나 국가가 은행을 직접 매입하여 국책은행으로 만들게 됩니다. 국가가 직접 인수할 경우 재정위기로 이어질 수 있습니다.

그런데 오늘날과 같이 비은행금융중계Non Bank Financial Intermediation가 발달한 금융시스템하에서는 상업은행들만 대량 인출 사태의 위험에 노출되었다고 볼 수 없습니다. 모든 다른 종류의 금융회사들도 〔장기자산 : 단기부채〕의 포트폴리오를 가지고 있다면 대규모 자금 인출 사태에 언제든지 직면할 수 있습니다. 은행위기는 은행만의 위기가 아닙니다.

외환위기

앞서 외환위기는 특정 통화에 대한 투기적 공격이 발생하여 통화 가치가 큰 폭으로 하락하게 되는 금융위기의 한 형태라고 말씀드렸습니다. 글로벌 경제 상황이 급변동하는 등의 영향을 받아서 외국자본이 갑자기 대규모로 빠져나가게 되면 환율이 급등하게 되며 정부 또는 중앙은행은 외환보유액을 공급하거나 정책금리를 인상하는 방법으로 환율을 방어합니다. 그러나 만일 외화자금을 충분히 확보하고 있지 못하다면 환 투기꾼들은 그 나라의 환율이 붕괴될 것이라고 예상하여 그 나라의 통화를 투매하게 되면서 외환위기가 발생합니다.

외환위기가 발생하면 은행위기로 이어질 가능성이 큽니다. 은행이 외화를 가장 많이 보유하고 있기 때문이죠. 은행 부채의 상당 부분이 외화로 이루어진 경우 만기연장 또는 차환이 어려워져서 외화 유동성 위기에 처합니다. 이때 은행이 외화부채에 대응되는 외화자산 규모를 가지고 있으면 그 외화자산을 처분하여 외화부채를 상환하면 된다고 단순하게 생각할 수도 있습니다. '은행은 대부분 외환포지션을 중립 상태square position로 유지하기 위해 노력한다고 하지 않았던가요?' 이렇게 질문할 수도 있겠지요. 그러나 이는 쉽지 않습니다. 일반적으로 은행의 외화자산 만기와 외화부채의 만기가 일치하기 않을 경우[18]가 많기 때문에 자산 처분으로 부채상환에 대응하기 어렵기 때문입니다. 즉 〔외화자산 : 외화부채〕의 만기도래 규모가 불일치maturity mismatch된 문제가 나타나지요. 이는 미시건전성정책의 중요 과제가 됩니다.

또한 은행의 외화자산 중 상당 부분은 기업에 대한 외화대출로 운용되고 있어 외화대출을 상환받으려면 기업들이 외화를 외환시장에서 매입하여 상환하여야 하는데, 이 경우 환율이 올라 상환을 위한 외화자금 조달에 원화자금이 더욱 많이 소요될 뿐 아니라 위기 시에는 외환시장에서 외화를 조달하는 것 자체가 어렵기 때문입니다. 이렇듯 외환위기가 진행되는 과정에서는 하나의 은행뿐 아니라 모든 은행과 기업이 함께 외화조달에 동시에 나서기 때문에 평상시 같으면 전혀 문제 될 것이 없는 신용도가 우량한 은행과 기업들도 만기도래자금의 연장이 갑자기 어려워집니다. 이와 같은 상황이 합쳐져서 위기가 닥치는 것이죠. 또 당장은 필요 없더라도 앞으로 어떻게 될지 모른다는 우려가 증폭되어 외화자금의 가수요를 만들어내어 더욱 어려운 국면을 초래합니다. 악순환의 고리vicious cycle에 걸려들게 되는 것이죠.

그런데 이러한 외환위기는 글로벌 금융환경의 변화에 대응하는 과정에서 외환정책을 잘못하여 발생되는 사례가 잦습니다. 즉 자본자유화와 환율제도의 변경, 통화정책 등을 어떻게 조정해나가야 하는지에 대한 이해가 부족했거나 대처해나갈 역량이 부족했던 것입

---

18 원화의 경우와 마찬가지로 외화자산의 평균 운용 기간은 외화부채의 평균 조달 기간보다 더 긴 것이 일반적이다.

니다. 흔히 IMF 사태라 불리는 우리나라의 외환위기에도 이러한 요
인이 가세하였습니다. 그런데 외환위기와 외채위기는 대부분의 신
흥시장국이 선진국 경제로 이행하는 과정에서 경험하는 통과의례라
고도 합니다.[19] 상당수의 국가가 왜 이러한 실패를 반복하고 있을까
요? 외환위기는 이번 강연에서 가장 중요한 부분의 하나이므로 조금
후 왜 발생하게 되는가의 문제를 '투기적 공격'의 시각으로 자세히
설명하겠습니다.

외채위기

환율이 급등하면 원화자산 가치가 감소하고 원화로 환산된 외화
부채의 채무상환 부담이 증가하는 결과를 낳으므로 경제활동이 위
축됩니다. 외국돈을 갚아야 하는 부담이 크게 증가합니다.

한편 외채위기는 다른 위기와 좀 다른 점이 있습니다. 돈을 못 갚
겠다고 선언하는 경우도 있지요. 외화와 관련된 재정위기가 닥쳤
을 때 국가채무에 대해 부도를 선언할지 여부를 선택하는 데에는
정치적 상황이 많이 고려됩니다. 즉 정부가 국가채무를 갚을 능력
이 있더라도 여러 가지 사회·경제적 문제를 고려하여 또는 채무변
제 시 향후 경제적 어려움이 초래할 가능성을 고려하여 부도를 선
언할 수도 있습니다.[20] 그러므로 재정위기에 따른 국가채무불이행

---

19 Kenneth S. Rogoff & Carmen M. Reinhart, This time is different, 2009년
에서 내용을 인용하였다.
20 박대근, 〈한국의 외환위기와 외채〉, 《경제분석 제5권 제1호》(한국은행,

moratorium은 채무국의 상환능력이 아니라 상환의지willingness to pay에 달려 있다고 볼 수 있습니다. 물론 국가 간에는 채무계약의 이행을 강제할 수 있는 국제기관과 법률체계가 없다는 문제도 또 다른 이유가 되겠지요.

그런데 어떤 국가가 채무상환을 이행하지 않고 버티면 사실상 이를 강제하기 어렵다고 할지라도 경제 상황이 회복된 이후 다시 국제금융시장에 등장하여 활동하기는 곤란해집니다.[21] 따라서 적지 않은 국가가 국제기구를 통하여 긴급 자금을 수혈받으면서 채무조정을 신청하기도 하는 것입니다.

당연한 말이지만, 모든 경제위기가 서로 연결되어 있으므로 외환위기는 외채위기를 불러냅니다. 우리도 외환위기가 외채위기와 은행위기 등 다른 금융위기로 확산되는 가슴 아픈 경험을 하였습니다. 환율이 급등하게 되므로 은행들은 외채를 상환하기 위해 외환위기 상황에서는 보다 많은 원화자금이 필요하게 됩니다. 이렇게 은행의 자금 상황이 어려워지거나 그럴 가능성이 있다고 소문만 확산되어도 예금인출사태가 일어나서 은행위기와 전반적인 금융위기로 확산됩니다.

1999)를 참조하였다.

21   러시아 볼셰비키 정부는 1918년 러시아 전제군주가 빌린 채무를 부도 처리하였으나 69년 후 러시아가 국제금융시장에서 차입을 시도하였을 때 기존에 국가 채무 부도를 선언한 금액을 이자까지 보태서 상환해야 했다. Kenneth S. Rogoff & Carmen M. Reinhart, This time is different, 2009년에서 내용을 인용하였다.

3. 투기적 공격

외환위기를 바라보는 다양한 시각

조금 전, 금융위기에 대해 이야기하면서 취약성과 기폭제의 시각에 대해 말씀드린 바 있습니다. 외환위기도 금융위기인 만큼 이러한 시각은 유지되어야 합니다. 외환위기 발생 과정에서 경제의 취약성과 위기에 방아쇠를 당긴 기폭제는 어떠한 관계가 있을까요?

외환위기의 발생요인을 설명하는 이론[22]은 많지만 다른 위기와는 달리 투기적 공격에 의해 발생된다고 하는 이론들이 많이 알려져 있습니다. 왜 그럴까요? 반면 일반적인 금융위기는 예금자들의 갑작스러운 인출이 왜 일어나는가에 대한 연구가 많지요. '투기적 공격'에 중점을 두고 외환위기의 발생원인 등을 알아봅니다. 여기서 투기적 공격이란 기폭제를 이야기하는 것일까요?

외환위기에 대한 다양한 정의[23]

외환위기는 학자들에 따라 조금씩 다르게 정의된다. Frankel and Rose (1996)는 주로 통화 가치의 하락에 초점을 맞추어 해당국 통화의 절하율이 25% 이상이면서 동시에 전년 절하율보다 10%포인트 이상인 경우를 외환

---

22   외환위기에 대해서는 투기적 공격 모형speculative attact model, 도덕적 해이 모형moral hazald model, 호황-붕괴 모형boom-burst model, 전염 효과 모형contagion model 등 다양한 이론이 제기되어 있다.

위기로 정의하였다. 한편 Goldstein(1997), Kaminsky and Reinhart(1996)는 고정환율제도 및 변동환율제도하에서 모두 적용할 수 있는 외환위기 지표를 개발하면서 외환위기인지를 판별하려면 명목환율뿐만 아니라 외환보유액까지도 함께 고려해야 한다고 주장하였다. 이들은 명목환율 및 외환보유액을 종합적으로 감안한 지수를 사용하여 이 지수가 평균으로부터 표준편차의 3배 이상을 넘어서는 경우를 외환위기라고 정의하였다. Eichengreen et al.(1995)은 명목환율 및 외환보유액 외에도 내외금리차를 추가하여 가중평균지수를 계산하고 이 지수가 일정 수준을 초과하는 경우를 외환위기라고 정의하였다.

투기적 공격에 의해 외환위기는 시작된다

외환에 대한 투기적 공격speculative attack[24]은 브레턴우즈체제의 붕괴 이후 빈번하게 발생해왔습니다. 1992~1993년 기간 중 유럽 통화제도에 대한 투기적 공격과 역내 통화 간 교환비율의 재조정, 1994~1995년 기간 중 멕시코 페소화의 평가절하, 1997~1998년 기간 중 인도네시아, 한국, 말레이시아, 태국 통화의 가치 하락 등이 대표적인 예라고 할 수 있습니다. 우리나라의 외환위기도 투기적 공

---

23 최창규, 〈투기적공격 이론과 한국의 외환위기〉,《한국은행 경제분석 제4권 제2호, 1998. Ⅱ》의 내용을 정리하였다.

24 중앙은행의 외환보유액이 고갈되는 과정에서 자국 통화의 평가절하가 예상될 경우 외환을 보유하는데 따른 이득을 얻기 위하여 국내외 투자가들이 경쟁적으로 외환시장에서 자국 통화를 매각하고 외환을 일시에 매입하는 행태를 말한다. 또한 기존 대출금의 만기가 도래하였을 때 외국 채권자들이 집단적으로 차환을 거부하는 것도 넓은 의미에서 투기적 공격이라고 볼 수 있다.

격에 의해 설명할 수 있지요. 이들을 잘 살펴보면 고정환율제와 관련이 있습니다.

외환위기가 투기적 공격에 의해 일어난다는 이론이 있습니다. 투기적 공격이 왜 발생하는가에 따라 이들을 나누어보면 기초경제 여건의 악화가 외환위기로 연결된다고 설명하는 제1세대 투기적 공격모형과 투자자들의 외환위기 예상에 따라 위기가 자기실현적으로 발생한다는 제2세대 투기적 공격모형으로 구분됩니다. 제1세대 모형은 취약성 문제를 말하고 있으며 제2세대 모형은 기폭제 문제에 중점을 두고 있습니다.

기초경제 여건의 악화: 제1세대 모형[25]

제1세대 모형은 크루그먼Krugman(1979)의 선험적 연구에 기인하는데, 고정환율제도와 일치하지 않는 거시정책이 그 핵심이라고 할 수 있습니다. 예를 들어 어떤 나라가 만성적인 재정적자가 이어짐에 따라 통화증발이 불가피하고 물가 상승과 수출경쟁력 저하가 초래되는 등 기초경제 여건이 악화되면 국내외 시장 참가자들이 고정환율의 유지가 어렵다고 예상하게 됩니다. 이러할 경우 그 나라 통화의 평가절하를 예상하여 외환을 매입하고 취약한 나라의 통화를 매도하는 투기적 공격을 하게 되는데, 그 결과 외환보유액이 급격

---

[25]　최창규, 〈투기적공격 이론과 한국의 외환위기〉, 《한국은행 경제분석 제4권 제2호, 1998. Ⅱ》의 내용을 참고하였다.

히 줄어들면서 마침내 평가절하가 이루어지거나 환율제도가 고정환율제도에서 변동환율제도로 바뀌면서 외환위기가 촉발된다고 합니다.[26] 모두 고정환율 운용을 전제로 하고 있지요.

어쨌든 이 모형에 따르면 시간이 흐르면 환율 수준이 변하는 가운데 하나의 균형을 찾아가며 투기적 공격의 시점이 정확히 결정될 수 있다고 주장하였습니다. 그런데 환율의 움직임을 결정하는 기초경제 여건을 찾아내기란 쉬운 일이 아니죠.[27] 그 실증분석의 결과를 보면 기초경제 여건과 외환위기 간에 관계가 있다는 주장과 그렇지 않다는 주장이 엇갈리게 나타나고 있습니다.[28]

26　이는 Krugman(1979), Flood·Garber(1984), Goldberg(1991) 등이 주장하였다.

27　Meese·Rogoff(1983)도 실증분석을 통해 기초경제 여건과 환율과의 관계를 정확히 밝히기 어렵다는 점을 입증한 바 있다.

28　Goldberg(1994)와 Ötker and Pazarbaşioğlu(1995)는 멕시코를 대상으로 1980년부터 1994년까지의 자료를 이용하여 실증분석을 하였다. 이 연구들에 따르면 팽창적인 통화·재정정책으로 인하여 야기된 기초경제 여건의 변화가 투기적 공격과 관련이 있는 것으로 나타났다. 그러나 Ötker and Pazarbaşioğlu(1997)가 벨기에, 덴마크, 프랑스, 아일랜드, 이탈리아 및 스페인을 대상으로 1979년부터 1995년까지의 자료를 이용하여 분석한 결과는 이와 다른 것으로 나타났다. 이 연구는 거시경제기초가 외환위기를 완전히 설명하는 것은 아니라고 주장하였다. 즉 이 연구는 기초경제 여건을 건실하게 유지하는 것이 외환위기를 방어하는 필요조건이기는 하지만 충분조건은 아니라고 하였다. Frankel and Rose(1996)도 전 세계 105개국을 대상으로 1971년부터 1992년까지의 자료를 분석한 결과 일반적으로 경상수지 적자나 재정적자가 외환위기의 주요 원인이라는 증거를 찾지 못하였다. 최창규, 〈투기적공격 이론과 한국의 외환위기〉, 《한국은행 경제분석 제4권 제2호, 1998. Ⅱ》의 내용을 인용하였다.

자기실현적 투기적 공격: 제2세대이론[29]

많은 사람이 1992년 유럽의 외환위기와 1994년 멕시코의 페소화 위기를 겪으면서 제1세대 투기적 공격에 대해 다시금 생각하게 되었습니다.[30] 유럽 국가들과 멕시코가 어느 정도 건실한 거시경제정책을 펼치고 있었음에도 투기적 공격을 당했다고 생각했기 때문입니다.[31]

제2세대이론에 따르면 외환보유액의 부족으로 인해 기초경제 여건이 '위기 범위crisis zone'에 속하게 되는 경우에도 실제 외환위기가 발생할지 여부는 앞으로의 환율에 대한 시장 참가자들의 예상에 달려 있다고 주장합니다. '위기가 발생할 것이라고 생각하면 위기가 발생한다'는 주장은 어떻게 보면 순환논리라고 할 수 있지만, 한편 지극히 맞는 이야기입니다. 예를 들어 시장 참가자들 간에 급격한 환율 상승에 대한 예상이 우세해지면 실제로 환율 급등이 초래되지만 환율이 계속 안정될 것이라는 예상이 우세한 경우에는 환율 상승

---

29   최창규, 〈투기적공격 이론과 한국의 외환위기〉, 《한국은행 경제분석 제4권 제2호, 1998. II》의 내용을 참고하였다.

30   Eichengreen, Rose, and Wyplosz(1993, 1995), Obstfeld(1995), Obstfeld and Rogoff(1995)는 제1세대이론이 1992년의 EMS 외환위기를 설명하지 못한다고 주장하였다. 이들은 그 근거로 당시 EMS국가들이 위기 직전에 적정한 외환보유액을 가지고 있었고, 재정적자, 통화량, 물가상승률도 낮았던 점을 제시하였다. EMS국가들과 독일과의 금리격차도 1992년의 외환위기를 설명하지 못했다고 주장하였다.

31   Bordo and Schwartz(1996)는 1994년의 멕시코 외환위기까지 발생했던 모든 외환위기를 분석하면서 자기실현적 투기공격모형이 지적인 장점intellectual merit은 있으나 현실 경제를 이해하는 데에는 아무런 도움이 안 된다고 주장하면서 여전히 기초경제 여건을 중시하고 있다.

이 일어나지 않는다는 뜻입니다. 이러한 모형은 고정환율제도 유지에 따르는 편익과 비용 간의 상충관계가 상존한다고 할 때, 사람들이 어떤 가능성을 더 크게 평가하느냐에 따라 고정환율이 유지될 수도 또는 붕괴될 수도 있다고 봅니다. 여기서 외환위기는 자기실현적 투기공격의 양상을 띠게 되며[32] 복수균형multiple equilibrium[33]이 가능하게 되지요.

이러한 이론을 뒷받침하기 위한 많은 주장이 제기되었습니다. 외환위기가 발생할 수도 하지 않을 수도 있는 가능성을 게임이론을 통해 접근하는 경우[34]도 있으며, 실업률 수준과 외환위기 발생의 관계를 밝히기도 하였고,[35] 전염 효과spillover and contagion effects를 통해 외환위기 발생을 설명하기도 하였습니다. [36]

32　　Diamond and Dybvig(1983)는 이러한 자기실현적인 요소를 이용하여 은행 도산을 설명한다. 이들은 은행이 자금 조달 또는 운용 방침을 크게 전환하는 상황에서 예금자들이 은행의 지급불능을 예상하고 일시에 예금을 회수하면 실제로 은행의 지급불능 상태가 오게 되지만 예금자들이 은행의 예금을 인출하지 않으면 정상 상태를 유지하게 된다고 설명하였다.

33　　기초경제 여건이 위기가 발생할 가능성이 있는 범위에 있는 경우 시장 참가자들의 예상에 따라 외환위기가 올 수도 있고 외환위기가 오지 않을 수도 있는 두 가지 가능성을 가리킨다.

34　　Obstfeld(1996)는 모형을 이용하여 한 나라의 외환보유액이 중간 정도의 수준에 있을 때 시장 참가자들의 예상에 의해 외환위기가 발생하거나 발생하지 않는 복수균형이 성립할 수 있음을 간단한 게임이론으로 설명하였다.

35　　Obstfeld(1986, 1995, 1996)는 유럽 국가들처럼 실업률이 높은 경우에는 외환위기가 실업률과 깊은 연관이 있다고 주장하였다.

36　　이웃나라에서 발생한 외환위기가 전염 효과를 가져와 자기실현적 투기공격을 유발한다는 설명도 있었다(Anderson 1994, Buiter et al. 1995, Gerlach and Smets 1994, Calvo and Reinhart 1995, Obstfeld 1996).

금융회사를 통한 급격한 자본 유출 모형

한편 일부에서는 대규모의 외국자본이 직접투자가 아닌 금융회사의 간접금융 형태로 유입되었다가 갑자기 유출되는 과정을 설명하면서 금융회사의 외화자금 중개기능intermediation of capital inflows을 중시하였습니다.[37] 이에 따르면 어떤 나라로부터 급격한 자본 유출이 일어나는 데에 있어 기초경제 여건의 악화를 그 전제조건으로 하고 있지 않습니다. 즉 기초경제 여건이 나빠짐에 따라 기업의 채산성이 악화될 수 있고 이것이 자본 유출을 촉발하는 경로가 될 수 있지만 기초경제 여건과는 무관한 국제금리의 상승 등도 자본 유출을 야기하는 주요 요인으로 상정하고 있지요.

---

[37]   은행들은 이미 개설되어 있는 신용공여한도 등을 이용해 국제상업은행들로부터 외자를 조달하므로 조달 면에서는 단기자금이 주종을 이루게 되는 반면 기업들을 상대로 대출하는 과정에서 기업자금 수요를 반영하여 장기운용이 대부분을 차지하게 된다. 따라서 금융기관들의 외화자금 조달과 운용에 대한 감독이 제대로 이루어지지 않을 경우 금융기관들의 [자산 : 부채] 만기 불일치 문제가 생기기 쉽다(Goldfajn and Vald_es, 1997).

우리나라의 외환위기

1997년 12월 외환위기가 발생한 지 벌써 26년이 넘었네요. 그동안 6.25 전쟁 이후 최대의 국난으로 여기던 이른바 IMF 사태에 대한 많은 연구가 있었습니다. 대기업의 부실경영과 은행의 무능력 등을 비난하면서 외환위기 발생 요인을 여러 가지로 제시해왔습니다. 한편으로는 '우리 모두의 책임이다'라고 표현하면서 핵심 취약 요인에 대한 분석을 소홀히 하였지요. 일부의 날카로운 평가는 이제 '어떻게 대응했어야 했느냐?'에 묻히고 그 대응에 대한 평가의 중요성도 세월 속에서 잊히면서 이제 철 지난 유행가가 되어 남았습니다. 어제를 잊어야만 눈앞에 다가오는 또 다른 현안에 집중할 수 있다는 반대하기 어려운 현실의 주장이 힘을 얻었습니다. 이제 삼불일치론 관점에서 지난 외환위기를 재해석해보고자 합니다. '여러 요인 중에서 무엇이 가장 중요한 문제였을까?' 하는 질문에 대해 사람마다 답이 다를 수 있겠습니다만, 이번 강연에서는 '원화와 외화 그리고 금리와 환율의 연결고리'가 우리의 주제입니다. 외환위기를 겪게 된 핵심 요인이 거기에 있다고 생각합니다.

1. 제2의 6.25

외환위기 발생 이전의 배경

언제부터 문제가 있었던 것일까?

1997년 12월 당시 우리나라의 경제 상황은 외환위기가 발생할 수밖에 없는 여건이었습니다. '공부를 못하여 성적이 나쁜 학생의 낙제는 당연하다'는 인식이 있습니다. 그러나 왜 직전 상황에만 초점을 맞추어야 할까요? 위기 발생 시점보다 조금 더 이전으로 돌아가 우리나라의 경제 여건은 어떠했을까요? 항상 모든 사건이 발생하는 그 시점의 상황은 그러할 수밖에 없기 때문입니다. 언제부터 문제가 있었던 것일까요? 그리고 그 이후 무슨 일이 벌어진 것일까요?

동아시아 위기와 경제의 기초 여건

먼저 당시 우리나라의 외환위기는 기본적으로 동아시아 외환위기[38] 진행의 일환이었습니다. 우리나라만의 문제는 아니었다는 말씀이지요. 돌이켜보면 1990년대 초반까지 우리나라를 비롯한 동아시아 경제는 세계경제 가운데 가장 역동적이며 고도 경제성장을 지속하였습니다.

---

[38]   1997년 7월 태국에서 시작된 아세안 국가들의 외환위기는 12월 한국의 IMF 구제금융을 계기로 동아시아 외환위기로 확산되었다.

그러나 1997년 7월 2일 태국의 바트화가 처음으로 투기적 공격을 받아 20% 평가절하된 데 이어 7월, 8월에 말레이지아 링기트화, 인도네시아 루피아화가 차례로 공격을 받았고 마침내 11월에는 한국도 외환위기를 겪기에 이르렀습니다.

경제와 금융의 체계가 잘 정비된 상태는 아니었지만, 외환위기 시점에서 조금만 시간을 거슬러 올라가면 당시 우리나라 거시경제 여건은 높은 저축률과 투자, 무역거래의 확대, 건전한 정부재정, 낮은 수준의 인플레이션 등 그런대로 양호한 상태를 유지하고 있었습니다. 다시 말해 외환위기를 초래할 정도로 경제 상황이 나빴던 것은 아니었습니다.

일반적으로 거론되는 외환위기 발생 요인

1997년 12월 14일 IMF가 IBRD, 미국, 일본 등과 함께 우리나라에 긴급자금 570억 달러를 지원한 이후 집 안에서 자고 있던 금반지를 모으고 저금통에서 동전을 털어내면서 많은 한탄의 말이 있었습니다. 이를 어른들에게 들어서 알고 있는 젊은이들도 있겠지요. 우리가 이미 배워서 알고 있는 요인을 병렬적으로 요약해보면 총외채와 단기외채가 갑자기 증가한 문제, 경상수지 적자가 지속된 문제, 부동산 버블이 형성된 문제, 대기업들의 문어발식 확장, 차입경영, 과잉중복투자 문제와 금융회사들의 무절제한 대출 등을 들 수 있습니다. 특히 당시의 대기업과 금융회사들의 몰염치한 행태는 지금도 많은 비판을 받고 있습니다.

이제 외환위기 이전 우리나라의 대기업들과 은행의 행태를 좀 더 살펴보고자 합니다. 먼저 대기업들은 수익성이 악화되고 있음에도 사업 확장을 지속하였습니다. 경쟁적인 외형 확대가 계속되었던 사실은 개발경제시대에 만들어진 관성의 법칙이라고 볼 수 있겠습니다. 이러한 기업들의 의욕에 발맞추어 은행들은 소위 대마불사too big to fail의 인식하에 대기업들에 대한 정부 지원이 계속되리라고 예상하면서 대출을 지속하였지만 지원할 수 있는 자금의 규모에는 당연히 한계가 있었습니다. 은행의 총대출 규모는 관리되고 있었지만, 대기업의 욕심 또는 의욕은 국민경제가 조달할 수 있는 자금의 규모를 넘어서고 있었던 것입니다. 그러나 이미 대규모 대출금이 물려 있었기 때문에 은행들은 대기업들의 요청을 거절하기도 쉽지 않은 상황이었습니다.

우리나라의 외환위기를 투기적 공격으로 보는 관점[39]

1997년 우리나라에서 외환위기가 왜 초래되었는가를 알아보는 일은 중요합니다. 그동안 외환위기의 원인에 대한 많은 연구가 이루어졌습니다. 일반적으로 일컬어지고 있는 요인들 중 무엇이 가장 중요할까요? 많은 도둑 중에서 주범은 누구일까요? 지난 강연에서 말씀드렸던 취약성과 기폭제의 분석틀을 유지하는 가운데 투기적 공

39　최창규, 〈투기적공격 이론과 한국의 외환위기〉, 《경제분석 제4권 제2호, 1998. II》, 한국은행과 박대근, 〈한국의 외환위기와 외채〉, 《경제분석 제5권 제1호》 (한국은행, 1999)를 주로 참조하였다.

격이론과 자본이동과 관련한 금융회사의 역할에 관심을 가지면서 외환위기의 발생에 접근하고자 합니다.

기초경제 여건의 악화: 제1세대이론

1997년 우리나라의 외환위기는 경기 하강 국면이 장기간 지속됨에 따른 대기업의 연쇄도산, 경상수지의 악화 등 기초경제 여건이 나빠지는 가운데 일어났습니다. 경기침체가 장기화하는 조짐을 보였지만, 경상수지의 악화 등의 요인이 외환위기의 직접적 원인이라고 보기는 어렵습니다.[40] 경상수지 적자가 확대된 것은 과잉투자[41] 등의 요인 외에도 1996년 이후 반도체 등의 수출단가 하락[42]에 따른

---

40   예를 들면 1980년 GNP성장률이 −3.9%를 기록하였으나 이것이 외환위기로 연결되지는 않았다. 실질국민소득의 감소는 어떠한 모형을 사용하느냐에 따라 환율 상승의 요인이 될 수도 있고 또한 하락하는 요인도 될 수 있다. 통화론적 접근모형에 의하면 실질국민소득의 감소는 화폐 수요의 감소를 낳고 화폐시장이 균형을 이루기 위해서는 실질잔고가 감소해야 하는데 화폐의 공급이 일정한 상황에서 이는 물가 상승을 가져와 환율이 상승하는 효과가 있다. 반면 케인지안 모델에 의하면 실질국민소득의 감소는 경상수지를 개선해 오히려 환율을 하락시킬 수 있다.

41   경상수지 적자의 한 원인이 되었던 과잉투자를 가져온 데에는 재벌도 일조하였다. 정운찬(1998)은 상호지급보증, 상호출자, 내부자거래 등에 의하여 우리나라 재벌기업의 투자에 거품이 발생할 수 있었다고 지적한다.

42   반도체의 수출단가지수(기준연도: 1995)는 1996년 3월의 78.3에서 4월에는 48.8로 급락한 이후 지속적으로 하락하여 1997년 12월에는 8.7까지 하락하였다. 수출주종품목들의 수출단가 하락으로 1996년 중 우리나라 수출단가는 전년대비 13%나 하락하였다. World Bank(1998)는 1997년 9월까지 3년 동안 우리나라 교역조건이 27%나 하락하였음에도 실질환율을 조정하지 않음으로써 원화가 고평가되었음을 지적한다. 그러나 우리나라의 경우 1990년 이후 시장평균환율제도의 시행으로 환율결정을 시장에 맡기고 있었다. 더욱이 자본자유화에 따른 대규모의 자본 유입은 시장에

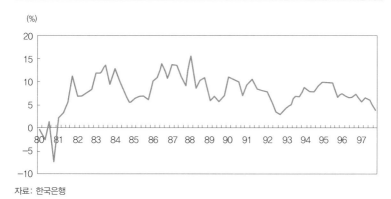

그림 15.1 경제성장률(GDP기준)(1980.1/4~1997.4/4)

자료: 한국은행

교역조건 악화 등에 기인한 바가 큽니다. 다만 1995년 이후 경기하강 국면이 지속되는 과정에서 한보, 기아 등 대기업을 중심으로 부도가 발생함에 따라 기업부실이 우리 경제에 대한 외국투자가들의 신뢰를 낮추는 요인이 되었다고 지적할 수 있겠습니다.[43]

반면 이는 1993~1996년 중의 설비투자 증가를 뒷받침하기 위한 기업들의 왕성한 자금 수요가 상당 부분 수용되었다고 말할 수도 있습니다. 결과적으로는 기업들의 재무구조 악화로 연결되어 외환위기를 낳은 한 원인이 되었지만요. 한편 재정적자에 의해 외환위기

서 원화절상 압력으로 작용하고 있었기 때문에 환율의 인위적 조정에는 많은 제약과 한계가 있었다.

43　　1997년 중 대기업그룹의 부도 현황은 다음과 같다. 한보(1.23, 법정관리), 삼미(3.18, 법정관리), 진로(4.28, 부도방지협약), 대농(5.19, 부도방지협약), 한신공영(5.31, 법정관리), 기아(7.14, 법정관리), 쌍방울(10.16, 화의), 해태(11.1, 화의), 뉴코아(11.3, 화의·법정관리)

THU

가 왔다고 보기는 어려운 것 같습니다. 당시 우리나라의 재정수지는 대체로 균형수준을 벗어나지 않았으니까요. 경기 회복의 지연에 따른 재벌기업의 잇단 부도, 교역조건 악화로 인한 경상수지 적자 확대, 제2금융권을 중심으로 한 무분별한 대출 확대 등 기초경제 여건의 악화가 외환위기를 야기한 원인이 아니라고 말할 수는 없지만 이러한 원인이 과연 위기로 직결될 만큼 심각했는가를 단정적으로 판단하기에는 어려운 측면이 있다고 생각합니다. 다만, 앞에서 간단히 설명했고 다음에 자세히 설명할 '자기실현적 투기공격' 설명에 따르면, 경제의 기초 여건이 안전한 범위를 벗어나게 되면 시장 참가자들의 예상에 의해 실제로 위기가 발생하거나 발생하지 않을 수 있는 두 가지 경우 중 어느 것이라도 일어날 수 있게 되는데, 즉 복수균형이 성립할 수 있는데, 안전한 범위는 벗어났던 것으로 생각합니다. 즉 경제의 기초 여건의 악화되는 추세는 위기가 발생할 확률의 범위 내에서 취약한 모습vulnerability을 드러냈던 것이죠.

자기실현적 투기공격으로 발생: 제2세대이론

이제 투자가들의 예상이 우리나라 외환위기를 가져오는 데 어떤 영향을 미쳤는지를 살펴보고자 합니다. 여기서 가장 중요한 점은 환율 변동에 대한 시장 참가자들의 예상이 되겠지요. 앞에서 말씀드린 바와 같이 한 나라의 경제 여건이 안전한 범위를 벗어나게 되면 시장 참가자들의 예상에 의해 실제로 위기가 발생할 확률을 가지게 됩니다. 화재가 발생할 여건은 있었으니 불씨가 던져지느냐 또는 던져지지 않느냐의 문제가 중요하였다는 말씀입니다.

먼저 외환보유액의 추이[44]를 보면 경상수지 적자가 지속되는 가운데서도 자본자유화의 진전으로 외화자금 유입이 증가하여 1992년 이후 외환보유액이 계속 증가한 결과 1996년 말 332억 달러에 달하였으나 1997년에 들어서는 외자유출이 늘어남에 따라 외환보유액이 300억 달러 내외 수준으로 하락한 경우가 많았습니다. 그런데 당시 외환시장 개입에 즉시 사용할 수 있는 가용외환보유액[45]은 외환보유액보다 훨씬 작은 규모였으나 잘 알려지지 않고 있었습니다. 그러다가 블룸버그통신Bloomberg이 우리나라 외환보유액에 대해 보도하면서[46] 국내외 시장 참가자들이 크게 놀라게 되었지요. 이때부터 우리나라 외화유동성에 대한 우려가 증가하게 되었다고 볼 수 있습니다.

한편 외채 측면에서 살펴보면 우리나라의 단기외채 비중은 다른 나라들에 비해 상당히 높았습니다. 곧 갚아야할 빚이 많았다는 이야기이지요. 1997년 6월 말 현재 한국의 단기외채 비중은 67%, 외환보유액 대비 단기외채비율은 300%에 달하였습니다. 더욱이 IMF에 긴급자금 지원을 요청한 이후였던 12월에는 한국의 대외 채무가 정

---

44   Obstfeld의 모형에서 중시하는 지표이다.

45   가용외환보유액이란 외환보유액에서 국내 은행 해외점포예치금과 기타(스왑거래 등)를 제한 금액이다. 1997년 말까지는 국내외국환은행의 외화자산을 외환보유액에 계상하였으나 1998년부터 이를 외환보유액에서 제외하고 통화당국이 보유하고 있는 외화자산만 외환보유액으로 계상하게 되었다.

46   2007년 11월 10일 블룸버그통신은 우리나라 외환보유액이 정부 발표(2007년 10월 말 현재 305억 달러)와는 달리 150억 달러 수준에 불과하다고 보도하였다.

부발표보다 훨씬 많다는 외국 언론들의 보도가 있었는데, 이러한 보도는 한국의 외화유동성 사정과 외채상환능력에 대한 국내외 시장 참가자들의 우려를 증폭하는 계기가 되었습니다. 점점 기폭제가 다가오고 있었습니다.

이러한 외환위기 발생에 대한 예상은 태국, 인도네시아, 말레이시아, 필리핀 등 동남아시아 국가들로부터의 외환위기 파급우려, 잇따른 재벌기업의 도산, 금융회사 부실화 정도의 심화로 대두되었으며 1997년 대선 직전의 정치적 불안정 등으로 인해 더욱 심화되었을 가능성이 있습니다.

이처럼 우리나라는 외환위기를 맞을 당시 환율 안정에 투입할 수 있는 가용 외환보유액이 당초 외환당국이 발표한 수준에 훨씬 미달한 상황이었고 단기외채 비중도 높았으며 외국인 투자가들의 의구심을 야기할 정도로 외환보유액과 외채통계의 투명성에도 문제가 있었습니다. 그러므로 투자가들이 환율 상승을 예상할 수 있는 취약

표 15.1 단기외채비율(1997년 6월 말 현재)

(%)

	인도네시아	말레이시아	태국	한국	아르헨티나	브라질	칠레	멕시코
단기외채/총외채	24	39	46	67	23	23	25	16
단기외채/외환보유액	160	55	107	300	108	69	44	126

자료: BIS, IMF, WorldBank

한 상황에 있었다고 볼 수 있습니다.

이에 따라 거주자외화예금이 증가하고 수출기업이 수출대금을 국내로 송금하기를 늦추고 기업과 개인이 달러화 사재기에 나서면서 대외 신인도가 하락하고 8월 이후 외국인 주식투자자금이 순유출로 전환되었으며, 외국환거래가 완전히 자유화되어 있는 역외선물환 nondeliverable forwards, NDF 시장에서도 1997년 하반기부터 투기적 압력이 크게 높아지는 자기실현적 투기공격이 나타났습니다.

금융회사를 통한 급격한 자본 유출

우리나라의 외환위기 과정을 살펴보면 대규모의 자본 유입이 금융회사들의 차입에 의해 이루어졌으며 1997년의 급격한 자본 유입 축소도 금융회사들을 중심으로 나타났습니다. 이러한 자본 유출입 과정에 대해서는 조금 후 삼불일치론의 관점을 설명하면서 알아보기로 합니다. 자본 유출입 과정을 살펴보는 데에는 금융회사의 역할 뿐 아니라 자본자유화와 금융자유화를 추진한 정책도 연관되어 있습니다.

많은 사람이 우리나라 자본자유화의 실패에 무게를 두고 외환위기를 설명하고 있습니다. 우리나라가 1996년 12월 OECD 가입을 앞두고 지나치게 자유화를 확대하였으며, 비록 자유화 수준이 그리 높지 않았더라도 자유화의 순서가 잘못되었기 때문에 외환위기가 발생하였다고 주장합니다. 1993년 이후 단기상품 위주로 추진된 금리자유화는 자금 조달의 단기화와 조달금리의 인상을 가져와 금융위기를 재촉하였다고 합니다. 즉 1995년 하반기 이후 국내 경기가 침체되고 교역조건이 악화되면서 재벌기업들의 매출수입과 현금흐름이 나빠졌습니다. 1997년 초부터는 한보, 삼미, 진로 등 대기업의 부도로 은행위기가 발생하였고, 이러한 은행위기가 외채구조 단기화와 외환보유액 부족 등을 심화시켜 다시 외환위기로 발전하였다는 것입니다.

그러나 일부는 이에 대해 반론을 제기하면서 이러한 자본자유화정책은 1997년 위기 이전까지는 대체적으로 수동적이고 점진적으로 추진되었다고 볼 수 있다고 주장합니다.[47] 물론 이 기간에도 OECD 가입을 위해서 1996년 말 다소 폭넓은 자유화조치를 취하기는 하였으나 자유화 정도는 OECD 회원국 평균에 훨씬 못 미치는 낮은 수준을 유지하였다고 합니다.[48] 또한 위기 이전에는 자본자유화가 기본적으로 외환의 실수요원칙에 입각해서 이루어졌으며 칠레나 인도네시아 등과 같은 신흥시장국과 비교하면 매우 속도가 더디고 그 범위도 선택적이었다는 의견을 제시하였습니다. 따라서 자본의 자율적 거래보다는 주로 경상수지의 적자를 보전하는 금융거래나 경상수지의 흑자로 인한 통화증발압력을 완화하는 차원에서 자본자유화가 이루어졌다고 주장합니다.[49] 한편 실증분석을 통해

---

47   Johnston et. al. (1997)

48   OECD 자본이동 자유화규약의 회원국 평균수락비율은 1996년 말 기준으로 89.0이었고, 한국은 54.9를 기록하였다. 이는 멕시코(70.3)는 물론 헝가리(58.2)와 폴란드(56.0)보다도 낮은 수치이다.

49   유재원·김태준, 〈한국의 금융·자본자유화와 금융·외환위기〉(2004)를 참고하였다.

대내적 금융자유화와 대외적 자본자유화의 진전이 금융위기·외환위기와 어떠한 연관성 내지 인과관계를 맺고 있는지를 분석한 결과에 따르면, 자본자유화와 금리자유화가 외환위기의 원인을 제공하였다는 주장은 근거를 찾기 어려웠다고 합니다.[50]

경제의 기초 여건이 취약성을 드러내고 외채와 외환보유액과 관련한 기폭제가 터질 순간이 다가오는 가운데 자본자유화정책은 책임이 없었던 것일까요?

삼불일치론의 관점

세계화와 대외 개방

삼불일치론의 시각에서 금융위기에 접근하기에 앞서 대외 개방, 환율 변동, 금리 변동 등에 대해 잠시 다시 짚어봅니다. 경상수지 적자가 지속되고 대기업 등의 자금 수요가 급증하고 있을 때 우리나라 외환시장의 대외 개방이 이루어졌던 것입니다. 저리의 외화 차입이 가능해졌으므로 국내 은행들은 대기업에 대한 대출을 외화대출을 통해 확대할 수 있었습니다. 해외 금리는 국내 금리에 비하여 엄청나게 낮아서 이 또한 자금 수요를 자극하였습니다. 아울러 환율은 안정적으로 운영될 것으로 보이므로 환 리스크를 걱정할 필요도 없

50　유재원·김태준, 〈한국의 금융·자본자유화와 금융·외환위기〉(2004)를 참고하였다.

었지요. 당시 국내 금리는 실질적으로 자유화되지 않아 내외금리차가 지속되고 있었으며 환율제도로는 바스켓환율제가 운용되고 있었습니다. 그런데 이와 같이 크게 증가하던 대기업 대출의 부실화는 금융위기가 발생하는 주요 요인으로 작용하였습니다.

한편 정부는 외환시장을 개방하면서 단기 해외 차입은 자유화한 반면 장기 해외 차입은 금액 제한을 규제하였는데, 이는 장기차입을 더 위험하다고 판단하였기 때문입니다. 사실 단기차입금리는 장기차입금리보다 낮으므로 차환만 계속할 수 있다면 돈을 단기로 빌리는 것이 유리하지요. 돌이켜 생각해보면 당시 방향은 반대로 설정된 잘못된 조치였습니다. 국제금융시장의 사정이 어려워지면 단기차입금이 먼저 철수하기 마련입니다. 단지 우리나라의 문제가 아니라 동남아 국가들이 모두 위기 상황에서 갑자기 차입금을 상환해야 했는데, 그 결과 외화유동성 문제에 봉착하게 되었던 것입니다. 외환위기의 발단입니다.

삼불일치론 시각에서 본 해석

이제 삼불일치론의 시각에서 '금융시장 개방'과 '내외금리차' 그리고 '환율 운용'에 대해 중점을 두고 해석하고자 합니다. 우리의 관심은 '원화와 외화 그리고 금리와 환율의 연결고리'에 있으니까요. 물론 다른 요인에 문제가 없지는 않았지만 근본 요인에 접근하기 위해서입니다. 앞에서 설명하였던 많은 요인도 이 핵심 요인과 밀접하게 관련되어 있습니다. 첫째, 외채 증가의 문제는 '금융시장 개방'으로 외화자금이 급증하던 상황과 직결되어 있으므로 삼불일치론의 자본자유화, 둘째, 경상수지 적자 문제는 '환율을 낮게 운용'하였던 정책, 즉 원화 고평가 상황에 따른 문제였으므로 삼불일치론의 환율 안정, 셋째, 부동산 버블 문제, 넷째, 대기업의 과잉중복투자 문제는 '내외금리차'에 따른 저금리 외화의 유입과 관련되어 있었으므로 삼불일치론의 통화정책의 독자성과 각각 관련이 있습니다. 일반적으로 거론되는 외환위기의 발생 요인들은 모두 삼불일치론의 세 가지 주제로 치환될 수 있습니다.

돌이켜보면 외환위기 이전 우리나라의 내외금리차는 약 8%p에 달했으며 환율은 안정적으로 유지[51]되고 있었는데, '세계화 segeyhwa[52]'를 슬로건으로 자본시장이 갑자기 개방[53]되면서 국내외금리와 환율의 재정거래를 겨냥한 외화 차입이 급증하였습니다. 즉 기업과 금융기관 등의 외화보유와 외환거래가 규제 완화를 통하여 자유로워진 상황에서도 환율은 여전히 미 달러와 연계된 사실상의 고정환율이 지속되는 가운데 고금리가 유지되고 있었습니다. 따라서 기업들은 환위험 부담 없이 금리가 훨씬 낮은 외화 차입을 선호하였

51　　1995. 1~1996. 12월 중 원/달러 환율(월 평균)은 755.5~835.7원/달러 수준을 유지하였다.

52　　당시 정부는 세계화를 'segeyhwa'로 표시하면서 'globalization'과는 의미가 다르다고 강조하였다.

53　　1992년부터 금융자유화 3단계 추진 계획에 따라 각종 규제 완화와 시장자유화가 진행되는 과정에서 외환거래의 실수요원칙 폐지, 외화보유한도 확대, 한국은행 외화집중제도 폐지 등이 이루어졌다.

으며, 종금사를 비롯한 금융회사들도 국내 예금금리가 높은 여건 속에서 예대마진 확보를 위해 외화 차입에 치중하였습니다.

결론적으로 환율을 안정적으로 가져가는 상황에서는 외화 차입과 관련된 환위험이 거의 없기 때문에 내외금리차를 이용한 차익거래 목적의 외화 차입이 크게 늘어나게 되었는데, 이것이 우리나라 외환위기의 근본 요인이라고 하겠습니다. 다시 말해 삼불일치론의 관점을 충분히 이해하지 못하여 자본자유화와 더불어 금리자유화 또는 환율자유화를 병행 추진하지 못한 정책적 오류가 있었다고 볼 수 있습니다. 또한 우리가 앞서 살펴본 신흥시장국의 위기 발생 요인이 그대로 적용된 사례라고 하겠습니다. 당시 국내 경제 여건상 국내

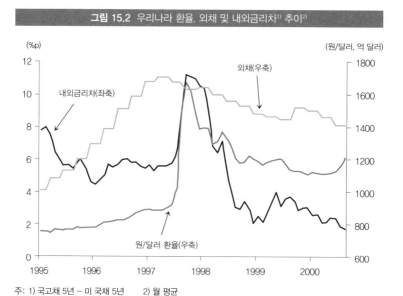

그림 15.2 우리나라 환율, 외채 및 내외금리차[1] 추이[2]

(%p)　　　　　　　　　　　　　　　　　　　　　　　　(원/달러, 억 달러)

외채(우축)

내외금리차(좌축)

원/달러 환율(우축)

1995　1996　1997　1998　1999　2000

주: 1) 국고채 5년 − 미 국채 5년　　2) 월 평균
자료: 한국은행, Bloomberg

금리를 조정하기 어려운 상황에서는 차익거래에 의한 외화 차입을 효과적으로 통제하기 위하여 내외금리차에 따른 이득이 환율 변동에 의한 환차손을 통해 상쇄될 수 있도록 변동환율제를 적극 도입해야 했습니다.

경제의 취약성vulnerability과 위기에 직접 방아쇠를 당긴 기폭제trigger

위기는 신뢰가 무너질 때 일어납니다. 신뢰를 잃어버린다면 자기실현적 예언이 될 수 있어서 위기를 맞게 되지요. 매우 큰 사건이 대부분 그러하듯이, 여러 개의 서로 다른 원인이 동시에 겹쳐 일어나게 되었습니다. 외환위기가 발생하게 된 요인들을 경제의 취약성과 위기에 직접 방아쇠를 당긴 기폭제로 구분해볼 필요가 있습니다.

파도치는 태평양 한가운데서 기초경제 여건을 양호한 상태로 계속 유지하기란 어렵습니다. 글로벌 금융위기의 파도가 우리에게 밀려왔을 때는 1997년 외환위기를 맞이할 때보다 우리경제의 기초여건이 훨씬 양호한 상태인데도 어려움을 겪었으며 위험한 순간도 있었습니다. 화약이 쌓여 있는 창고에서 언제나 불이 나는 것은 아닙니다. 불씨를 댕겨야 화재가 발생합니다. 경제의 취약성을 예방하여 건강한 체질을 만드는 일도 중요하지만, 우리 몸 어디엔가 아픈 구석이 있기 마련입니다. 직접 방아쇠를 당겨 위기를 발생시키는 기폭제에 주의할 필요가 있습니다. 삼불일치론에 대한 이해는 이러한 기폭제에 대한 관심이기도 합니다.

외환위기 발생 요인에 대한 다양한 의견[54]

이영섭·이종욱(1998)은 비록 외채부담 증가, 기업재무구조 악화 등으로 인해 외환위기의 가능성이 커지기는 했으나 국제금융시장에서도 급작스런 외환위기의 도래가 예견되지 못했음을 지적하면서 기초경제 여건에 근거해 한국에서의 외환위기를 사전에 예견했다는 입장은 다소 무리가 있다고 주장하였다. 이들은 단기외채 비중 및 일본에 대한 외채의존도가 모두 높은 상황에서 일본의 금융기관들이 단기외채의 차환을 거부하고 이것이 다른 나라 금융기관들의 군집행위를 유발함으로써 외환위기가 발생했다고 하였다.

정운찬(1998)은 주로 제도적인 부실에 의해 여러 부문에서 발생한 '거품'이 일시에 소멸되는 과정에서 외환위기가 발생했다고 하였다. 그러므로 구조조정 노력도 이러한 제도적 결함을 시정하는 데 모아져야 한다고 하였다.

곽노성(1998)은 한국의 외환위기가 지급불능insolvency의 문제에서 비롯되었으며 유동성 부족과 국제금융시장의 행태를 간과한 정부의 미숙한 대응에서 기인했다고 주장하였다. 그는 제2, 제3의 외환위기와 이에 따른 금융경색 및 경제위기에 대응하기 위한 대책으로서 투자가의 신뢰 회복 및 외채상환 방안을 제시하였다.

한편 우리나라의 외환위기를 실증적으로 분석하려고 시도한 논문으로는 박대근·이창용(1998)을 들 수 있다. 이들은 100여 개 개발도상국을 대상으로 외환위기의 발생 원인을 실증적으로 분석하였다. 이에 따르면 한국의 외환위기 발생 확률은 14% 내외로 크지 않았으나 멕시코나 동남아 국가들에 비해서는 높은 수준이었다고 주장하였다. 이들은 이런 점에 비추어 한국의 외환위기를 실증적으로 예측하기는 어려웠으나 그렇다고 해서 외환위기가 전혀 근거 없이 발생한 것은 아니라고 주장하였다.

54　최창규, 〈투기적공격 이론과 한국의 외환위기〉, 《경제분석 제4권 제2호, 1998. Ⅱ》(한국은행)를 주로 참조하였다.

김경수(1998)는 한국의 금융위기는 어느 한두 가지 요인 때문이라기보다는 교역조건의 악화, 금융자유화의 부작용, 정치적 불안정 등 다수의 악재가 겹쳐 발생했다고 하였다. 그러므로 구조개혁은 한국경제의 성장 잠재력은 물론 생산성 내지는 효율성을 높이는 방향으로 추진되어야 하며 아울러 시장원리에 입각하여 신속하게 진행되어야 한다고 했다. 그는 구조조정 과정에서 민간의 리스크가 국가의 리스크로 전환되는 것을 경계해야 하며 부실기업과 부실금융기관의 조속한 정리를 구조개혁의 출발점으로 삼아야 한다고 주장하였다.

2. 금반지를 꺼내다

위기를 극복하기 위한 노력들

주요 정책들

2001년 8월 23일 우리나라는 IMF 지원자금을 전액 상환함으로써 이른바 IMF 사태를 조기에 졸업할 수 있게 되었을 뿐 아니라 구제금융을 받은 나라 중에서 가장 성공적으로 외환위기를 극복한 모범사례로 인정받았습니다. 당시 신문을 크게 장식한 머리기사를 기억합니다.

이제 외환위기 극복 과정에서 우리가 취한 정책들을 살펴봅니다. 일부 정책은 외환위기 대응 과정에서 이루어진 후, 경제 여건이 바뀌면서 달라졌으며 상당수 정책은 그 이후에도 지속되었다고 볼 수 있습니다. 이들 정책을 요약하여 정리해봅니다. 첫째, 외환위기는 말 그대로 외화 부족으로 생긴 위기였으므로 고환율과 고금리정책을 통하여 외화자금을 조달하였습니다. 둘째, 위기의 근원이라고 생각했던 금융회사와 기업을 대상으로 구조조정을 하였습니다. 셋째, 외화자금을 적극적으로 유치하기 위하여 자본자유화를 더욱 확대하였습니다. 넷째, 국제기준에 부합하도록 회계기준과 은행감독기준을 개정하였으며 마지막으로 경기를 부양하기 위해 부동산 부양 정책을 사용하였습니다.

어떻게 진행되어 왔는가?

외환위기 직후 무슨 일이 일어났던 것일까요? 금리와 환율 그리고 자본시장 개방에 초점을 맞추어 간단히 알아봅니다. 외환위기 직후인 1997년 말 우리나라의 금리는 상상을 초월한 수준이었습니다. 당시 시장금리는 3년 만기 회사채 기준이었는데 유통수익률의 최고치는 31%까지, 91일물 기업어음은 41%까지 급등하였습니다. 이후 다소 하락하는 가운데서도 1998년 상반기까지 상당히 높은 수준이 지속되었습니다. 그런데 당시에는 기업들의 부채비율이 지금보다 훨씬 높은 상황이었습니다. 이렇게 금리 수준이 높게 지속됨에 따라 재무구조가 비교적 건실한 기업까지도 도산하는 경우가 있었으며, 이는 금융회사들의 부실로 이어졌습니다. 기업 도산 등으로 은행들은 대출을 꺼리게 되었으며 이에 따라 기업이 다시 도산되는 악순환이 반복되었습니다.

한편 원/달러 환율은 1997년 말 최고 1965원까지 급등하였습니다. 수출기업들을 통해 경상수지를 흑자로 만들기 위해 추진된 정책은 수입의존도가 높은 내수기업들의 몰락을 초래하였으며 기러기 아빠들의 눈물을 자아냈습니다. 또한 이러한 고환율정책이 자본시장 개방정책과 함께 추진됨으로써 해외 자본에게 우리나라의 기업의 주식과 부동산 등을 헐값에 매수할 기회를 제공하였습니다. 선진국 투자자본의 눈으로 보면 높은 수익률을 올릴 수 있는 저가 매수의 시점이었지요. 우리는 시장을 제공하였고 그들은 쇼핑을 하였습니다.

위기 대응에 대한 평가

대응에 대한 비판

외환위기가 극복된 직후 여러 정책을 잘 추진하여 위기를 조기에 극복할 수 있었다는 찬사를 받았지만, 세월이 지나면서 추진 과정에서 문제점이 많았다는 비판이 제기 되었습니다. 결과적으로 여러 가지 부정적 측면이 있었다는 점을 부인하기 어렵습니다. 물론 긍정적인 측면도 있었지만 모든 일에는 양면성이 있으며 세월이 흐르면 역사의 교훈도 달라집니다. 특히 2008년 글로벌 금융위기를 대응하는 과정에서 선진국이 취한 조치들을 보면서 1997년 외환위기 당시 IMF가 요구했던 가혹한 조치들과 이에 따른 우리나라의 대응이 잘못되었던 것은 아닐까 하는 의구심이 높아졌습니다. 다른 여러 신흥시장국도 미국을 포함한 선진국이 주도하는 IMF의 행태를 비난하는 가운데 우리나라에서도 비판적인 주장이 힘을 얻고 있습니다.

강연의 주제와 관련하여 우리의 관심은 '원화와 외화 그리고 금리와 환율의 연결고리'이므로 당시의 고금리 고환율 정책과 금융시장의 개방을 중심으로 알아봅니다. 정책에 대한 평가는 다양한 경제환경의 변화 속에서 이루어지는데다가 당시 그러할 수밖에 없었는지와 그러한 정책들의 영향이 계속되는 기간을 어디까지로 보아야 하는가의 문제와 관련이 있습니다.

돌이켜보면 당시 우리나라가 IMF로부터 지원 받은 570억 달러는 지금 시점에서는 그리 크지 않은 돈입니다. 그러나 기업이 부도가 날 때는 아무리 대기업이라도 마지막 순간 막지 못하는 대금은 아주 작은 금액에 불과합니다. 당시 IMF가 우리나라에 요구한 조건은 분명 가혹하였습니다. 고금리와 고환율 정책의 기본 방향은 어쩔 수 없다고 하더라도 금리와 환율을 그 정도 수준까지 올리지 않아도 우리나라에 외화자금이 유입되었을 것이라고 생각합니다. 얼마의 수준이 적정했을까요? 지금 시점에서 이에 대해 분석하는 작업이 쉽지 않다고 생각합니다. 시장은 언제나 적정 수준을 넘어서 과도하게 움직이는 경향이 있으니까요.

위기 대응 과정에서 우리나라 정부와 한국은행은 금리와 환율 수준이 과도하게 높다는 의견을 IMF에 계속 제시하였으며, 이러한 의견과 시장 여건을 반영하면서 금리와 환율은 지속적으로 하락하게 됩니다. '역사는 과거와 현재의 대화'라고 했던가요? 외환위기 이후 우리 경제가 얼마나 개선되었으며 현재의 경제 상황이 어떠한지에 대한 오늘의 판단도 당시의 대응이 적절했는가를 평가하는 주요한 잣대가 될 테지요.

위기 이후 달라진 모습

모두 아시다시피 경제체계 뿐 아니라 우리 사회 전반은 IMF 이전 과 이후로 구분된다고 말해도 과언이 아닐 만큼 외환위기를 기점으로 여러 가지 변화가 있었습니다. 가장 큰 변화로 금융회사, 기업, 정부, 가계 모두 리스크에 대한 인식이 변했다는 점을 들 수 있습니다. 금융회사의 BIS비율 준수와 자기자본 확충, 기업의 부채비율 관리, 정부의 재정적자에 대한 인식, 가계 구성원의 안정적인 직업 선호 등과 같은 점이 대표적인 사례가 될 수 있겠네요. 그러나 과거 개발시대의 압축성장이 더 이상 이루어지지 않는 가운데 우리 국민의 소득 증가가 둔화하였으며 사회의 양극화가 심화되고 리스크를 회피하고자 하는 경향이 지나치게 심화되어 경제의 역동성이 약화된 점은 부정적인 변화라고 보아야 할 것입니다. 또한 과도한 부동산 가격 하락의 급반등이 만들어낸 문제와 인위적으로 경기를 부양하는 과정에서 발생한 신용카드 사태와 같은 일들도 '작용에 따른 반작용'이라고 보아야겠지만 너무나 빨리 변하는 우리 사회에서 이러한 부작용은 이미 기억의 저편에 머물러 있네요.

이야기를 진행해나가는 과정에서 강연 주제로 다시 돌아와 집중하여야 합니다. 우리는 다시 '원화와 외화 그리고 금리와 환율의 연결고리'를 생각하면서 자본이동에 대해 짚어봅니다. 외환위기 이후,

또는 위기 과정이라고 할 수도 있지만, 우리나라의 통화정책은 통화량 중심에서 금리 중심으로 변경되었으며 현재 시중금리는 시장에서 수요와 공급의 원리에 따라 움직이고 있습니다. 한편 환율도 외환위기 이후 변동환율제가 가동되면서 시장원리에 따라 움직이고 있으나 가끔 '환율 주권론'을 내세우는 정부와 '수출길이 막힌다'는 기업들의 주장에 흔들리는 순간이 있습니다. 나중에 다시 말씀드리겠지만 한때 환율을 높은 수준으로 유지하려는 정책은 글로벌 금융위기 과정에서 우리 경제를 힘들게 하는 요인이 되었습니다. 마지막으로 자본시장 개방은 결과적으로 조기에 과도하게 추진한 결과가 되어 우리나라 시장의 변동성을 크게 하면서 대외 충격에 취약한 구조를 초래하였는데, 이는 글로벌 금융위기 과정을 겪으면서 자본이동의 변동성을 줄이고자 거시건전성정책을 취하는 배경이 되었습니다.

비판에 대한 반론

앞에서 설명드린 바와 같이, 외환위기 과정에서 있었던 IMF의 지원방식에 대한 문제 인식이 잠재되어 있는 가운데 글로벌 금융위기 과정에서 주요 선진국이 재정을 확대하고 정책금리를 인하하며 유동성을 거의 무제한 공급하는 통화팽창정책을 사용하면서 위기에 대응하자, 1997년 당시 우리의 외환위기 대응 방향이 잘못되었다는 주장이 다시 제기되었습니다. IMF의 대응 과정을 비교해보고 1997년 당시 우리나라와 2008년 선진국의 대응 방향 중 어느 편이 더 적절할까에 대해 다시 생각하는 작업은 필요하다고 생각합니다. 그러나 '어느 편이 더 적절할까요?'라는 질문을 던지면서 결과적인 대응방식만을 비교하여 차이가 나는 이유를 정치적 동기로 해석하는 방식은 곤란합니다. 단순 비교를 요구하는 질문은 우문愚問이 되기 쉽습니다. '여우와 두루미의 식사법'을 이야기했던 이솝우화를 생각합니다.

우리나라와 선진국의 금융환경은 다릅니다. 글로벌 금융위기의 진원지이며 가장 큰 타격을 받은 미국과 유럽은 통화의 국제화가 이루어진 나라들입니다. 금융위기를 극복하는 과정에서도 우리나라는 미국에서 발발한 위기 때문에 외화유동성위기를 겪었지만 선진국은 그렇지 않았습니다. 왜냐하면 자기나라 돈이 국제통화이므로 돈을 찍어내면 되기 때문에 외화의 문제가 끼어들 여지가 거의 없었습니다. 물론 미국을 제외한 다른 선진국은 초기 대응 과정에서 달러 유동성 부족을 일부 겪기는 하였지요. 한편 미국의 경우 위기 발생국인데도 글로벌 금융시장이 불확실해짐에 따라 안전자산 선호경향에 의해 해외에서 다른 나라의 자금이 오히려 몰려들었습니다. 미국의 경우 외환위기가 아니라 금융위기와 싸워야 했으며 그 후의 경기침체를 해결해야 하는 과제에 몰두하게 되었습니다.

반면 외환위기를 맞아 우리나라는 외국인들이 외화를 빼나가는 과정에서 외화가 부족하였으므로 외화를 끌어들이기 위해 고금리정책과 고환율정책을 사용할 수밖에 없었습니다. 당시 높은 금리와 환율로 우리나라 국채를 사면 향후 금리가 하락하면서 발생하는 채권의 자본이익과 환율이 떨어지면서 발생하는 환차익 모두를 얻을 수 있었으니 해외에서 외화가 몰려들지 않을 수 없었습니다. 그 과정에서 우리나라의 주식과 부동산을 싼값에 내어준 일은 가슴 아픈 일이지만, 기본 방향은 불가피한 선택이었다고 생각합니다. 다시 말씀드리지만 당시의 고금리와 고환율 수준이 적정했다는 얘기가 아닙니다. 당시의 환율 수준과 금리 수준 모두 너무 높았다고 생각하지만, 가격 변수란 언제나 과도하게 출렁거리는 기본 속성이 있다는 점을 감안해야 합니다. 선진국과 달리 우리나라의 경우 '울며 겨자 먹기'로 그러한 '방향'을 설정할 수밖에 없었다고 생각합니다. 다만 정도의 문제에 대한 시비는 남을 테지요.

다만 한 가지 아쉬운 점은 IMF가 우리에게 충분한 외화자금을 공급하였다면,[55] 우리나라가 추가적인 외화자금을 끌어들이기 위해 고금리 정책을 사용하지 않아도 되었겠지요. 그러나 현실적으로 IMF로부터 돈을 빌리면서 대규모로 빌려달라고 하기는 쉬운 일이 아니었으리라고 생각합니다.

한편 이번 강연에서 다루지는 않고 있지만 재정정책에 대해 말씀드리면 글로벌 금융위기 때와 달리 1997년 외환위기를 대응하는 과정에서 IMF가 긴축재정을 권고한 것은 잘못된 정책 판단이었다고 하더군요.[56] 당시 우리나라의 재정은 지금보다 양호한 상황이었으

---

55   좌승희, 〈세계금융위기 이후 경제학이론 및 방법론 논쟁: 교훈과 정책적 함의〉, 《한국경제의 분석, 제20권 제2호》(일반토론, 2014)

며 경기를 부양할 여력이 있었습니다.

모든 책임을 남의 탓으로 돌리는 일도 나쁘지만, 모든 책임을 내 탓으로 돌리는 일도 나쁘다고 생각합니다. '카이사르의 것은 카이사르에게, 하느님의 것은 하느님에게'라는 구절은 성경의 어디에 나와 있나요? 세상에서 제일 힘든 일 중의 하나가 내 탓과 남의 탓 그리고 시스템의 탓으로 구분해내는 일이라고 생각합니다.

56 김광환, 〈세계금융위기 이후 경제학이론 및 방법론 논쟁: 교훈과 정책적 함의에 대한 논평〉, 《한국경제의 분석, 제20권 제2호》(지정토론, 2014)

글로벌 금융위기

2007년 8월부터 금융시장을 공포에 떨게 한 미국의 금융위기가 시
작되었습니다. 그러나 발생 초기에는 열악한 신용을 가진 차입자들
이 이용한 서브프라임 모기지subprime mortgage 시장의 채무불이행 사
태가 미국을 넘어 글로벌 경제를 강타하리라고 생각한 사람은 거의
없었습니다. 그러나 곧 미국을 비롯한 전 세계 주식시장이 폭락하는
가운데 월스트리트의 금융회사들이 수천억 달러의 손실을 입고 파
산하거나 합병되는 모습으로 나타났습니다. 기업과 가계는 돈 빌리
기가 어려워졌으며 그나마 돈을 빌릴 수 있어도 더 많은 이자 지급으
로 허덕여야 했습니다. 돌이켜보면 1929년의 대공황을 제외하면 전
세계를 휩쓴 금융위기는 없었다고 볼 수 있습니다. 멀리까지 거슬러
가지 않더라도 1984년 미국의 저축대부조합위기, 1980년대 후반에
서 1990년대 초반까지 이어진 북유럽 국가들의 은행위기, 1992년
일본의 부동산가격 폭락 등으로 인한 은행위기, 1994년에서 1995년
에 걸친 멕시코와 아르헨티나 등 라틴아메리카의 금융위기, 1997년
에서 1998년에 걸친 아시아 금융위기 등은 그래도 국지적인 경제위

기였다고 말할 수 있습니다. 그러나 이번은 달랐습니다. 글로벌 위기인 만큼 위기가 국가 간에 전이되는 '연결고리'를 살펴보는 작업이 중요합니다. 미국에서 시작된 서브프라임 모기지 위기가 글로벌 금융위기로 확산한 데에는 우선 위기의 발생지가 글로벌 경제의 중심인 미국이었다는 원인이 있습니다. 또한 국제금융시장의 발달로 위기가 확산되기 좋은 '연결고리'가 많았죠. 우리의 관심인 '원화와 외화 그리고 금리와 환율의 연결고리'와는 어떤 관계가 있을까요?

1. 모기지에서 세계로

검은 백조Black Swan[57]와 꼬리 위험tail risk

미국에서 발생한 서브프라임 모기지 사태가 글로벌 금융위기로 전개되는 과정과 대응책을 말씀드리기에 앞서 질문을 제기합니다. 왜, 대공황 이후 가장 심각한 위기로 평가되는 금융위기를 예측하는 데 실패했을 뿐 아니라 위기가 확산된 이후에도 정확한 피해금액을 파악해낼 수 없었으며 초기에 적절한 대응책을 제시하지도 못했던 것일까요? 몇 가지 상징적인 사건은 금융위기가 미치는 영향을 대

---

57   발생 가능성이 거의 없어 보이지만 일단 발생하게 되면 엄청난 충격과 파급 효과를 가져오는 사건을 말한다. 백조는 흰 새임을 의심치 않았다가 검은 백조가 오스트레일리아에서 발견되면서 과거의 경험에 의존한 판단이 행동의 준거가 되어서는 안 된다고 반성한 데서 유래하였다.

변합니다. 2008년 10월 군림하나 통치하지 않는다는 영국 여왕 엘리자베스 2세는 런던 정경대학London School of Economics and Political Science을 방문하였을 때 '왜 금융위기의 도래를 예측하지 못했는가?' 하고 질문하였습니다. 2011년 9월 뉴욕에서 시작된 '월스트리트를 점령하라Occupy Wall Street' 시위는 금융위기의 발생 책임과 빈부격차 심화에 항의하였습니다.

나심 탈레브Nassim Nicholas Taleb는《블랙 스완Black Swan》에서 극단의 중요성에 대해 이야기한 바 있습니다. 칠면조의 입장에서 1000일 동안 매일 먹이를 가져다준 고마운 주인과 추수감사절을 앞두고 찾아온 주인은 같을 수 없습니다. 마지막 하루는 그동안 계속된 하루와 너무나 다릅니다. 또 무작위로 1000명의 평균 재산을 산정하는 작업에서 마이크로소프트MS의 빌 게이츠가 포함된다면 단 한 명이 통계를 바꾸게 되겠지요. 탈레브는 검은 백조의 속성을 세 가지로 정리하였습니다. "첫째, 극단값이 발생할 가능성은 과거 경험으로부터 유추해낼 수 없다. 둘째, 검은 백조의 출현은 극심한 충격을 준다. 셋째, 검은 백조가 현실로 드러나면 적절한 설명을 통해 인과관계를 찾는 작업이 진행되지만, 후견지명後見之明이다."

위기의 서막과 진행

잠재된 위기: 주택 버블의 생성과 붕괴
위기의 시작은 서브프라임 모기지[58]를 이용하여 주택을 구입했던 사람들이 차입금을 갚지 못하면서 시작되었습니다. 자기 주택을 가지고 싶은 욕망은 누구에게나 있습니다. 미국 사람들도 내 집 마련이 꿈이지요. 신용도가 높은 사람들만 모기지를 이용하여 주택을 구입할 수 있었으나 2000~2001년의 경기침체가 지난 후 중국과 같은 신흥시장국으로부터 유입된 자금으로 유동성이 풍부해지면서 주택가격이 급등하는 가운데 신용도가 낮은 사람도 이용할 수 있는 서브프라임 모기지시장이 형성되기 시작하였습니다. 주택가격이 상승하면서 차입자는 더 많이 차입할 수 있었고 가격이 오르는 주택은 든든한 담보가 되었으며 서브프라임 모기지를 기초자산으로 한 MBS(주택저당증권)에 대한 투자수익률도 좋았으므로 모두에게 행복한 시절이었습니다.

그러나 서브프라임 모기지를 기초자산으로 한 MBS 발행이 활성화되면서 신용위험에 대한 관리가 소홀해졌습니다. 더욱이 중개업자들이 MBS를 보유하는 것이 아니라 단순 중개만 했으므로 이러한 위험에 더 관심이 없었지요. 주택을 구입하려는 차입자가 원리금을 상환할 수 있는지에 대한 우려는 전혀 없이 단순히 수수료만 챙길 뿐이었습니다. 한편 신용평가기관들은 공정한 신용평가와 수수료 수입이라는 이해상충의 딜레마를 가지면서 MBS 구조화에 대한 명확한 이해 없이 또는 새로운 금융공학[59]이 신용을 확보해줄 것이

---

58 서브프라임 모기지의 구조에 대해서는 '서브프라임 모기지의 구조(p. 399)'를 참조하라.

라고 믿으면서 신용평가를 하였습니다. 전형적인 주인–대리인 문제 principal-agency problem가 표출된 기간이었습니다. 그러한 과정에도 주택가격 대비 모기지 금액을 나타내는 LTV비율loan-to-value ratio은 지속적으로 완화되어 자기 돈이 거의 없어도 주택을 구입할 수 있게 되었습니다.

자산 가격이 기초경제 여건을 이탈하여 상승하면 반드시 하락하게 되는 법, 급등은 급락을 부르게 되지요. 주택 가격이 폭락하면서 채무불이행이 급격히 증가하였으며, 집값이 모기지 금액 이하가 되어 자기 집을 포기하는 차입자가 속출하였습니다.[60] 이에 따라 금융회사들은 대출금을 회수할 수 없는 가운데 모기지 주택을 압류 foreclosure하였으나 엄청난 손실을 부담하면서 유동성위기에 처하게 되었습니다. 금융위기의 서막이 시작된 것입니다.

<hr>

59 1970년대 이후 효율적 시장 가설은 자산 가격 결정 모형Capital Asset Pricing Model, CAPM과 함께 금융상품에 내재된 위험의 확률과 가치를 수치로 표시할 수 있다는 금융공학의 발전에 기여하였다. 금융공학의 발전은 역설적으로 투자자들의 위험을 분산하고 관리할 수 있다는 믿음을 제시함으로써 신용평가회사의 평가와 기관규제당국의 감독과 감시를 느슨하게 하는 분위기를 조성하였다.

60 미국의 모기지 제도상 모기지 차입자의 주택 매각 대금이 차입금보다 작을 경우 담보주택을 포기하면 차입자가 부족분을 상환할 책임이 없다. 그래서 일부 지역에서는 밤중에 집을 버리고 도주하는 경우도 종종 있었다.

서브프라임 모기지subprime mortgage의 구조

2000년 이전에는 가장 신용도가 높은 프라임 차입자prime borrower만이 주거용 모기지를 얻을 수 있었다. 그런데 컴퓨터 기술과 새로운 통계분석 기법이 발전하면서 보다 위험한 주거용 모기지 계층인 서브프라임 신용위험에 대한 계량적 평가기법이 개발되었다. 또한 컴퓨터 기술의 발전에 따라 소액대출을 한데 묶어 이를 기초로 표준적인 채무증권을 발행하는 증권화securitization가 가능해지면서 MBSmortgage—backed securities(주택저당증권) 발행이 확대되었다.

　새로운 금융공학이 발전하면서 기초자산의 현금흐름을 이용하여 수익구조와 위험에 대한 선호가 다른 다양한 투자가들이 만족할 수 있도록 설계된 금융상품이 만들어졌다. CDOcollateralized debt obligation는 서브프라임 모기지에서 지급되는 현금흐름을 이용하여 원리금 지급의 우선 순위가 다른 여러 종류의 증권tranche을 발행한다. 우량등급 증권은 기초자산 부실 발행 시에도 우선 상환되는 반면 후순위 증권은 마지막에 상환되면서 MBS 손실을 모두 떠안아 가치가 없어지거나 잔존가치만을 받게 되는 구조이다. 이뿐 아니라 MBS와 같이 기초자산에서 발생되는 현금흐름을 다시 묶고 쪼개어 위험 특성이 분산됨에 따라 어디에 위험이 숨어 있는지 알 수 없게 되었다. 심지어 여러 CDO에서 나오는 현금흐름을 다시 묶고 쪼개어 위험 특성을 변화시킨 CDO^2와 다시 CDO^2를 기초자산으로 한 CDO^3도 나타났다.

위기의 시작

　신용평가기관인 Fitch와 S&P가 MBS와 CDO에 대한 신용등급 하락을 발표하자 ABCPAsset Backed Commercial Papers 시장이 경색되면서 2007년 8월 7일 프랑스 증권회사인 BNP파리바가 일부

MMFMoney Market Fund의 환매를 중지하였으며 2007년 9월 7일 영국 대형 은행인 노던록Northern Rock이 붕괴되었습니다. 미국 주택가격의 하락이 가속화하면서 모기지의 채무불이행이 점차 증가함에 따라 MBS 가격 폭락에 따른 은행의 자산상각이 이루어졌습니다. 금융회사들은 자산을 매각하고 자금을 회수하는 한편 대출을 억제하였지요. 정보의 비대칭 문제가 확산되고 미국의 경제는 침체되었으며 실업률은 상승하였습니다.

2008년 3월 미국의 투자은행인 베어스턴스Bear Stearns는 J.P. 모건에 강제로 매각되었으며[61] 2008년 9월 패니매Fannie Mae와 프레디 맥Freddie Mac은 정부의 자산관리를 받게 되었습니다.[62] 다음으로 2008년 9월 14일 미국에서 자산 규모가 세 번째로 큰 투자은행인 메릴린치Merrill Lynch가 뱅크 오브 아메리카BOA에 매각된다고 발표하였으며, 드디어 2008년 9월 15일 6000억 달러의 자산을 지닌 네 번째 대형투자은행인 리먼 브라더스Lehman Brothers가 미국 역사상 최대의 파산 신청을 하게 됩니다. 누구는 리먼 브라더스Lehman Brothers가 아니라 리먼 시스터스Lehman Sisters였으면 무리한 투자를 자제했을 거라고 농담하더군요. 2008년 9월 16일 1조 달러 이상의 자산 규모를 가진 거대 보험사인 AIG에 미 연준의 긴급 유동성이 공급되었으

61 베어스턴스로 인한 위기 확산을 최소화하기 위하여 미 연준은 시가평가가 곤란한 300억 달러 규모의 베어스턴스 자산을 인수하였다.

62 모기지를 지원하는 정부후원기업government sponsored enterprise, GSE인 민간기업으로 당시 5조 달러 이상의 모기지와 MBS 등에 대한 보증채무가 있었다.

며[63], 같은 날 대형 MMF인 리저브 프라이머리Reserve Primary Fund에도 미 재무부의 환매보증이 지원되었습니다.

미국이 위험하다는 소식이 들리자 유럽에서 경종이 울렸습니다. 금융시장의 위험은 '연결고리'를 통하여 전파됩니다. 이번의 연결고리는 MBS, CDO 등 파생금융상품이었습니다.

위기의 확산

이러한 금융위기는 미국에서 유럽과 신흥시장국으로 빠르게 전파되었습니다. 왜 그렇게 빠르게 확산되었던 것일까요? 조금 뒤 '위기의 단계'에서 다시 말씀드리겠지만 위기가 전파되는 경로는 금융 부문과 실물경제 부문으로 나누어 생각해볼 수 있습니다.

우선 금융 부문에는 금융의 글로벌화로 직접 위기가 전파되는 연결고리가 내재되어 있었기 때문이지요. 유럽 금융회사들은 생각보다 많은 미국의 MBS를 보유하고 있었습니다. 유럽의 입장에서는 쌍둥이 적자에도 성장을 지속하는 미국의 경제 여건이 훨씬 나아보였겠지요. 여담이라고 할까요, 우리나라 금융회사들은 글로벌 금융위기에서 미국 MBS를 비교적 적게 가지고 있습니다. 이렇게 상대적으로 행운이었던 이유는 우리나라 금융회사들이 아직 국제화가

---

63   AIG는 MBS를 판매하면서 신용파산스왑credit default swaps, CDS을 통해 신용보강을 하였는데, 금융위기 직전 신용파산스왑을 약 4,000억 달러 보유하고 있었다. 신용 리스크가 확대되면서 AIG는 MBS 투자자들의 손실에 대해 일종의 보험금 성격으로 막대한 증거금을 지급하여야 했다.

덜 되어 있었기 때문에 그랬다고 하더군요. 종종 좋은 점은 나쁜 점이 되고 좋지 않은 점은 좋은 점이 됩니다.

조금 뒤 글로벌 금융위기가 어떠한 경로를 통해 경제위기로 전이되는지 짚어볼 예정이므로 여기서는 설명을 생략하겠습니다만, 금융위기가 실물경제위기로 전이되는 과정에서 한 가지만 강조하고자 합니다. 국지적인 금융위기와 달리 글로벌 경제가 동시에 충격을 받은 금융위기는 무섭다는 사실입니다. 모든 나라의 경제성장이 둔화될 경우 전 세계적으로 회복하는 방법을 찾기가 어렵기 때문입니다. 국지적일 경우 어떤 주요국이 세계경제를 이끌어나가면서 다른 나라의 수요를 진작할 수 있으나 글로벌 위기의 경우 이러한 가능성이 없어지게 되지요. 특히 우리나라와 같이 수출에 의존하여 경제성장을 이끌어나가는 경우는 한 나라에 대한 수출이 막힐 때 다른 나라를 뚫어야 하는데 그럴 수 없으니 더욱 답답하게 됩니다.

글로벌 금융위기의 단계[64]

서브프라임 모기지 위기에서 비롯되어 전 세계로 확산된 글로벌 금융위기를 여러 가지로 구분하여 말씀드릴 수 있겠습니다만, 이를 단순히 금융위기라고 부를 수 있는지도 의문입니다. 왜냐하면 각국의 사정에 따라서 서로 영향을 미치면서 재정위기와 외환위기 등 다

---

[64]　　안동현, '테이퍼링과 엔저현상의 정책적 시사점' 〈한국은행 금요강좌〉(2014)에 주로 의지하였다.

양한 모습으로 나타났으니까요. 미국, 유럽, 남유럽PIIGS[65], 신흥시장국Fragile5[66]과 우리나라의 전개 과정은 서로 다를 수밖에 없었습니다. 위기의 단계는 시간 순으로 읽어낼 수밖에 없었지만, 요인에 초점을 맞추고 몇 가지 범주로 특징을 드러내는 방식으로 말씀드릴까 합니다. 위기의 시발을 어느 시점으로 잡느냐와 어떤 단계로 전개되었느냐에 대해서는 다양한 의견이 있으며 나라별 기준에 따라서도 다를 것입니다. 미국을 중심으로 살펴보지요. 위기 기간은 단계별로 다소 중첩됩니다.

첫 단계로 2007년 8월 프랑스 증권회사인 BNP파리바가 서브프라임 관련 MBS가 편입되어 있던 자사 펀드의 가치를 평가할 수 없다고 발표하고 일부 MMF의 환매를 중지한 이야기부터 시작합니다. 사실 1990년대부터 상승하기 시작한 부동산가격이 2006년 12월 최고점에 오른 이후 하락하면서 좋지 않은 기운의 조짐을 일부 느끼게 되지만, BNP파리바 사태 이후 서브프라임 모기지 문제가 표면화된 것입니다.

두 번째 단계는 2008년 3월 미국의 금융위기를 글로벌 금융위기로 인식하게 되면서 시작됩니다. 미국의 투자은행인 베어스턴스가

---

65 포르투갈Portugal, 이탈리아Italy, 아일랜드Ireland, 그리스Greece, 스페인Spain의 영어 앞 글자를 따서 투자은행들이 만들어낸 말이다. 투자은행들은 좋은 의미의 약자를 만들어내지 않는 경향이 있다.
66 2013년 모건 스탠리가 인도India, 인도네시아Indonesia, 남아프리카공화국 South Africa, 터키Turkey, 브라질Brasil 등 다섯 국가를 미국의 양적완화 축소QE tapering 에 취약한 나라로 분류하여 명명하면서 화제가 되었다.

J.P. 모건에 강제로 매각되었다는 소식이 들려오는 가운데 패니매 Fannie Mae와 프레디 맥Freddie Mac, 메릴린치Merrill Lynch, 리먼 브라더스 Lehman Brothers, AIG 등의 파산과 합병, 구제금융이 뒤를 이었지요. 금융위기가 성장률 하락과 실업 증가라는 경기후퇴depression[67]로 전이되는 사태를 막기 위한 여러 가지 정책이 시행되었으나 그다지 효과가 없었습니다. 이렇게 확산되는 위기의 최저점은 2009월 3월 미국 주가지수가 바닥을 찍게 된 시점이 아닌가 합니다. 서브프라임 모기지 문제를 미국의 사정으로 치부하면서 크게 영향을 받지 않았던decoupling 세계경제는 동조화현상coupling을 보입니다. 유럽 증권회사와 은행들이 보유하고 있던 대규모 MBS에 관심이 집중되었습니다.

세 번째 단계는 그리스 사태 등 남유럽 위기가 시작되는 시점부터 비롯된다고 볼 수 있습니다. 경기침체recession가 지속되면서 평소 재정이 부실했던 국가들의 재정위기 문제가 부각되었습니다. 미국, 독일 등 다소 형편이 나은 국가들과 남유럽국가들 간 차이decoupling가 나타나게 됩니다.

네 번째 단계는 미국이 출구전략 가능성을 발표한 시점[68]부터 시

---

67 경기침체와 경기후퇴 또는 공황과의 차이에 대한 명확한 구분은 사실 어렵다. 다만 맨큐Mankiw는 그의 경제학 교과서에서 실질 GDP 성장률의 하락이 지속될 때 그 영향이 크지 않으면 경기침체, 그 영향이 1930년대 대공황처럼 매우 심각할 경우 경기후퇴 또는 공황으로 설명하였다.

68 2009년 12월 벤 버냉키 당시 미 연준 의장이 재임인준청문회에서 "적절한 시기가 되면 미 연준은 인플레이션을 막기 위한 금리 인상의 준비가 되어 있다"고 발언

표 16.1 서브프라임 위기: 전개 상황

단계	위기	기간
1	금융위기	2007.3/4. → 2009.1/4.
2	경기후퇴(Depression)	2008.1/4. → 2009.3/4.
3	재정위기 및 경기침체(Recession)	2009.4/4~2010.2/4 → 코로나19로 종료
4	출구전략	2009.4/4~2010.2/4 → 코로나19로 종료

자료: 안동현, '테이퍼링과 엔저현상의 정책적 시사점'(2014년 4월)

작된다고 볼 수 있습니다. 이후 그동안 신흥시장국으로 유입되었던 선진국 자금의 이탈 가능성이 커지기 시작합니다. 2015년 12월에서야 미국이 정책금리를 인상하였지만 본격적인 출구전략은 가능성을 언급한 2013년 5~6월경부터 시작됐었다고 봐야 할 것입니다. 그 때부터 미국 국채금리가 큰 폭 상승하면서 주요국과의 금리차가 확대되고 자금이 다시 미국으로 유입되기 시작하였죠. 물론 이는 달러 강세를 불러왔고 달러 표시 부채가 많았던 이머징 국가들은 부담이 커지게 되었습니다. 또한 달러 강세는 수입물가를 낮춰 미국의 물가상승률을 낮추게 되고 목표에 미치지 못하는 낮은 물가상승률로 인해

하면서 출구전략 가능성이 처음 제기되었다. 그러나 본격적인 출구전략 시점은 버냉키 의장이 2013년 5월 의회 청문회에서 자산매입규모 축소Tapering를 처음 언급하고 6월 "올해 안에 연준의 자산매입규모를 줄이기 시작해 내년 중에 자산매입을 중단할 수 있다"라고 양적완화축소QE tapering를 명시적으로 시사한 시점이라고 할 수 있겠다. 그의 이러한 발언으로 미국 금리가 급등하고 주가가 일시 급락Taper tantrum하는 등 금융시장에 변동성이 확대되었다.

미 연준은 정책금리 인상을 2018년 12월 이후에 중단하고 2019년 8월부터 다시 정책금리를 소폭 인하하기 시작합니다. 그러던 와중에 코로나19가 전 세계적으로 확산되면서 다시 정책금리를 큰 폭 인하하게 됩니다.[69]

위기의 원인

기폭제와 취약성

우리는 앞에서 살펴본 대로 글로벌 금융위기의 직접적인 요인은 서브프라임 모기지이며, 이와 관련되었던 종사자들에게 그 책임이 있다고 하겠습니다. 그러나 좀 더 근원적인 요인을 살펴보아야 하지 않을까요?

여기서 글로벌 금융위기의 요인에 대해 미 연준의 버냉키Ben S. Bernanke 전 의장의 말[70]을 들어보도록 하지요. "여기서 흥미로운 한 가지 질문이 제기됩니다. 2000년과 2001년에 급락한 닷컴주와 기술주 등 여러 주식의 가격 하락으로 사라진 장부상 부의 규모는 글로벌 금융위기를 전후하여 주택 버블이 꺼지면서 사라진 부의 규모

69　2020년 중 코로나19에 확산에 따른 상황과 중앙은행 및 정부의 정책 대응은 'LECTURE 18 코로나19: 전화위복 vs 더 큰 위기의 잉태'를 참조하길 바란다.

70　2013년 3월 벤 버냉키 의장의 조지워싱턴대학교George Washington University 강연 중에서, 《벤 버냉키, 연방준비제도와 금융위기를 말하다》(2014)를 인용하여 정리하였다.

와 크게 다르지 않았습니다. 그렇지만 닷컴 붕괴는 완만한 경기침체로 이어졌을 뿐입니다. 실제로 2001년의 침체는 3월에서 11월까지 8개월간 지속되었을 뿐입니다. …… 그러나 주택가격 하락은 주가 하락이 초래한 충격보다 훨씬 더 큰 충격을 금융시스템과 실물경제에 안겨주었습니다. 이 점을 이해하기 위해서는 기폭제와 취약성 개념을 구분하는 것이 중요합니다. 주택가격의 하락과 주택담보대출의 손실은 하나의 기폭제였습니다. 불쏘시개 위로 던져진 성냥 같았다는 뜻이지요. 바짝 마른 상당량의 가연성 소재가 주변에 놓여 있지 않았더라면 대형 화재는 나지 않았을 것입니다. 금융위기의 경우는 어떤 의미에서 주택시장 붕괴의 불똥이 경제에 그리고 금융시스템에 내재한 취약성으로 옮겨 붙으면서 큰 화재로 번진 것입니다. 다시 말해서 그다지 심하지 않은 경기침체를 겪는 것으로 지나갈 수도 있었을 일이 금융시스템의 약점들 때문에 훨씬 더 격렬한 위기로 변형되었다는 것이지요."

세상을 바라보는 낙관적인 견해

그러면 가장 근원적인 요인은 어디에 있었을까요? 세계경제는 신자유주의neoliberalism 질서와 중국의 산업화 등이 연계되면서 고성장 저물가의 장기 호황을 누려왔습니다. 대부분의 사람은 대안정기Great Moderation에 익숙해진 가운데 금융시장과 금융산업에 대한 기본적인 신뢰를 보이고 있었습니다. 거시경제를 바라보는 단순하고도 자신 있는 태도를 유지하였기 때문에 금융위기의 가능성에 대한 심각한 고민과 논의로 이어지지는 않았다고 할 수 있습니다. 물론 누리엘 루비니Nouriel Roubini, 로버트 실러Robert James Shiller, 라구람 라잔Raghuram Govind Rajan 등 몇몇 학자들은 금융시장의 불안정성에 대해 조기 경고를 한 바 있지만, 큰 주목을 받지 못하였지요.

언제나 위기를 외치는 광야의 목소리는 있어 왔으며 '검은 백조' 가 언제 나타날지를 예측하는 작업은 어렵기 마련입니다. 위기는 예측할 수 있는 것일까요? 경제학이 물리학을 따라가려는 야심은 이루어질 수 있을까요? 우리는 먼저 금융시장의 불안정성을 당연한 특성으로 인식해야 합니다. 그리고 금융경제 이론들은 인간의 심리와 행위를 바탕으로 조정되어야 합니다. 균형을 설명하는 이론은 세상을 설명할 수 있었지만 세상을 예측하지는 못하였습니다.

주택가격 하락과 금융위기를 예상하지 못하였는가?

잠시 관점을 바꾸어 다른 질문을 제기하면서 시작합니다. 미국 정부와 연준은 왜 글로벌 금융위기를 예측하지 못했을까요? 주택가격의 급락을 예상하지 못했던 것일까요? 여기서 미 연준의 버냉키 전 의장의 말을 다시 들어보도록 하지요. "주택가격 하락 자체는 중요한 위협이 아니었다고 생각합니다. …… 결론은 경기침체를 겪게 되리라는 것이었으며, 주택가격 하락이 금융시스템 안정에 그리 광범위한 영향이 있을 것으로 보지는 않았습니다. 주택가격이 떨어질 수도 있다는 가능성을 항상 인지하고 있었지만, 주택가격 하락의 영향이 그와 다소 비슷했던 닷컴 주식 하락의 영향에 비해 훨씬 더 심각하게 나타나리라는 것에 대해 충분히 예상하기란 정말 어려웠습니다. …… 이유는 주택가격 하락이 주택담보대출에 영향을 미쳤고 이로 인해 금융시스템의 불안정을 불러온 것과 같은 연쇄적 방식에 있었습니다. 그러니까 여러 사건들의 전체적인 연쇄가 중요했다는 것이지요. 주택가격 하락만 중요했던 것이 아니라 주택가격 하락이 일으킨 전체적인 연쇄가 중요했습니다."

그러면 그 연쇄반응은 어떻게 일어나게 되었던 것일까요? 이에 대해서는 너무나 많은 사람이 너무나 많은 이야기를 하고 있으며, 사실 모든 의견은 다 옳다고 할 수 있습니다. 이들의 이야기를 살펴보면 주택저당증권MBS과 신용파산스왑CDS 등 파생상품이 급격하게 증대된 점, MBS를 취급하던 금융회사들과 중개인들이 도덕적 해이에 빠져 있던 점, 파생금융상품을 만들어내는 금융공학에 대해 과도한 신뢰를 보이고 있던 점, 닷컴주식의 상승에 따라 낙관적인 경제전망을 하고 있던 점, 민간 부문이 과다한 채무를 부담하고 있던 점, 일반인들에 대한 금융교육이 부족한 점[71], 신흥시장국으로부터 대규모 자금 유입이 있던 점, 은행들의 단기자금 유출에 대한 리스크 관리가 취약한 점, 개별 감독기구들이 금융시스템에 대해 충분히 주의를 기울이지 않은 점 등 이루 다 말할 수 없습니다.

금융위기가 전염contagion되는 과정에서 관련된 모든 이의 책임으

---

[71]   2011년 4월 미 연준의 벤 버냉키 의장은 미 상원 소위원회 연설에서 금융위기에 대응한 금융·경제 교육의 중요성을 강조하였다.

로 각기 다른 이유에서 불행해지게 되었습니다. 누가 이야기했던가요? "행복한 가정은 모두 비슷한 이유로 행복하지만, 불행한 가정은 각기 다른 이유로 불행하다"[72]고 말입니다.

[자산 : 부채] 불일치

여기서 미 연준의 버냉키 전 의장이 제기한 금융시스템의 최대 약점은 무엇일까요? 몇 번을 강조하지만 [자산 : 부채] 불일치에서 일어나는 금융회사의 대규모 자금 인출(bank run과 fund run)이라고 생각합니다. 근본적인 문제는 자산의 부실이 아니라 부채 측면에 있었습니다. 글로벌 금융위기 과정에서 발생한 [자산 : 부채] 만기 불일치에 더하여 과도한 레버리지over-leverage 문제[73]는 미국의 문제만이 아니라 다른 나라들의 문제이기도 했으며 아직까지 해소되지 않고 있습니다. 그리고 개별 금융회사가 자신의 부채 인출 또는 인출 가능성에 대응하기 위하여 자산을 팔아치우면서 위기가 더욱 확산되었습니다. 그러면 위기를 감지한 시점에서 개별 금융회사의 건전성을 강화하면 위기를 방지할 수 있을까요? 개별 금융회사가 부실을 털어버리려는 노력은 금융시장 전체 관점에서 보면 오히려 악영향을 끼칠 수도 있습니다.

72　톨스토이Lev Nikolayevich Tolstoy, Leo Tolstoy(1828~1910)의 장편소설《안나 카레니나Anna Karenina》에 나오는 첫 문장이다.
73　주택 구입 과정에서 발생한 우리나라의 가계 부채 문제도 이러한 시각으로 접근 할 수 있다.

그런데 사실 미국 내 서브프라임 모기지 규모는 금융위기를 야기할 만큼 크지 않았다고 합니다.[74] 그러면 왜 문제가 제기되었던 것일까요? 리스크를 재생산한 MBS가 어디에 얼마나 숨어 있는지에 대한 정보가 거의 없어 금융시장에 엄청난 불확실성이 생겨났기 때문입니다. 귀신은 나타날 때보다 숨어 있을 때 더 무서운 법이죠. '내 돈을 찾지 못할지도 모른다'는 우려는 금융시스템에 대한 불신으로 확산되었습니다. 금융의 핵심이 신뢰라는 말씀은 이미 여러 차례 드렸습니다. 아무리 우량한 은행이라고 해도 고객이 동시에 돈을 찾기 위해 오는 경우에 대비할 정도의 유동성을 가지고 있을 수는 없으니까요. 우리가 외환위기에 대비하기 위하여 항상 단기외채 규모에 주목하는 이유가 여기에 있습니다. 전반적으로 발생한 자금 인출 사태로 미국의 초대형 금융회사들도 극심한 압박에 시달리지 않을 수 없었습니다. 돈을 내어주기 위해서는 신속히 보유 자산을 팔아치울 수밖에 없으며 이는 위기를 가속화하는 이유가 되었습니다.

불씨를 댕기는 짚과 장작들

경제위기에 대해 이야기하면서 호황기에 위기가 탄생한다는 말

74　"미국 내 서브프라임 주택담보대출 채권을 모두 한데 모아 놓고 이것들의 가치가 몽땅 사라진다고 가정하더라도 그로 인해 금융시스템 전체적으로 입게 되는 총 손실은 시황이 좋지 않은 어느 하루에 주식시장에서 겪게 되는 손실과 대체로 엇비슷한 정도의 액수에 지나지 않는다." 2013년 3월 벤 버냉키 의장의 조지워싱턴대학교 강연 중에서, 《벤 버냉키, 연방준비제도와 금융위기를 말하다》(2014)를 인용하였다.

을 여러 번 하였습니다. 글로벌 금융위기의 요인도 먼저 거기서부터 찾아야겠지요. 글로벌 금융위기가 시작되기 전 경제 호황이 이례적으로 길었다는 사실이 새롭게 와닿습니다. 1983년부터 시작되어 2007년까지 지속된 흔히 대완화기 또는 황금기라고 불리는 시기에 저금리 기조가 지속되면서 유동성이 풍부해졌습니다.

일반적으로 호황기가 이어지면 사람들이 위험에 둔감해지면서 리스크 프리미엄은 줄어들기 마련입니다. 이때 자본은 더 나은 기대수익률을 찾아서 위험한 분야로 뛰어들게 됩니다. 호황기의 낮은 리스크에 따른 낮은 수익률에 만족할 수 없으니까요. 또한 수익률을 높이기 위해 레버리지를 극대화하는 전략을 채택하면서 금융 부문의 영역은 과도하게 확대되었습니다. 아울러 실물자산인 부동산과 상품 등을 새로운 금융자산 개발범위에 포함시키면서 비은행금융회사 shadow banking를 통한 증권화securitization 등 새로운 자본조달 방법을 확대하였습니다. '새로운 상품'과 '새로운 시장'에 돈이 몰리는 것은 당연한 현상입니다. 그러나 이렇게 금융 부문이 확대되는 가운데서도 감독 당국의 효과적인 규제와 통제는 없었습니다. 정책적으로 안정시킨 금융시장이 첨단 금융상품을 개발해내는 과정으로 간과하였기 때문입니다. 또한 그동안의 성취에 취하여 정책의 힘을 과신하였지요.

취약성에 대한 또 다른 논쟁

그런데 미국의 경우 경제 호황이 오래 지속되었는데 어떻게 중장기금리는 낮은 수준을 유지했던 것일까요? 이러한 현상은 그린스펀의 수수께끼Greenspan's conundrum와 관련이 있습니다. 경기 호황을 인식한 미 연준이 단기금리를 인상하여도 중장기금리는 움직이지 않았습니다. 만일 중장기금리가 상승하였다면 모기지금리에 영향을 주어 주택가격의 거품을 만들지 않았겠지요. 높은 금리가 부담이 되어 주택을 사지 않았을 테니까요. 미국의 모기지는 약 20년의 장기금리로 대출됩니다.

그런데 "미국의 중장기금리가 상승하지 않았던 데에는 중국을 포함한 신흥시장국의 자금이 미국으로 밀려 들어왔기 때문입니다. 특히 중국의 미국에 대한 수출이 늘어나는 가운데 중국의 투자자본이 미국으로 계속 유입되었습니다. 이에 따라 중국은 넘쳐나는 달러를 미국의 장기국채로 운용하면서 외환보유액을 세계 최고 수준으로 확대하였습니다. 이 과정에서 저렴한 중국제품 구입으로 빠져 나갔던 달러는 다시 미국으로 회귀하여 미 국채를 사들였던 것입니다. 이렇게 중국과 같은 신흥시장국이 미 국채를 매입함에 따라 미국은 중장기금리가 안정되었으며 신흥시장국 제품을 수입함에 따라 수입물가 안정으로 인플레이션 걱정 없이 대완화기라 불린 호황이 지속되었습니다."라고 주장하면서 책임의 문제를 돌리려는 사람이 많습니다.

사실관계는 다 맞는 이야기이지만, 국제무역 불균형 요인으로 아시아 국가의 흑자 문제를 거론하면서 미국발 금융위기에 신흥시장국도 책임 있다는 주장은 우리가 외환위기를 겪게 된 데에는 다른 나라들이 단기외채를 많이 빌려주었기 때문이라고 말하는 것과 무슨 차이가 있는지 되묻고 싶군요.

2. 헬기를 띄우다

논란 속의 대응

망설임

금융위기가 발생하자 어떻게 대처할 것인가에 대한 이슈가 당연히 제기되었습니다. 그러나 그 과정에서 모든 수단을 총동원하여 위기를 조속히 진화해야 한다는 주장과 국민의 세금을 이용하여 지원함으로써 도덕적 해이를 용인해서는 안 된다는 주장이 대립하였습니다. 2008년 9월 29일 미 하원이 월스트리트에 대한 7000억 달러 규모의 구제금융안을 부결시키자 금융위기는 더욱 맹렬한 기세로 확산되었습니다. 결국 2008년 10월 3일 비상경제안정화법Emergency Economic Stabilization Act이 통과되었습니다. 그럼에도 2009년 3월까지 미국의 주식시장은 큰 폭 하락을 지속하였습니다.

어디를 두드릴 것인가?

이름도 다 기억할 수 없는 수많은 지원책이 생소한 영어 약자를 생산하였습니다. 이를 크게 분류하면 재정정책fiscal policies와 통화정책monetary policies으로 나뉩니다. 또 미 재무부, 연준, 예금보험공사 등의 정책의 주체에 따라 구분할 수도 있겠네요.

그러나 우리는 이러한 정책들을 좀 더 거시적인 관점에서 바라볼 필요가 있습니다. 모두 알다시피 경제의 순환 과정은 소비 → 투자 → 고용 → 소득 → 소비의 과정을 거칩니다. 소비를 해야 투자가 증가하고, 투자가 증가하니 고용이 늘며, 고용이 확대되면 소득이 증가하여 다시 소비가 늘어나는 선순환 과정 말이죠. 경기가 침체되어 있다는 이야기는 이런 과정이 잘 이루어지지 않고 있다는 뜻이므로, 정책을 통해 순환 과정에 자극을 주어 일단 선순환 방향으로 돌게 해야 합니다. 혈액순환이 안 되면 한의원에 가서 침을 맞아야 하는 것처럼 말입니다.

우리가 잘 아는 케인스John M. Keynes는 대공황을 맞이하여 이 순환 과정에서 투자와 고용 사이에 자극을 주는 대책을 제시한 바 있었습니다. 즉 공공지출을 확대하여 투자를 활성화한다. 그러면 고용이 증대된다는 입장에 선 것이죠. 그런데 글로벌 금융위기에 대응하는 미국의 정책은 달랐습니다. 경제의 선순환 사이클을 돌리기 위해 소비에서 투자 쪽으로 가는 방향을 잡았습니다. 즉 재정정책을 통하여 세금을 인하하고 지출을 확대하였으며 통화정책을 통하여 금리를 인하하고 양적완화를 추진하였습니다. '이래도 소비를 안 할래!'하는 식으로 나간 것이죠. 이러한 정책을 펼치게 된 배경에는 미국이 주로 소비에 의존하여 경제성장을 해온 진행 과정이 있습니다.

어쨌든 일단 소비를 중심으로 충격을 주자는 입장이었죠. 종전 교과서에 나오지 않은 새로운 방법들이 도입되었습니다. 우리는 이를 비전통적 정책이라고 부릅니다. 비상대책인 셈이지요. 우리는 이미 'LECTURE 12 원화의 조절' 중 '새로운 무기: 비전통적 통화정책수단'을 살펴본 바 있습니다. 조금 뒤 이에 대한 자세한 내용을 미국을 중심으로 재정정책과 통화정책 중 양적완화, 오퍼레이션 트위스트, 선제적 안내 등으로 나누어 살펴보기로 하지요.

재정정책

글로벌 금융위기의 대응 과정에서 재정의 역할은 크지 않았습니다. 정부가 적극적이지 않아서가 아니라 미국의 재정적자규모가 워낙 큰 데다 야당인 공화당 쪽에서 재정적자 축소를 요구하였기 때문에 재정 확대에 한계가 있었습니다. 행정부가 발행할 수 있는 국채 발행의 상한선을 상향조정하는 문제로 의회와 갈등을 겪었습니다. 이때 나온 용어가 재정절벽fiscal cliff[75]입니다. 금융위기 때문에 생소하고 새로운 말을 많이 듣게 되는군요. 재정이 전면에 나설 재원이 부족하였으므로 위기를 극복하기 위해 미 연준이 채권을 사는 형식으로 달러를 찍어내어 주요 과제를 짊어질 수밖에 없었습니다. 중앙

75　절벽처럼 급한 각도로 줄어드는 미국의 재정지출 규모를 말한다. 미국 의회가 행정부의 국가채무한도 확대에 대한 새로운 법을 제정하지 못할 경우, 2013년 1월부터 세금 인상과 정부예산 지출 삭감으로 인해 각종 세금 감면 조치 종료에 따른 세금 인상과 국방예산을 포함한 예산 자동 삭감 탓에 재정을 통한 경기부양정책이 갑자기 끊어져 미국 경제에 큰 충격을 줄 수 있었다. 미국 행정부와 의회의 대립에는 재정적자의 원인에 대한 인식의 차이가 자리 잡고 있다. 오바마 대통령은 전임 부시 행정

은행의 발권력도 결국은 국민의 세금인데 말이죠.

통화정책

양적완화 Quantitative Easing, QE

어제 'LECTURE 12 원화의 조절' 중 비전통적 통화정책수단에서 살펴본 바와 같이 금융위기에 대응하여 통화정책은 우선 금리를 인하하는 방식을 찾았습니다. 그러나 미 연준은 금리를 바닥zero-bound interest rate까지 낮추었음에도 더 완화적인 정책이 필요하다고 판단하였습니다. 그런데 정책금리를 마이너스로 가져갈 수는 없었으므로 시중에 돈을 계속 푸는 양적완화를 시작했던 것입니다.

미 연준 등 주요국 중앙은행은 글로벌 금융위기로 경제가 심각한 침체에 빠지자 2008년부터 세 차례에 걸친 양적완화를 통해 국채와 주택저당증권MBS를 사들이는 방식으로 약 4조 달러에 달하는 돈을 풀어왔습니다. 미국 국내총생산GDP의 20%가 넘는 엄청난 돈이죠. 더욱이 2012년 9월부터는 3차 양적완화를 시행하였는데, 이는 실업률이 원하는 수준으로 하락할 때까지 무제한으로 돈을 푼다는 선언이었습니다.

당시 세계경제는 유럽 재정위기의 충격으로 더블딥double deep의

부의 이라크 전쟁, 아프간 전쟁으로 급증한 국방비와 감세 조치를 재정적자의 주원인으로 본 반면 공화당은 오바마 대통령의 복지정책이 재정절벽의 주원인이라고 주장하였다.

우려가 확산되고 있었으며, 미국 경제가 살아나고는 있었으나 회복세를 자신할 수 없었습니다. 확신을 가질 때까지 돈을 푼다는 정책은 '가다가 중단하면 아니 감만 못하다'는 말에 근거를 두고 있습니다. 과거 일본이 돈을 풀다가 중단하여 실패한 경험도 미국에게 교훈이 되었겠지요. 이른바 헬리콥터 밴Helicopter Ben의 출현으로 채권을 사는 방식으로 뿜어내어 유동성이 넘치게 되었습니다.

TALF[76], LTRO[77], TSLF[78] 등 복잡한 이름의 정책들은 대부분 누구를 상대로, 어떠한 채권을 대상으로 매입하여, 얼마나 돈을 풀 것인가의 문제로 규정됩니다. 그런데 돈을 풀면서 어떤 채권을 대상으로 하느냐 하는 점은 누구를 위하여 돈을 푸느냐와 관련이 있습니다. 즉 논란을 무릅쓰고 MBS를 대상에 포함시킨 이유는 MBS 금리를 낮추어 가계에 도움을 주고자 하는 목적이 있었으며, 10년 국채

---

76   TALF Term Asset-Backed Securities Loan Facility: 자산담보부증권대출 프로그램으로 미 연준이 글로벌 금융위기 이후 급격히 위축된 신용시장 지원을 위해 2009년 3월 도입한 제도이다. 미 연준이 ABS(주택, 자동차, 신용카드, 학자금 등) 및 CMBS(상업용모기지) 투자자들에게까지 동 증권을 담보로 자금을 공급해 주기 위한 수단으로 사용되었다. 총대출 한도는 2000억 달러이며 최장 대출 기간은 5년으로 설정되었다.

77   LTRO Long Term Refinancing Operation: 장기대출 프로그램으로 유럽중앙은행 ECB이 유로지역 국가의 유동성위기를 예방하기 위해 1%의 저금리로 유럽의 은행들에 3년간 자금을 대출해준 제도이다. ECB는 2011년 11월(1차 LTRO), 2012년 2월(2차 LTRO) 두 차례에 걸쳐 유럽의 은행들에 각각 4,890억 유로 및 5,000억 유로의 자금을 3년 만기로 공급한 바 있다.

78   TSLF Term Securities Loan Facility: 단기국채대여제도로 미 연준이 단기금융시장의 신용경색을 해소하기 위해 2008년 3월 도입한 제도이다. TSLF 시행으로 미 연준은 일주일에 한번씩 경매를 통해 프라이머리딜러 보유 상업용CMBS 및 주거용 모기지담보증권RMBS 등을 담보로 이들에게 28일간 보유 국채를 대여해 주었다.

표 16.2 양적완화 규모

(십억 달러)

	시기	규모	대상
1차 양적완화	2009.3~2010.3	1,750	국채 300, 보증채 200, MBS 1,250
2차 양적완화	2010.11~2011.6	600	국채 600
3차 양적완화	2012.9~2013.12	월 85	국채 월 45, MBS 월 40
양적완화 축소	2014.1~2014.10	월 35[1]	국채 및 MBS 월 35

주: 1) 2013년 12월 양적완화 축소 개시 이후 매 회의마다 100억 달러 축소를 결정하여 총 7회에 걸쳐 700억
　　 달러를 축소(850억 달러 → 150억 달러)하였으며, 2014년 10월 회의에서 자산매입을 종료
자료: 미 연준

를 대상으로 한 이유는 10년 만기금리를 하락시킴으로써 기업의 자
금조달비용을 경감하고자 한 데 목적이 있었습니다.

　한편 미국이 이렇게 돈을 엄청나게 풀 수 있던 배경에 정책금리가
제로 수준이었다는 이유가 있음을 앞서 이야기한 바 있습니다. 제로
수준이 아니었다면 우선 정책금리를 내려야 했겠지요. 그렇지 않다
면 늘어나는 유동성으로 정책금리목표인 초단기금리가 목표 아래인
제로(0) 수준으로 하락했을 테니까요. 이에 대해서는 앞서 돈의 조
절에서 이야기한 바 있으므로 더 이상의 설명은 생략합니다.

　그런데 미 연준은 양적완화정책을 수행하는 과정에서 몇 가지 문
제점을 마주하게 되었습니다. 오퍼레이션 트위스트와 선제적 안내
는 이러한 과정에서 파생된 정책이라고 할 수 있겠지요. 이에 대해
알아봅니다.

오퍼레이션 트위스트 Operation Twist

어제 'LECTURE 12 원화의 조절'에서 오퍼레이션 트위스트정책을 설명하기 위하여 정책금리와 다양한 잔존 만기에 따라 다르게 형성되는 장단기채권금리yield curve에 대해 알아본 적이 있습니다. 미국의 경우 주로 3개월 단기금리는 금융회사, 약 10년 중기금리는 일반 기업, 20년에서 30년 장기금리는 모기지를 이용하는 차입자[79] 즉 가계가 주로 영향을 받는 금리이므로 미 연준은 이에 주목하면서 대상의 상황에 따라 각각의 금리를 다르게 움직이고자 하였습니다.

즉 금융위기 초기 단계에서는 금융회사의 어려움을 덜어주기 위하여 정책금리를 인하하여 단기채권금리를 낮추었습니다. 우선 금융시장을 떠받치고 있는 은행을 살리고 봐야 했던 것이지요. 금융회사가 먹고살려면 단기금리를 낮게 조달한 후 높은 금리로 운용할 수 있는 여건yield curve stiffening을 마련해주어 〔조달 → 운용〕의 영업이익을 통해 부실을 떨어내야 했습니다.

그러나 이렇게 되니 단기금리 하락에도 중장기금리가 동반 하락하지 않아 기업과 가계 부문이 어려움을 겪게 되었습니다. 이러한 문제를 해결하기 위하여 공개시장조작을 통하여 미 연준이 보유한 단기국채를 매각하는 반면 중장기국채를 매입함으로써 기업과 가계 부문에 주로 영향을 미치는 중장기금리를 하락시키고자 했던 것

---

79   우리나라의 경우 주택담보대출을 이용하는 개인은 주로 변동금리부로 차입하고 있다.

입니다.

2011년 9월부터 이렇게 장단기 채권을 매입하거나 매각하는 방식의 오퍼레이션 트위스트를 시행하였습니다. 하나를 팔고 하나를 사는 방식이므로 통화량이 늘어나는 양적완화는 아니었습니다.

선제적 안내 forward guidance

그런데 금융회사를 지원하고 있는 과정에서 오퍼레이션 트위스트를 하게 되니 단기채권 매각으로 단기금리가 상승할 우려가 있었습니다. 이러한 문제에 어떻게 대응하였을까요? '단기를 살리자니 장기가 울고 장기를 살리자니 단기가 우는' 상황이 되었습니다. 중앙은행은 원래 돈으로 말하는 기관입니다. 그러나 이런 상황에서는 돈을 써서 해결할 수가 없었지요. 그래서 들고 나온 정책이 말로써 시장금리를 붙들어 오르지 않도록 하는 방식이었습니다. 또 제로금리 이하로 금리를 낮출 수는 없으니 '이 상황을 어느 시점까지 끌고 갈 테니, 혹시 금리가 인상될까 걱정하지 마라'는 신호를 줄 필요가 있었습니다.

그런데 금리 또는 통화량을 사용하지 않고 말로만 하는 정책인 만큼 금융시장의 정책 당국에 대한 신뢰 확보가 전제되어야 합니다. '구두개입은 신뢰를 먹고 산다'는 오래된 경구가 있던가요? 선제적 안내를 해놓고 지키지 않는다면 어떻게 될까요? 양치기 소년이 되고 맙니다. 다음부터는 누구도 그 말을 믿지 않게 되겠지요.

이렇게 선제적 안내란 앞으로 언제까지 무엇을 하겠다 또는 하지 않겠다는 약속을 발표하고 이를 지키겠다고 선언signaling하는 것입니다. 예를 들어 2012년 1월에 말하기를 2014년 후반까지는 금리를 인상하지 않겠다고 단언하듯이 말이죠.[80] 선제적 안내는 출구전략을 앞두고도 행해집니다. 2014년 미 연준은 양적완화 종료 선언과 함께 정책금리를 제로수준(0%~0.25%)으로 유지하는 저금리 기조를 앞으로 '상당 기간considerable period of time' 지속한다고 발표합니다. 한편 영란은행 관계자는 2015년 중순까지는 정책금리 인상이 없을 것이라고 시사하기도 하였습니다.[81]

여기서 주목할 점은 미 연준과 유럽중앙은행ECB, 영란은행 간에 선제적 안내를 도입한 계기가 달랐다는 사실입니다. 미 연준의 선제적 안내는 명목 정책금리를 추가인하하기 불가능한 상황에서 당초 예상보다 더 오랜 기간 저금리를 유지하겠다고 약속함으로써, 민간의 기대인플레이션을 높여 실질금리를 낮춤으로써 경기 회복 속도를 높이고자 하는 것이었습니다. 그러나 유럽중앙은행과 영란은행은 미 연준이 완화기조 축소를 시사함에 따라 자국 시장금리가 상승

80　미 연준은 선제적 안내를 경제 상황에 맞게 변경하였는데 2012년 9월에는 '금리 인상을 2015년 중반까지 하지 않겠다'라고 추가 완화 결정을 하였고 2012년 12월에는 금리 인상의 시기가 아닌 조건threshold을 제시하였다. 현재 0~0.25%인 정책금리를 적어도 다음의 여건이 계속되는 한 유지하겠다고 했다. ① 실업률이 6.5%를 상회 ② 1~2년 후의 인플레이션 전망이 2.5% 이내를 유지 ③ 장기 인플레이션 기대가 적절한 수준에서 고정

81　2014년 10월 28일 영란은행 존 컨리프 부총재가 케임브리지 대학교에서 이를 시사함에 따라 파운드화는 정책금리 인상기대 약화 등으로 큰 폭 절하되었다.

하는 상황에 대응하여, 선제적 안내를 도입한 것으로 보입니다. 미국 경제의 국제적 영향력을 엿볼 수 있는 대목입니다. 유럽중앙은행이나 영란은행과 같이 기축통화를 가진 곳은 이러한 선제적 안내를 활용해 대응할 수 있었으니 그나마 다행이라고 해야 할까요? 왜냐하면 우리나라와 같이 해외 충격에 민감하여 그때그때 신속한 정책기조 전환이 요구되는 경제 상황에서는 이를 채택하기 쉽지 않기 때문입니다.

3. 출구전략

돈 풀기를 종료한 배경

어둠을 뚫고 길이 없던 수풀을 헤치고 미지의 길을 만들며 걸어가고 있을 때, '길을 잘 만들어나갈 수 있을까?' 하는 걱정도 문제지만, '다시 돌아올 때 무사히 올 수 있을까?' 하는 우려도 있습니다. 흔히 '저수지 물이 빠지면 어떤 쓰레기가 나올지 모른다', '물이 빠지고 나서야 누가 수영복을 입지 않았는지 알 수 있다'[82]고 이야기합니다. 나오는 길을 잘 잡아야 할 뿐 아니라 가던 길에서 언제부터 돌아 나

---

[82] 버크셔해서웨이 회장인 워런 버핏은 2014년 1월 미 연준의 양적완화 축소로 신흥시장국의 자본 유출 위험이 부각된 상황에서 "썰물이 빠져나갔을 때에야 비로소 누가 벌거벗고 수영했는지 알 수 있다"고 언급하며 신흥시장국의 취약한 거시경제 여건을 비유하였다.

와야 하는지를 결정하는 일도 중요합니다. 벌거벗은 채 각자 쓰레기 더미를 헤치며 나와야 하는 경우가 있을지 모르니까요.

글로벌 위기란 모든 사람이 같이 구렁텅이에 빠지는 현상coupling 입니다. 그러나 거기서 올라올 때는 함께 올라오는 게 아니라 각자 의 역량에 따라 한 사람씩 올라오게 되겠지요decoupling. 우리의 삶에 서도 힘든 일은 함께 거쳐 가지만, 좋은 일은 형편에 따라 달리 이뤄 지기 마련입니다.

여러 가지 완화적 정책을 사용하던 나라들 중 어느 나라도 다시 돌아가겠다는 결심을 하지 못하고 있는 가운데 출구전략의 가능성 을 밝힌 나라는 미국이었습니다. 반면 유럽과 일본은 양적완화를 추 가적으로 실시하겠다고 밝히는 등 가던 길을 계속 가고 있습니다.

출구전략을 한마디로 요약하면 팽창된 자산을 어떻게 줄이는가의 문제입니다. 향후 금융경제 상황이 호전되고 전통적 통화정책의 파 급 경로가 제대로 작동할 수 있는 여건이 갖춰지면 중앙은행은 위기 상황에서 취했던 여러 가지 비전통적 통화정책수단을 점차 축소하 는 출구전략을 실행할 것입니다. 자연재해가 끝나면 피난 나왔던 집 으로 돌아가는 것처럼 말이죠. 중앙은행이 출구전략을 실행하는 이 유는 경기가 회복되는 상황에서는 그동안 크게 늘어난 돈 때문에 자 산 가격에 버블이 생기고 기대인플레이션이 상승하는 등과 같은 부 작용이 초래될 가능성이 있기 때문입니다. 그러나 경기 회복세가 미 약한 상황에서 출구전략 실행을 서두르게 되면 금융시장이 다시 불 안해지고 경기 회복세가 꺾일까 우려됩니다. 언제나 전환점turning point을 잡는 작업이 어렵습니다. 열심히 하기보다 잘해야 하는 순간이지요.

이러한 가운데 미국의 출구전략은 다음의 요인들을 감안하여 결정한 것으로 보입니다. 우선 경제성장률입니다. 미국 경제는 소비, 투자 등을 중심으로 양호한 성장세를 지속하여 2014년과 2015년 실질 경제성장률이 각각 2.5%와 3.1%를 기록하는 등 경기 회복세를 보였습니다. 또한 고용 사정이 꾸준히 개선되고 가계 및 기업의 심리지표도 상승하는 가운데 실업률도 하락세를 보이면서 드디어 2014년 4월부터 당초 선제적 안내에서 제시된 6.5%[83]를 하회하였습니다. 이 정도면 경기 회복의 모멘텀이 확보된 것이 아닌가를 생각하겠지요. 아울러 부동산가격도 최고점 대비 −30% 수준까지 하락하였다가 2013년말에는 −13% 선까지, 2014년말에는 −9% 선까지 회복하였습니다. 주가는 2013년 3월에 이미 전 고점을 회복하여 지속적으로 상승하였죠. 자산 가격이 소비에 미치는 효과wealth effect가 경기를 살리는 데 중요하다는 점은 새삼 말할 필요가 없겠지요.

83　미 연준은 선제적 안내에서 실업률 6.5% 조건을 하회할 때까지 정책금리를 인상하지 않겠다고 제시하였으나 실업률이 6.5%에 가까워짐에 따라 2014년 3월 FOMC에서 실업률 조건을 폐기하고 '향후 고용 및 물가의 진행 상황을 종합적으로 고려하여 정책금리 인상을 결정하겠다'라고 변경하였다.

출구전략에 대한 상반된 행보

멈추어서다

미 연준은 향후 경기 회복세가 지속될 것이라는 판단하에서 2008년부터 6년간 세 차례에 걸쳐 시행한 양적완화조치인 자산매입 프로그램을 2013년 12월 18일부터 축소하기 시작하여 2014년 10월 29일 종료하였습니다.

연준이 돈을 풀어 경기를 부양하던 정책을 멈춘 것은 미국 경제가 자생력을 회복했다고 판단한 데 기인합니다. 이제는 약을 먹지 않아도 건강을 회복하는 데 지장이 없을 것이라는 자신감이지요. 10월

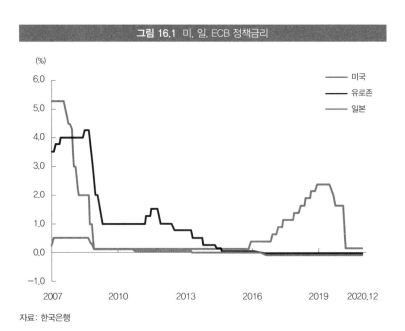

그림 16.1 미, 일, ECB 정책금리

자료: 한국은행

연방공개시장위원회FOMC는 정례회의 후 발표한 성명서를 통해 '고용시장이 견조한 일자리 증가와 낮은 실업률에 힘입어 개선되었으며 유휴 노동력도 감소하고 있다'고 밝힌 바 있습니다. 이렇게 노동시장이 상당 부분 개선되었다고 판단하여 자산매입 프로그램 종료를 결정하였으나 금융완화기조를 유지하기 위해 만기가 도래하는 국채와 주택저당증권MBS에 대한 재투자는 지속하기로 하였습니다. 만기가 돌아오는 채권에 대하여 재투자하지 않는다면 현재 기조의 유지가 아니라 축소로 돌아서게 되는 것이죠. 그러나 돈을 푸는 방향으로 가다가 뒤돌아서기 위해 제자리에 멈춘 것만으로도 큰 변화가 있다고 볼 수 있습니다.

한편 미 연준은 정책금리를 선제적 안내에서 약속한 대로 고용과 인플레이션이 목표 수준에 근접할 때까지는 유지하였으나 2015년 12월에 드디어 25bp 인상하였습니다. 이후 아홉 차례에 걸쳐 2018년 12월까지 점진적으로 정책금리를 2.25~2.50%까지 인상하였습니다.

계속 앞으로 나아가다

미 연준의 양적완화 중단 선언이 있은 직후인 2014년 10월 31일 일본은행 금융정책결정회의는 물가 상승세 둔화[84] 등에 선제적으로

---

[84]   일본은행은 이러한 결정이 디플레이션 탈출 의지를 나타내는 것이라고 강조하였다.

대처하기 위해 금융완화를 확대한다고 발표하였습니다. 본원통화 증가 목표를 종전 연 60~70조 엔에서 80조 엔으로 확대하는 한편 장기국채 매입을 종전 연간 50조 엔에서 80조 엔으로 확대하는 가운데 매입대상 장기국채의 평균잔존만기도 종전 7년에서 7~10년으로 연장하는 등 양적·질적 금융완화Quantitative and Qualitative Monetary Easing, QQE를 추가로 확대하였습니다. 소비세율을 인상한 이후 부진한 경제 상황을 반영[85]하고 있는 것이지요.

한편 2014년 11월 4일 유럽연합EU 집행위원회가 경기 부진을 감안하여 금년과 내년 경제성장률 전망치를 하향조정한 가운데 11월 6일 유럽중앙은행 정책위원회는 기존의 정책기조[86]를 유지하면서 TLTROs, ABS, 커버드본드 매입 등을 통해 ECB 자산 규모를 2012년 초반 수준[87]으로 확대하겠다고 공표하였습니다. 다만 저低 인플레이션이 과도하게 장기화될 위험이 있을 경우 추가적인 비전통적 정책수단을 사용하기로 하였습니다. 디플레이션의 위험 앞에서 물가 상승을 유도해야 할 필요가 크기 때문에 돈을 푸는 조치를 망설이지 않겠다는 뜻이지요. 일본과 유럽은 여러 가지 난관을 무릅쓰고 밀어볼 수 있는 데까지는 밀어 보자는 입장이었습니다. 그러나 경제가 회복되지 못해 출구전략을 시행하기는커녕 결국 정책금리를 제

---

85 2014년(회계연도) 성장률 전망치를 종전 1.0%에서 0.5%로 하향조정하였으나 2015년 전망치는 종전 수준인 1.5%를 유지하였다.

86 정책금리를 0.05%로 유지하는 가운데 TLTROs 제도, ABS 및 커버드본드 매입 프로그램 등으로 유동성을 추가 공급하는 조치를 말한다.

87 2014년 10월 말 현재는 약 2조 유로이며 2012년 초반 수준은 약 3조 유로이다.

로까지 낮추고 코로나19로 인해 유동성을 추가로 공급하게 됩니다.

이렇게 글로벌 금융위기 이후 코로나19가 확산되기 전까지 미국, 일본, 유로존 등 세계 각국은 저마다의 사정에 따라 제 갈 길을 가고 있었습니다. 한쪽에서는 계속 돈을 푸는 가운데 다른 쪽에서는 돈을 거두어들이기 시작한다면 얼마 후 과연 어떠한 일들이 벌어졌을까요?

양적완화와 출구전략의 영향

풀린 돈의 영향

제로 정책금리하에서 돈을 푼다는 것은 '이렇게 싼 금리에도 소비하지 않을래? 또는 이렇게 금리가 낮은데 돈 빌려서 사업투자를 하지 않을래?'라는 정책의 강요였습니다. 한편으로는 새로운 화폐전쟁currency war과 근린궁핍화정책beggar thy neighbor policy이라는 비난이 있었습니다. 그러나 미국의 실업률은 2012년 9월 7.8%에서 2014년 10월 5.9%로 하락하였으며 주가는 40% 넘게 올랐고 부동산가격도 글로벌 금융위기 이전 수준으로 회복되었습니다.

돌이켜보면 이렇게 돈을 퍼부으면서 처음 드는 걱정은 인플레이션이었습니다. 그러나 2011년부터 물가는 지속적으로 하락하였습니다. 이 점도 일종의 수수께끼라고 할 수 있죠. 경제현상에 대한 수수께끼를 그린스펀 전 의장만 제기할 수 있는 것은 아니니까요. 일반적으로 돈을 풀면 물가는 올라야 합니다. 통화량이 증가하면 기업이 투자를 확대하고 가계가 소비를 늘림으로써 인플레이션이 일어

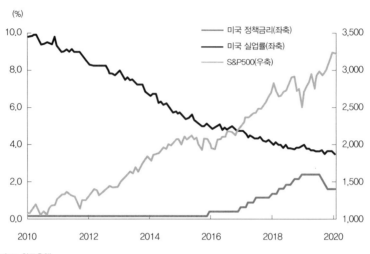

그림 16.2 미국 실업률 및 주가

미국 정책금리(좌축)
미국 실업률(좌축)
S&P500(우축)

자료: 한국은행

나게 된다는 사실은 교과서에 나오는 내용이 아니겠습니까?

그런데 물가가 오르지 않은 현상은 양적완화를 통하여 돈을 풀었으나 풀린 돈이 기업의 투자와 가계의 소비로 가지 않고 금융회사의 국외자산 투자 등을 통하여 해외로 빠져나갔다는 사실을 알려줍니다. 또한 부동산가격과 주식가격이 올랐으니 풀린 돈의 상당량이 자산에 대한 투자로 몰렸다는 이야기입니다. 인플레이션이 발생할 여지가 적었던 것이지요. 당초 글로벌 금융위기가 주택가격의 거품에서 비롯되었는데 그 치유책을 통하여 다시 주택가격이 상승하였다는 사실은 아이러니입니다. 물론 앞에서 살펴본 바와 같이 자산 가격의 상승은 소비 확대를 통하여 경기 회복에 도움을 줍니다. 미국에서 주택가격뿐 아니라 주식가격도 많이 올랐는데 이는 다량의 주식을 보유하고 있는 상위층과 주식이 한 주도 없는 하위층 간의 격차로 사회 갈등요인이 되었습니다. '월가를 점령하라'는 주장도 대두되었지요. 글로벌 금융위기 이후 자산 가격을 중심으로 빈부격차가 확대된 문제는 사회적 갈등의 새로운 이슈를 제기하고 있습니다.

돈을 거두어들일 때의 영향

2013년 버냉키 의장이 양적완화 규모를 점진적으로 축소해 나가는 테이퍼링tapering을 명시적으로 언급한 이후 미 국채금리가 상승하면서 해외로 빠져나갔던 자금이 미국으로 다시 유입되었습니다. 이로 인해 신흥시장국이 피해를 보고 글로벌 금융시장이 불안해질 것에 대한 우려는 널리 퍼졌었으나 예상보다 큰 문제가 발생하지는 않았습니다.

이 기간 동안 글로벌 금융시장 특히, 신흥시장국에서 자본이 유출되면서 주가가 하락하기도 하였지만 위기라고 불리울 정도의 큰 문제가 발생하지 않은 것은 왜 그럴까요? 신흥시장국의 선제적인 정책금리 인상 등 여러 가지 이유가 있겠지만 가장 주된 요인으로 미 연준의 점진적인 금리 인상이 거론되었죠. 금융위기 이전의 금리 인상 사이클에서 미 연준은 2년 동안(2004. 6월~2006. 6월) 정책금리를 1.00% → 5.25%로 425bp를 인상하였습니다. 그러나 금융위기 이후에는 3년 동안(2015년 12월~2018년 12월) 정책금리를 0.125% → 2.375%로 225bp 인상하는데 그쳤습니다.

그렇다면 미 연준이 세계경제를 감안해서 천천히 금리를 인상하

그림 16.3 미국-독일 국채금리 스프레드 및 달러 인덱스 추이

(%, %p)   (2006=10)

- 미국 정책금리(좌축)
- 미 국채(10y)-독일 국채(10y)(좌축)
- 달러인덱스(우축)

3.0
3.5
2.0
1.5
1.0
0.5
0.0

120
110
100
90
80

2010   2012   2014   2016   2018   2020

자료: 한국은행

였을까요? 미 연준은 세계경제의 발전과 안정을 위하여 노력하는 기관이 아닙니다. 미국의 통화정책은 어디까지나 자국 중심주의로 나아갈 수밖에 없고 미 연준 관계자들도 이러한 점을 여러 번 천명하였습니다.[88] 2014년 9월 미 연준 공개시장위원회FOMC 의사록에는 '주요국의 성장세 부진에 따른 미국 경제의 성장 둔화 등에 우려'를

88　2014년 4월 10~12일 중 미국 워싱턴 D.C.에서 열린 G20 재무장관 및 중앙은행총재 회의와 IMF 세계은행 연차총회를 앞두고 라구람 라잔 인도중앙은행RBI 총재는 영국《타임스》와의 회견에서 '연준 등 선진국 통화정책은 극단적'이라며 맹비난한 후 '최근 선진국의 움직임은 지난 위기에서 아직 교훈을 얻지 못했음을 보여준다'고 주장했다. 그는 이어 '외국인 자본의 집단심리로부터 개도국을 보호하기 위해 금융안전망 구축 등 국제 공조가 시급하다'며 '세계 금융구조의 획기적 개선이 없다면 위

표명하였지만, 10월에는 이에 따른 우려 표명이 없었습니다.

코로나19 팬데믹의 습격과 반전

그러나 전 세계적인 코로나19의 확산으로 상황이 반전되었습니다. 미국은 테이퍼링을 중단하였을 뿐 아니라 기준금리를 다시 인하하면서 양적완화를 재개하였습니다. 돈을 더 많이 풀었지만 경기는 좀처럼 살아나지 않았습니다.

그 후 상황은 다시 반전됩니다. 백신이 도입되면서 코로나19로 인한 경기침체에서 벗어날 희망을 가지게 된 것이지요. 이에 따라 긍정적인 신호가 확대되었으며 금융시장도 이를 선제적으로 반영하여 빠르게 안정을 되찾았습니다. 그러나 경기가 회복하는 조짐을 보이는 가운데 코로나19로 인해 대규모로 풀렸던 돈이 인플레이션 요인으로 작용하면서 미 연준은 물가를 안정시키기 위해 기준금리를 인상할 수밖에 없었습니다. 기준금리의 지속적인 인상으로 2023년 9월 말 현재 미국의 기준금리는 5.25~5.50%를 유지하고 있습니다. 이제 세계경제는 미국의 고금리정책의 영향을 받고 있습니다. 이에 대한 상세한 이야기는 'LECTURE 18 코로나19: 전화위복 vs 더 큰 위기의 잉태'에서 설명하겠습니다.

기가 또다시 일어날 수 있다'고 우려했다. 하지만 이와 같은 신흥국의 불만에도 연준의 마이웨이는 지속될 것으로 보인다. 이날 제임스 불러드 미국 세인트루이스연방준비은행 총재는 '연준이 현행 테이퍼링(양적완화 축소) 속도를 바꾸면 오히려 시장에 혼란만 초래할 것'이라며 '글로벌 통화정책공조가 필요하다고 보지 않는다'고 반박했다. 《서울경제신문》(2014. 4. 8)에서 인용하였다.

우리나라와 주요 신흥시장국의 글로벌 금융위기

이제 신흥시장국의 입장에서 글로벌 금융위기를 해석하려고 합니다. 선진국에 비해 어떤 입장 차이가 있을까요? 어느 경우나 자신의 위치를 알려면 차이를 분명히 해야 합니다. 앞에서 살펴본 많은 경제위기 중에서 특히 외환위기에 주목하고자 합니다. 우리의 주제가 '원화와 외화 그리고 금리와 환율의 연결고리'이기 때문이기도 하지만 우리나라나 신흥시장국이 겪은 중대한 위기가 결국은 모두 외환위기라고 할 수 있으니까요. 아울러 지금 신흥시장국을 따로 구분하여 말씀드리는 이유는 우리나라가 국제금융시장에서는 아직 신흥시장국으로 분류되어 신흥시장국가들의 위기 발생이 전염될 가능성이 있을 뿐 아니라 신흥시장국 외환위기는 위기의 일반적인 모습에 더하여 또 다른 특징을 나타내기 때문입니다.

　아울러 우리나라의 위기가 일반적인 신흥시장국 위기와 같은 모습을 나타내었는지 또는 아닌지에 대해서도 알아보고자 합니다. 차이점이 있었다면 주요 요인은 무엇이었을까요? 한편 글로벌 금융위기에 대응하는 우리나라의 입장은 1997년 외환위기와 어떠한 차이가 있었던 것일까요? 이에 대해서도 정리해봅니다.

1. 고래와 새우

글로벌 금융위기의 영향[89]

글로벌 금융위기가 발생한 이후 선진국 자금이 아시아 신흥국으로 이동했던 추이를 살펴봅니다. 대체로 글로벌 금융위기가 전개되는 모습에 따라 급격한 유출입을 반복했다고 볼 수 있습니다. 우선

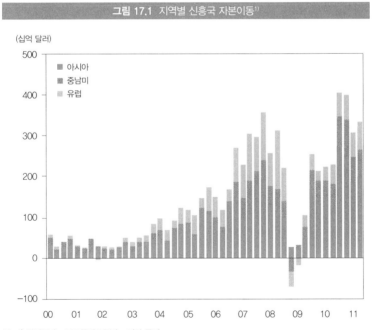

그림 17.1 지역별 신흥국 자본이동[1]

(십억 달러)

■ 아시아
■ 중남미
■ 유럽

주: 1) 직접투자 + 포트폴리오투자 + 기타 투자
자료: IMF

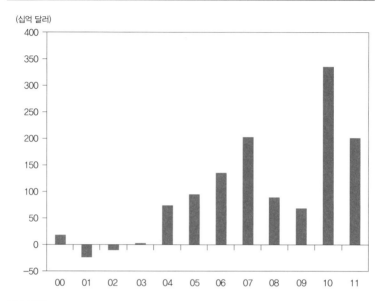

그림 17.2 아시아 신흥국의 은행 차입

(십억 달러)

자료: CEIC

글로벌 금융위기 직전까지는 은행 차입 위주로 큰 폭 증가하였다가 글로벌 위기 시 급격히 유출되는 모습을 보였습니다. 왜 그랬을까요? 즉 2009년 이후 포트폴리오 투자 위주로 재유입되었다가 2011년 하반기 중에는 유럽 국가채무위기 영향으로 다시 유출되는 등 크게 움직이는 모습을 나타냈습니다. 이를 간단히 말하자면, 선진국의 필요에 따라 유입과 유출을 반복하였으므로 아시아 신흥시장국은 자

89　　　2012년 2월 7일 ADB Sector Forum의 한국은행 총재 발표내용 "Volatile capital flow and macroprudential Measures" 중 일부를 참조하였다.

그림 17.3 아시아 신흥국의 형태별 자본 유입[1)]

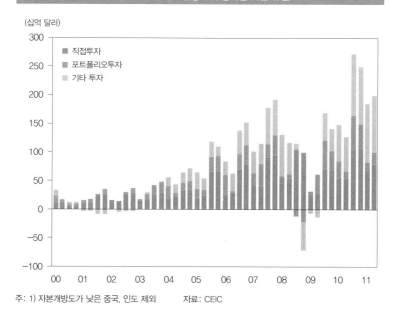

(십억 달러)

■ 직접투자
■ 포트폴리오투자
■ 기타 투자

주: 1) 자본개방도가 낮은 중국, 인도 제외   자료: CEIC

그림 17.4 2011년중 지역별 주식자금 이동

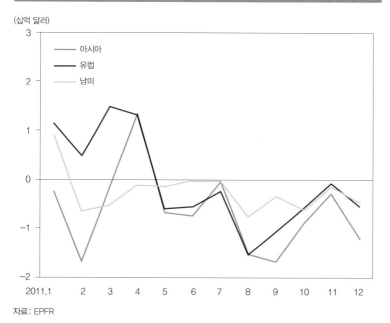

(십억 달러)

― 아시아
― 유럽
― 남미

자료: EPFR

THU

기 나라의 입장과 무관하게 드나드는 해외 투자자들의 급변하는 자금이동을 바라보았습니다.

이러한 자본이동의 특징을 살펴보면 첫째, 이들 나라의 경제 규모에 비하여 자본 유입 규모가 상당히 큰 수준[90]이었습니다. 둘째, 아시아 신흥시장국으로 유입되는 선진국 자금도 많았으나 신흥시장국에서 다른 신흥시장국으로 움직이는 비중도 상승하는 모습[91]을 보였습니다. 셋째, 자본의 흐름이 경기순응성과 높은 상관관계를 나타내는 변동성[92]을 보였습니다.

이와 같은 자본이동 중 아시아에 대한 자본 유입 규모가 컸던 이유는 높은 잠재성장률을 유지하는 가운데 자본시장이 상대적으로 발달하였으며 글로벌 금융위기 이후 이들 경제가 빠른 회복세를 보였고 내외금리차가 상당 폭 유지되는 등 양호한 지역요인에 힘입은 바 크다고 하겠습니다. 간단히 말하면 돈이 드나들기 쉬운 여건이었습니다. 또한 국제적으로 투자 다변화가 진전되는 가운데 선진국의 경기 회복이 지연되고 재정상태가 취약한 점이 부각되는 등 선진국에 대한 투자 위험이 커졌기 때문입니다.

---

90   GDP대비 자본순유입은 글로벌 금융위기 이전(2000~2008) 2.9%를 나타내고 있었으나 위기 이후(2009~2011 상반기 중) 4.2%(남미 2.7%, 유럽 2.2%)를 나타냈었다.

91   자본 유입 중 선진국 비중(2010년 증권투자 기준 : 미국 27.8%, 유럽 30.1% 등)이 크나 신흥국 투자가 꾸준히 증가하였다(2001년 22.4% → 2010년 35.5%).

92   국제자본이 경제 여건 개선 시 대규모로 유입되고 여건 악화 시 급유출되는 등 자본이동의 증감이 경기 변동 폭을 확대하였다.

선진국이 뿜어낸 돈은 자국의 투자로 이어지기보다는 해외로 분출되었습니다. 이와 같이 아시아로 몰린 자금은 아시아 경제의 미래가 그래도 상대적으로 낫다고 보았기 때문이지만, 돈이 많이 몰렸기 때문에 이제부터 말씀드릴 미국의 출구전략 영향을 크게 받게 됩니다. 아시아 금융시장이 발달할수록 언제든지 현금을 넣고 뺄 수 있는 현금인출기ATM로 인식되는 문제가 있습니다.

위기의 확산과 전이

미국발 서브프라임 모기지에서 비롯된 금융위기가 '글로벌' 위기라고 불리는 만큼 우리나라도 그 영향권 내에서 벗어나기는 애초부터 불가능하였습니다. 1997년 외환위기 이후 많은 노력을 통해 외환보유액을 확충하고 제도적인 정비를 했는데도 말입니다. 그래도 신흥시장국 중 가장 잘 대처했다는 평가에 만족해야 하는 것일까요?

2008년 미국에서 시발된 금융회사들의 부실은 유동성 확보를 위해 보유하고 있던 해외 자산을 대량 매각하는 모습으로 이어졌습니다. 국제금융시장의 불안이 확산되는 가운데 미국과 유럽 금융회사들은 투자자금을 환수하였지요. 대규모 자금이 해외로 빠져나가면서 국내시장에서 외화유동성이 부족해지자 환율이 상승하는 가운데 외환보유액이 지속적으로 줄어드는 등 여러 가지 어려운 상황을 겪게 되었습니다. 2008년 4/4분기부터 2009년 1/4분기에 걸쳐 극심한 외화유동성위기를 경험하였지요.[93] 은행들의 해외단기차입 차환이 어려워지면서 원/달러환율은 1573.6원(2009년 3월 3일)까지 상승

그림 17.5 미국 및 우리나라 주가

한국(KOSPI)
미국(S&P 500)

자료: Bloomberg

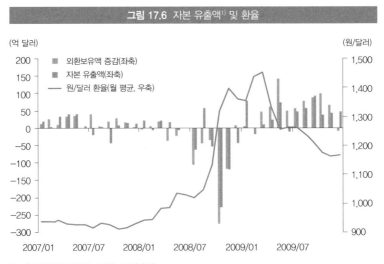

그림 17.6 자본 유출액[1] 및 환율

(억 달러)

외환보유액 증감(좌축)
자본 유출액(좌축)
원/달러 환율(월 평균, 우축)

(원/달러)

주: 1) BOP의 증권투자 + 파생 + 기타 투자
자료: 한국은행

440

표 17.1 외국인의 국내증권 투자자금 유출입[1]

(조 원, %)

	2007	2008	상반	3/4	4/4	2009	1/4	2/4	하반	잔액[2] (2009년말)
채권	33.5	22.3	24.3	3.5	−5.5	53.6	4.7	13.4	35.5	56.5(5.6)
주식	−30.6	−45.5	−23.6	−14.9	−7.0	23.5	−1.2	6.7	18.0	296.0(30.4)
합계	2.9	−23.2	0.7	−11.4	−12.5	77.1	3.5	20.1	53.5	352.5

주: 1) 기간 중 증감
　　2) ( )내는 주식은 시가총액대비 비중(%), 채권은 전체 상장채권잔액 대비 비중(%)
자료: 금융감독원

하였으며 2008년 3~11월 중 외환보유액도 637억 달러 감소하였습니다.

또한 외환위기 이후 줄어들었던 우리나라의 외채 규모가 글로벌 금융위기 직전부터 큰 폭의 증가세를 나타내기 시작한 사실도 안타까운 모습입니다. 위기에 잘 대응하기 위해서는 가까운 시일 내에 갚아야만 하는 외화부채가 적어야 하는데, 단기외채 규모가 증가하는 가운데 단기외채가 총외채 중 차지하는 비중이 크게 상승하여[94]

93　　1997년 외환위기 때만이 아니라 2008년 글로벌 금융위기 때도 외국 금융회사들이 우리나라 은행들에 대한 단기 외화대여금을 경쟁적으로 회수하였다. 그 결과 국내 은행의 단기차입금 차환비율이 30%대로 급속히 하락하고 가산금리가 200bp를 상회하는 등 사실상 해외 차입이 불가능해짐에 따라 외화유동성이 급격히 고갈된 바 있다.《우리나라의 외환제도와 외환시장》(한국은행, 2010)에서 인용하였다.

94　　1997년 외환위기 직전 50%에 이르던 단기외채 비중(단기외채/총외채)은 외환위기 발발로 크게 감소하여 1998년 3/4분기에는 25%까지 하락하였으나, 2004년부터 단기외채 비중이 다시 상승하여 2007년 1/4분기에는 외환위기 수준과 비슷한

그림 17.7 우리나라의 단기외채 비중 및 외환보유액 대비 비율

(%)   (억 달러)

■ 총외채(우축)
── 단기외채 비중[1](좌축)
── 단기외채 비율[2](좌축)

주: 1) 단기외채/총외채
　　2) 단기외채/외환보유액
자료: 한국은행

외화유동성 부족 문제를 야기했을 뿐 아니라 그동안 확충된 외환보유액이 국가비상금으로서 그 역할을 수행하는 데 큰 제약요인으로 작용하였습니다. 글로벌 금융위기의 영향으로 우리나라에서는 다시 외화유동성 부족이 부각되면서 외환위기의 모습으로 나타날 수도 있었던 상황이었습니다. 그러나 세월이 지나가면 긴박했던 순간도 잊히고 맙니다.

52%에 달하였다. 또한 단기외채 규모도 경제 규모에 비해 크게 증가하였는데 GDP 대비 단기외채 비중은 1997년 3/4분기(15%)에서 크게 상승하여 2008년 3/4분기에는 20%에 이르렀다.

외화는 왜 부족하게 되었나?

이러한 외화 부족의 문제점은 언제부터 우리경제에 내재되어 있었을까요? 가장 문제가 된 단기외채는 1997년 외환위기 직후 급격히 축소되다가 왜 지속적으로 다시 증가하게 되었을까요? 취약성의 문제와 기폭제의 작용을 다시 생각하게 합니다.

주요 요인 중 하나는 금융위기 이전 달러 가치 하락에 대비하여 우리나라 선박 수출기업들과 해외증권 투자자들이 대규모 선물환 매도 거래를 했다는 사실입니다. 당시 경제주체들은 모두 환율의 하락을 예상하고 있었습니다. 그동안 정부가 수출을 확대하기 위하여 정책적으로 원/달러 환율을 올려서 원화 가치를 약하게 만들고 있다고 생각하였으며, 이러한 현상은 오래 가지 못하고 얼마 후에는 환율이 시장기능에 따라 하락할 것으로 예상하고 있었던 것입니다. 따라서 수출기업들은 아직 들어오지 않은 달러유입에 대응하여 미리 달러를 팔고자 했으며 이는 선물환 매도[95]로 나타났습니다.

한편 은행들이 이러한 거래를 수용하면서 그 결과 국내 은행들의 대규모 단기외화 차입이 이루어지게 되었던 것입니다.[96] 해외 투자자의 경우도 비슷한 거래형태를 나타내었습니다. 더욱이 일부 선박

---

95   이는 일정 환율로 달러를 미리 파는 거래이다. 미래에 들어올 달러가 있으면 헤지거래가 되지만, 미래에 들어올 달러가 없으면 이러한 선물환 매도는 투기거래가 된다.

96   수출기업의 선물환 매도에 따라 국내 은행들은 선물환 매입포지션을 취하였으며, 이러한 외환포지션 노출을 해소하기 위해 대규모 단기외화자금을 차입한 후 달러를 매각하였다.

표 17.2 선박수주 및 해외증권투자[1]

(억 달러)

	2003	2004	2005	2006	2007	2008
선박수주액	239.0	318.0	312.7	617.0	975.0	717.9
내국인의 해외증권투자[2]	54.0	117.8	176.3	312.9	564.4	−234.8
합계	293.0	435.8	489.0	929.9	1,539.4	483.1

주: 1) 기간 중 증감   2) 국제수지 기준
자료: 한국은행

수출업체와 해외 투자자들은 원/달러 환율의 하락을 예상하여 투기적 의도로 과도한 선물환 매도포지션[97]을 취하기도 하였습니다.

당시 향후 환율 하락 기대가 상당히 높았음에도 원/달러 환율의 움직임은 이러한 시장의 기대를 완전히 반영하지 못하고 있었습니다.[98] 이는 변동환율제를 택하고 있음에도 수출에 미치는 영향을 고려한 정책 당국이 고환율유지정책을 지속하면서 외환시장에 영향을 미치고 있었기 때문입니다. 그러나 시장 참가자들은 향후 환율 하락을 예상하면서 선물환 등 파생거래를 통해 향후 환율 하락 가능성에 대비하고자 하였습니다. 정책 당국의 현물 개입에 대해 선물환거래로 대응했던 것입니다. 정책과 시장이 다른 생각을 하고 있었다는

97   해외증권 투자자의 대부분은 해외채권 투자자들이다. 주식투자의 경우 채권투자와는 달리 그 변동성으로 인해 헤지하는 비율이 매우 낮다. 또한 선박 수출기업들도 위험회피 목적이 아닌 매매 목적 거래가 5~10%에 이른 것으로 추정되었다.
98   당시 환율이 하락하고 있었지만 중소기업 등이 추가 환율 하락을 예상하여 키코Knock-In-Knock-Out의 통화옵션계약을 대규모로 체결했다는 것은 환율 하락에 대한 기대가 일방적이었다는 사실을 잘 나타내준다.

그림 17.8 국내기업의 선물환거래

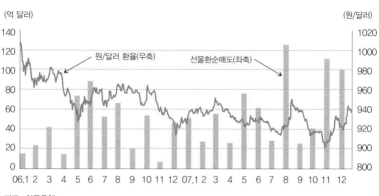

(억 달러)   (원/달러)

원/달러 환율(우축)   선물환순매도(좌축)

자료: 한국은행

말씀이지요. 삼불일치론에서 설명하였듯이 자본자유화하에서 환율이 고정될 경우 내외금리차를 겨냥한 해외 자금 유입[99]을 야기하게 됩니다. 더욱이 당시에는 환율 하락 예상으로 투자자들이 환차익을 겨냥할 수 있으므로 대규모 해외단기자금 유입을 불러왔던 것입니다.

여기서 1997년 외환위기를 앞두었던 시장 상황을 돌이켜보면서 2008년 상황과 비교해봅시다. 두 번의 위기가 일어나기 직전 외환시장에는 공통점이 하나 있었는데 당시의 환율 수준이 시장의 기대수준에서 현저히 벗어나 있었다는 사실입니다. 반면 차이점은 1997년

---

99   차익거래 유인은 '내외금리차-스왑레이트'로 볼 수 있다. 차익거래 유인은 내외금리차와 외국인들의 원화조달비용인 스왑레이트의 수준 변화에 의해서 큰 영향을 받는다. 일반적으로 외화자금시장에서 외화 유동성이 위축될 경우 스왑레이트가 하락하여 차익거래 유인이 확대된다.

외환위기 때에는 원/달러 환율을 낮게 유지하려 한 문제, 즉 원화가치 고평가의 문제가 있었던 반면 금융위기 때에는 환율을 높게 유지하려고 했던 문제, 다시 말해 원화 가치 저평가의 문제가 있었던 것입니다. 우리는 과거의 사례에서 교훈을 얻지 못했던 것일까요? 아니면 원화가치 고평가는 문제가 될 수 있지만 저평가는 문제가 될 수 없다고 생각했던 것일까요?

출구전략의 영향

'겨울이 오면 기초체력이 약한 사람부터 감기에 걸린다', '작은 배는 밀물에 밀려왔다가 썰물로 빠져나간다'는 말이 있습니다. 이렇듯 변화의 과정에서 약한 사람은 항상 피해를 보기 마련일까요? 앞으로 코로나19 팬데믹으로 인한 영향이 줄어들면서 미국 경제의 회복이 가시화 될 경우, 미국의 양적완화 축소를 비롯한 출구전략이 다시 시행된다면 향후 신흥국들은 유입된 외화자금의 유출 가능성을 걱정해야 할 것입니다. 이를 막아낼 방법은 없을까요? 자금이 유출되게 놓아두더라도 별문제가 없을까요?

주요 선진국은 이들 신흥시장국에서 위기가 발생하더라도 선진국 경제에서 차지하는 비중이 낮으므로 자국으로 전이되지는 않을 것이라는 입장을 취하고 있는 듯합니다. 선진국에서 위기가 발생하면 신흥시장국으로 전이되는 경우와 상치된다고 할지라도 어쩔 수 없는 일일까요? 그러나 신흥시장국의 경제위기가 경계를 넘어 선진국으로 전이되는 역逆스필오버spillover의 가능성도 제기됩니다. 신흥시장국 위기의 확산에 대한 우려로 선진국 증시도 미 연준의 양적완화 축소QE tapering 시행 이후 하락한 바 있습니다. 신흥시장국으로의 수출 비중이 높은 유로존 국가들이 피해를 입을 가능성을 우려한 것이죠.

몇몇 신흥시장국은 공격적인 금리 인상으로 외화 유출에 대응하였으며, 우리는 삼불일치론의 시각에서 이를 이해할 수 있습니다. 위기 가능성이 있는 신흥국 명단에 어떤 나라가 포함되어 있느냐에 따라 새로운 용어가 만들어졌습니다. 취약 5개국fragile5에 인도, 인도네시아, 터키, 브라질, 남아공 등 5개 취약 국가가 포함되었으며 아르헨티나도 가세하였습니다. 터키중앙은행이 기준금리를 2010년 5월 7.0%에서 미 연준이 양적완화를 종료한 2014년 10월 8.25%로 1.25% 포인트 인상하였고, 브라질(2009년 7월 8.75% → 2014년 10월 11.0%)과 인도(2009년 4월 4.75% → 2014년 10월 8.0%)도 금리를 올렸습니다.

그러나 국내 경제 상황을 고려하지 않고 외화 유출 우려에 대처하여 금리를 인상한 데 따른 문제점을 이제 우리는 너무나 잘 알고 있습니다. 경제의 기초체력을 다지고 정책의 신뢰를 강화하는 대응이 무엇보다도 중요하지만 신흥시장국이라는 이름패만 달고 있으면 동일하게 취급되지 않을까 하는 우려도 있습니다.

2. 외환을 지켜라

거시건전성정책 등을 통한 대응

1990년대의 금융위기가 신흥시장국에서 발생하여 다른 신흥시장국으로 전파된 데 비해 2008년 이후 금융위기는 미국에서 비롯된 후 글로벌 금융전달체계를 통해 빠르게 확산되었는데, 그 과정에서 신흥시장국의 대응도 이전과는 달라질 수밖에 없었습니다.

정책 대응을 요약해보면, 아시아 신흥시장국은 전통적, 비전통적인 거시경제정책과 거시건전성정책, 자본 통제 등 가능한 모든 수단을 사용하려고 노력하였습니다. 우선 전통적 거시경제정책을 살펴보면, 자본 유입기에 통화 절상 또는 시장금리 하락을 용인함으로써 자본이 유입될 수 있는 유인을 완화하거나 외환시장 개입 등을 통하여 국내 파급 효과를 억제하였으며, 자본 유출기에는 환율 급등을 용인하거나 또는 외환시장 개입 등을 통하여 시장안정을 위한 미세조정을 실시하였습니다. 또 거시경제정책의 대응과 아울러 자본이동에 보다 직접적인 영향을 미치는 거시건전성정책과 자본 통제 등으로 대응하는 나라도 늘어났습니다. 아울러 단기외화 차입금에 대한 상환 요구에 대응하기 위하여 완충장치로써 대규모로 축적했던 외환보유액sizable international reserves을 활용해왔습니다. 또한 외화자산과 외화부채의 환위험 노출을 적정하게 관리하였다고 할 수 있습니다. 한편 자본 유출기에 주요국 중앙은행 간 통화스왑 등 국제 금융안전망을 적극 활용하였다는 점도 지난 1990년대 외환위기와 달

표 17.3 위기 이후 아시아 신흥국의 외환건전성정책 및 자본 통제 도입 사례

	증권	기 타
인도네시아	• 국채(SBI[1]) 최소보유기간 설정 (2010.6)	• 외화예금 지준율 인상(2011.3, 6) • 은행 단기 역외차입 한도 제한 (2011.4)
태국	• 채권투자 원천과세 부활(2010.10)	
대만	• 주식투자자금 1년미만 정기예금 운용금지[2](2009.11) • 국채, MMF 투자 제한[2](2010.11)	• 비거주자예금 지준율 인상[2] (2010.11)

주: 1) 인도네시아 중앙은행채권(Bank Indonesia Certificates), 인도네시아어로 Selamat datang di Bank
Indonesia(SBI)
　　2) 비거주자에 대해 차별적으로 적용되는 조치
자료: 〈자본 유출입에 대한 정책대응 사례와 평가〉, 《조사통계월보》(한국은행, 2011)

라진 점이라고 하겠습니다.

우리나라는 어떻게 대처하였는지 조금 더 구체적으로 살펴보겠습니다. 우선 자본이동을 관리하는 정책에 있어 부작용이 큰 자본 통제보다는 거주자와 비거주자를 동등하게 대우하는 거시건전성정책을 우선적으로 활용하였습니다. 규제의 필요성을 새삼 느끼면서 규제 대상과 범위, 규제 효과에 대한 재량적 판단에 기초하여 새로운 정책대응수단을 강구하였다는 말씀이지요.[100] 이러한 건전성정책은 단기자본의 과도한 유입을 완화할 뿐만 아니라 들어오는 가급적 장기화함으로써 유출이 급격하게 일어날 수 있는 상황을 억제하는 데

100　　이는 2011년 10월 G20가 도입한 자본이동 관리 원칙에 관한 '정합성 있는 결론coherent conclusion'에도 부합한다.

표 17.4 금융위기 시 한국의 정책 대응

	전통적 대응수단	기타 대응수단
순유출기 (2008.4/4~2009.1.4)	• 통화 절하 • 외환보유액 감소	• 한미 통화스왑
순유입기 (2009.2/4~2011.2/4)	• 통화 절상 • 외환보유액 증가	• 선물환포지션제도 • 외환건전성부담금
순유출기 (2011.3/4~2011.4/4)	• 통화 절하 • 외환보유액 감소	• 한중, 한일 통화스왑

도움이 되리라고 생각합니다. 한 차례의 태풍이 지나간 후 유럽 재정위기에 따른 글로벌 금융 불안에도 자본 유출 규모와 CDS 상승폭이 상대적으로 크지 않았는데, 이는 그동안의 정책 대응에 힘입은 바 크다고 하겠습니다.

반면 우리나라의 노력도 중요하였지만 글로벌 금융위기를 진정시키기 위해 미국을 비롯한 선진국이 돈을 대규모로 뿜어내었기 때문에 외화자금이 우리나라로 유입되어 우리나라 외환시장이 안정되었다는 주장도 있습니다. 이렇게 주장하는 사람들은 우리나라와 미 연준과의 통화스왑도 이러한 맥락에서 설명하지요. 전체적인 흐름도 중요하지만 우리나라가 어떻게 효율적으로 대처하였는가도 중요하다고 생각합니다. 우리나라의 정책금리 조정과 외환건전성정책은 상당한 유효성이 있었습니다. 일반적으로 자본 유입은 장기간 지속되는 반면 자본 유출은 단기간 급속하게 진행되는 경향이 있는데, 우리나라는 이러한 자본 유입과 유출에 대응하여 정책 대응수단을 비대칭적으로 활용하였습니다.

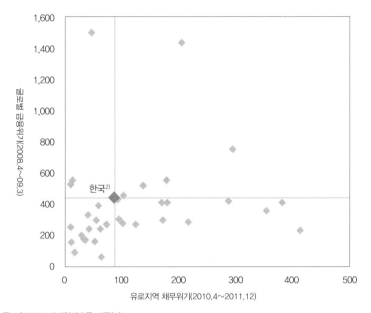

그림 17.9 글로벌 금융위기와 유럽 재정위기 시 CDS 프리미엄 상승률[1]

주: 1) CDS프리미엄상승률 기준(%)

2) 금융위기 시 28위 → 유로재정위기 시 19위

자료: Bloomberg

    돌이켜보면 글로벌 금융위기는 금융 글로벌화 시대에 신흥시장국이 무사히 살아남을 수 있는지에 관한 본격적인 첫 시험대the first serious test라고 말할 수 있습니다. 우선 신흥시장국 입장에서는 선진국 자본 유입으로부터의 충격을 막아내어 국내 금융시장의 안정을 도모하는 것이 최우선 과제였습니다. 이를 위하여 건전성규제 조치들을 보다 포괄적인 수준으로 조정하는 등 금융통제soft financial control를 통해 해외 자금의 유출입에 대응하려는 움직임이 확산되었습니다. 자국의 금리 조정과 환율 운용만으로는 전 세계적으로 움직

THU

표 17.5 자본 유출입의 비대칭성[1]

(분기)

	유입 지속 기간 (A)	유출 지속 기간 (B)	차이 (A−B)
한국	12.0	2.7	9.3**
중국	13.3	3.0	10.3
인도	14.0	2.0	12.0
인니	3.0	2.0	1.0
필리핀	3.6	1.8	1.8*
태국	5.5	6.0	−0.5
전체	8.6	2.9	5.7***

주: 1) 2000.1Q~2011.2Q중 평균 지속 기간
　　2) *, **, ***는 유입기와 유출 기간 차이가 10%, 5%,1% 유의 수준에서 유의함을 의미(ANOVA검정결과)
자료: 한국은행

이는 자금이동이 발생시키는 금융불안에 대처하기 어렵다고 판단한 결과입니다. 당초 금융통제를 반대해왔던 선진국도 필요성을 느끼는 가운데 위기 발생의 원인을 제공한 미국도 이에 반대할 명분이 없었습니다. 무엇보다 신흥시장국이 그 필요성을 강하게 인식하였습니다.

외환보유액을 통한 대응과 한계

글로벌 금융위기 이전에 신흥시장국은 자국의 외환보유액을 충분히 쌓기만 하면 외부 충격을 막아줄 완충장치로 기능하리라고 예상하였으나 파도치는 바닷가에 쌓은 모래성은 가벼운 파도에도 쉽게 쓸려나갈 뿐입니다. 더욱이 외환보유액은 아주 충분하지 못하면 마

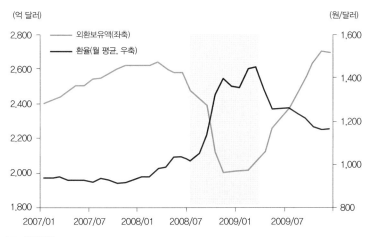

그림 17.10 금융위기 시 우리나라의 외환보유액 및 환율

(억 달러)

2,800 ── 외환보유액(좌축)
━━ 환율(월 평균, 우축)
2,600

2,400

2,200

2,000

1,800

2007/01 2007/07 2008/01 2008/07 2009/01 2009/07

(원/달러)

1,600

1,400

1,200

1,000

800

자료: 한국은행, Bloomberg

음대로 사용하기 어려웠습니다.

　신흥시장국의 약 절반은 주요 선진국의 자산축소deleveraging에 따른 환율 급등을 완화하기 위해 외환보유액을 사용하였는데, 그 결과 외환보유액이 큰 폭으로 축소되었습니다. 더욱이 보유 외환보유액의 약 3분의 1을 소진하게 된 국가들은 추가 사용을 주저할 수밖에 없었는데, 만약 외환보유액이 일정 수준 이하로 축소될 경우 해외 자본 이탈이 가속될 가능성을 두려워했기 때문입니다. 결국 상당수 신흥시장국은 자기보험으로서의 외환보유액을 절약하기 위해 환율 상승을 선택할 수밖에 없었습니다. 금융위기가 앞으로 얼마나 더 지속될지 불확실했기 때문입니다.

금융안정의 중요성 인식

1990년 후반 아시아 신흥시장국이 외환위기를 겪은 이후 글로벌 금융위기에 대처하기까지 그 위상은 많이 향상되었습니다. 금융위기에서 미국이 어려움에 처할 동안 중국, 인도를 비롯한 아시아 신흥시장국이 위기 이후 세계경제성장에 주요 기여자key contributor로 인식되었습니다. 그렇지만 이들 아시아 신흥시장국들이 부담하는 금융위기 관련 비용은 GDP의 상당 부분으로 추론되고 있습니다.

우리는 지금까지 '원화와 외화 그리고 금리와 환율의 연결고리'를 이해하는 방편으로 삼불일치론을 활용해왔으나 이와 같은 금융안정의 값비싼 교훈을 거치면서 정책 목표에 금융안정목표를 추가하려는 움직임도 있었습니다. 삼불일치론trilemma이 사불일치론 quadrilemma[101]으로 확대되는 것이죠. 글로벌 금융위기가 가져온 결과라고 볼 수 있으며 주요 선진국 등도 역시 이에 해당한다고 하겠습니다. 우리나라도 이의 일환으로 한국은행법을 개정[102]하여 금융안정 목표를 규정한 바 있습니다. 그러나 지난번 법 개정은 선언적 규정에 불과하므로 거시적인 시각으로 금융안정 책무를 달성하기

101　Obstfeld, Shambaugh, Taylor(2008)는 삼불일치론과 밀접하게 관련된 주요 요소를 비판하면서 삼불일치론에 외환보유액 확충을 연계하여 사불일치론을 주장하였다.

102　2011년 8월 31일 한국은행법 개정은 2008년 글로벌 금융위기 이후 전 세계적으로 거시건전성정책의 중요성에 대한 인식이 확산됨에 따라 이에 부응하여 중앙은행의 금융안정 기능을 강화하는 방향으로 이루어졌다. 한국은행법 제1조에서 금융안정을 통화신용정책 수행 시 유의사항으로 새로이 규정함에 따라 금융안정 책무가 부과되었다.

위해 한국은행의 구체적인 정책수단을 명시할 필요가 있습니다. 자유롭게 쏠 수 있는 활과 화살을 주지 않는다면 멧돼지를 잡을 수 있을까요? 토끼도 잡기 어렵게 됩니다.

금융통합접근법에 의한 중간지대전략의 활용

글로벌 금융위기를 거치면서 아시아 신흥시장국은 그동안의 경험을 바탕으로 삼불일치론 체제 내에서 두 가지 선택binary choices을 하는 대신 정책시행의 수준을 조정하는 중간지대전략middle ground strategy을 선택하여 활용하였습니다. 급변하는 환경 속에서 세 가지 중 하나의 정책 목표를 포기하는 방식을 채택하기는 어려웠던 탓이죠.

이러한 대응 과정을 통하여 어떤 정책 목표를 선택할 것인가의 문제는 결국 전체를 고려하는 방법일 수밖에 없습니다. 이를 금융통합접근법public finance approach to financial integration이라고 하지요. 즉 거시건전성정책을 추진하기 위해서는 자본자유화에 따른 이득과 금융위기 시 감내해야 할 리스크 증가의 문제점 등을 고려하여 비용-수익 관점cost-benefit approach에서 균형 있게 추진해야 한다는 것입니다. 이와 같은 노력은 아시아 신흥시장국을 글로벌 위험에 적정하게 대처토록 했을 뿐 아니라 위기 이후 국외자본이 재유입되는 등 여타 지역에 비해 이른 시일 내에 안정된 상황을 이끌었습니다.

코로나19: 전화위복 vs 더 큰 위기의 잉태

2020년 우리는 전혀 생각하지 못한 복병을 만났습니다. 경제의 움직임에 영향을 미치는 것은 경제적 요인만이 아니었습니다. 코로나19라는 감염병으로 인해 우리는 그동안 겪어보지 못한 실물경제 충격과 금융시장 변동성을 경험했지만 3년이 지나지 않아 실물경제와 금융시장은 대체로 안정을 찾아갔습니다. 여전히 실물경제와 금융시장에 불안 요소들이 존재하지만 이렇게 빠르게 회복할 수 있었던 것은 각국 정부와 중앙은행의 신속하고 과감한 정책이 큰 역할을 했기 때문입니다. 물론 역대급 돈 풀기의 부작용으로 40여 년 만의 인플레이션을 경험하였지요. 여기서는 정책 당국이 코로나19 위기 극복을 위해 어떤 정책을 실행하였는지, 이러한 정책이 어떠한 문제를 유발하였는지, 앞으로 돈의 흐름에 어떤 일이 일어날 수 있는지 등을 살펴보도록 하겠습니다.

1. 돈 풀어 살리기

역대급 충격

최근의 일이라 많은 사람이 기억하겠지만 우선 코로나19가 실물 경제와 금융시장에 어떤 충격을 주었는지 간략하게 살펴보겠습니다. 2020년 1월부터 중국에서 본격적으로 확산된 코로나19는 초기에는 국지적 문제에 그칠 것으로 예상되어 중국 이외의 국가에 그리 큰 영향을 미치지 못하였습니다. 2월 초까지만 하더라도 주요 투자은행들은 코로나19의 영향을 사스SARS 같은 과거 사례에 비추어 일시적이고 제한적으로 평가했던 거죠. 2월 들어 이탈리아를 시작으로 유럽, 중동에서 확진자가 급증하면서 팬데믹pandemic 가능성에 대한 우려가 커졌습니다. 이때 주가와 금리가 급락하였지만 여전히 주요 투자은행들은 글로벌 경제에 미칠 영향은 제한적이라고 평가하였습니다. 그러나 2월 말부터 미국과 여러 나라에서 확진자가 급증하고 국경 폐쇄, 이동 제한lockdown 등을 실행하면서 전 세계가 공포에 휩싸이게 되었죠. 이때부터 3월 말까지 주가[103]와 금리가 급락하는 패닉 상태가 지속되었습니다. 특히 공포심이 가장 극심했던 3월 중순에는 미국 국채금리가 급등하며 안전자산 선호 경향이 확산되면서 현금, 특히 달러화만을 선호하기도 하였습니다. [104]

---

[103]   미국 S&P500 지수는 2020년 2월 19일 3,386.15에서 3월 23일 2,237.40으로 33.9% 하락하였으며 한국 KOSPI도 2020년 2월 14일 2,243.59에서 3월 19일 1,457.64로 35% 하락하였다.

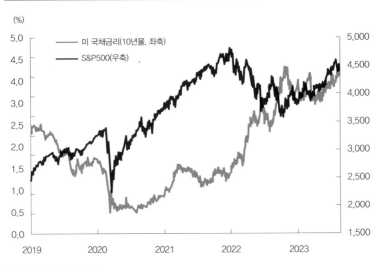

그림 18.1 미국 주가 및 국채금리

(%)

— 미 국채금리(10년물, 좌축)
— S&P500(우축)

자료: FRED(St. Louis FED)

그림 18.2 한국 주가 및 환율

(원/달러)

— KOSPI(좌축)
— 환율(우축)

자료: 한국은행

금융시장의 변동성이 극심했던 가장 큰 원인은 향후 불확실성이 컸던 데에 기인하였다고 생각합니다. 코로나19의 전염성과 치명률 등 신종 감염병에 대한 정보가 너무 없었죠. 또한 이동 제한으로 실업자가 급증함에 따라 실물경제가 얼마나 타격을 입을지, 언제 경제가 회복될 수 있을지, 실물경제 침체로 금융기관이 부실해져서 금융위기가 오는 것은 아닌지 등 코로나19가 경제에 미치는 영향에 대해서도 여러 가지 추정이 나오면서 매우 어지러운 상황이 지속되었습니다.

경험이 중요하다

그러나 문제의 심각성을 인식한 이후부터 주요국의 정부와 중앙은행은 적극적으로 움직였습니다. 미국, 유럽 등 주요국에 비해 상대적으로 코로나19 확진자 수가 적은 우리나라도 다양한 정책을 시행하였습니다. 이에 대한 설명도 복잡하지만, 먼저 경제 규모가 가장 크고 확진자와 사망자 수도 가장 많았던 미국에 대해 살펴보겠습니다. 우선 중앙은행의 대응을 살펴보고 이후에 정부의 재정정책에 대해서도 말씀드리겠습니다.

미 연준은 코로나19가 경제에 미치는 영향이 일시적·제한적일

---

104 미 연준이 정책금리를 2020년 3월 3일 50bp, 3월 15일 100bp 인하하였음에도 불구하고 미 국채금리(10년물) 금리는 3월 9일 0.54%까지 하락하였다가 3월 18일 1.18%로 급등하였다. 또한 달러화에 대한 선호가 커지면서 원/달러 환율도 코로나19 확산 이전 1,160원대에서 2020년 3월 19일 1,285.7원/달러까지 상승하였다.

것이라고 예상한 2월까지 지켜보는 입장이었으나 3월 들어 사태의 심각성을 인지하고 매우 신속하고 과감하게 움직였습니다. 여기서 모든 정책을 상세하게 소개하기는 어렵지만 한마디로 표현하면 지난 글로벌 금융위기 때 도입한 모든 정책을 신속하게 재시행하는 한편 규모도 대폭 늘리는 것이었습니다. 일단 기준금리를 두 차례에 걸쳐 1.50~1.75%에서 0~0.25%로 인하하고, 2014년 말 이후 중단하였던 국채와 MBS를 매입하는 양적완화를 다시 시행하였으며 그 한도도 무제한으로 확대하였습니다. 이를 위해 앞서 'LECTURE 16 글로벌 금융위기'에서 언급하였던 이름도 다 기억할 수 없는 영어 약자로 된 수많은 지원책을 재도입하였습니다. 그리고 이번 위기는 실물경제 침체를 수반한다고 판단하여 중소기업과 실업자를 지원하는 새로운 정책도 도입하였습니다.

또한 주요국 중앙은행과의 공조도 잊지 않고 확대하였습니다. 그 일환으로 우리나라도 2020년 3월 19일 미 연준과 다시 통화스왑을 체결하면서 원/달러 환율이 안정을 찾기 시작하였습니다.

이와 같은 적극적인 미 연준의 지원 정책으로 금융시장은 급속하게 안정되기 시작했지만, 이에 비례하여 미 연준의 자산 규모도 급증하게 되었습니다. 글로벌 금융위기 당시 4개월 동안(2008년 9~12월 중) 1.3조 달러 증가했던 미 연준의 자산 증가 속도도 엄청나다고 평가되었으나, 2020년에는 4개월 동안(2020년 3~6월) 무려 2.8조 달러 증가하고 코로나19 기간에도 4.8조 달러 증가하였습니다. 정말 '대단하다'라는 말 이외에 다른 표현이 생각나지 않습니다.

미 연준이 이렇게 신속하고 과감하게 움직일 수 있었던 이유로 글로벌 금융위기 때의 경험이 크게 도움이 됐다고 생각합니다. 2008년에 도입한 정책들은 당시에도 이미 법률 검토를 마쳤으며, 그동안의 경험을 통해 실제 자금이 어떤 과정을 거쳐 공급돼야 하는지 알고 있었습니다. 물론 그러한 정책의 효과와 부작용 또한 검토되어 있었죠. 만약 글로벌 금융위기를 겪지 않고 이번 코로나19로 인한 위기가 찾아왔다면 이렇게 신속하게 대응할 수 있었을까요? 중앙은행의 정책이 신속하고 과감하게 집행되지 않았다면 2020년 3월 금융시장의 패닉은 어떻게 전개되었을까요? 금융시장의 혼란과 자산 가격의 급격한 하락은 글로벌 금융위기를 다시 불러왔을까요?

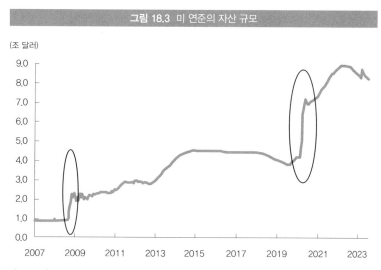

그림 18.3 미 연준의 자산 규모

자료: FED(Board of Governors of the Federal Reserve System)

표 18.1 코로나19 극복을 위한 미국의 주요 조치(통화정책)

정책 구분	조치	내용
통화정책 기조 완화	정책금리 인하	• 50bp 인하(1.50~1.75% → 1.00~1.25%) • 100bp 인하(1.00~1.25% → 0.00~0.25%)
	포워드 가이던스	• "경제가 최근의 사태를 이겨내고 연준의 양대 목표를 달성하기 위한 정상 궤도에 진입할 때까지 현재 정책금리 목표 범위를 유지할 것으로 기대"
	양적완화	• 국채 및 Agency MBS 매입 발표 – 7000억 달러(국채 5000억 달러, MBS 2000억 달러) – 무제한 매입으로 확대, Agency CMBS 포함
유동성 공급	Repo 확대	• Repo 종류 추가 및 거래 한도 확대
	재할인율 인하	• 재할인율 150bp 인하(1.75% → 0.25%)
	지급준비율 인하	• 지급준비율을 모두 0%로 인하(3~10% → 0%)
	PDCF(Primary Dealer Credit Facility)	• 뉴욕 연준 등록 PD 대상으로 투자등급 채권, 지분증권 등을 담보로 최대 90일 대출
	통화스왑 확대	• 5개 중앙은행 통화스왑 조건 완화(금리 인하, 만기 확대) • 한국 등 9개국 중앙은행 통화스왑 체결
	FIMA Repo Facility	• 외국 중앙은행 등(FIMA, Foreign&International Monetary Authorities)에 미 국채 담보부 달러자금 공급
	일중당좌대출(intraday credit) 지원 확대	• 무담보 일중당좌대출 한도 유예, 제2금융권 담보부 이용 허용 등
신용시장 등 지원	CPFF(Commercial Paper Funding Facility)	• SPV(Special Purpose Vehicle, 이하 동일) 통해 CP, ABCP 최대 1000억 달러 매입
	MMLF(Money Market Mutual Fund Liquidity Facility)	• SPV 통해 MMMF 보유 자산(CD, 은행채, CP 등) 매입 자금 대출
	TALF(Term ABS Loan Facility)	• SPV 통해 ABS 담보 대출을 최대 1000억 달러 실시 • 인정 담보 범위 확대
	PMCCF(Primary Market Corporate Credit Facility)	• SPV 통해 투자등급 회사채를 발행시장에서 최대 1000억 달러 매입 • 적격 담보 및 대출 한도 확대
	SMCCF(Secondary Market Corporate Credit Facility)	• SPV 통해 투자등급 회사채를 유통시장에서 최대 1000억 달러 매입 • 적격 담보 및 대출 한도 확대

정책 구분	조치	내용
신용시장 등 지원	Main Street Lending Program	• 중소기업 지원 프로그램 도입 예고 • SPV 통해 중소기업 대출 채권을 최대 6000억 달러 매입 • 지원 대상 기업 확대, 최소대출금액 축소 등
	MLF(Municipal Liquidity Facility)	• SPV 통해 지방정부 채권을 발행시장에서 최대 5000억 달러 매입 • 지원 지방정부·채권 확대
	PPPLF(Paycheck Protection Program Liquidity Facility)	• PPP 지원 프로그램 도입 • SBA(Small Business Association) 보증을 받아 소기업 앞 대출(PPP) 실시한 금융기관 신용 지원 • 지원 금융기관, 담보 확대

자료: 한국은행

모두가 한마음으로

중앙은행이 긴박하게 움직인 만큼 정부도 가만히 있지 않았습니다. 사실 2008년 금융위기와 달리 코로나19 위기는 이동 제한에 따른 실업자의 급증 및 실물경제의 타격 등이 더 큰 문제였으므로 중앙은행보다 정부가 할 일이 더 많았습니다. 정부도 과감하게 움직였죠. 미국 연방정부는 2009~2011년 중 총 3.8조 달러(연평균 1.3조 달러)의 재정적자를 기록하였지만 2020년, 2021년 중에는 이보다 더한 각각 3.3조, 2.6조 달러의 재정적자를 감수하였습니다. 재정수입은 전년과 유사한 수준에서 지출이 급증하였던 만큼 연방정부가 돈을 많이 썼다는 뜻입니다.

중앙은행의 유동성 공급은 위기의 초기에 집중되는 반면, 정부의 재정정책은 실물경제가 완전히 회복될 때까지 수년간 지속된다는 점에서 현재 미국 연방정부의 재정적자가 얼마나 증가할지 가늠하

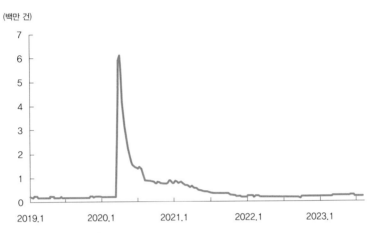

그림 18.4 미국 주간 신규 실업수당 청구 건수

(백만 건)

2019.1   2020.1   2021.1   2022.1   2023.1

자료: FRED(St. Louis FED)

그림 18.5 미국 실질 경제성장률[1]

(%)

2000   2005   2010   2015   2020

주: 1) 전기대비 연율 기준
자료: FRED(St. Louis FED)

464

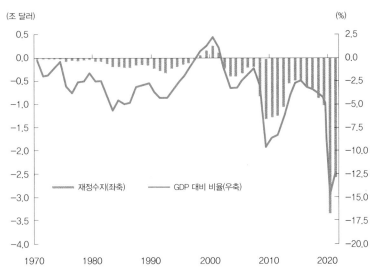

그림 18.6 미국 연방정부 재정적자 및 GDP 대비 비율

(조 달러)

(%)

- 재정수지(좌축)
- GDP 대비 비율(우축)

자료: CBO, White House, Fed

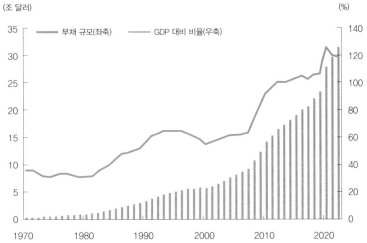

그림 18.7 미국 연방정부 부채 및 GDP 대비 비율

(조 달러)

(%)

- 부채 규모(좌축)
- GDP 대비 비율(우축)

자료: CBO, Department of Treasury

기 어렵습니다.[105]

한국도 미국처럼?

코로나19 위기에 대응하는 과정에서 한국과 미국의 중앙은행은 다각적으로 대응하여 왔습니다. 그런데 어떠한 차이가 있었을까요? 그 차이를 우리가 앞에서 계속 다뤄왔던 삼불일치론의 관점에서 살펴보겠습니다. 앞서 설명한 것처럼 미 연준의 자산은 4개월 동안 (2020년 3~6월) 무려 2.8조 달러(약 3000조 원) 증가[106]하였지만 한국은행의 자산은 2019년 말 492.6조 원에서 2020년 말 538.7조 원으로 약 46조 원 증가하는 데 그쳤습니다. 양 국가 간 경제 규모와 금융시장 발달 정도의 차이를 감안하더라도 미국의 지원 규모가 훨씬 더 큽니다. 미 연준이 이렇게 적극적으로 정책을 수행할 수 있었던 이유는 무엇일까요? 한국은행도 미 연준처럼 기준금리를 제로 수준으로 낮추고 국채를 무제한으로 매입해야 했을까요?

여기서 우리는 이러한 차이의 원인을 살펴봅니다. 자본이동에 제약이 없는 상황에서 한국의 국채금리가 미국의 국채금리보다 낮으면 한국에 투자된 자본이 급격하게 유출될 가능성이 큽니다.[107] 특

---

105 특히 공화당보다 상대적으로 큰 정부를 지향하는 민주당의 바이든 행정부가 집권하면서 최근 1.9조 달러 규모의 부양책을 통과시켰는데 추가로 최대 3조 달러의 부양책을 추진하고 있다는 보도도 있다.(《월스트리트저널》, 2021. 3. 22)
106 2020년 1년간은 3.2조 달러(약 4,071조 원) 증가하였다.
107 실제 자금 유출입은 양국 간의 금리 차이뿐만 아니라 향후 금리 및 환율전망, 환헤지비용 등을 감안하여 결정된다.

히 아직 코로나19로 인한 경기침체 영향을 받고 있는 시기에는 금융시장 변동성을 확대할 수 있는 자본 유출입에 더욱 민감할 수밖에 없습니다. 반면 기축통화의 경우 금융거래나 무역거래 시 항상 사용되므로 금융기관이나 기업은 금리 수준에 덜 민감하게 반응하면서 일정 수준으로 기축통화를 보유하려는 유인이 있습니다. 코로나19 기간 중 기준금리의 저점을 살펴보면 한국은행은 0.50%이었으며 미 연준은 0.0~0.25%이었습니다. 국채금리가 기준금리에 직접적인 영향을 받는다고 가정할 경우 기축통화국이 아닌 우리나라의 중앙은행은 기준금리를 인하하는 데 있어 주요 기축통화국의 금리 수준을 고려하지 않을 수 없습니다. 그래서 당시 한국은행 총재도 기자회견에서 '실효하한'[108]이라는 표현을 사용하였던 것입니다.

이를 앞서 언급한 삼불일치론의 세 가지 요건으로 살펴보면 자본이동의 제약이 없는 가운데 환율의 안정적인 움직임을 추구하며 자율적인 통화정책이 제약을 받는 상황으로 설명할 수 있겠습니다. 만약 한국은행이 기준금리를 인하하여 국채금리가 기축통화국 수준으로 하락한다면 자본이 급격히 유출되고 환율이 큰 폭으로 상승할 가능성이 컸습니다.

한국은행이 금리를 제로금리로 낮추기 어려웠다면 미국처럼 무제한 국채 매입 같은 방법으로 금융시장에 막대한 유동성을 공급할 수

---

108   다양한 경제 여건을 고려할 때 현실적으로 기준금리를 더 이상 낮출 수 없는 한계를 말한다.

있었을까요? 결론부터 말씀드리면 화폐 재정화monetization의 적절성 여부[109]를 차치한다 하더라도 한국은행이 무제한으로 국채를 매입하기에는 어려움이 있을 것으로 예상합니다. 어느 정도 국채를 매입할 수는 있으나 매입 규모가 커지면 금융시장에 유동성이 많이 공급됩니다. 이 경우 콜금리, CD금리 등이 기준금리를 하회하게 되므로 기준금리 목표 수준 유지를 위해 한국은행이 통화안정증권 발행 또는 RP매각 등으로 유동성을 다시 흡수하면서 국채 매입에 따른 유동성 공급 효과가 사라지게 됩니다. 즉 기준금리를 제로금리 수준으로 낮추지 않는다면 무제한 국채 매입과 같은 양적완화정책을 취할 수 없다는 말입니다. 양적완화 과정에서 돈이 많이 풀려서 기준금리가 제로 수준으로 수렴하게 되니까요. 반면 미 연준의 경우 기준금리가 제로 수준이었으므로 국채를 무제한으로 매입하더라도 기준금리인 금융기관 간 초단기금리인 연방기금금리Federal Fund Rate, FFR가 더 떨어질 여지가 없었습니다. 연방기금금리가 제로 밑으로 내려가 마이너스가 된다는 뜻은 자금을 빌려주는 기관이 오히려 이자를 주면서 돈을 빌려준다는 의미입니다. 미 연준은 기준금리를 마이너스로 운용하지 않았습니다. 기준금리가 제로인 경우에만 중앙은행의

109　정부의 재정정책 확대를 위한 재원은 세수 증가, 국채 발행으로 충당되는데 경기침체 시에는 세수 증대가 어렵기 때문에 국채 발행이 주된 재원 마련 방법이 된다. 하지만 국채 발행 물량 증대는 발행금리를 상승시켜 정부 부담을 가중할 수 있다. 이러한 상황에서 정부는 중앙은행이 국채를 대규모로 매입하도록 압박할 수 있다. 이는 재정정책을 위해 발권력을 동원하는 방식이며 통화정책이 재정정책에 종속되는 모습으로 간주될 수 있다.

국채 무제한 매입 같은 정책이 효과를 발휘할 수 있습니다. 돈을 아무리 풀더라도 기준금리가 당초 정해놓은 제로 수준 아래로 하락하지 않기 때문이지요.

일부에서는 한국은행이 통화정책 완화에 소극적인 자세를 취하였다고 비판합니다. 그러나 한국은행도 가능한 정도에서 최선의 정책을 수행하였다고 생각합니다. 정책 실행에는 어쩔 수 없는 제약 요인이 작용하기 마련이니까요.

2. 돈 풀기의 후유증: 물가의 역습

앞서 'LECTURE 16 글로벌 금융위기'에서 금융위기 당시 미국에서 대규모로 돈을 풀었지만 물가가 오르지 않아 수수께끼라고 할 수 있다고 하였습니다. 생각해보면 코로나19 기간에 돈을 풀면서 정책 당국자들은 이러한 기대를 품었을지도 모르겠습니다. 그러나 이번에는 교과서에 나오는 '돈을 풀면 물가가 오른다'는 결과가 나타났습니다. 40여 년 만의 물가 상승이 초래되었죠. 상당히 오랜 기간 목표인 2%를 하회하던 물가상승률은 2021년부터 본격적으로 상승하기 시작하여 순식간에 목표를 상회하였습니다. 우리나라의 경우 6%, 미국의 경우 9% 수준까지 상승하였다가 2023년 들어 조금씩 하락하고 있으나 여전히 목표인 2%를 상회하는 수준입니다.

그동안 그렇게 오르지 않던 물가가 갑자기 오르게 된 까닭은 무엇

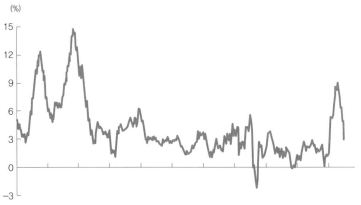

그림 18.8 미국의 소비자물가지수(CPI)

자료: FRED(St. Louis FED)

일까요? 따지고 보면 물가가 오르는 원인도 매우 다양하고 복잡합니다. 하지만 여기서는 단순하게 공급 측 요인과 수요 측 요인으로 나눠서 살펴보겠습니다.

먼저 공급 측 요인으로는 팬데믹 당시 이동 제한에 따른 글로벌 공급망 붕괴, 회복 과정에서의 공급병목현상bottlenecks[110], 2022년 2월 러시아-우크라이나 전쟁이 촉발한 석유, 농산물 등 원자재 가격 상승이 있습니다. 그리고 수요 측 요인으로는 팬데믹 기간 중에

---

110 경기 회복 과정에서 수요는 증가하는데 공급이 이에 미치지 못하여 물가가 크게 오르는 현상을 뜻한다. 대표적인 예로 경기 회복으로 에너지 수요가 빠르게 증가하는 상황에서 신재생 에너지 생산의 차질, 화석연료의 공급 부족 등으로 에너지 공급이 이에 따라가지 못함에 따라 수급불균형이 심화되어 에너지 가격이 크게 상승하는 경우를 들 수 있다.

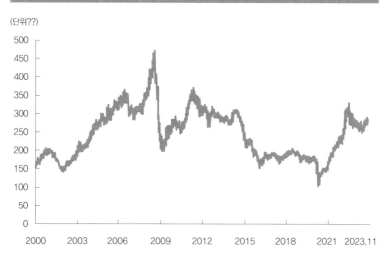

그림 18.9 글로벌 원자재 가격[1]

(단위??)

주: 1) Thomoson Reuters CRB Commodity index 기준
자료: Thomoson Reuters

그림 18.10 미국과 한국의 M2 증가율

(%)

——— 한국 ——— 미국

자료: 한국은행, FRED(St. Louis FED)

는 가전, 가구 등 내수 부문이 크게 늘어나고, 팬데믹 이후에는 그동안 억제되던 대면 소비를 들 수 있습니다. 특히 서비스업에 대한 수요가 폭발하면서 물가가 큰 폭으로 상승하였습니다. 즉 금융위기 이후 중앙은행의 완화적인 통화정책이 지속되는 가운데 이러한 공급 측 요인과 수요 측 요인이 겹치면서 물가 상승이 촉발되었습니다.

만약 코로나19 대응 과정에서 중앙은행의 완화정책이 없었다면 위와 같은 공급 측 요인과 수요 측 요인이 있더라도 물가가 이렇게 많이 오르지는 않았을 것입니다. 반대로 완화정책에도 불구하고 이런 수급 요인들이 없었더라면 물가는 크게 오르지 않았을 것이라고 생각합니다. 마치 마른 건초더미(완화적 통화정책)에 불씨(공급 측 요인과 수요 측 요인)가 던져져 물가가 폭등하였다고 봐야겠습니다.

3. 방향을 바꾸는 돈의 흐름

결론부터 이야기하자면 시장금리가 상승하면서 위험자산에서 안전자산으로 자금이 이동하고 있습니다. 팬데믹 이전까지만 해도 자금의 흐름을 나타내는 가장 대표적인 표현이 '수익률 추구 현상 Search for Yield'[111]이었습니다. 이는 저금리 상황을 잘 설명하는 표현

---

111 저금리 시대에 조금이라도 더 높은 수익을 추구하기 위해 레버리지를 일으키거나 상당한 위험을 무릅쓴 투자를 일컫는다. 예를 들어 금리 수준 연 5%와 연 5.1%는 큰 차이가 없으나 연 0.1%와 연 0.2%는 두 배의 수익률 차이가 나므로 저금리에서

이었죠. 그러나 고금리 상황에서는 반대 현상이 나타나고 있습니다. 2020년 8월 4일 0.52%까지 하락하던 미 국채(10년물)금리는 지속적으로 상승하여 2023년 10월 현재 5% 내외를 기록하고 있습니다. 이는 2000년 초반 닷컴 버블 붕괴 이후 약 20년 만의 높은 수준입니다. 현재 20, 30대는 거의 경험하지 못한 금리 수준인 셈이죠.

금리 상승의 주요 원인으로는 경기 회복에 따른 실질금리 상승과 물가 상승이 언급되고 있습니다. 무위험자산이라고 하는 미 국채(10년물)의 금리[112]가 4~5% 수준까지 상승하면서 다양한 자산에 대한 재평가가 이루어지고 그에 따라 돈의 움직임이 달라지고 있습니다. 위험 자산, 특히 차입을 동반한 위험자산에 대한 투자가 급격하게 위축되고 있습니다. 대표적으로 상업용 부동산투자와 스타트업 기업에 대한 투자가 흔들리고 있는 사례를 들 수 있습니다.

상업용 부동산투자는 펀드, 투자자 등이 금융기관에서 차입한 돈으로 상업용 부동산을 매입하여 리모델링한 후 임대하거나 매각하여 수익을 얻는 방식입니다. 그런데 차입금리와 미 국채 수익률이 과거에 비해 큰 폭으로 상승한 상황에서 위험자산 투자에 대한 추가 보상을 감안할 경우 미 국채에 비해 경쟁력을 갖춘 상업용 부동산이 많이 있을까요?[113] 팬데믹 이후 재택근무가 많아지면서 공실이 늘어

는 더 높은 수익을 추구하기 위해 더 큰 위험을 감수하려는 경향이 있다.

112　10년물 국채는 미국 채권시장에서 가장 활발히 거래되는 채권이며 10년물 미 국채금리는 미국에서 경제주체에 가장 큰 영향을 미치는 금리이다.

113　투자자에 따라 위험자산 투자에 요구하는 추가 보상(프리미엄) 수준이 다를 수 있지만 같은 프리미엄을 5%p, 무위험 자산인 미 국채 수익률이 5%, 비용을 8%(차

나고 상업용 부동산에 대한 선호가 낮아져 가격이 더욱 하락하거나 부실이 증가하는 가운데 상업용 부동산투자자들의 우려가 확산되고 있습니다.

한편 스타트업에 대한 투자도 고금리의 영향을 많이 받는 업종입니다. 스타트업 기업은 초기에 수익을 창출하기보다 많은 투자를 필요로 하므로 주식을 발행하거나 차입을 통해 자금을 조달합니다. 또한 스타트업 기업에 대한 투자는 실패 가능성이 커 위험 프리미엄이 높아야 합니다. 그러므로 최근과 같은 고금리 상황에서 스타트업 기업들이 투자자들에게 자금을 유치하려면 경쟁 자산에 비해 더 높은 수익을 제공할 수 있다는 기대감을 심어줘야 합니다. 하지만 2022년부터 시장 금리가 급등하면서 스타트업 기업들의 자금 조달이 어려워졌고, 이 기업들이 은행에 맡겨둔 예금을 인출하면서 스타트업 기업 의존도가 높은 은행에 대한 우려가 커졌습니다. 결국 2023년 3월 실리콘밸리은행SVB이 파산[114]하기에 이르렀습니다.

입비용 7%+기타 비용1%)라고 가정할 경우 같은 상업용 부동산투자는 18%의 수익을 거두어야 미 국채와 경쟁이 될 것이다. 18%의 수익률을 제공할 수 있는 자산이 얼마나 많을지는 여러분이 생각해보기 바란다.

114 실리콘밸리은행Silicon Valley Bank Financial, SVB은 실리콘 밸리에서 기술 및 의료 관련 신생 기업에 대한 벤처 금융을 제공하는 회사를 주요 고객으로 하는 은행으로 저금리 기조하에서 고객 투자자금 잔액이 급증하였다. 그러나 2022년 들어 금리 인상 기조와 거시경제 불확실성 등으로 SVB 고객사인 벤처금융사로부터 투자가 감소하는 가운데 신생 기업의 자금 지출이 지속됨에 따라 고객 투자자금 잔액이 급격히 감소하면서 SVB에 대한 유동성 우려가 불거졌다. SVB는 이러한 유동성 우려를 해소하기 위해 보유 채권 매각으로 이를 충당하려 하였다. 그러나 금리 상승으로 인한 채권 매각 및 평가 손실 급등으로 수익성이 크게 악화되면서 대규모 고객 예금이 인출 bank run되어 결국 2023년 3월 10일 영업이 중단되었다.

코로나19 팬데믹 이후의 세상

전망하는 일은 여전히 어렵지만 그래도 전망해야 앞날을 대비할 수 있습니다. 우리의 주제인 '돈의 움직임'과 '금융안정을 해치는 위기 발생 가능성'에 초점을 맞춰 전망해봅니다. 논의를 단순하게 하기 위해 최근 글로벌 공조현상이 뚜렷해지는 상황을 반영하여 미국을 중심으로 이야기하겠습니다.

여러분은 'Higher for Longer'(이하 'H4L')라고 들어보셨나요? 현재 시점에서 향후 경제 및 금융 전망과 관련하여 많은 전문가가 자주 사용하는 표현입니다. H4L은 '금리가 더 높아지고high[115] 높은 금리가 얼마나 지속long될 것인가'라는 뜻입니다. 이 표현은 2022년 3/4분기[116]에 처음 등장하였습니다. 그 당시만 해도 미국의 기준금리가 어디까지 더 높아지는지higher에 관심이 많았지만 지금은 미국의 기

---

[115] 기준금리가 시장금리에 영향을 미치므로 여기서는 기준금리, 특히 미국의 기준금리를 중심으로 설명하겠다.

[116] 2022년부터 시작된 미 연준의 기준금리 인상이 본격화되어 2.5%를 넘어서기 시작한 시점부터 H4L라는 표현이 시장에서 본격적으로 회자되기 시작하였다.

그림 19.1 미국의 기준금리와 국채 10년물

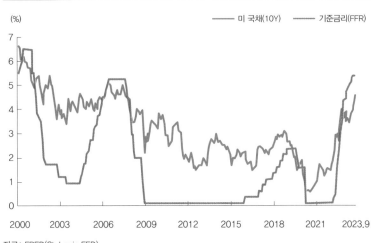

자료: FRED(St. Louis FED)

준금리가 얼마나 오래 지속될지longer에 더 많은 관심이 쏠리고 있습니다.

많은 사람이 H4L에 관심을 두는 이유는 앞에서 우리가 지속적으로 다루고 있는 '돈의 움직임'을 결정하는 것이 금리이고, 전 세계 금융의 중심인 미국의 금리가 모든 자산 가격에 영향을 미치고 돈의 흐름을 결정하기 때문입니다.

1. 고금리는 언제까지 지속될 것인가?

우선 H4L의 지속, 강화, 약화는 무엇에 의해 결정될까요? 그리고 중앙은행은 이와 관련하여 어떤 결정을 할까요? 결론부터 이야기하면 향후 H4L 지속 여부는 물가에 의해 결정된다고 봅니다. 시장의 많은 전문가가 대체로 기준금리의 추가 인상은 끝났으며 2024년 중반 이후부터는 기준금리가 인하될 것이라고 전망하고 있습니다.

한편 2023년 12월 연방공개시장위원회에서 공개된 연준 위원들의 생각을 집계한 점도표[117]에서 2023년 말 기준금리를 5.25~5.50%, 2024년 말 기준금리를 4.50~4.75%로 제시하고 있습니다. 2024년 중에 75bp의 기준금리 인하를 예상하고 있는 것이죠. 그러나 미 연준의 완전고용과 물가안정 책무를 감안하면 이러한 전망은 향후 물가상승률에 의해 얼마든지 바뀔 수 있습니다. 만약 물가가 생각보다 빨리 안정된다면 미 연준의 기준금리 인하 시점이 빨라질 것이고 물가안정이 지연된다면 H4L은 지속되겠지요. 상황에 따라 오히려 기준금리를 추가로 인상할 수도 있습니다. 그렇다면 앞으로 물가는 어떤 요인들에 의해 결정될까요? 우리는 어디에 중점을 두고 바라보아야 할까요?

많은 요인이 물가에 영향을 미치지만 중앙은행은 총수요에 관심이 많습니다. 중동지역에서 분쟁 격화로 유가가 급등하거나 이상기후로 농산물 가격이 치솟아 비용 인상 인플레이션이 발생할 수 있습니다. 그러나 총공급에 영향을 미치는 이러한 요인들을 미리 예측하

---

117   미 연준은 1년에 4회(3월, 6월, 9월, 12월) 연방공개시장위원회에서 위원들의 GDP성장률, 실업률, 물가상승률, 기준금리 등에 대한 향후 4년간 전망치를 〈Summary of Economic Projections〉라는 보고서로 제시하고 있다.

여 조절하기가 곤란하기 때문에 중앙은행은 기준금리 조절로 대응할 수 있는 총수요에 초점을 맞추고 있습니다.

미 연준은 물가상승률이 목표치인 2%를 초과하자 2022년부터 기준금리를 인상하면서 경제주체들의 경제활동을 억제하는 방향으로 유도하기 위해 긴축적 통화정책을 실시하였습니다. 즉 기준금리 인상으로 총수요를 억제하고 경기 과열을 막아 물가승상률을 안정시킨 것입니다.

만일 미 연준이 추가로 기준금리를 인상한다면 어느 수준까지 할까요? 단순하게 생각해보면 물가상승률의 목표치인 2% 수준이 될 때까지 인상할 것으로 생각할 수 있습니다. 그러나 현실은 복잡합니다. 통화정책은 6~18개월의 정책 시차가 존재하기 때문에 2%를 밑돌 때까지 기준금리를 계속 인상하지 않고, 물가상승률이 목표치에 가까워지면 일단 추가적인 기준금리 인상을 멈추고 지켜보게 됩니다. 2023년 12월 현재, 지금이 그러한 시기라고 볼 수 있습니다.

파월 미 연준 의장은 연준이 목표로 하는 연착륙에 대해서 아주 좁은 길narrow path이라고 말합니다. 지금처럼 글로벌 공급망이 약해지고 지정학적 긴장이 높아져 있는 상태에서 미국의 연착륙을 방해하는 요인은 언제든지 나타날 수 있습니다. 경기가 둔화되어 수요가 약해지면 물가가 안정됩니다. 반대로 경기가 양호하여 수요가 감소하지 않으면 물가는 더 하락하기 어렵습니다. 즉 경기침체 없이는 물가가 더 낮아지기 쉽지 않다는 뜻입니다. 이러한 상황에서 과연 미국이 경기침체 없이 물가안정을 이뤄낼 수 있을지 궁금합니다.

그림 19.2 미국 소비자물가지수(CPI)와 기준금리

자료: FRED(St. Louis FED)

그럼 향후 미 연준의 정책 기대에 대응하여 시장이 어떻게 반응하는지 살펴보겠습니다. 최근 미국의 노동, 소비 등 주요 경제지표의 발표 결과에 따라 금융시장이 크게 움직이고 있습니다. 이는 이러한 경제지표가 총수요를 나타내며 총수요에 따라 물가가 영향을 받고 물가를 관리하기 위해 미 연준이 기준금리를 조절할 것이라는 기대 때문입니다. 그래서 경제지표가 좋게 나오면 기준금리 인하 기대가 약해지면서 시장금리가 상승하고, 주식과 같은 위험자산 가격이 하락하는 모습을 보이는 것입니다. 구체적인 예를 살펴보면 대표적인 노동시장 관련 지표인 비농업 취업자 수가 시장 예상보다 높게 나오면 노동시장이 과열되어 임금이 상승할 가능성이 큽니다. 또한 노동자들이 소비를 줄이지 않아 총수요가 식지 않을 것이라는 기대로 물

THU

가안정 기대가 약화되면서 기준금리 인하 기대가 약해져 시장금리가 상승하는 모습을 보이게 됩니다.

2. 돈은 어디로 움직일까?

이제 돈이 움직일 방향을 국내와 국외로 나눠서 살펴보겠습니다. 우선 국내에서는 앞에서 설명한 것처럼 H4L 지속 여부에 따라 특정 자산으로 돈이 흘러갈 것입니다. 만일 H4L이 강화되고 지속된다면 시장금리가 더 상승하거나 현재 수준이 유지되면서 위험자산은 매력을 잃고 예금이나 채권으로 돈이 쏠릴 것입니다. 금융기관도 상대적으로 안전한 대형 은행으로 자금이 유입되겠지만 안전성이 낮은 금융기관이나 고수익을 추구하는 헤지펀드들은 자금난을 겪을 수 있습니다. 시각을 국외로 넓혀보면 당분간 투자자들과 학자들의 관심이 가장 높은 대상은 아무래도 미 달러와 일본 엔화입니다.

2021년 이후 미 달러는 지속적인 강세를 보이고 있습니다. 미국이 주요국보다 금리 수준이 높고 경제성장률도 높아 미국으로 자금이 몰려 달러가 강세를 지속하는 것입니다. 더욱이 미 달러화가 기축통화임을 잊지 말아야 하겠습니다. 그런데 이러한 달러의 움직임은 H4L과 한 몸이라고 볼 수 있습니다. H4L 기대가 약화되는 순간부터 시장금리가 하락할 것이고 미 달러화는 약세로 전환될 가능성이 큽니다. 또한 미 달러의 약세 기대는 해외 투자자들에게 미국 자

그림 19.3 미 달러 인덱스

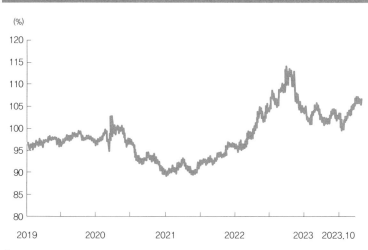

자료: Bloomberg

산을 팔고 다른 나라로 이동하게 하는 강력한 유인[118]이 되어 미 달러 약세를 가속화하게 할 것입니다.

이제 눈을 돌려 일본을 살펴보겠습니다. 미국을 필두로 유로존, 영국, 한국 등 주요국[119]이 물가 상승에 대응하기 위해 2022년부터 기준금리를 인상하고 있는데 주요국 중 일본만이 다른 움직임을 보이고 있습니다.

2022년부터 일본의 물가도 상승하기 시작하여 2022년 하반기부

118　1달러인 1,300원인 상황에서 1달러가 1,100원이 된다는 기대가 확산되면 한국 투자자들은 달러자산을 팔고 싶어질 것이다.

119　중국은 자본시장이 완전히 개방되지 않아 주요국과 직접적인 비교를 하기 힘들다. 참고로 중국은 코로나19 팬데믹 이후 경기 둔화에 대응하기 위해 정책금리(1년물 중기유동성지원창구MLF금리와 7일물 역RP금리)를 지속적으로 인하하였다.

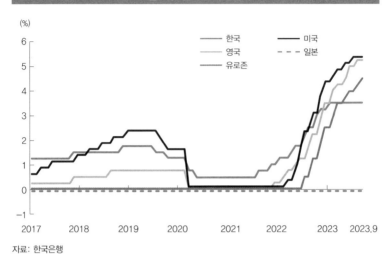

그림 19.4 주요국 기준금리

범례: 한국, 미국, 영국, 일본, 유로존

(%)

2017 2018 2019 2020 2021 2022 2023 2023.9

자료: 한국은행

터 물가상승률 목표치인 2%를 상회하였습니다. 하지만 여전히 물가
상승률이 3~4%에서 유지되고 경제성장률이 낮아 일본은행은 여전
히 매우 완화적인 제로금리 통화정책[120]을 고수하고 있습니다. 그러
나 최근 들어 일본의 상황도 점차 바뀌고 있습니다.

엔화가 코로나19 팬데믹 직전 1달러당 100엔 수준에서 1990년
이후 최고 약한 수준인 1달러당 150엔까지 하락하면서 일본의 수입
물가는 상승하였습니다. 이런 가운데 엔저를 바탕으로 수출 호조와
외국인 투자가 증가하면서 전반적인 물가 상승 압력이 높아지고 목

120　단기금리를 -0.1%로 유지하는 한편 장기금리의 상한은 1.0%를 목표로 운용
하며 이를 위해 대규모 국채 매입을 지속한다.

표치인 2%를 상회하고 있습니다. 상황이 이렇다 보니 시장의 관심은 미국의 H4L이 지속될 경우 과연 언제까지 일본이 제로금리정책을 유지할지에 집중되어 있습니다. 만약 일본이 제로금리정책을 포기하거나 장기국채금리의 상한만 제거 또는 대폭 완화한다면 일본 국채금리가 대폭 상승하면서 엔화 가치는 상승 전환할 것이고, 이는 글로벌 돈의 흐름을 크게 바꿀 수 있다고 많은 전문가가 예상하고 있습니다.

일본 엔화의 움직임에 이렇게 관심이 큰 이유는 일본이 세계적인 채권국으로 해외에 많은 금융자산을 갖고 있기 때문입니다. 앞서 미 달러화에서 설명한 것처럼 일본의 해외 투자자산은 엔화가 강세로

그림 19.5 미국과 일본 금리 차이 및 엔/달러 환율

자료: Bloomberg

전환된다는 기대가 확산되면 매각되어 일본으로 유입될 수 있습니다. 이렇게 되면 전 세계 자산 가격 및 자금흐름에 큰 영향을 미치게 됩니다. 산이 높으면 골이 깊다고 하였습니다. 장기간 지속된 달러 강세와 엔화 약세가 바뀔 때 예상하지 못한 시장의 과도한 움직임을 유발할 수 있다는 점을 명심해야 합니다.

3. 급증한 부채는 금융안정을 위협할 것인가?

H4L이 이렇게 많이 회자되는 이유가 H4L이 실물경제뿐만 아니라 금융안정에 미치는 영향이 매우 크기 때문이라고 생각합니다. 그렇다면 왜 H4L이 금융안정에 중요할까요? 또 어떻게 영향을 미칠까요? 금융위기와 코로나19를 겪으면서 가계, 기업, 정부 모두의 부채가 급증한 상황에서 높은 금리 수준이 지속되면 어딘가 약한 부분부터 문제가 생기고 이는 또 다른 위기를 낳을 것이라는 우려 때문입니다.

사실 부채가 없으면 최근의 고금리에 부담을 느끼지 않습니다. 오히려 여유 자금이 있는 사람들에게는 고금리가 좋습니다. 대표적인 예로 퇴직금을 은행에 예치하고 이자로 생활하는 은퇴자들이 해당되겠죠. 그러나 부채가 있는 사람들에게 고금리는 큰 부담입니다. 수입이 일정한 상황에서 대출금리가 상승하면 이자를 상환해야 하는 부담이 크게 증가하니까요. 또한 일정한 소득에서 이자를 지급하면 생활에서 쓸 수 있는 가용 자금이 줄어들 수밖에 없습니다. 이는 소비 저하로 이어집니다. 그래서 고금리는 실물경제에도 부정적인 영향을 미치며 경기 둔화를 초래합니다. 즉 부채 수준이 많지 않은 상황이라면 H4L이 실물경제 및 금융시스템에 미치는 영향이 훨씬 약하게 됩니다.

이제 H4L이 실물경제 및 금융시스템에 미치는 영향을 중심으로 정부, 가계, 기업 등 각 경제주체와 금융기관 및 금융시스템으로 나눠서 조금 더 자세히 살펴보겠습니다.

우선 경제주체별 부채의 양을 살펴보겠습니다. 부채는 국가별로 다른 형태를 나타내고 있습니다. 미국은 코로나19를 겪으면서 정부 부채가 한국에 비해 큰 폭으로 증가하였으나 가계 및 기업 부채는 한국이 미국에 비해 큰 폭으로 증가하였습니다. 미국의 경우 코로나19 대응을 위해 2020~2021년 초반까지 재정지출을 급격히 늘리면서 정부 부채가 크게 증가하였으나 이후 감소하고 있는 반면 가계 및 기업 부채는 2020년 중 소폭 증가하였다가 감소하여 2019년 말 수준을 유지하고 있습니다. 그러나 우리나라의 경우 정부 부채 증가율만 미국보다 낮은 수준을 보일 뿐 가계와 기업 부채는 매우 빠르게 증가하여 총부채의 GDP 대비 비율은 미국을 추월하였습니다.

먼저 정부 부채에 대해 생각해보겠습니다. 금리 상승으로 인해 국채 발행자인 정부의 이자 부담이 커지는 것을 우려하는 의견이 많습니다. 특히 부채의 총량이 많아진 상태에서 금리 상승은 전체 재정지출에서 차지하는 이자 비중을 높여 정부의 국채 발행 부담을 증가

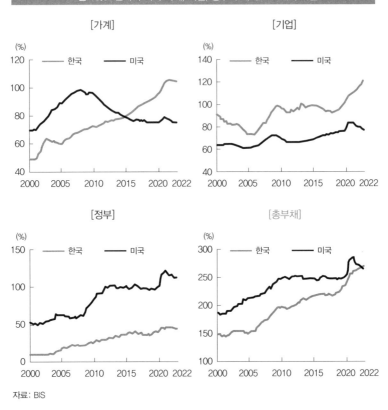

[가계]

[기업]

[정부]

[총부채]

자료: BIS

시킬 수 있고 이는 정부 부채 총량을 높이는 악순환에 빠지게 할 수 있습니다. 아직까지 미국 정부의 상환능력을 의심하는 투자자는 거의 없으나 미국의 정부 부채가 계속 많아지게 되면 소위 '채권시장 자경단bond vigilante [121]'이 등장하여 미국 국채의 가격 하락이 더욱 가

121 채권시장 자경단은 야데니 리서치Yardeni Research를 운영 중인 에드워드 야데니Edward Yardeni가 1984년 처음 사용하였는데 채권투자자 중에서 정부의 방만한 재정

속화할 것이라는 우려도 있습니다.

　다음으로 가계와 기업은 H4L로 부터 어떤 영향을 받을까요? 가계와 기업의 부채가 많이 증가한 우리나라에서 우려의 목소리가 높습니다. 우선 가계의 경우 소득이 일정한 상황[122]에서 대출금리의 상승은 부채가 있는 가계의 이자 상환 부담을 증가시킵니다. 가계는 이에 대응하여 처음에는 어느 정도 불필요한 지출을 줄이면서 버팁니다. 하지만 기본적인 의식주에 대한 지출을 줄이는 데는 한계가 있습니다. 원리금 상환 부담이 계속 증가하다 보면 대출을 더 받아 상환하는 수밖에 없습니다. 만약 그것도 불가능해지면 보유하고 있는 주식, 부동산 등 자산을 팔아야 합니다. 이렇게 자산을 처분하여 원리금을 상환하는 가계가 많아지면 자산 가격이 하락하게 됩니다. 여기에 자산을 처분하는 가계가 더 늘어나면 자산 가격이 더욱 하락하는 악순환에 빠집니다. 특히 우리나라의 경우 주택 구입을 위한 차입이 가계 부채 증가의 주요 요인이기 때문에 대출금리 상승으로 원리금 상환 부담이 커지면서 주택 매도자가 늘어나게 됩니다. 이는 주택 가격 하락으로 이어져 극단적으로 주택 가격이 큰 폭으로 떨어질 수 있습니다. 이렇게 되면 금융기관은 대출채권을 회수하기 위해

운영과 그에 따른 국채 발행 증가 등으로 채권가격이 하락할 것을 예상하고 채권을 매각하여 금리 상승을 초래하는 투자자를 일컫는다. 주로 국채금리가 급등할 때 등장하는 용어이며 최근에는 2009～2012년 중 유럽 재정위기, 2022년 중 영국 리즈 트러스Liz Truss 총리의 감세정책 당시 등장하였다.

122　　가계의 소득 증가가 이자 상환 증가보다 빠르면 가계의 문제가 없을 수 있으나 가계 소득이 그렇게 빠르게 증가하기란 쉽지 않다.

경매와 같은 방법으로 담보로 가지고 있던 주택을 처분하는 수밖에 없습니다.

기업도 가계와 유사합니다. 기업의 영업이 원활히 이루어져 회사채 발행 및 은행대출에 대한 원리금 상환에 차질이 없을 때는 문제가 없지만 원리금 상환에 실패할 경우 결국 문을 닫아야 합니다. 기업이 대출이자 증가에 대응하는 과정도 가계와 유사합니다. 초기에는 비용 절감을 시도하고 이후에는 보유한 자산을 처분하며 그래도 원리금 상환에 실패하면 최종 부도 처리됩니다.

이제 채권자인 금융기관에 대해 생각해보겠습니다. 대출을 받은 가계와 기업이 원리금을 상환하지 못할 경우 담보 자산을 처분하여 원금을 회수할 수 있지만 자산 가격이 큰 폭 하락하여 담보 자산의 가치가 떨어질 경우 금융기관도 손실을 볼 수 있습니다. 또한 신용대출의 경우에는 금융기관의 손실로 직결됩니다. 금융기관은 이러한 손실에 대비하여 대손충당금을 쌓거나 충분한 자본을 적립하지만 이러한 대비가 충분하지 않은 소형 저축은행이나 새마을금고 등은 적은 손실에도 금융기관으로서 안정성이 훼손될 수 있습니다. 이러한 금융기관의 부실은 해당 금융기관의 파산, 예금인출과 같은 문제를 야기할 수 있습니다. 금융기관은 연계성이 높기 때문에 몇몇 금융기관의 부실이 전체 금융시스템에 문제를 일으킬 수도 있습니다.

이렇듯이 H4L기대가 강화되고 지속될수록 경제주체들이 받는 부담은 늘어나게 되고 가장 약한 부분부터 문제가 발생할 가능성이 커집니다. 앞서 설명한 것처럼 원리금 상환을 감당할 수 없는 경제 주체의 부실, 그에 따른 자산 가격 조정, 소비와 투자 부진에 따른 경기 둔화, 고용 감소 등 발생 가능한 부작용이 다양합니다.

그러나 더욱 중요한 문제는 우리가 미처 예상하지 못한 곳에서 위기가 발생할 가능성이 크다는 점입니다. 금융위기와 코로나19의 여진이 완전히 끝나지 않았습니다. 지속된 아픔의 후유증은 어느 곳에서든 다시 나타날 수 있습니다. 예상 가능한 리스크는 그에 대한 대비를 할 수 있지만 예상하지 못한 리스크는 대응할 수 없는 경우가 대부분이니까요. 일부에서는 이러한 예상치 못한 리스크로 금융시스템의 안정성이 위협받을 경우 다시 중앙은행이 돈 풀기에 나설 수밖에 없으며 이는 다시 물가 상승을 초래하여 금리 상승으로 이어질 수 있다고 우려합니다.

Question **1**

금융위기에 대해 말씀하시면서 유로존에 대한 설명은 거의 없었습니다. 2008년 글로벌 금융위기는 유럽으로 전이되어 두 번째 파도의 모습으로 전 세계를 강타하였습니다. 금융위기의 시발점인 미국은 회복되어 출구전략을 시행하였는데 유럽은 부진을 지속하다 코로나19를 맞았습니다. 유로존체제의 문제는 무엇입니까?

Answer **1**

죄송합니다. 유로존 문제도 중요한 이슈인데 말씀드리지 못하였네요. 금융위기에 대처하는 지구촌의 모습을 설명한다면 유럽뿐 아니라 일본과 중국 등 주요국을 다 말씀드려야 하겠지만, 시간 제약상 많은 부분을 그냥 지나친 감이 있습니다. 우리는 금융위기 속에서 어떤 원리를 발견하는 데 좀 더 중점을 두도록 하지요.

유럽 재정위기를 바라볼 때 유로존이라는 집합체의 성격과 개별 국가의 재정에 대한 두 가지 시선을 동전의 앞뒷면처럼 함께 가져가야 합니다. 특히 유럽중앙은행European Central Bank, ECB을 주시해야 하는데, ECB는 다수의 국가가 하나의 중앙은행을 집단적으로 공유하는 형태인 통화동맹[123]의 대표적인 예라고 할 수 있습니다. 산을 알기 위하여 산맥의 형세를 바라보듯 숲과 나무를 바라보는 두 가지 시선은 개별 국가의 입장과 함께 유럽통화동맹EMU의 문제 속에서 합쳐서 이해해야 합니다. 위기 상황이 오면 언제나 가장 취약하다고 생각한 곳부터 어려움이 시작됩니다. 다목적댐이 터질 때 가장 약한 둑에서부터 물이 새고, 화산이 폭발할 때 마그마는 가장 약한 지표를 뚫고 나오듯이 말이죠.

위기가 발생하기 전, 유럽 국가들과 유럽통화동맹EMU을 살펴보면, 유로화가 미 달러에 비해 강세를 지속하는 등 성공적으로 출범한 듯 보였습니다.[124] 그리스, 포르투갈, 스페인 국채 등은 유로존 내에서 환율 변동 위험이 없어졌을 뿐 아니라 밖에서 바라보았을 때 유로존의 신용도가 올라가면서 가입 국가들의 국채는 매력적인 투자대상이었습니다. 나중에 금융위기가 진행되는 과정에서 밝혀졌듯이, 유로존 전체의 재정 상황[125]은 미국, 영국, 일본 등에 비해 그

---

123 그러나 이 경우에도 참가국들은 자국만의 중앙은행을 따로 두고 있으며, 이들은 전체 유로화 시스템의 일부를 구성하고 있다.

124 당초 OECD(1999)는 유로존 국가들의 소비구성에 관한 동질성 정도degree of similarity가 미국에 비해 높아 비대칭적 충격asymmetric shocks에 의해 어려움을 겪을 가능성이 낮다고 예상하였다.

125 그리스의 경우는 재정적자가 심각했을 뿐 아니라 재정 통계의 정확성을 믿을 수도 없었다.

렇게 나쁘지만은 않았던 반면 경제의 기초 여건은 국가별 사정이 상당히 달랐습니다. 잠재된 위험은 지속되고 있었는데 유로화 출범 직후의 행복한 시절의 그늘에 묻혀 있었을 뿐이죠. 항상 그랬듯이 폭풍이 불어오기 전 하늘은 맑았습니다.

그러나 언제든 위기가 발생하면 체제의 강점에 대한 그동안의 예찬은 사라지고 취약성만 부각됩니다. 일반적으로 거론되는 유로존 체제에 대한 비판은 다음과 같습니다.

첫째, 유럽중앙은행과 유로회원국 중앙은행은 회원국의 국채를 직접 인수[126] 할 수 없도록 협약Stability and Growth Pact과 법에 규정되어 있습니다. [127] 이러한 규정은 유로존 전체의 물가안정을 위한 규정이었지만, 하나의 좋은 의도는 다른 편에서는 제약요인이 되는 법입니다. 이는 재정지원을 통한 위기극복에 커다란 제약요인으로 작용하였습니다.

둘째, 유로존의 재정이 통합되어 있지 않은 가운데 재정정책이 국가별로 독립적으로 운영되면서 유럽중앙은행이 회원국의 재정건전성을 통제할 수단이 없었습니다. 유로존이 하나의 국가가 아닌 한 재정까지 통합하기는 어려웠습니다.

셋째, 유럽중앙은행 출범으로 각국 정부는 자국의 사정을 반영한

126　2012년 9월 6일 유럽중앙은행은 재정위기국 국채를 유통시장에서 무제한 매입하는 조치를 발표하였다.
127　발권력에 의존하여 재정적자를 확대할 가능성을 방지하는 것이 무엇보다 중요하다는 독일연방준비은행Bundesbank의 생각이 유럽중앙은행 제도에 반영된 결과이다.

독자적인 금리정책과 유로화 도입으로 환율정책을 사용할 수 없었습니다.[128] 유로존이라는 강력한 통화가 지니는 이점을 누리기 위하여 지불해야 하는 대가입니다. 이 경우 각국은 통화정책과 환율정책 대신 재정정책을 사용할 수밖에 없었으나 정치적 이유와 국민의 반발 등으로 강력한 긴축정책을 시행하기 어려웠습니다. 그밖에 독일과 같은 일부 국가는 건실한 모습을 보이는 반면 남유럽 국가들은 돌아가면서 위기 상황에 놓이는 등 국가별로 상이한 어려움에 직면하면서 나타난 갈등 문제는 생략하도록 하지요.

Question **2**

조금 전 유로존 말씀을 하셨기에 이어서 질문하도록 하겠습니다. 금융위기를 설명하시면서 삼불일치론의 관점에서 설명하신 적이 있는데, 유럽이 위기를 맞게 된 배경을 삼불일치론으로 어떻게 설명할 수 있는지 궁금합니다.

Answer **2**

예, 좋은 질문이라고 생각합니다. 이렇게 유로존에 대한 질문이 많이 나올 줄 알았다면 따로 시간을 할애할 것을 그랬나 봅니다. 사실

---

128   그리스, 스페인, 포르투갈 등은 경상수지 적자 누적, 높은 물가 상승세에도 환율 인상이나 금리 인상 등의 정책을 사용할 수가 없었다.

미리 준비는 하였으나 시간상 말씀드리지 못하였습니다.

이제 원화와 외화를 연결하는 시각으로 삼불일치론의 분석틀로써 유로존의 문제를 간단히 설명해보겠습니다. 먼저 유로존의 상황을 정리해보면 첫째, 유로존 내에서는 완전한 자본자유화가 이루어져 있고, 둘째, 자국 통화 대신 사용하는 유로화 환율은 개별 국가의 입장에서는 고정환율이었으며, 셋째, 따라서 고정환율제하에서 통화정책의 독자성[129]은 결여되어 있습니다.

저는 여기서 유로존은 개별 국가의 입장에서는 고정환율제의 일반적인 특성을 가지고 출발하였다는 사실을 강조하고자 합니다. 우리 모두가 알다시피 고정환율제도는 장단점이 있습니다. 즉 독일 등 경제 기초 여건이 건실한 나라에 자국의 통화 가치를 고정함으로써 물가안정을 기대할 수 있으며[130], 환 리스크가 없어 활발한 역내 투자가 가능해지는 이점을 추구하였습니다. 반면 유럽중앙은행이 유로존 전체의 경제 여건을 감안하여 정책금리를 조절하므로 각국 중앙은행은 국내 사정을 고려하는 통화정책을 수행할 수 없는 태생적인 한계를 안고 출발하였습니다. 그러나 일반적으로 고정환율제 운영은 투기적 공격에 취약하지만, 유로존의 경우 유로라는 단일 통화는 국제 결제통화 지위를 견지할 뿐 아니라 대단위로 통합되어 있어

---

129   과거 높은 인플레이션 추이 또는 통화정책의 낮은 신뢰도를 나타낼 경우 통화정책의 자율성 포기에 따른 대가는 적었다고 볼 수 있다.

130   특히 대외 의존도가 높은 나라들의 경우 수입물가 안정으로 인플레이션 관리에 도움이 된다.

이러한 공격을 걱정할 필요는 없었습니다.

예를 들어 그리스와 같은 남유럽 국가들이 독자적인 통화정책을 운영할 수 있는 상황이었다면, 재정 상황이 어려워지면서 자국 통화 가치가 절하되고 환율 변동성이 확대됨에 따라 엄청난 위기를 겪었을 것입니다. 그러나 다른 관점에서, 만일 남유럽 국가들이 자국 통화를 사용하면서 이러한 리스크를 부담했을 경우 독자적인 위기극복이 가능했을지도 모른다는 주장도 제기되었습니다. 왜냐하면 환율이 자국 사정에 따라 탄력적으로 변하게 되면 환율이 국가 간 노동생산성의 차이를 국가 간 국제임금 차이에 반영되도록 하는 등 중요한 조절기능을 수행할 수 있기 때문입니다. 이 경우 자국의 실질임금 수준을 인하하기 위하여 명목임금을 인하하기보다 통화 약세의 방식을 취하는 편이 국민의 저항을 약하게 할 수도 있기 때문입니다. 이러한 변동환율제의 이점은 상품 수출에도 적용될 수 있었을 테지만, 그리스의 경우 안타깝게도 수출품으로 내세울 수 있는 제조업의 기반이 취약한 점을 간과할 수 없습니다.

그런데 유럽통화동맹 출범 전 단일 통화 선택에 찬성할 것이냐 말 것이냐를 결정하던 시점의 문제와 이미 가입된 이후 이를 철회하여 유럽통화동맹에서 빠져나갈 것이냐를 결정하는 문제는 다릅니다. 자국 통화를 다시 도입하기 위해서는 화폐를 새로 제조해야 하고 자산과 부채를 재평가해야 하며 화폐 관련 기기를 다시 교체해야 하는 등 막대한 비용과 시간을 부담해야 합니다. 여기에다 재정위기 국가의 경우 통화 가치 급락으로 인한 대외 채무 급증, 금리 급등에 따

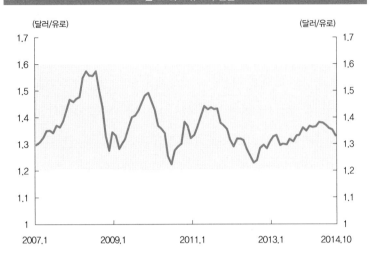

그림 THU.1 유로화 환율

(달러/유로)

(달러/유로)

2007.1 2009.1 2011.1 2013.1 2014.10

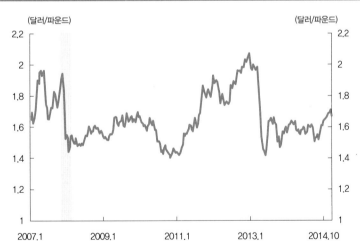

그림 THU.2 파운드화 환율

(달러/파운드)

(달러/파운드)

2007.1 2009.1 2011.1 2013.1 2014.10

자료: Bloomberg

른 자금 조달 비용 상승, 유로화 금융자산의 일시 대규모 인출과 해외도피 우려 등 외환위기 상황에 빠져들 가능성이 큽니다. 그러므로 남유럽 국가들은 당연히 현 체제에 남을 수밖에 없었던 것입니다.

향후 유럽통화동맹의 장래가 어떻게 될 것이냐에 대해 많은 논의가 있었습니다. 유럽통화동맹은 결국 해체될 수밖에 없다는 주장과 계속 존속할 것이라는 주장이 대립되고 있습니다. 위기에 대응해 나가는 과정은 향후 유럽통화동맹의 향방에 많은 시사점을 던져주고 있습니다.

이와 같이 유로존의 재정위기는 재정의 조달과 집행 문제라는 옷을 입고 있으나, 삼불일치론 관점에서 볼 때 그 기저에는 자국 사정을 고려한 환율정책과 금리정책을 사용할 수 없어 재정정책에 의존할 수밖에 없는 각국 정부의 한계가 깔려 있습니다.[131] 유럽중앙은행의 지원이 시작되지만, 재정통합이 이루어지지 않은 상태에서 돈을 내는 나라들과 받는 나라들 간 갈등이 표출되고 논의 과정에서 시간이 지체될 수밖에 없었습니다.

이러한 관점에서 보면 불일치론의 세 측면을 일정 수준에서 유지

131　　Chari and Kehoe(2003), Beetsma and Uhlig(1999)는 통화정책을 사용할 수 없다면 재정정책이 무임승차하게 되므로 각국의 재정정책에 대해 제약을 가하는 것이 바람직하다고 주장하였다. Uhlig(2002)도 재정위기 가능성을 포함한 EMU의 각종 잠재적인 위기 시나리오를 분석한 결과 동일한 결론을 도출하였다. 또한 Issing(2005)은 재량적인 재정정책은 재정의 건전성을 악화시키는 가운데 종종 경기에 순응하게 됨으로써 거시경제의 변동성을 확대하는 결과를 가져오게 된다고 주장하였다.

하는 방식middle ground 중에서도 통화정책의 독자성을 강조하는 균형이 여러 균형multi-equilibrium 중에서 보다 바람직한 방안이라는 생각이 드는군요.

강연 중 1997년 우리나라의 외환위기는 금융자유화의 추진 과정에서 발생하였다고 말씀하셨습니다. 이러한 현상이 다른 나라에서 일어난 적이 있는지요? 혹은 우리나라만의 문제였는지에 대해 말씀해주세요.

좋은 질문입니다. 결론부터 말씀드리면, 신흥시장국 금융위기는 종종 금융시스템의 자유화 추진 과정에서 발생합니다. 여기서 금융자유화란 대내적으로 금융회사와 금융시장에 대한 규제를 철폐하는 한편 대외적으로 자국 시장을 개방하여 자본의 이동과 외국금융회사의 국내 진출을 허용하는 금융글로벌화financial globalization의 과정이라고 할 수 있습니다.

1990년대 신흥시장국이 자신의 시장을 대외적으로 개방할 때[132]는

132　사례로 1994년 발생한 멕시코 위기와 1997년부터 이어진 동아시아 위기를 들 수 있다. 물론 1998년 발생한 우리나라의 외환위기도 여기에 포함된다.

글로벌화로 경제성장이 촉진되리라 기대하였으나 오히려 금융위기를 겪었습니다. 국내 금융시장이 외국자본에 개방되면서 신용팽창credit boom이 일어났으며 이 과정에서 신용팽창 결과 생겨났던 버블이 가라앉으면서 은행들의 대출손실이 확대되어 금융자산이 축소되는 은행위기의 결과를 초래하였습니다.

여러 단계에서 일어나는 규제 완화를 연계하여 추진하지 못하면, 정부의 안전망government safety net과 적정한 감시가 어려워지는 가운데 시장 규율market discipline이 약해지면서 금융회사들의 위험추구 행태가 확산될 수 있습니다. 그러므로 정책 당국의 입장에서는 변화의 순간마다 금융회사들의 움직임에 대한 경계심을 가지고 법규를 개선해나가야 합니다.

또한 금융 글로벌화로 은행이 해외에서 자율적으로 차입할 수 있게 되면 은행은 내외금리차를 겨냥하여 저렴한 외국자금을 조달하여 국내기업에 대한 대출을 확대하려고 할 것입니다. 이때 종전과 같이 자국의 환율을 달러에 사실상 고정하는 정부 정책을 유지하려고 한다면 금융회사들은 해외 자본 유입을 더욱 늘리려고 하겠지요. 왜냐하면 외국 투자자들의 입장에서는 환율 변동 위험이 낮기 때문입니다.

국내 은행의 부실이 예상되거나 국제금융시장 불안으로 유입된 외화가 빠져나간다면 중앙은행은 금리를 상승시켜 자국 화폐 가치를 방어하여 자본 유입을 유도할 수 있습니다. 그러나 금리를 상승시키면 국내 경기가 어려움에 처하게 되는 경우가 많습니다. 투자자들은 화폐 가치 방어를 위한 중앙은행의 한계를 알기 때문에 가치 하락이 예상되는 화폐를 내다파는 투기적인 공격에 가담해 엄청난 이득을 얻을 수 있습니다. 화폐 가치 하락을 막기 위해서는 정부가 외환을 매각하고 자국 통화를 매입할 수밖에 없으므로 외환보유액이 급격히 줄어 외환위기가 발생할 가능성이 있습니다.

그런데 이러한 금융위기는 자본이동이 자유로워질수록 발생 가능성이 높다고 합니다. 자본이동의 자유화와 금융위기 발생의 높은 상관관계는 무엇을 의미할까요? 우리는 금융위기를 예방하기 위해 경계를 넘나드는 자금의 이동을 규제해야 할까요? 자금 이동 중에서도 유입보다 유출이 문제를 야기하지만, 먼저 자금이 유입되지 않으면 유출되지 않으니까요. 글로벌 금융위기 이후 이러한 문제들이 다시 제기되었으며 상당수의 국가가 국제 규범을 의식하는 가운데 그 대응책을 내놓고 있습니다.

한편 이러한 부정적인 결과는 자유화와 글로벌화 과정을 성공적으로 다루지 못하는 취약점을 제도상 반영하지 못할 경우에만 발생한다고 하겠습니다. 건전성 규제와 감독이 과도한 위험추구 행동을 막을 수 있다면 금융회사들의 대출 팽창과 이에 따른 금융시장의 붕괴는 일어나지 않겠지요. 국내 금융회사들과 기업들의 이해관계가 금융자유화 과정에 개입한다는 사실을 명심해야 하겠습니다.

그런데 왜 이런 상황이 반복될까요? 어느 신흥시장국이 이미 어려움을 겪었으면 다른 신흥시장국은 이를 반면교사로 삼아 준비할 수 있을 텐데 말이죠. 아마도 그것은 동일한 문제가 옷을 바꾸어 입고 다른 모습으로 나타나기 때문이라고 볼 수 있을 것입니다. 파생상품 거래 등이 개입될 경우 '원화와 외화 그리고 금리와 환율의 연결고리'를 명확하게 파악하기 어려워 실상은 동일한 문제라는 점을 인식하지 못하게 되기도 하지요. 또한 준비가 충분히 되었다고 생각하고 경제 외적인 상황 등을 고려하여 빨리 서두르는 문제도 있습니다.

Question 4

강연 중 말씀하신 미국의 1930년대 대공황 시대에는 금본위제도가 운용되었다고 알고 있습니다. 금본위제도가 대공황에 미친 영향에 대해 좀 더 자세히 설명해주세요.

Answer 4

예, 말씀하신 것처럼 금본위제도는 대공황에 많은 영향을 미쳤습니다. 한마디로 위기가 발생하고 회복이 지연되는 전체의 과정에서 좋지 않은 영향을 미쳤다고 할 수 있습니다. 그러나 긍정적인 면도 있었지요. 20세기 초 금의 가격은 법률에 의거하여 온스당 20.67달러로, 달러화와 금의 무게 사이에 고정적인 관계가 형성되어 있어서 통화공급량을 결정하는 데 도움이 되었으며 이렇게 결정된 통화공급량은 물가 수준을 정하는 데 도움이 되었습니다. 이와 같이 금본위제도는 자동적인 통화시스템을 만들어냈습니다.

그런데 금본위제도는 경제운영에 여러 문제점을 드러내기도 하였습니다. 금본위제도는 통화공급량을 결정하기 때문에 중앙은행은 통화정책을 활용할 수 있는 여지가 별로 없습니다. 예를 들면 금본위제도하에서는 경제활동이 왕성한 시기에 통화공급량이 늘어 금리가 하락하는 경우가 일반적입니다. 그런데 이러한 결과는 오늘날 행해지는 통화정책의 집행과 반대 방향이라고 보아야겠지요. 금본위제도하에서는 통화를 공급하는 양이 금에 연계되어 있어서 경기가 침체될 때 금리를 낮추고 인플레이션을 억제하기 위하여 금리를 높이는 정책을 사용할 수가 없었습니다. 또한 금본위제도하에서는 환율정책이라고 부를 만한 조치가 따로 없는데 이는 금본위제도하에서는 금의 일정량과 자국 통화 간 교환가격이 정해져 있어서 금본위제도를 채택한 국가들의 통화 간에는 금을 중심으로 하여 교환비율이 정해져 고정환율시스템이 만들어지기 때문입니다. 그러므로 금본위제도하에서는 한 나라가 경제적 충격을 받으며 그 나라의 통화와 연결된 다른 나라들로 위기가 쉽게 확산될 우려가 컸습니다. 즉 금본위제도하에서 환율은 고정되어 있었으므로 미국에서 사용한 긴축적인 통화정책이 다른 나라들에게 영향을 주어 공황이 확산되는 파급 경로가 될 수 있었습니다. 동일한 통화를 가진 나라들이 같은 환율로 묶여 있을 경우 본질적으로 금리도 같아야 한다는 점을 명심하기 바랍니다. 여기서 갑자기 삼국지에 나오는 연환계連環計[133]가 생각나는군요. 배들이 같이 묶여 있을 때 한 배에서 불이 나면 전체로 확산됩니다. 또한 금본위제도를 유지하겠다는 중앙은행이 신뢰를 잃으면 그 나라의 통화는 투기적 공격이 될 수 있었습니다. 1931년 영국의 경우가 그러하였습니다.

Question **5**

말씀하신 바와 같이 2008년 서브프라임 모기지 위기가 발생하기 전부터 미국의 주택시장은 급등락을 보이고 있었습니다. 그런데 강연 중에 미 연준은 이러한 주택가격 급등락을 예상하고 있었다고 설명하셨습니다. 그러면 미 연준은 통화정책을 결정할 때 왜 이러한 자산 가격의 변동을 고려하지 않을 것일까요? 이에 대한 설명을 듣고 싶습니다.

Answer **5**[134]

통화정책은 기민하지 못한 수단을 이끌고 물가안정과 경제성장 그리고 금융안정이라는 세 마리의 토끼를 주시하여야 하는 책무가 있

133　연환계連環計는 중국의 병법서에 언급된 병법 중 하나로, 쇠고리가 연이어 붙어 있는 연환과 같이 복수의 병법을 연속적으로 사용하는 방법이다. 실제 역사는 아니지만,《삼국지연의三国志演義》에서 두 번 등장한다. 우리가 널리 아는 이야기는 적벽대전에서, 유비劉備와 손권孫權 연합군이 쓴 것으로, 방통龐統이 조조曹操를 찾아가 배멀미에 대한 대책으로 배들을 서로 쇠사슬로 엮도록 진언하여 조조의 군선이 쉽게 움직일 수 없게 만들어 놓고, 조조가 위장 투항시킨 채중蔡中과 채화蔡和를 역이용하는 반간계와 황개黃蓋를 위장 투항시키기 위한 고육계苦肉計를 사용하여, 조조의 군선에 불을 놓아 크게 무찌른 전쟁이다. (위키백과)
134　《벤 버냉키, 연방준비제도와 금융위기를 말하다》(2014)에 주로 의존하였다.

습니다. 토끼를 모두 잡을 수 있을까요? 통화정책을 수행하는 데 있어 부동산과 주식 등 자산 가격의 급변동을 얼마나 감안해야 할까요? 이에 대한 논의는 아직 끝나지 않았지만 2008년의 글로벌 금융위기의 경험을 통하여 몇 가지 시각을 드러내보고자 합니다.

첫째, 국제 비교를 통하여 살펴보면 글로벌 금융위기 전후 주택가격의 과열과 붕괴boom and burst가 통화정책의 영향이었다고 단정하기는 어렵습니다. 주택가격의 과열은 우리나라뿐 아니라 전 세계 어디서나 일어났으며 또한 향후에도 일어날 수 있고, 글로벌 금융위기 전후에도 많은 나라에서 발생하였습니다. 미국 주택가격의 과열을 영국과 비교해보면 영국의 경우 미국과 비슷하거나 더 과열되었다고 볼 수 있습니다.[135] 그런데 당시 영국의 통화정책 기조는 미국보다 더 긴축적이었습니다. 주택가격의 급등을 통화정책에서 찾는 주장으로는 이에 대해 설명하기 어렵습니다. 또한 단일 통화를 사용하고 있는 유로존의 경우 통화정책은 동일한데도 독일과 스페인은 전혀 다른 모습을 보였습니다. 독일의 주택가격은 금융위기 기간 동안 변화가 거의 없었던 반면 스페인의 경우 주택가격이 급등하였습니다.[136] 그러므로 통화정책이 주택가격 버블의 주범이라는 주장에 의문을 품지 않을 수 없습니다.

---

135 2000~2008년 기간 중 미국과 영국의 주택가격상승률은 각각 49.6% 및 105.1%였다(BIS 〈residential property prices〉).
136 2000~2008년 기간 중 독일과 스페인의 주택가격상승률은 각각 10.7% 및 143.5%였다(BIS 〈residential property prices〉).

둘째, 금리의 변동 폭과 주택가격 버블의 규모에 대해 말씀드리려고 합니다. 앞에서 말씀드렸듯이 금리의 변화가 주택수요에 영향을 미친다는 의견은 오랜 기간에 걸친 많은 증거를 살펴보면 부인하기 어려운 사실이지만, 2000년대 초반의 통화정책에 따른 소폭의 금리 인하로 주택가격의 급등을 설명하기는 어렵습니다.

셋째, 버블이 형성된 시점입니다. 주택 버블의 시작은 1998년이라고 볼 수 있는데, 이는 당시 2001년 미국의 경기침체 시기보다 훨씬 오래전이며 미 연준의 금리 인하보다 앞선 시기였습니다. 또한 2004년 미 연준이 긴축으로 돌아선 이후에 주택가격이 급등하였다는 사실을 눈여겨 볼 필요가 있습니다.

앞에서 말씀드렸듯이, 통화정책이 주택가격과 무관하다고 주장하지는 않습니다. 저금리가 위험추구에 어느 정도 영향을 준 것은 사실입니다. 그러나 주택시장도 올바른 균형을 찾아가는 과정의 문제입니다. 주택시장은 경제의 일부분이지만 통화정책은 경제의 전반을 바라보면서 할 수밖에 없다는 점을 강조하는 것입니다. 우리는 전반적으로 더 나은 균형을 추구해야 하며 무엇에 관해서든 지나치게 확신하지는 말아야겠지요.

통화정책과 외환정책의 연계운영

연계된 정책 과제

이제 마지막 날이군요. 그동안 수고하셨습니다. 주말을 앞두고 간단하게 마치도록 하겠습니다. 오늘은 통화정책과 외환정책의 연계운영에 대해 이야기하는 시간입니다. 조금 후 정책조합을 어떻게 구성할 것인가를 다루기 전에 월요일부터 어제까지 말씀드렸던 내용을 간단히 정리해볼까 합니다. 연계를 위한 세 가지 축은 마지막까지 우리의 과제입니다. 통화정책의 독자성, 환율의 탄력적 운용, 거시건전성정책 대응 말이죠. 앞에서 삼불일치론이 이제는 사불일치론이 될 만큼 금융안정이 중요해졌다는 말씀을 잠깐 드린 적이 있습니

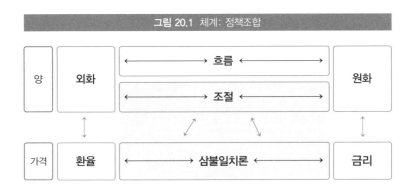

그림 20.1 체계: 정책조합

다. 금융위기에 대처하는 자세입니다.

1. 연계를 위한 세 가지 축

서커스 또는 곡예단

어릴 적 부모님을 따라 서커스 구경을 갔을 때 쟁반같이 생긴 물건을 긴 막대기로 돌리던 사람이 있었습니다. 아주 높은 곳에 위태롭게 놓인 동그란 쟁반을 떨어뜨리지 않고 돌릴 수 있었던 기예技藝를 생각합니다. 정책연계를 위한 세 가지 축을 생각하면서 삼불일치론의 삼각형을 긴 막대기로 돌리는 모습을 생각합니다. 통화정책을 펴는 사람들은 통화정책을 예술art이라고 합니다. 떨어질 듯 떨어지지 않는 흔들림과 무게중심을 생각합니다. 세 가지 축을 운용하는 현실에서 부딪치는 제약을 알아보고 정책조합을 구성하기 위하여 기억을 더듬어 지금까지 지나온 길을 정리하고자 합니다.

현실의 제약

돌이켜보면 우리나라도 자본자유화가 진행되기 전에는 정책 당국이 환율시장에 적극적으로 개입해도 이론적으로 독자적인 통화정책을 유지할 여지가 있었습니다. 우리가 어떠한 정책을 펼치더라도 해외에서 들어오는 돈을 막고 있으니 환율과는 아무 관련이 없었지요. 그러므로 금리도 정책적으로 결정할 수 있었습니다. 또한 자본자유화가 진행된 이후에도 자유변동환율제로 전환함에 따라 독자적인 통화정책을 유지할 여지가 있었습니다. 그러나 실제 운용 추이를 살펴보면, 자본시장개방 이후에는 해외 자본의 대규모 유출입에 따라 환율이 급변동하고 자산 가격이 불안정해지는 모습을 보이기도 하였습니다. 또한 국제금융시장에서 국가 간 연계성이 증대됨에 따라 미국 등 주요국의 통화정책으로부터 완전히 자유로운 통화정책을 집행하기 어려운 경우도 있었습니다.[1]

사실 변동환율제를 시행하면 통화정책을 독자적으로 수립하고 집행할 수 있다는 견해는 자본의 이동에 의해 생기는 문제들을 외환시장에서 환율의 변동을 용인함으로써 완전히 해결할 수 있다는 전제하에서 가능합니다. 그렇지만 자본이동이 급격하게 혹은 지속적으로 이루어지는 사례가 있을 경우 이를 오로지 환율 변동분에 의해서만 흡수하여 대응하기는 어렵습니다. 그렇게 한다면 환율이 너무 큰 폭으로 움직여서 많은 사람에게 피해를 주었겠지요. 또한 글로벌 금융환경하에서 해외 요인의 변화가 통화정책에 영향을 미치는 부분을 완전히 제약할 수 없었습니다. 현실의 짐을 통화정책과 외환정책이 나누어 짊어져야 했습니다.

---

1   김소영·신관호(2009. 5)가 미국 통화정책 충격의 한국 통화정책과 관련 변수에 대한 영향을 실증 분석한 결과에 따르면 한국의 통화정책은 자본자유화 이전과 이후 두 기간 모두에서 미국의 통화정책으로부터 완전히 자주적으로 운용되지 못했던 것으로 나타났다.

2. 통화정책의 독자성 확보

독자성을 위한 노력

통화정책의 독자성을 위한 노력은 어려운 여건 속에서도 이루어져야 합니다. 국제금융시장에서 해외 충격이 발생하더라도 우리나라의 경제 여건에 맞추어 통화정책을 자율적으로 시행하는 일이 긴요합니다. 우리나라의 성장률, 고용 사정, 기대물가 수준 등에 맞추어 기준금리를 조정해야 한다는 말씀입니다. 물론 이 경우 국내 성장률, 고용 사정, 물가 수준 등은 세계경제의 여건 변화가 반영된 결과를 말합니다. 글로벌 경제하에서 우리나라의 거시경제 변수에 주요국의 경제환경 변화 등이 반영되는 것은 어쩔 수 없는 현상이기보다는 당연한 현실입니다. 모든 영향을 포함한 우리 경제의 모습입니다.

나는 누구입니까? 가족, 친구, 선생님, 직장동료 등에게 영향을 받은 내가 진짜 '나'입니다. 나는 오늘도 진짜 '나'를 위해 '독자적으로' autonomic 밥을 먹습니다.

동조성에 대한 이해

글로벌 경제가 통합되는 방향으로 진전되면서 결과적으로 국가 간 통화정책이 동조화될 가능성이 커지지만 LECTURE 10 중 '삼불일치론에 대한 이해'에서 살펴본 바와 같이 이러한 상황이 일어난다고 해서 통화정책의 독자성이 저하되었다거나 또는 삼불일치론이 성립하지 않는다는 뜻은 아닙니다.

제가 입대하던 날 훈련소에서 우연히 마주친 친구가 있었습니다. 지난 학기 저는 그 친구에게 책을 빌려주었고 그 친구는 제게 밥을 샀습니다. 우리는 같은 날 입대하자고 약속한 것은 아니었습니다. 우리는 논산훈련소에서 '동조적으로' 만났습니다. 독자적으로 판단한 결과 나타난 동조화현상이었습니다.

우리가 통화정책을 운용하면서 환율정책을 탄력적으로 운용하는 한편 거시건전성정책 등을 효과적으로 관리해나간다면 연계된 정책조합을 통해 통화정책의 동조성을 의식하지 않고 정책을 집행할 수 있을 것으로 생각합니다. 동조성이란 결과일 뿐입니다.

3. 환율정책의 탄력적 운용

야누스Janus: 환율의 두 얼굴

거시경제의 여러 변수 중 환율 문제만큼 표방하는 제도와 실제 운용이 다른 경우가 있을까요? 상당수 국가가 대외적으로는 완전자유변동환율제를 표방하나 실제로는 환율 불안정에 대한 두려움 때문에 외환시장에 상당히 개입하고 있습니다.[2] 홍길동은 아버지를 '아버지'라고 부르지 못했습니다. 이와 관련하여 라인하트와 로고프 Reinhart and Rogoff(2007)는 외환위기 이후 우리나라의 실제 환율정책을 관리변동환율제로 분류합니다.[3]

한편 환율의 움직임이 실물경제에 미치는 영향을 살펴보면 환율 변동성이 증가하게 되면 수출과 투자가 위축되어 부정적인 영향을 미치며 물가 상승 압력도 커지는 것으로 나타납니다.[4] 반면 삼불일치론의 관점에서 볼 때 환율 변동 폭이 커지면 통화정책의 독자성 확보에 도움이 됩니다. 그렇다고 환율 변동 폭이 커지기를 바랄 수는 없겠지요. 이렇게 환율 변동은 이중성의 의미를 지니고 있다고 할 수 있습니다. 우리는 어느 측면의 얼굴을 바라보아야 할까요? 갑자기 만화영화 〈마징가 Z〉에 나오는 아수라阿修羅 백작이 생각나는 군요.

정책의 우선 순위

이러한 환율 변동의 이중성을 고려하면서 환율정책의 운영 문제를 생각해보면, 결국 통화정책의 독자성과 환율 변동성 완화 간 우선 순위 문제에 도달하게 됩니다. 경제주체들의 입장에서는 환율 변

---

2   칼보·라인하트Calvo and Reinhart(2002)는 "변동환율에 대한 두려움Fear of Floating"이라고 부르고 이러한 현상은 역사적으로 세계에서 종종 나타나는 현상이라고 설명하였다.

3   오르마르 이싱Otmar Issing(2006)에 따르면 각국의 환율 체계를 분류하기 쉽지 않은데, 이는 실제 운용하고 있다고 정책 당국이 발표하는 자국 환율체제가 종종 실제 운용체계와 상당히 다르기 때문이다.

4   서영경·성광진·김동우(2011)에 따르면 환율 변동성 확대 시 수출과 투자가 위축되는 이유는 기업들의 환헤지 관행이 정착되어 있지 않아 환율 변동성 증가가 수익 및 비용 관련 불확실성 증대로 이어지기 때문이다. 한편 환율 변동성 확대 시 물가 상승 압력이 커지는 이유는 환율 상승기에 변동성이 증대될 경우 수입가격 전가율이 확대되는 반면 환율 하락기에는 전가율이 축소되는데 기인한다.

동성이 작을수록 좋다는 입장에 설 수도 있지만, 거시경제정책 측면에서는 환율의 변동성을 관리하는 작업이 매우 어렵거나 불가능하기 때문에 환율 안정에 초점을 맞추기보다 통화정책의 독자성을 추구하는 편이 바람직하다고 생각합니다. 이 주제와 큰 관련이 없을지도 모르지만 유로존 국가들은 환율정책과 통화정책을 모두 포기하여 우선 순위를 생각할 필요도 없다는 생각이 이 순간에 갑자기 드는군요.

한편 선진국의 경우 환율 수준이 크게 변하지 않는 한, 환율정책에 그렇게 관심을 보이지는 않습니다. 그러나 미국은 우리나라와 중국 등 다른 나라의 환율정책에 대해 종종 언급하면서 은근히 압력을 행사하는 것을 보면, 국제수지 상황을 의식하여 자국의 환율에 대해서도 신경을 쓴다는 이야기겠지요. 오래전 이야기이지만 '플라자 합의Plaza Accord'[5]와 같은 경우에는 상당히 강한 압력이 있었습니다. 한편 신흥시장국의 경우 환율 변동성이 축소되거나 확대되는 현상을 경제 상황이나 여타 정책의 결과로 이해하는 편이 바람직하다고 생각합니다.

환율 안정성에 대한 지나친 집착이 오히려 환투기 세력의 공격을 불러온 사례들을 우리는 이미 알고 있지 않습니까? 변동환율제

---

5   1985년 9월 22일 뉴욕의 플라자 호텔에서 미국, 영국, 프랑스, 독일, 일본으로 구성된 G5의 재무장관들이 달러화 강세를 시정하기로 결의한 조치를 말한다. 미국은 당시 큰 폭의 무역수지 흑자를 지속했던 일본과 독일 화폐의 평가절상을 요구하였다.

를 표방하고 있는 신흥시장국의 경우 환율 변동성을 줄이려는 노력의 효과는 제한될 수밖에 없을 것입니다. 통화정책을 자기 나라 여건에 맞춰 사용한다고 국제적으로 무어라 하는 나라는 없지만 변동환율제를 표방하고 환율 수준에 개입하면 교역상대국의 순수출을 감소시키는 파급 효과를 보이기 때문에 근린궁핍화정책beggar-thy-neighbor policy을 비난하게 되지요. 우리가 엔화 약세를 유도하는 아베노믹스를 비판하듯이 말입니다. 그리고 우리가 간과하고 있지만 미국의 양적완화정책도 결과적으로 달러 약세 정책입니다. 자국 통화의 가치절하를 유도하는 정책은 인플레이션정책이기도 합니다.

교과서적인 이야기로 돌아가지만, 환율은 기본적으로 시장에서 자율적으로 변동하도록 놓아두되, 특이한 요인에 의한 단기변동은 미세조정 할 필요가 있습니다. 그러나 환율이 경제의 기초 여건만을 반영하여 움직이도록 해야 한다고 생각하지는 않습니다. 몰아치는 외국인 포트폴리오 자금의 규모와 세력을 감안해야겠지요. 경제의 기초 여건에 따라 움직이는 돈은 전체에서 얼마 되지 않는다는 사실을 계속 강조합니다. 그런데 어디까지가 미세조정이고 어디부터가 조정일까요?

한편 외환시장에서 방향성이 있는 미세조정은 투기 세력들의 이득만 채워줄 수 있습니다. 카드나 화투를 칠 때 자기 패를 보여주면 안 됩니다. 일관된 방향을 가질 때에는 환율을 고정된 수준으로 유지하는 것보다 더 투기를 끌어들일 수 있습니다. 가만히 앉아서 환차익을 얻을 수 있으니까요. 시장 참가자들의 예측을 불허하는 조정이 필요합니다.

4. 거시건전성정책의 대응

앞서야 하는 노력들

우리는 이제 외화 유출입 변동성에 대응하는 적절한 규제 방안이 필요하며 이에 대한 국제적인 인식이 높아지고 있다는 사실을 알고 있습니다. 그러나 자본 유출입 규제에 접근하기 위해서는 먼저 국제수지 전체의 시각에서 경상수지와 자본·금융계정의 조합을 적정하게 구성하여 자본 유출입의 변동성을 줄이는 노력을 선행해야 합니다. 나중에 무엇을 하든지 일단 기본에 충실해야 하겠습니다.

또한 대외 충격에 대비하기 위해 현행 거시건전성정책을 보완하고 새로운 정책수단을 도입하는 일도 중요하지만 환율의 가격조정 기능을 통해 충격을 일정 부분 흡수하고 필요할 때 기준금리 조정도 고려하는 등 경제 여건의 변화에 따라 거시경제정책수단을 탄력적으로 활용해나갈 필요가 있습니다. 우리 경제에 미치는 외부로부터 오는 충격을 각 정책으로 나누자는 것이죠. 백짓장도 맞들면 낫다고 하지 않습니까?

아울러 위기에 대응하는 정책을 시행하기 위해서는 우선 경제의 기초 여건을 안정적으로 운용하는 일이 중요하므로, 가계 부채와 같은 국내 경제의 취약 요인을 관리하는 데 만전을 기해야 하겠습니다. 그러나 외국투기자본들은 우리나라의 취약성의 꼬투리를 발견하려고 노력하면서 이를 반복하여 강조하는 경향이 있습니다. 우리나라 금융상품을 싸게 사기 위해서이지요. 아무리 튼튼한 경제라도 아픈 곳은 있기 마련입니다. 계속 떨어지는 물방울은 바위도 뚫을 수 있습니다. 반복하여 각인된 취약성은 해외 투자자뿐 아니라 우리에게도 자기실현적 예언이 될 수 있으니 주의해야 합니다. 인화물질이 있으면 기폭제에 의해 화재로 바뀌기 쉬운 법입니다. 반면 불씨를 댕기더라도 옆에 나무나 짚이 없다면 그냥 꺼질 뿐입니다.

거시건전성정책의 운용

현재 거시건전성정책이 자본이동의 충격을 완화하는 중심 정책인 만큼 면밀한 모니터링을 통하여 필요 시 사전적으로 외환파생상품 포지션 비율한도 제도, 외환건전성부담금 제도 등 외환 부문 거시건전성정책수단을 자본 유출에 대비하는 방향으로 탄력적으로 운영해 나가야 하겠습니다. 우리나라에 들어온 어떠한 돈도 상황에 따라 도망칠 수 있다는 경각심이 필요합니다.

모니터링 과정에서 자금 유출입 상황을 단순히 규모로 판단하기보다 장단기자금의 성격, 과거 조선업체 선물환 매도와 같은 실물부문과의 연계 여부 등을 감안하는 가운데 〔조달 → 운용〕의 관점에서 흐름을 추적해야 하겠습니다. 또한 우리나라의 거시건전성정책이 은행 부문을 통한 자본 유출입에 중점을 두고 있으므로 포트폴리오 투자자금 유출입에 대한 대응수단도 마련할 필요가 있습니다.

다만 이러한 대응수단이 자본 통제로 오인되어 국가 신뢰도 하락, 자본 유출 확대 등 부정적 영향을 초래할 수도 있으므로 국제적 정합성이 갖춰진 제도를 마련해야 합니다. 우리만 따로 놀 수는 없으니까요. 또한 우리나라만의 정책 대응으로는 한계가 있으므로 우리와 이해관계가 유사한 신흥시장국의 공통된 의견을 중심으로 금융안전망을 강화하고 정책공조 방안에 대한 논의를 활성화할 필요가 있습니다.

직접 규제[6]

우리경제가 위급한 상황에 처하여 자율적인 조정을 기대할 수 없어 외환의 수급을 직접 규제해야 하는 경우가 발생할 수도 있습니다. 물론 이런 상황까지 발생하면 안 되겠지만요. 우리나라 외국환거래법(제6조, 외국환거래의 정지 등)에 따르면 기획재정부장관은 국내외 경제 사정의 중대하고도 급격한 변동이 발생하여 부득이하다고 인정되는 경우, 외화 지급거래의 전부 또는 일부에 대한 일시 정지 조치를 취할 수 있습니다. 구체적으로는 국제수지 및 국제금융상 심각한 어려움에 처하거나 처할 우려가 있는 경우, 우리나라와 외

---

6   이러한 규제는 크게 직접 규제administrative or direct와 간접 규제market-based or indirect로 구분할 수 있다. 직접 규제는 특정 거래의 금지 또는 허가를 통한 양적 규제를 의미하며, 간접 규제는 자본거래에 세금이나 추가비용을 부과함으로써 투자수익률 등 거래유인을 축소하는 가격규제조치를 말한다. 안병찬, 〈금융위기 이후 우리나라의 외환정책〉(2011)을 참고하였다.

국 간의 자본이동으로 통화정책과 환율정책 그리고 그 밖의 거시경제정책을 수행하는 데에 심각한 지장을 주거나 줄 우려가 있는 경우 등이 규정되어 있지요. 그러나 이러한 조치는 외국환거래법상 특별한 사유가 없는 한 6개월 이내에서만 할 수 있으며, 그 조치의 사유가 소멸하였을 때 즉시 해제하도록 되어 있습니다. 또한 우리나라는 이러한 조치를 시행하는 경우 즉시 'OECD의 자본이동 자유화 규약'에 따라 OECD에 통보하고 정당성에 대해 심사를 받아야 하므로 실제로 시행하기란 어려운 일입니다.

또한 이 경우 자본 유출입을 규제controls하여 환율의 급변동을 방지하고 금융안정을 이룰 수 있다는 등의 장점이 있으나 경상거래와 자본거래가 위축될 가능성이 있을 뿐 아니라 민간 부문의 구조조정이 지연될 수 있습니다. 무엇보다도 국제사회에서 신인도가 저하되는 가운데 직접 규제 조치가 해제되었을 때 해외 자본이 급격히 빠져나갈 가능성이 크며 우리나라가 필요할 경우 해외 자본을 유치하기 어려워지는 등 환율의 변동성이 더 확대될 수 있다는 부작용이 내재되어 있으므로 조치에는 신중을 기하여야 합니다. 아주 비상시에만 사용할 수 있겠습니다.

정책조합의 모색

언제나 느끼지만 지나간 현상을 분석하는 일은 상대적으로 쉬운 반면 다가올 내일을 전망하는 작업은 힘듭니다. 더욱이 미래를 예상하면서 방향 또는 대책을 생각해보는 과제는 더욱 어렵습니다. '좋은 방안이 있다면 누군가 먼저 제시하지 않았을까? 하는 주저함도 있지요.' 그러나 그동안 대두되었던 많은 의견과 주장을 모아 비판적인 시각으로 정리해보는 자세도 그렇게 나쁘지 않다는 믿음으로 험난한 내일의 파도를 헤쳐 나가볼까 합니다. 단기적인 장애물에 길이 막히고 장기적인 모호함에 길을 잃어도 방향을 찾아 시작해봅니다.

1. 배의 키는 어디로?

나침반: 파도를 헤치며

우리나라의 입장에서 보면, '튼튼한 기초경제 여건과 발달된 자본시장을 갖춘 선진 신흥시장국일수록 자본이동의 경기순응성이 강하게 나타나는 모순이 발생한다'는 주장은 슬픈 말입니다. 이는 신흥시장국 중에서 우등생은 매를 더 맞을 가능성이 크다는 말이니까요. 이러한 현상이 나타나는 이유는 선진 신흥시장국의 경우 국제금융 안정기에는 선진화된 경제 여건을 바탕으로 글로벌 자본 유입이 집중되는 반면 국제금융 불안기에는 신흥경제의 위험이 부각되면서 자본이 대규모로 급속히 유출되는 경향이 있기 때문입니다. 선진국이 자기 자금을 마음대로 넣었다가 빼는 과정을 '고래와 새우'라고 말씀드린 기억이 있습니다. 자기 돈을 인출한다는데 무어라 말하기도 곤란하지요.

파고가 높을 때 들어선 해역의 깊은 흐름을 읽어내야 합니다. 모든 위기의 발생이 그러했듯이, 글로벌 금융위기도 고수익을 추구하고 위험을 과소평가하는 과정에서 나타난 〔자산 : 부채〕 불일치가 과도한 레버리지에 의해 확대되면서 발생하였다는 데 대해 반성이 있습니다. 또한 자본이동을 어느 정도는 제어해야 한다는 공감대도 형성되었습니다. 한편 학계에서는 위기를 예측하지 못했다는 반성이 확산된 가운데 경제학의 방법론에 대한 의문과 함께 인간의 합리성을 가정하고 있는 이론들의 전제와 금융시장의 불안정성을 소홀히 취급하고 있는 점 등에 대한 자성의 목소리도 높습니다. 또한 경제정책 면에서는 시장 친화적인 규제와 준칙을 강조하는 정책rule-based policy에서 벗어나 재량적 정책을 대규모로 실시하는 한편 민간에 대한 규제를 강화하는 방안을 모색하고 있습니다.

이렇듯 방향이 바뀌면서 소용돌이치는 해류와 싸워가면서 배들은 저마다의 항로를 개척하고 있습니다. 전통적 가치에 얽매이는 방식으로는 새로운 바다에 적응하기 어렵습니다. 마지막까지 소중화小中華를 외치며 성리학을 부둥켜안아 변화하는 세상을 알아차리지 못했던 전철을 밟지 말아야겠습니다. 전통적 통화정책수단에 더하여 우리의 여건에 부합하는 새로운 길이 있는지도 모색해야 하겠습니다. 미국을 중심으로 이루어진 비전통적 통화정책수단도 그 자체가 대단하다기보다는 변화된 여건하에서 새로운 길을 찾아가는 노력이 대단하다고 하겠습니다. 우리도 새로운 항로를 개척하여야 합니다.

문제는 자본이동이다: 연계가 강화되면서 생기는 부조화

금융위기 과정에서 해외 자본의 유출에 따른 외화 부족으로 큰 어려움을 겪은 경험을 어제 살펴보았습니다. 실물경제 충격과 금융시장의 변동성이 대공황 때에 버금간다던 2020년 3월의 위기도 실물경제 충격을 감안하면 예상보다 부드럽게 지나갔습니다. 이런 점을 감안하면 결국 문제는 자본이동입니다. 1992년 미국 대선 후보로 나선 빌 클린턴Bill Clinton은 말했습니다. "바보야, 문제는 경제야! It's the economy, stupid!" 이를 빗대어 말한다면 이렇게 되겠지요. "바보야, 문제는 자본이동이야!" 우리 경제의 문제는 다방면에서 일어날 수 있지만 큰 위기는 해외 자본의 유출에서 비롯됩니다. 그러므로 '어떻게 할 것인가?'의 이야기를 삼불일치론의 관점에서 바라보는 세 가지 측면 중 자본이동으로부터 시작합니다.

자본이동이 실물경제에 미치는 영향을 면밀히 살펴보면 거시경제활동과 금융 움직임 간의 연계macro-financial linkage가 강화되면서 실물경기의 진폭이 확대되는 경우를 예상할 수 있습니다. 신흥시장국의 경우 특히 자본이동 충격이 금융 중개기능을 매개로 증폭되어 실물 경기 변동을 확대하는 경우가 빈번해진다고 합니다. 즉 자본 유입이 증가하면 자산 가격이 상승하게 되며, 이에 따른 부富의 증가 효과로 가계와 기업의 지출이 증가하거나 금융회사의 신용공급이 증가할 가능성이 크며, 이 경우 경기가 확장됩니다. 자본 유입이 없을 경우보다 경기가 좋아질 가능성이 커지게 되는 것이죠. 물론 반대 방향의 경우에는 경기 하락 폭을 크게 할 것입니다. 자본주의 경제에서 시장이란 언제나 균형 가격을 찾아가는 과정에서 과도하게 오르거나 내리는 경향이 있는데 자본이동에 의하여 변동 폭이 커지게 되는 현상은 바람직하지 않습니다. 이렇게 실물과 금융 부문 간 부조화 현상macro-finance dissonance이 지속되면 환율 수준이 기초경제 여건에서 크게 이탈되거나 자산 가격의 변동성이 확대되어 경제의 안정성이 저해됩니다. 또한 대규모 외자유입은 환율절상을 통해 경상수지를 악화시킬 뿐만 아니라, 주식, 부동산 등 자산 가격을 상승시키고 임금과 물가 오름세를 부추겨 수출경쟁력을 다시 약화시키는 부작용을 만들어냅니다.[7]

한편 연계가 강화되어 부조화가 발생하는 현상은 다른 모습으로

---

[7]　　1990년대 후반 한국, 태국, 멕시코, 브라질은 경상수지 적자가 지속되는 가운데 자본수지 흑자로 통화 가치가 절상되고 주가·부동산·임금 상승과 대외 경쟁력 약화를 경험하였다.

나타날 수도 있습니다. 예를 들어 상당수 아시아 국가의 경우 주식 시장과 채권시장의 변동성은 미국과 유럽 등의 영향을 크게 받는 반면 실물경제는 중국과의 연계성이 심화Fujiwara and Takahashi(2011)되는 모습이 나타나기도 합니다.

여러분! 이러한 현상이 참 아이러니하지 않습니까? 첫번째 이야기는 A국 금융은 A국 실물경제와 같이 놀아야 하는데 자본이동이 활발하여 A국 금융이 B국 금융과 더 친하게 지내는 바람에 A국 금융이 A국 실물경제와 부조화하게 된다는 뜻입니다. 다른 말로하면 A국 금융과 B국 금융의 움직임이 강화되면서 A국 실물경제에 큰 영향을 준다는 뜻이죠. A국 금융과 B국 금융이 친하게 지내게 되어 A국 실물경제의 마음에 상처를 주게 된다는 말입니다. 두번째 이야기는 A국 금융과 B국 금융이 가깝게 지내는 동안 A국 실물경제는 C국 실물경제와 가깝게 지내게 된다는 뜻이죠. 결국 한집에 살고있는 A국 금융과 A국 실물경제는 다른 사람들과 놀고 있는 형국이 됩니다.

따라서 국제금융시장에서 몰려오는 자금의 경기순응성을 최소화하고 금융 부문과 실물 부문과의 괴리 현상이 커지지 않도록 자본이동의 과도한 변동성을 억제하는 한편 자본이동과 관련한 시스템적 리스크를 적절히 제어할 수 있는 장치가 필요합니다. 이와 관련하여 우리는 거시경제정책과 거시건전성정책을 살펴본 바 있습니다.

국제협력은 이루어질 것인가?[8]

코로나19 팬데믹으로 인한 실물 경제 위기, 미국발 서브프라임의 영향으로 발생한 유럽 국가채무위기와 신흥시장국의 외환위기 등은 더 이상 꼬리 위험[9]이 아니며 글로벌 경제가 새로운 패러다임으로 이행해야 한다는 당위성을 시사합니다. 꼬리 위험이라고 받아들인다면 아주 굵은 꼬리가 되겠네요. 특히 국가 간 자본이동의 연계성interconnectedness이 커지면서 국지적 위기가 글로벌 위기로 전이될 수 있으므로 이를 완화할 수 있는 글로벌 차원의 대응체계 구축이 긴요하다는 점을 알려줍니다. 글로벌 금융위기를 겪으면서 양자간, 다자간 통화스왑 등 어느 정도 글로벌 금융안정 체계가 갖추어졌지만 누구도 완벽하다고 장담할 수 없는 상황입니다.

국가 간 정책공조international policy coordination는 환율을 안정시키거나 세계경제를 안정적으로 발전시키는 등의 공동목표를 위하여 거시경제정책을 공조하거나[10] 국제적 행동규범 또는 규제를 공통화하거나[11] 국제금융제도에 관해 합의하는[12] 국제적 상호의존 관계를

---

8   〈국가간 정책공조에 관한 논의〉,《국제협력정보, 2014~41호》(한국은행 국제협력실, 2014)를 참고하였다.

9   발생 가능성은 작으나 발생하면 피해가 큰 위험을 말한다.

10   다수 국가가 공통의 경제적 문제에 직면하였을 때 상호간 통화금융, 재정, 환율정책 등을 조정하고 문제의 해결을 목표로 하는 활동을 말한다. 대표적 사례로 주요 선진국 간 Bonn Summit(1978), 플라자(1985) 및 루브르 합의(1987) 등을 들 수 있다.

11   기업 또는 금융기관의 경제활동과 거래 제한을 방지하기 위해 관련 국가별 상이한 기준 또는 규제를 공통화하는 것으로, 대표적 사례로는 G20 정상Summit합의,

말합니다. 자국의 거시경제정책이 다른 나라의 경제활동에 파급 효과spillover effect를 미칠 뿐 아니라 다른 나라 경제에 미친 파급 효과가 다시 자국 경제에 반작용을 초래하는 효과negative spillover effect를 염두에 두고 있습니다.

그러나 경험상 국제 정책공조는 주로 심각한 글로벌 위기 상황에서만 제한적으로 이루어졌을 뿐 정상 상황normal times에서는 다자간 정책공조보다는 개별 국가의 정책 목표 달성 차원에서 실시되어 왔습니다.[13] 평소에는 국가별로 규모와 사정이 달라 정책 간 상충관계trade-off를 아우르는 합의점을 찾기 어려웠지만, 위기 상황에서는 다시 주요정책 이슈로 등장하게 되었습니다. 평소에는 자기 이익이 제일 중요하더라도 작은 배를 같이 타고 있는데 폭풍우가 몰려온다면, 사이가 나쁘더라도 일단 협조관계를 모색하지 않을 수 없습니다. 그러나 구체적인 실행기준을 마련하는 작업이 쉬운 일일까요? 누구는 전 세계가 협력하는 시기는 단 하나의 경우 밖에 없다고 하더군요. 외계인이 지구를 침공할 때 밖에 없다고. 너무 비관적인 말씀을 드렸나요?

이러한 정책공조가 이루어지기 위해서는 나라마다 서로의 유리한

바젤합의(1998 바젤 I , 2004 바젤 II, 2010 바젤 III) 등이 있다.

12 　　국제금융경제 정세 변화에 따라 국제금융기관의 기능 및 역할 등을 개선하기 위해 회원국과 합의를 형성하는 것으로 대표적 사례로는 IMF 및 세계은행 구조개혁 등이 있다.

13 　　하마다Hamada(1976)는 n-country 게임이론을 통해서 다른 국가를 고려한 통화정책이 결국 전 세계적으로는 효율적이지 않음을 보였다.

점이 서로의 단점을 상쇄해야 한다는 전제가 깔려 있지만, 현실적으로는 정책 담당자들이 근시안적 태도myopia로 대응하는 가운데 내쉬 균형Nash equilibrium[14]을 달성하는 데 집착하는 점, 국가별 균형 회복 정책의 실효성이 적으며 국가 간 이해상충 등으로 정책조합의 균형을 유지하기 어려운 점 등으로 정책공조가 성공한 사례는 소수에 불과합니다. 얼마 전 미 연준 관계자들도 미 연준은 세계의 중앙은행이 아니며 미국 경제를 위하여 행동한다는 말했던 것이 기억납니다. 신흥시장국의 입장에서 협력체계 구축으로 혜택을 받을지에 대한 문제에는 분명한 한계가 있다고 하겠습니다.

미국의 트루먼 전 대통령이 '한편on one hand으로는 …… , 또 다른 한편on the other hand으로는 …… '하고 설명하는 것을 싫어하여 외팔이 경제학자를 데려오라고 했다는 유명한 이야기가 있습니다. 한편으로는 글로벌 금융위기 이후 마련되고 있는 여러 가지 국제협력체제에 신흥시장국의 입장에서 적극 참여해야 하겠지만, 다른 한편으로는 스스로의 체력을 기르는 과정을 우선하면서 이를 바탕으로 협력관계를 강화하는 방향이 필요합니다. 또한 국제협력이란 아무래도 힘이 센 나라들 위주로 기준이 만들어지지 않겠습니까?

14   게임이론에서 경쟁자 대응에 따라 최선의 선택을 하면 서로가 자신의 선택을 바꾸지 않는 균형상태를 말한다. 상대방이 현재 전략을 유지한다는 전제하에 나 자신도 현재 전략을 바꿀 유인이 없는 상태를 말한다.

축구팀 구성의 방향: 세 가지 관점의 조화

선수 선발

삼불일치론은 정책 담당자뿐 아니라 모든 사람에게 정책 간에 일어날 수 있는 상충관계trade-off에 대한 시각을 제공해주고 있습니다. 그동안 충분히 이야기해왔으므로 우리는 이제 삼불일치론이 3개의 정책 목표를 중심으로 구성되어 있다는 사실과 실제 정책운용에서 많은 나라가 중간지대를 선택함으로써 변화에 대응하여 왔다는 사실을 알고 있습니다. 삼불일치론의 상충관계는 흥미롭지만, 실제 사례에서 최소한 단기적으로는 세 가지 중 반드시 두 가지를 확실히 선택해야 하는 문제two corner solution가 아니라는 점도 알고 있습니다.

이러한 이해를 바탕으로 최적정책조합optimal policy mix을 어떻게 구성할 것인가의 과제가 중요합니다. 또한 이와 함께 운용방식을 어떻게 선택할 것인가에 대한 의사결정도 중요합니다. 프로팀 감독을 맡았을 때 축구팀을 어떻게 운용하겠다는 큰 그림의 구성도 필요하지만, 공격진과 수비진에 어떤 선수를 선발하여 어떻게 활용하겠다는 결정도 중요합니다.

상황여건에 따른 탄력적 대응

통화정책과 외환정책은 목표, 대상, 수단 등에서 상호연관성이 매우 높아 엄격하게 분리하여 운용하기 어렵습니다. 원래 통화정책과 외환정책은 동전의 앞뒷면이었습니다. 선진국은 지금도 일정 부분 그러하지요. 따라서 자본자유화의 정도, 환율 변동성의 관리, 통화정책의 독자적 운용은 거시경제가 변화하는 '구체적인 상황' 속에서 연계하여 운용할 수밖에 없습니다. 다시 말해 통화정책과 외환정책의 조합은 항구 불변의 선택일 수 없으며 여건의 변화에 따라 탄력적으로 운용해야 한다는 뜻입니다. 미리 '이것이다' 하고 정해놓을 수 없으며 그렇게 해서도 안 된다는 뜻이죠. 무더위 상황과 비가 오는 날의 경우 감독의 전략은 달라져야 합니다. 물론 사전 시나리오는 갖춰져 있어야겠지요. 골을 넣은 상황과 한 점 뒤진 상황에서의 전략도 상이할 수밖에 없습니다. 평상적인 환경, 위기가 감지되는 상황, 위기에 대응해야 하는 상황에 따라 달리 대처해야 할 뿐 아니라 위기를 상당 부분 극복한 후에도 상황별로 정책조합을 달리 선택해야 합니다. 이를 위하여 국내의 금융시장, 외환거래 상황뿐 아니라 파생상품거래 움직임 등에 대한 면밀한 모니터링이 긴요함은 두말할 나위가 없겠지요. 어려운 말이지만 미약한 움직임 속에서 큰 흐름의 시발점을 발견해내는 감각이 필요합니다. 변곡점을 찾아내는 예리한 분석이 필요합니다. 같은 방향에서의 진폭의 차이보다 방향을 바꾸는 움직임을 알아차려야 하겠습니다.

또한 금리와 환율의 움직임이 시장의 수급에 따라 움직이도록 하되 금융시장이 불안정해질 가능성에 항상 대비해야 하며, 위기 상황이 도래할 경우 단호히 대처해야 합니다. 미지근한 대책은 상황의 내성만 키울 수 있다는 점을 명심해야 하겠습니다. 아울러 금융안정을 고려할 때 금융시장 가격 변수들의 움직임에 대해 정책 당국이 비대칭적인 입장을 보일 수밖에 없다는 점도 이해해야 합니다. 너무 공자 말씀만 드리면서 핵심을 비껴가는 것 같은 느낌을 주는군요. 경직적인 원칙에 사로잡혀서는 안 되며, 변화하는 환경에 탄력적으로 대응해야 한다는 기본 방향을 제시합니다. 고정적인 대표선수 선발진은 없으며 상대팀의 전력에 따라 선수를 달리 구성하지 않을 수 없습니다.

이제 이러한 기본 방향하에서 통화정책과 외환정책의 연계운영에 대한 정책 과제를 도출하기 위해 어떠한 기본 체제를 선택할 것인가를 먼저 알아본 후, 통화정책과 환율정책 간 상호작용, 해외 자본의 유출입에 대한 거시건전성 규제, 외환보유액의 확충과 활용, 통화정책의 독자성, 환율정책의 탄력적 운용 방안 등에 대해 다각도로 살펴보도록 하겠습니다.

2. 기본 체계의 선택

중간영역전략 채택과 탄력적 운용

정책체계를 선택할 경우에는 빈번하게 발생하는 외부 충격의 성격을 감안하여 정책조합을 구성해야 한다(Yagei, 2001; Frankel, 1999 등)는 말을 생각해봅니다. 특히 우리나라의 경우 해외 자본이 쉽게 드나들 수 있는 개방체제를 유지하고 있어 실물경제에 대한 충격이 일어날 가능성이 크다는 점을 고려해야 합니다.

앞서 살펴본 논의를 토대로 삼불일치론의 관점에서 자본이동 규제와 통화정책 독자성과 변동환율제의 중간영역전략middle ground strategy을 정책조합의 기본 체계로 제시합니다. 새삼스러운 말씀은 아니지요. '자본이동을 어떻게 대외적인 마찰 없이 규제할 것인가? 통화정책은 국내 경제 상황을 겨냥하되 때로는 주요국의 정책금리 변동을 어떻게 감안해나갈 것인가? 변동환율제를 유지하되 어떻게 미세조정 등을 통해 환율의 급변동에 대처해나갈 것인가?' 이 세 가지 과제를 어떻게 조합해내느냐는 과학이라기보다 예술이라고 해야 할 것입니다.

다만 이를 위해서는 정책 목표의 우선 순위를 명확히 하는 가운데 경제 상황과 외부로부터 주어지는 충격의 성격 등을 고려하여 필요한 금리 수준과 환율 수준의 적정 범위를 설정하고 이를 유지하는 한편 거시건전성정책의 강도를 적절히 조절해나가야 하겠습니다. 세상을 살면서 제일 어려운 일은 우선 순위를 정하는 일이 아닐까요? 회사에서 일을 해야 하고 가족을 생각하고 친구와 어울리고 공부를 하면서 사회문제를 걱정하고 취미생활도 즐겨야 하는데, 여러분의 우선 순위는 어떻게 정해져 있는지요? 한편 조금 전 말씀드렸듯이, 이렇게 기본 정책조합을 선택하였다고 할지라도 거기에 집착하는 대신 경제 여건 변화에 대응하여 조합을 변경할 수 있는 유연성이 있어야 합니다. 우리의 우선 순위 조합은 목표를 향하지만 때로는 흔들리기도 합니다.

위기 발생 요인별 패키지의 적절한 대응

금융시장 불안에 대응한 정책을 수립하기 위해서는 발생 요인에 따라 적정한 수단을 사용해야 한다는 일반적인 이해conventional wisdom가 있습니다. 부엌에서 고기를 자르는 칼과 연필을 깎는 칼은 다르지요. 자본 유입에 따라 거시경제에 불균형이 발생하면 통화정책, 재정정책, 환율정책 등 거시경제정책으로 대처하고, 금융시장에 불균형이 발생하면 거시건전성정책macroprudential measures, MPMs 또는 자본 통제capital flow measures, CFMs로 대응해야 합니다(IMF, 2011). 또는 거시경제정책을 우선 시행하되, 일부 전제조건이 충족되는 경우에 한하여 거시건전성정책 혹은 자본 통제를 순차적sequencing으로 시행해야 한다는 의견(IMF, 2010)도 있습니다. 이들 의견을 풀어서 말씀드리면 환율의 고평가, 외환보유액 문제, 인플레이션 압력 등으로 인하여 거시경제정책으로 대응하기 어려울 경우 먼저 거시건전성정책을 사용하고 그래도 여의치 않을 경우 자본을 통제할 수 있는 수단을 강구하는 방안의 순으로 시행해야 한다는 뜻이 되겠네요.

그러나 현실적으로 환율, 금리, 재정 등 전통적 정책수단을 시행할 수 있는가의 전제조건에 대한 판단 기준이 불확실한 데다 거시경제안정과 금융안정은 상호보완적 정책 목표이므로 실제로 거시경제정책과 거시건전성정책의 시행은 선후관계에 있다고 하기보다 보완적으로 운용할 필요가 있다고 생각합니다. 우리는 그동안 여러 가지 대책 중에서 하나의 정책을 먼저 시행할 경우 이를 회피하는 시장의 거래가 이루어짐에 따라 하나의 대책을 시행하지 않는 편이 오히려 나았다는 사례를 살펴본 적이 있습니다. 이렇게 금융시장의 우회거래를 방지하고 정책 효과를 제고하기 위하여 패키지 형태로 대책을 추진하는 편이 바람직하다고 생각합니다. 물론 이 과정에서 사용할 수 있는 모든 정책이 포함될 필요는 없겠지요.

아울러 정책 대응은 금융시스템의 진화에 맞추어 시장의 효율성을 저해하지 않으면서 위험을 적절히 제어할 수 있도록 설계해야 합니다. 지나치게 엄격한 규제 또는 안정장치는 과다한 대응으로 금융발전을 저해하는 지나친 결과over-cooking를 초래(Clark and Large, 2011)하게 되니까요. 과유불급過猶不及입니다.

3. 평소에 잘하자

기초체력 보강

대응정책을 사용할 필요 없는 여건 조성

외국인 투자자금의 갑작스러운 유출 현상은 글로벌 금융시장 여건 등 외부요인에도 좌우되지만, 그 나라의 경제기초 등 내부요인과도 복합적으로 연계되어 유사한 문제점과 특성을 가진 나라들로 파급되는 경향이 있는 만큼 평상시 기초경제 여건 안정을 유지하는 정책이 중요합니다. 결정적인 순간에 잘하기 힘들지만 평소에 꾸준히 잘하기란 더 어렵습니다. 평소에 공부를 잘 하거나 일을 잘하면 좋은 대우를 받지요. 원론적으로 이야기하자면 우리 경제가 튼튼하다는 신호를 국제금융시장에 계속 보낼 수 있다면 다른 신흥시장국과 차별되면서 갑작스러운 외부 충격을 피해나갈 수 있겠지요.

그러나 앞에서 살펴본 바와 같이 국제금융시장에서 움직이는 외환거래규모 중에서 무역거래는 얼마 되지 않습니다. 우리나라의 경우도 거의 비슷하지요. 취약성과 기폭제의 차이를 생각합시다. 담을 높이 쌓고 경보장치를 설치하였다고 하여 도둑이 침입하지 않는 것은 아닙니다. 도둑이 담을 넘을 확률은 낮아지겠지요. 기초경제 여건을 튼튼히 하면 문제가 발생할 가능성은 적어지지만, 그렇다고 안심할 수는 없습니다. 대응정책을 사용할 필요가 없는 여건을 조성하기 위해서는 기폭제로 작용할 수밖에 없는 문제점을 제거해 나가야겠습니다.

대응정책을 원활하게 사용할 수 있는 여건 조성

병원에 가면 의사들이 항상 하는 말이 있습니다. '무리하지 말고 푹 쉬면서 음식을 적절하게 먹고 적당한 운동을 하세요. 그러면 곧 낫습니다' 당연하면서도 일상생활의 여건을 무시하는 무책임한 말이라고 생각하지만, 틀렸다고 반박할 수도 없습니다.

경제환경이 급변하는 불확실성하에서 정책조합을 탄력적으로 변경할 수 있으려면 평상시 정책 수행 여건을 안정적으로 유지하고 있어야 한다는 원론적인 의견보다 중요한 말이 있을까요?[15] 예를 들면 긴급 상황에 처하여 외환보유액을 활용하여야 하는 순간이 왔을 때는 사전에 외환보유액이 충분히 확충되어 있어야 하며, 정책금리를 인상 조정하여야 할 필요가 있을 때는 평소 물가 수준이 안정적으로 유지되고 있어야 필요한 정책을 마음 놓고 시행할 수 있습니다. 즉 어떠한 정책을 추진할 수 있는 수행 여건의 유연성을 확보하고 있어야 합니다.

그러나 글로벌 금융시장이 급변할 때, 운이 좋게도 우리의 경제 여건이 꼭 이에 대응하기 좋게 갖추어지지는 않을 것입니다. 대응 정책을 원활하게 사용할 수 있는 여건을 조성해야 한다는 주장은 아름답지만, 집 안은 가끔 허술해지며 도둑은 주인이 대응하기 어려운 방향으로 담을 넘을 것입니다.

정보 수집 활동 강화

여러 가지 금융위기의 과정을 살펴본 결과, 레버리지가 작용하여 '가격이 부풀어 올랐다가 꺼지는 속성boom-bust'이 사실상 비슷한데도 불구하고 호황기 때 위험을 과소평가하고 금융시스템의 구조 변화를 간과하였다가 불황기에 문제가 수면 위로 떠오르는 사례를 보았습니다. 또 금융위기를 인식하는 시점과 대응하는 시점 간 시차의 문제가 빈번히 발생함을 알 수 있었습니다. 이렇듯 글로벌 금융위기

15　1990년대 초반 말레이시아는 인플레이션이 안정된 경우 신속하고 적극적인 금리 인하를 통해 자본 유입의 유인을 빠르게 줄일 수 있었으나, 브라질의 경우 고물가로 인해 인플레이션 기대가 불안할 경우 금리 인상 및 이에 따른 환율절상 기대로 자본 유입이 지속되어 통화정책 대응에 어려움이 있었다.

를 통해 얻은 중요한 교훈 중의 하나는 시스템적 리스크를 사전적으로 파악하기 위해서는 정책 당국과 감독 당국 그리고 투자자들이 충분하고 시의성 있는 정보를 공유하고 있어야 한다는 점입니다.

그러므로 평상시 정책 당국은 실시간으로 움직이는 시장에 비해 부족한 현장 정보에 관심을 기울여야 하겠습니다. 즉〔조달 → 운용〕에 대한 '정보 갭information gap' 문제를 완화하는 한편〔자산 : 부채〕의 불일치 정도 같은 시스템적 리스크에 대한 식별능력을 제고해야 하겠습니다. 예를 들어 자본이동 간 연계에 대한 분석을 바탕으로 조기경보지수, 스트레스지수 등을 적절히 설계함으로써 자본이동의 시스템적 리스크 전이 가능성에 대한 사전 탐지 능력을 제고해야 하겠습니다. 아울러 대차대조표, 재무제표 등에 기초한 거래 정보 이외에 비정기적 서베이ad hoc survey 등으로 정보 수집 경로를 다양화하는 한편 은행뿐만 아니라 비은행 금융회사 등을 대상으로 정보 수집 범위를 확대해야 합니다. 또한 정책 당국은 시장의 정보를 수집하는 가운데서도 가급적 많은 정보를 시장 참가자들에게 투명하게 공개하여 경제 현황에 대한 공감대를 형성하고 유지시켜 나가야 하겠습니다.

4. 정책 트랜스포머transformer

감독의 전략: 우선 순위의 결정

어렸을 때 "두 사람이 물에 빠졌는데 누구를 먼저 구할래?"라는 질문에 난처했던 기억이 있습니다. 그러나 프로축구팀 감독이라면 지금이 수비 위주로 나아갈 때인지 공격을 강화해야 할 순간인지 또는 중앙 수비를 강화해야 할지, 측면 공격을 시도해야 할지 전략의 우선 순위를 매순간 판단해야 합니다. 경제 여건이 급변할 경우 우선 경제 현상을 인식한 후 정책 과제의 우선 순위를 명확히 해야 합니다. 그리고 이러한 우선 순위와 현재의 거시경제 상황과 금융시장 여건하에서 인플레이션 안정, 실물경기 진작 또는 대외 균형의 회복 등 유효성 높은 정책조합을 선택해야 합니다.[16] 우선 선발된 선수들로 팀을 꾸려야 합니다.

장기대응 vs. 단기대응

이를 위해서는 장단기 시계視界에 따라 차별화된 정책조합이 필요합니다. 목표를 분명히 한 후 단기대책과 장기대책을 구별하여 대응하자는 말씀이지요. 우선 밀려오는 위기가 파급되는 효과를 차단하기 위한 단기적 목표를 위해서는 환율의 변동성 또는 자본 유출입의

---

16   예를 들어 1990년대 말레이시아의 경우 단기외채의 안정적 관리, 칠레의 경우 인플레이션 안정, 인도의 경우 경상수지 개선과 인플레이션 안정 등을 최우선 과제로 삼고 정책 대응 조합을 선택하였다.

변동성을 완화하는 방안을 우선 추진해야 합니다. 변동성의 확대는 어느 경우에나 정책의 적敵입니다. 다음 중장기적 측면에서는 해외 유입 자본구성의 안정성 제고[17], 보완적 정책수단의 다양화 등을 통해 삼불일치론의 제약 요건을 완화하는 여건을 조성해야 합니다. 각종 제도와 운영시스템을 바꾸려면 시간이 걸립니다.

자본 유출입에 대응하여 우선 자본 유입을 완화하는 방안을 채택하되 긴급한 상황하에서 자본 유출을 규제하는 정책을 취할 경우를 판단하고 추후 여건이 변하면 규제를 신속히 철회하여 정책에 대한 시장 참가자들의 신뢰를 확보하는 일이 중요합니다.

내부요인 vs 외부요인

또한 대응방안을 마련할 때에는 위기 상황이 왜 발생하였는지를 분명히 하여 발생요인별로 대책을 입안해야 하겠습니다. 오래전 신문을 읽다보니 미국에서 산불이 날 경우 자연발화된 산불은 생태계에서 자생적으로 회복되도록 놓아두고 인위적인 외부요인에 의해 일어난 산불만 진화한다고 하더군요. 내부요인에 의하여 해외 자본이 대규모로 유입될 때에는 최종 목표에 큰 영향을 미치지 않는 한 시장에서 자체 흡수[18]토록 해야 합니다. 반면 외부요인에 의한 단기

17　중국, 인도의 사례를 보면 중장기적 관점에서 전략 부문에의 직접투자 유치 및 기술이전 촉진을 위해 부채성 자본보다 지분성 자본 유치에 보다 우호적인 선별적 자본 유입 통제를 활용하였다.

18　국내 경제의 양호한 여건에 따라 자본 유입이 이루어지는 경우의 시장 개입은 자본 유입만 촉진할 가능성이 있다.

자본의 급격한 유입에 대해서는 외환시장 개입을 통해 환율이 경제의 기초 여건과 크게 괴리되지 않도록 유도하되 외부 충격이 구조적 성격을 띠는 경우에는 거시건전성 규제을 통해 대응하는 편이 바람직하다고 하겠습니다. 예를 들어 물가 상승 압력이 크고 환율 하락 압력이 지속되는 상황에서는 환율 하락 속도를 고려하여 정책금리를 정상화하는 속도를 조절하는 정책조합이 가능합니다.

물론 하나의 정책을 사용하려고 할 때 몇 가지 변수가 서로 어긋나게 움직이고 있다면 어려운 상황이 되겠지요. 위기가 발생하면 그 시점에서 내부위험과 외부위험을 구분하기란 쉽지 않습니다. 평소 지속적인 모니터링을 통하여 돈이 어디서 왜 들어오고 나가는지를 점검해야 합니다. 평상시 돈의 흐름에 대해 얼마나 관심을 두고 있느냐 하는 정도에 따라 이동 요인을 명확하게 파악할 수 있으며 정책의 우선 순위도 올바르게 세울 수 있습니다.

정리

먼 길을 돌아 지금 여기에 섰습니다. '원화와 외화 그리고 금리와 환율의 연결고리'를 일주일에 걸쳐 전달하겠다는 야심찬 의욕이 있었습니다. 강연을 통해 '돈의 양'을 생각하며 흐름을 좇아 금리와 환율이라는 '가격의 연계'를 알고자 하였습니다.

먼저 '돈에 꼬리표가 있는가?'라는 화두를 던지고 그 방법론으로 〔조달 → 운용〕을 통해 돈의 흐름을 살폈으며〔자산 : 부채〕불일치를 통하여 여건 변동의 리스크를 이해하고자 하였습니다. 화두는 결국 달성되지 못했지만 노력하는 과정의 일환이라고 스스로 위로합니다. 쉽게 해결할 수 있다면 화두가 아니겠지요. 돈에 대해 공부하는 동안 영원히 껴안고 가야 할 숙제라고 생각합니다. 조달과 운용을 따라가는 과정에서 여러 가지 어려운 점이 있었습니다. 언뜻언뜻 보이는 구름 사이로 햇빛을 발견해내는 작업이었습니다. 꼬리는 자신의 모습을 감추는 버릇이 있으니까요. 자산과 부채의 불일치를 통하여 '긴 돈'과 '짧은 돈', '위험한 돈'과 '안전한 돈', '원화'와 '외화'의 차이가 환경의 변화 속에서 우리를 얼마나 위험하게 하는지를 알고자 하였습니다.

극단적인 한계 상황에서 움직이는 돈의 흐름이 평소 성격을 보다 분명히 나타낸다고 생각하여 금융위기에 관심을 기울이는 과정에서 돈의 움직임과 가격의 관계를 알고자 노력하였습니다. 금융위기 자체에 관심을 두고 시작하지는 않았지만 금융위기는 언제나 '위기'입니다. 이를 바라보는 시각에는 언제든 폭풍우가 몰아칠 수 있다는 '위기' 의식이 깔려 있습니다.

여러 가지를 말씀드렸지만 사실 새로운 내용은 거의 없습니다. 다만 원화와 외화를 하나의 '흐름'으로 연결하고 '가격'을 통해 연계를 알아보며 '흐름'과 '가격'의 관계를 메커니즘 속에서 알아보고자 하는 시도의 형식이라고 말할 수 있습니다. 이를 위하여 삼불일치론이라는 통일된 관점으로 많은 현상에 접근해보았습니다. 원근법의 소실점은 각각 다른 위치의 시각으로 바라볼 때는 찾을 수 없습니다.

처음 출발할 때 제기한 몇 가지 질문을 다시 생각해봅시다. 첫날 질문이었던 '경계를 넘어 우리나라에 들어온 달러 중 다시 밖으로 나가지 않은 달러는 다 어디로 갔는가?'에 대해 이제는 자신 있게 답할 수 있을 것이라 믿습니다. 아니 어쩌면 모른다는 대답을 시작하기 전보다 더 길게 설명할 수도 있겠네요. 공부한 사람과 하지 않은 사람의 차이는 잘 모른다는 사실을 얼마나 길고 논리적으로 설명할 수 있느냐의 차이라고 하더군요. 경제신문의 기사 한 편을 읽더라도 원화와 외화를 연결해 비판적 관점으로 이해할 힘이 생겼다면 일주일의 강연이 헛되지 않을 것입니다.

원화시장과 외화시장, 통화정책과 외환정책을 연계하여 생각해보는 작업은 쉽지 않았습니다. 이번 강연의 목적이 세부 사항을 기술적으로 잘 설명하는 데 있지 않음에도 가끔은 고속도로를 벗어나 국도로 빠지기도 하였고 잠시 숨을 돌려 한 곳에 머물러 있기도 하였습니다. 반면 어느 때에는 세부 사항을 과감하게 생략하다 보니 충분한 이해를 돕지 못했을 수도 있습니다. 중용의 도를 취하는 길이 어렵다는 새삼스러운 깨달음이 있었습니다. 이제 그동안 말씀드린 내용의 줄거리를 다시 정리해봅니다. 항상 마지막이 중요하지요.

월요일에는 '돈의 흐름'이라는 주제로 시간과 공간 속에서 다른 모습으로 변하는 돈의 성격을 알아본 후 돈이 움직이는 이유를 정리해보았습니다. 전망과 차익거래라는 두 가지의 대조적인 요인과 위험회피와 분산이 가지는 의미 등이 생각나는군요. 위험은 회피하는 것이 아니라 관리하는 것이라는 말씀을 드렸습니다. 그리고 경계를 넘나드는 돈의 흐름에 대하여 돈이 드나드는 길목과 우리나라의 대외포지션을 이야기한데 이어 결국 남거나 모자라는 돈은 한국은행으로 모인다는 점을 설명하였습니다. 다음에는 돈의 흐름을 외국 돈의 흐름과 원화의 흐름으로 나누어 알아보면서 금융거래를 '팔고 사기'와 '빌리고 빌려주기'로 정리하였습니다. '팔고 사기'와 '빌리고 빌려주기'라는 개념은 간단하지만 복잡한 금융거래를 이해하기 위한 핵심입니다.

화요일에는 '환율과 금리 그리고 연계'라는 주제로 가격의 움직임과 시장과 제도에 대해 살펴보았습니다. 또 외화의 흐름과 환율의 관계 그리고 원화의 흐름과 금리의 관계를 각각 살펴본 후 삼불일치론(impossible trinity 또는 trilemma)과 연결해보았습니다. 정책조합의 선택 문제와 삼불일치론에 대한 선행연구를 정리해본 후 그에 대한 비판과 반론을 설명한 기억이 나는군요. 삼불일치론의 원리를 통하여 자본자유화, 환율정책, 통화정책의 관계를 설명해드렸습니다.

수요일에는 '돈의 조절'이라는 주제로 연계거래의 복잡한 흐름을 살펴본 후 원화와 외화로 구분하여 양과 흐름을 어떻게 조절하는지 알아보았습니다. 원화의 경우 기준금리의 닻을 알아보고 전통적 통화정책수단의 세 가지 무기와 새로운 무기인 비전통적 통화정책수단을 살폈으며 외화의 경우 외화 유출입과 규제, 거시경제정책수단, 거시건전성정책수단, 외환보유액 관리, 외채 관리, 중앙은행 간 통화스왑 등에 대해 알아보았습니다. 돈의 양을 관리하지 않고 금리를 조절한다는 말씀을 강조하면서 원화든 외화든 정책 당국이 완벽하게 조정할 수 없으며 결국은 시장에서 많은 부분이 결정될 수밖에 없다는 말씀도 드렸습니다.

목요일에는 '금융위기의 교훈'이라는 주제로 경제위기 역사를 살펴보고 위기를 구분해보았으며 투기적 공격에 대해 알아보았습니다. 그 후 그동안 공부한 삼불일치론의 관점에서 우리나라의 외환위기, 글로벌 금융위기, 우리나라와 주요 신흥시장국 위기, 코로나19 팬데믹으로 인한 위기의 영향을 사례별로 알아보았습니다. 위기를 일으키는 근본 요인을 알고자 노력하였으며 취약성과 기폭제라는 두 관점에서 금융위기에 접근하였습니다.

그리고 마지막 시간인 오늘은 '통화정책과 외환정책의 연계운영'이라는 주제로 세 가지 축인 통화정책의 독자성, 환율정책의 탄력적 운용, 거시건전성정책의 대응을 중심으로 연계정책을 위한 과제를 알아본 후 정책조합을 생각해보았습니다. 앞에서 설명한 많은 과제를 되짚어보는 순서였지요. 또 평소에 잘해야 한다는 점과 결정적인 순간에 잘해야 한다는 점의 차이도 생각해보았습니다.

강연을 시작하기 전, 일주일 간 함께 할 '원화와 외화 그리고 금리와 환율의 연결고리'를 하나의 구도로 나타낼 수 없을까 고민하였습니다. 한 장의 그림으로 '생각의 틀'을 집약할 수 있다면 다양한 '원화와 외화의 흐름'과 '가격의 연계' 문제에 직면하였을 때 체계적으로 접근할 수 있을 것입니다. 우선 〈그림 22.1〉은 우리가 어디에 있는지를 수시로 점검하면서 강연을 이끌어온 돈의 흐름과 조절 그리고 가격

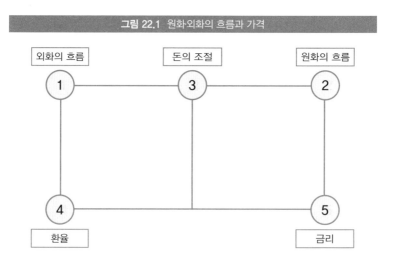

그림 22.1 원화·외화의 흐름과 가격

간의 관계를 단순화하여 나타낸 그림입니다. 그동안 위치가 바뀔 때마다 제시해왔으므로 여기에 대해 더 말씀드릴 필요는 없겠지요.

다음에 제시하는 〈그림 22.2〉는 화요일에 등장한 그림입니다. 삼불일치론의 시각으로 세 가지 과제를 통해 살펴보았지요. 이제는 잊어버리지 않을 자본자유화, 환율의 안정성, 통화정책의 독자성입니다. 우리의 삼각형이 이들을 보여주고 있습니다. 그러나 잘 보시면 LECTURE 10에 나온 그림과 조금 다를 것입니다. 제가 삼각형의 꼭짓점과 각 변의 위치를 살짝 바꾸어놓았거든요. 삼불일치론의 삼각형에서 각 변이 꼭짓점이 되고 꼭짓점이 각 변이 되도록 바꾸어 표현하는 경우도 종종 있습니다. 결국 마찬가지거든요. 그럼, 여기서 삼각형의 꼭짓점과 빗변의 위치를 바꾼 이유는 무엇일까요? 〈그

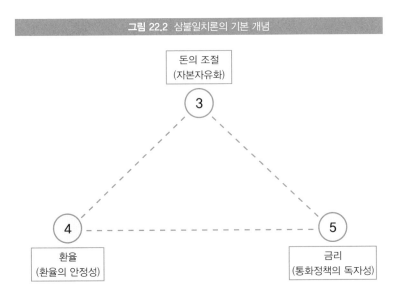

그림 22.2 삼불일치론의 기본 개념

림 22.1〉의 ③ 돈의 조절 ④ 환율 ⑤ 금리의 '사각형 모서리'와 〈그림 22.2〉의 ③ 돈의 조절 ④ 환율 ⑤ 금리의 '삼각형 꼭짓점'을 같은 위치로 맞추어 '생각의 틀'을 일치시키기 위해서이지요.

이제 첫 시간에 여러분께 보여드린 〈그림 22.3〉을 제시합니다. 우리는 〈그림 22.1〉과 〈그림 22.2〉의 같은 점을 일치시켜 합성함으로써 하나의 그림으로 나타낼 수 있습니다. 다만 〈그림 22.1〉의 가운데 수직선은 돈의 조절이 금리와 환율의 관계에 미치는 상호 영향을 나타낸 선이므로 두 갈래로 갈라질 수 있습니다. 여기서 각 점이 무엇을 뜻하는지는 〈그림 22.1〉과 〈그림 22.2〉에 나타난 바와 같습니다. 각각의 윗변, 아랫변과 빗변이 무엇을 의미하는지는 더 설명할 필요가 없겠지요.

교과서에는 나오지 않는 독창적인 그림이라고 감히 말씀드립니다. 다양한 원화·외화의 흐름, 금리와 환율의 관계, 돈의 조절이 가격에 미치는 영향 등을 하나의 체계로 요약하여 '생각의 틀'을 정비

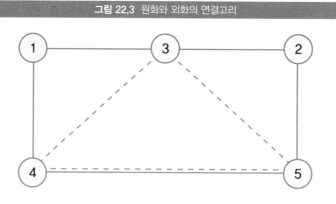

그림 22.3 원화와 외화의 연결고리

하는 작업이 다소 도식적이라고 할지라도 복잡함을 이겨내는 명쾌함이 아닐까요? 세월이 흐르면서 일주일 동안 다룬 모든 강의 내용이 사라질지라도 이 하나의 체계만 떠올릴 수 있다면 세세한 사항은 다시 보완할 수 있다고 봅니다. 단순한 그림은 아름다운 체계이며 현실fact에 명쾌하게 접근하는 기쁨입니다.

이제 마무리를 하려니 많은 과제를 빠뜨리고 가는 것 같은 아쉬움이 남습니다. 오늘도 강연이 끝나면 질의답변 시간이 있습니다. 미흡했던 점이 있다면 오늘 다룬 내용뿐 아니라 그동안 궁금하게 여긴 모든 사항에 대해 질문해주시기 바랍니다. 오랜 시간 경청해주셔서 감사합니다.

Question **1**

지금까지 강연을 잘 들었습니다. 그런데 오늘 말씀하신 'LECTURE 20 연계된 정책 과제'와 'LECTURE 21 정책조합의 모색'의 내용을 생각하면, 결국 그때그때의 환경 변화에 따라 통화정책과 외환정책을 연계하여 운영할 수밖에 없다는 일종의 상황논리로 귀결되는 건 아닌지 궁금합니다. 이에 대한 답변을 듣고 싶습니다.

Answer **1**

예, 날카로운 지적이라고 생각합니다. 강의에서 '좀 더 구체적이고 명료한 정책 대안을 제시했다면 좋았을 텐데' 하는 다소의 후회도 있습니다. 그러나 강연 중 말씀드렸듯이 기본적으로 정책이란 과학이 아니라 예술이라고 생각합니다. '침대도 가구가 아니라 과학'이라는데 말이죠.[19] 물론 우리가 기초체력을 어떻게 다져야 하고 정책의 기

---

19   어느 초등학교 시험에 '다음 중 가구가 아닌 것은?'이라는 문제가 나왔는데 상당수 어린이가 '답 3번 침대'라고 했다는 이야기가 있다. 사실인지 아닌지 알 수 없으

본 체계를 어떻게 가져가야 하는지에 대해서는 우리의 현실과 이론을 바탕으로 합의를 이룰 수 있을 것입니다. 이에 대해서는 이미 오랜 시간 말씀드렸으니 반복하지는 않겠습니다. 그러나 마주치는 경제 여건의 변화에 대응하여 어떠한 정책을 취할 것인가는 전문가의 판단이라고 생각합니다. 우리가 정책 운영에서 엄격한 준칙주의를 택하지 않는다면 말이죠. 왜 일관된 정책을 취할 수 없는가에 대해서도 이미 말씀드렸다고 생각합니다. 재량주의가 반드시 더 좋다고는 할 수 없지만, 세상은 세세한 준칙을 미리 마련할 수 있을 정도로 단순하지는 않습니다. 특히 소규모 개방경제라고 일컬어지는 우리나라의 경우는 더욱 그렇지요. 매 순간 다가오는 변화는 우리에게 의사결정을 요구합니다. 명쾌한 이론과 엄밀한 실증분석을 바탕으로 한 전문가의 주관적 판단이 중요합니다. 더 무디게 표현한다면 전문가의 감感이 필요합니다. 제비 한 마리가 날아온다고 봄이 오지는 않지만, 한 마리의 제비를 보고 변곡점inflection point을 찾아내는 날카로운 직관이 중요합니다. 계량화된 지표는 걸음걸이가 느리니까요. 세상에 100% 객관적인 것은 없습니다.

아무리 객관적 자료라도 이를 취사선택하여 판단하는 작업은 주관적이므로 모든 사람의 의견이 일치할 수는 없습니다. 통화정책의 결정을 한국은행 총재 1인에게 위임하지 않고 위원회제도[20]를 구성

나 침대회사 CF의 위력을 말해준다.

20　위원회제도의 장단점에 대해서는 행정학과 경영학 등의 모든 교과서 조직론 편에 설명되어 있다.

하고 있는 한국은행법의 정신도 거기에 있습니다. 전문가의 식견[21]을 가진 다수의 주관적 판단을 모아서 당시 상황에 가장 잘 대처할 수 있는 올바른 의사결정을 도출해내려고 하는 것이죠. 그러므로 정책은 예술이 아니라 종합예술이라고 해야 할까요? 그러나 오케스트라에서 지휘자의 역할은 중요합니다. 지휘자는 소리를 섞어 화음和音을 만들어냅니다.

Question 2

지난 시간 선진국이 양적완화정책을 시행한 이후 전 세계적으로 소득불균형에 대한 불만의 목소리가 제기되고 있다는 말씀을 하셨습니다. 또한 코로나19를 극복하는 과정에서 전 세계 중앙은행들이 글로벌 금융위기 때보다 훨씬 대규모의 유동성을 공급하면서 이러한 소득불균형은 더욱 심각해졌다는 목소리가 커지고 있습니다. 양적완화정책이 경제적 불평등에 미친 영향에 대해 자세히 설명해주십시오.

Answer 2

예, 좋은 질문입니다. 프랑스 경제학자 토마 피케티Tomas Piketty의

---

21   〈한국은행법〉 제13조 3항은 '제1항 제3호 내지 제7호의 위원은 금융·경제 또는 산업에 관하여 풍부한 경험이 있거나 탁월한 지식을 가진 자로서 대통령령이 정하는 바에 의하여 추천기관의 추천을 받아 대통령이 임명한다'고 규정하고 있다.

《21세기 자본Capital in the Twenty-First Century》이 유럽에서 발간된 이후 미국과 우리나라에서 더 큰 반향을 일으킨 것으로 알고 있습니다. 경제적 불평등 구조와 현실 그리고 이를 뛰어넘어 계층 이동을 할 수 있는 가능성에 대한 인식의 차이겠지요.

글로벌 금융위기 이후 경기침체를 극복하기 위해 시행한 양적완화정책이 저소득층의 고통을 심화시키고 부유층을 더욱 부유하게 만들었다는 비판이 제기되고 있는 것은 사실이지요. 또한 2020년에는 글로벌 금융위기 극복 과정에서 시행되었던 양적완화정책의 규모를 가볍게 뛰어 넘는 대규모의 유동성 공급정책이 시행되면서 이러한 비판은 더욱 커지고 있습니다. 논란의 핵심은 양적완화정책이 비록 경기를 살리기 위해 시행되었으나 주식과 채권 등 유가증권 가격을 급등시켜 소득불균형income inequality을 초래하였다는 데 있습니다. 이러한 분배 문제distribution impact에 따른 소득불균형 해소방안은 이제 경제적 이슈를 넘어서 정치적 문제가 되었습니다.

사실 양적완화정책의 목표는 저금리 기조를 지속하는 데 있었으나 자산 가격 상승을 염두에 두지 않은 것은 아니라고 봅니다. 양적완화와 저금리 기조 유지는 동전의 양면입니다. 돈의 양과 저금리로 밀어서 자산 가격이 상승하면 부의 효과가 나타나는데, 이러한 효과가 경기를 살리는 데 도움이 될 것이라는 생각이 바탕에 깔려 있었다고 볼 수 있습니다. 그러나 양적완화정책이 불균등한 분배 효과에도 불구하고 경기침체라는 더 나쁜 결과를 예방하기 위하여 시행할 수밖에 없었던 필요악necessary evil이었다는 주장도 있습니다. 일부에서는 예금생활자 궁핍화 정책savers-get-hurt policy이라고 비난하는가 하면 다른 편에서는 양적완화정책을 시행하지 않았다면 실물경제가 장기적인 불황국면에서 벗어나지 못했을 것이라고 주장하고 있습니다.

여기서 1997년 우리나라 외환위기의 경험을 돌이켜봅시다. 위기 직후 급락한 주가와 부동산가격은 얼마 지나지 않아 다시 위기 이전의 수준으로 회복되었습니다. '부동산 불패'의 신화가 이룩된 시기였습니다. 경기부양정책이 성공하면 결과적으로 자산 가격이 상승하기 마련입니다. 자산이 없는 저소득층의 불만이 제기되고 소득불균형이 심화되지요. 자본주의의 속성이자 한계가 아닐까요? 이를 양적완화정책을 추진한 선진국 중앙은행의 정책 실패 탓으로 돌릴 수는 없다고 봅니다. 물론 소득불균형 심화에 찬성하는 입장은 아닙니다만, 말씀드렸듯이 필요악이었다는 생각이 드는군요.

소득불균형이 심화되면 사회계층 간 경제적 이동성economic mobility이 제약되며 소비 성향이 높은 저소득층뿐 아니라 중산층으로 유입되는 돈도 많지 않아 실물경제가 활발히 움직이지 않습니다. 또한 안정적이지 못한 경제적 형편이 지속적으로 심화될 경우 우리 사회의 기본 체제가 불안정해질 뿐 아니라 위험을 무릅쓰고 무엇을 만들어내려는 경제의 역동성이 저하됩니다. 양적완화정책의 시행과 소득불균형 심화를 둘러싼 논쟁은 위기를 극복하기 위하여 정책을 시행하는 과정에서도 사회경제학적 관점에서 대응할 필요가 있다는 점을 시사하고 있습니다.

글로벌 금융위기 이후 우리 사회에서 도대체 금융의 진정한 역할이 무엇인가에 대한 비판이 제기되고 있습니다. 금융이 경제활동을 도와주는 기능을 하지 못하고 오히려 경제 위기를 일으키고 있는 데 무엇 때문이라고 생각하십니까? 또 금융회사들도 거듭 태어나 새로운 자리매김이 필요하다는 비난이 있습니다. 이에 대해 어떻게 생각하십니까?

Answer **3**[22]

아픈 질문입니다. 먼저 일정 부분 책임을 느낍니다. 그런데 지금까지 제기된 질문 중 가장 폭이 넓어서 어디서부터 말씀드려야 할지 모르겠군요. 제기하신 비판에 답변 드리기 앞에서 '먼저 금융이란 무엇인가?'라는 원론적인 질문부터 스스로 물어보아야 하겠습니다.

　돈을 복잡한 경제구조를 풀어주는 '의사소통 수단'이라고 한다면 금융은 '의사소통'이라고 할 수 있습니다. 사람의 말에 믿음이 필요하듯 금융거래에도 신뢰가 생명이라고 여러 차례 말씀드렸습니다. 우리의 믿음을 배신하는 돈의 움직임이 많습니다. 예를 들어 돈의 가치를 과도하게 움직이는 인플레이션과 디플레이션은 제멋대로 소득과 부를 재분배하며, 성격이 다른 돈들은 마주쳐서 [자산 :

22　정운찬·김홍범, 《화폐와 금융시장》(2012)에 주로 의존하였다.

부채)의 과도한 불일치를 만들어내서 위기를 잉태합니다. 그런데 그 바탕에는 수백만 년 동안 형성된 인간의 탐욕과 공포가 자리 잡고 있습니다. 금융의 문제는 금융제도 또는 시스템의 문제이지, 운동장 안에서 움직이거나 운동장을 벗어나려는 사람의 움직임에 대한 문제는 아니라고 생각합니다. 금융위기를 만들어낸 비이성적 과열 irrational exuberance[23]과 관련된 행위는 비난받아 마땅하지만 좀 더 깊이 생각해본다면 시스템의 설계와 운영의 잘못이라고 생각합니다. 사람들의 행위에 책임을 돌리기는 쉽지만, 행위를 바꾸기는 어려우며 올바른 방향도 아니라고 생각합니다. 적절한 비유가 될지 모르겠으나 우리 사회에 도둑이 많아졌다면, 도둑 개개인에 대한 비난과 처벌에 앞서 방범체계, 형법의 적정성, 빈부의 격차, 사회구조의 문제 등을 근본적으로 점검해야 한다고 생각합니다.

지난 금융위기로 자본주의 시장경제의 효율성efficiency에 대한 믿음이 훼손된 가운데 이론적인 측면에서 금융경제학 전반에 대한 비난이 제기되었습니다. 경제학이 물리학을 흉내 내다가 위기 예측에 실패하였다는 비판과 이에 대한 학계의 자기반성이 있었습니다. 특히 지난 50여 년간 금융시장의 효율성을 강조해온 효율적 시장 가설Efficient Market Hypothesis은 자산 버블이 터질 위험을 과소평가하

---

23   1996년 미국의 주가가 거침없이 상승하고 있던 시기에 당시 미 연준 의장이었던 앨런 그린스펀이 말한 내용이다. 그린스펀 의장이 12월 '주식시장이 비이성적 과열에 빠졌다'는 발언을 한 직후 미국 주가는 20%나 폭락하였다. 2013년 노벨경제학상 수상자 로버트 쉴러 교수는 《비이성적 과열》이란 제목의 책을 써내기도 하였다.

게 하였다는 비난을 받으면서 금융위기에 대한 직접적인 책임을 추궁당하고 있지요. 그러나 경제학과 효율적 시장 가설이 나오기 전에도 인류 역사상 많은 위기[24]가 있었다는 주장과 함께 시장 참가자들이 효율적 시장 가설을 믿었다면 현재 가격이 적정한 가격이라고 믿어서 무리한 투기를 하지 않았을 것이라는 반론도 있습니다. 결국 효율적 시장 가설은 '가격이 정확하다The Price is Right'와 '공짜 점심은 없다No Free Lunch' 부분으로 나뉘며 '공짜 점심' 부분만 남아 강화될 듯 보입니다. 한편 효율적 시장 가설과 비효율적 시장 가설을 조화시켜 적응적 시장 가설Adaptive Market Hypothesis로 종합하려는 움직임도 있는데, 이는 경제주체는 남들과 경쟁하는 과정에서 반드시 최적화된 행동을 하는 것은 아니며 시행착오와 실패를 경험하며 적응하고 진화한다는 설명입니다.

이와 같이 위기 발생에 따라 금융경제학의 역할이 공격을 받았지만 그 바탕에는 금융의 발전이 경제성장에 기여하는가 하는 근본 문제가 놓여 있습니다. 경제구조는 변화하고 있으나 금융이 실물경제를 지원하기보다는 자신이 부를 창출하는 사업으로 진화하고 있다는 비판이 있습니다. 결론적으로 금융발전이 경제성장을 촉진하기는 하지만 발전의 정도가 지나치면 금융이 제 살길을 찾아 나서기 때문에 오히려 위기를 부를 수도 있다고 생각합니다. 한때 '기업이

---

[24] 반대론자들은 효율적 시장 가설을 제기하기 이전에 발생한 16세기 네덜란드의 튤립파동Tulipmania, 17세기 프랑스의 미시시피 버블Mississippi Bubble, 영국의 남해 버블South Sea Bubble, 1929년의 대공황 등 많은 위기를 거론한다.

앞서가면 금융은 따라간다where enterprise leads finance follows'는 주장이 제기되는가 하면 '금융시장이 경제성장에 기여한다는 생각은 너무 분명하기 때문에 심각한 논의가 불필요하다'[25]는 주장이 있을 정도 였습니다.

따라서 관심의 초점이 금융시스템의 문제로 옮아가며 금융체계 중 은행중심제도bank-based system가 더 나은가 아니면 시장중심제도 market-based system가 더 좋은가에 대한 논의도 있었습니다. 그런데 이와 같은 논란은 오래 전부터 있어 왔습니다. 이러한 문제의 제기 가 대부분 그렇듯이 두 체제 모두 좋은 점과 나쁜 점이 있다고 정리 되었고, 은행과 시장의 최적 비율은 나라마다 다를 수 있다는 시각 이 설득력을 얻었습니다. 즉 두 제도는 대체적이기보다는 상호보완 적이라는 사실이지요. 그러나 2008년 금융위기의 영향으로 시장 중 심에서 은행 중심으로 조금 무게가 옮아가는 모습도 보입니다.

어떠한 제도를 가지느냐보다 전반적인 금융발전의 성숙 정도가 중요하며 전체적으로 얼마나 좋은 금융서비스를 제공하는지가 긴요 합니다. 축구선수가 될 것이냐 야구선수가 될 것인가를 고민할 필요 없이 축구선수가 된다면 차범근만큼, 야구선수가 되면 최동원만큼 하면 되니까요. 너무 나이든 표현인가요? 그럼 축구선수가 된다면 손흥민만큼, 야구선수가 된다면 류현진만큼 하면 된다고 다시 말씀

---

25   Robinson(1952), Miller(1988). 정운찬·김홍범, 《화폐와 금융시장》(2012)에 서 재인용하였다.

드리겠습니다. 어쨌든 지금까지 일어난 많은 금융위기는 어떠한 금융제도를 가졌느냐보다 선택한 체제 내에서 발전이 이루어지지 못한 낙후된 제도의 책임으로 귀결됩니다.

금융위기 이후에는 여러 가지 제도적인 문제점이 드러나면서 논의와 개선이 이루어지고 있습니다. 이를 병렬적으로 나열해보면, 우선 국경 없는 자본이동에 대한 비판이 있습니다. 이는 강연에서 자주 다루어왔으므로 생략하지요. 다음으로 시장 참가자들의 과도한 욕망과 군집행동을 부추기는 시스템을 고쳐나가고 발생확률이 낮은 위험tail risk을 무시하지 않는 방향으로 시스템을 만들어가야 한다는 주장 등이 힘을 얻고 있습니다. 아울러 수학적 모델을 과신한 결과 금융상품의 가치를 평가하는 시스템이 취약해졌다는 비판이 제기되는 가운데 금융파생상품에 대한 적정한 규제와 지도가 필요하다는 의견 또한 강화되었습니다. 그리고 금융산업이 비대해지면 좋지 않으므로 실물경제의 성장에 맞추어가는 금융발전의 적정한 수준이 있을 것이라는 가정하에 그에 대한 연구도 진행 중입니다. 종전 금융시스템하에서는 은행은 다른 금융회사와는 달리 통화를 창출해내므로 '은행이 중요하다'는 고정관념이 있었지만, 이러한 관점에서부터 벗어나 소위 그림자금융 등 모든 금융회사들이 시스템적으로 중요하다는 인식도 대두하였습니다.

이미 많은 이야기를 했지만 다시 처음으로 돌아가보겠습니다. 첫날 강연에서 금융회사는 무엇을 먹고 사는가에 대해 설명한 적이 있습니다. 기억나시는지요? 그때 금융회사는 돈의 성격 차이를 이용하여 살아간다고 말씀드렸습니다. '짧은 돈'과 '긴 돈', '안전한 돈'과 '위험한 돈', '원화'와 '외화' 등의 〔자산 : 부채〕불일치를 이용하여 살아간다고 설명드린 기억이 있습니다. 이러한 불일치는 금융의 기본 속성이며 위기 발생의 근본 요인입니다. 고객이 몰려와서 돈을 찾으면 이길 수 있는 금융회사가 없습니다. 그러므로 한꺼번에 몰려와서 돈을 찾도록 방아쇠를 당기는 자극trigger이 있어서는 안됩니다. 신뢰를 잃어버리는 순간 방아쇠는 당겨집니다. 따라서 이러한 상황이 일어나지 않도록 사전 규제와 감독을 강화해야 합니다. 위기 이후의 자금 지원도 필요하지만 그땐 '소 잃고 외양간 고치기'가 되는 셈입니다. 여러 가지 변화 가운데 중앙은행의 거시건전성정책 강화와 감독 당국의 미시건전성감독 강화 등의 문제가 제기되어 상당 부분 진행되고 있습니다. 법률상 구호에 그치지 않고 실질적으로 조치할 수 있는 다양한 수단이 마련되어야 하겠습니다.

지금까지 많은 이야기를 했지만 핵심을 비켜가면서 변죽만 울린 건 아닌지 걱정입니다. 아무쪼록 질문에 대한 대강의 답변이라도 되었기를 바랍니다.

이상으로 '원화와 외화 그리고 금리와 환율의 연결고리'를 통하여 세상을 읽는 시각을 강조하면서 강연에 이어 질의응답 시간을 마칩니다. 그동안 경청해주셔서 거듭 감사드립니다.

숲을 알아야 나무를 헤아리며, 나무를 알아야 숲을 본다

문을 열었으면 닫아야 한다는 의무를 느끼면서 맺는 글을 씁니다. 고속도로를 따라가야겠다는 의욕으로 시작한 작업이 어느새 방향을 잃고 세세한 길에서 헤매는 경우가 많았습니다. 빠뜨리고 가기 아쉬운 마음은 정리되지 못하였습니다. 글을 쓰기보다 쓴 글을 지우기 더 어렵다고 했던 어느 말씀을 생각합니다. 봄에 출발한 길이 여름에서 가을과 겨울로 이어지면서 주위에 여러 가지 일들이 있었습니다. 소소한 돌부리에도 그만둘까 생각하였으며, 아는 것이 참 많이 모자란다는 생각을 하는 가운데 조금 아는 것을 쉽게 말하기 어렵다는 점도 알았습니다. 바다 한 가운데 물 한 컵을 부었으니 어디로 사라지겠지요. 구어체 사용과 함께 딱딱해지기 쉬운 내용을 조금이라도 부드럽게 풀어내기 위해 '강연'이라는 형식을 도입해 보았지만, 어미만 '했다'에서 '하였습니다'로 길어졌을지 모를 일입니다. '원화와 외화의 연결고리'라는 깃발 아래서 돈의 흐름을 하나로 이어보고 금리와 환율이라는 가격을 연계하여 생각해보는 작업이 아래의 그림과 함께 도식적으로 흘렀다는 반성이 있습니다. 반드시 각 부분을 채워 넣어야 한다는 자기 강제도 있었지만, 그래도 원화와 외화 그리고 금리와 환율을 이어주는 하나의 체계를 마련한다는 의미에서 형식을 바꾸지는 않았습니다.

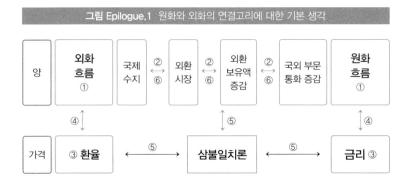

그림 Epilogue.1 원화와 외화의 연결고리에 대한 기본 생각

① 돈의 성격: 외화, 원화
② 돈의 흐름: 외화흐름 ↔ 국제수지 ↔ 외환시장 ↔ 국외 부문 통화 증감 ↔ 원화흐름
③ 가격의 움직임: 환율, 금리
④ 돈의 흐름과 가격의 관계: 외화흐름 ↔ 환율, 원화흐름 ↔ 금리
⑤ 환율·금리·외화흐름 간의 관계: 삼불일치론
⑥ 돈의 조절: 외화흐름 ↔ 국제수지 ↔ 외환시장 ↔ 국외 부문 통화 증감 ↔ 원화흐름

돌이켜보면 글로벌 금융위기를 막 벗어난 시점부터 코로나19 팬데믹이 확산되는 과정, 마무리되어 새로운 변화가 이루어지는 과정까지의 급변하는 경제 상황에 간신히 대응하면서 독자 여러분께 설명해왔습니다. 이제 기조적 전환에 대한 서술을 다시 정리할 수 있었던 데에 대해 보람을 느낍니다.

글을 쓰는 작업도 공부였습니다. 이제 그림이 강제해 주는 순서를 떠나서 몇 가지 깨달은 점을 병렬적으로 정리해보고자 합니다. 감히

'아는 것과 깨닫는 것은 다르다'는 '오만과 편견'을 가지고 당연한 말씀을 몇 가지로 구분하여 새삼 드립니다.

우선 돈과 사람에 대해 말씀드립니다. 첫째, 돈은 다양한 성격을 가지고 있는데 현재 있는 위치에 따라 그 성격이 정해지며 환경의 변화에 따라 달리 반응한다는 점입니다. 성격이 다른 돈들은 자산과 부채로 만났을 때 성격 차이가 두드려져서 위기 발생 시 어려움이 초래됩니다. 마치 성격 차이가 있는 남녀의 부부생활과 같은 경우라고 할까요? 둘째, 현재 위치에 의해 정해지는 돈의 성격은 어디에서 왔느냐에 따라 알려지는 경우가 많습니다. 이러한 점 때문에 〔조달 → 운용〕의 꼬리표를 좇은 사실을 기억하실 것입니다. 셋째, '수익과 위험은 상충관계trade-off'라는 유명한 말 보다 돈의 행태를 더 잘 설명할 수 있는 말은 없다고 생각합니다. 투자뿐 아니라 우리의 삶도 마찬가지겠지요. 특별한 기술이나 남모르는 정보가 없다면 말입니다. 넷째, 노병은 죽지 않고 사라질 뿐이라고 했던가요? 위험은 없어지지 않고 다만 분산될 뿐입니다. 사회 전체적인 위험이 전혀 회피될 수 없는 것은 아니나 아주 어렵다고 하겠습니다. 다섯째, 위기는 항상 '새로운 기술'과 '새로운 시장'이라는 기회 앞에서 탄생된다는 점입니다. 그런 기회를 확신한 사람들에 의해 기회는 넘쳐서 위기로 바뀌며 그러한 위기 가운데 일부는 기회를 다시 얻는다는 점입니다. 여섯째, 탐욕과 공포는 인간의 본성이어서 이들로부터 도망치기 어렵다는 점입니다. 이를 제어할 수 있는 시스템을 설계하는 작업이 필요합니다.

다음으로 돈의 흐름에 대해 말씀드립니다. 첫째, 무역거래에 의해 움직이는 돈 보다 자본거래에 의해 움직이는 돈에 대해 더 관심을 가져야 합니다. 수출 경쟁력 강화가 중요하다는 말은 두말할 나위 없지만 돈의 움직임에 대해 한정해서는 속도 빠른 대규모 자본이동을 이길 수 없습니다. 어려움은 단기간에 찾아올 수 있으니까요. 둘째, 국내에 머무르는 외화는 결국 한국은행으로 모이거나 한국은행에서 나갈 수밖에 없다는 사실입니다. 그렇지 않은 일정 부분은 수건돌리기처럼 여기저기 돌아다니고 있는 경우입니다. 셋째, 원화의 양은 한국은행뿐 아니라 금융회사, 기업, 가계가 힘을 합하여 만들어낸다는 사실입니다. 여기서 금리 수준이 중요한 역할을 한다는 점은 다 아실 것입니다. 넷째, 아무리 복잡한 금융거래도 결국은 '팔고 사기' 또는 '빌리고 빌려주기' 거래로 구분하여 합성할 수 있습니다. 그리고 이러한 차이가 포지션을 변동시킨다는 점입니다.

아울러 돈의 흐름과 가격과의 연계에 대해 정리해봅니다. 첫째, 환율은 '팔고 사기' 거래에서 만들어지고 금리는 '빌리고 빌려주기'에서 만들어집니다. '팔고 사기'는 순간적이지만 '빌리고 빌려주기'에는 시간이 개입됩니다. 시간이 개입되는 거래에는 신용이 중요합니다. 둘째, 돈의 흐름과 가격 변화의 관계는 생각보다 복잡하다는 점입니다. 다양한 다른 변수들이 고정되어 있지 않을 뿐 아니라 하나의 변수가 여러 경로를 통해 영향을 미치므로 예측하기 어렵습니다. 셋째, 금리와 환율 간의 연계관계도 사후적으로 설명할 수는 있지만 현실적으로 예측하기 곤란합니다. 넷째, 삼불일치론은 두 개의 해를 선택하는 의사결정 문제가 아니라 세 개의 해를 상황에 맞게 선택하는 해석의 문제라는 점입니다.

이제 돈의 조절에 대해 말씀드리면, 첫째, 돈은 대규모로 빨리 움직일 수 있기 때문에 운동장 담을 넘어가는 어린이처럼 규제되어야 한다는 점입니다. 중앙은행은 시장의 실패에 대비하기 위한 조직입니다. 둘째, 원화보다 외화가 관리하기 더 어렵다는 점입니다. 극단적인 경우 원화는, 다시 말해 금리는 경기와 물가 등이 어떻게 되든 상관없다면 정책 당국 마음대로 조절할 수 있지만 외화는 그런 전제 하에서도 조절하는데 한계가 있습니다. 평소의 경우에도 비슷하지요. 우리가 달러를 발행하지는 못하니까요. 셋째, 통화정책수단은 몇 가지로 제한되어 사용하는 데 한계가 있으므로 다양한 수단을 계속 모색해야 한다는 점입니다. 비전통적 통화정책수단은 새로울 것 없는 무기를 개량하여 사용하였다고 볼 수 있습니다. 넷째, 외화가 드나들어 생기는 변동을 반드시 줄여야 하지만 나가는 돈을 막기는 현실적으로 어렵다는 점입니다. 들어오는 길목을 관리하는 데 힘써야 하겠습니다.

마지막으로 금융위기와 정책 대응에 대해 정리해봅니다. 첫째, 금융위기는 계속 있어 왔으며 언제 또 찾아올지 모른다는 점입니다. 경제의 기초체력이 상당히 좋더라도 위기가 찾아올 수 있다는 의식으로 우리 경제의 취약성뿐만 아니라 기폭제에 대한 관심을 가져야 하겠습니다. 둘째, 이와 관련하여 위기만을 대상으로 대응전략을 연구하는 기능을 강화하여야 하겠습니다. 선진국의 대처를 주의 깊게 보면서도 신흥시장국의 한계를 극복할 수 있어야 하겠습니다. 셋째, 국제간 정책공조에도 참여해야 하겠지만 우리가 힘들 때에는 독자적인 정책에 의지할 수밖에 없다는 점입니다. 또한 선진국의 이익을 도모하기 위한 움직임을 주시하여야 하겠습니다. 현실은 냉정하니까요. 넷째, 정책 대응은 과학이 아니라 예술일 수밖에 없습니다. 결국은 불확실성하에서 이루어지는 주관적인 판단입니다. 위원회제도의 설치 배경이기도 합니다. 다섯째, 평소에 공부를 열심히 하는 일도 중요하지만 결국 수험생은 시험을 잘 보아야 한다는 점입니다. 불침번은 시험 보는 날짜를 알기 위해 항상 깨어있어야 하겠습니다.

원고를 돌이켜 보면서 몇 가지 생각하는 점을 적어보았더니 당연한 이야기가 되었습니다. 어찌 보면 주요한 말들은 모두 당연한 언어일 수밖에 없습니다. '원화와 외화의 연결고리'라는 깃발을 내세웠던 목소리가 이를 고민하던 독자들에게 원화와 외화의 흐름과 가격을 연계시키는 하나의 체계로 인식되기를 바랄 뿐입니다.

김근영, 〈국제자본이동 하에서 환율신축성과 경상수지 조정: 국가패널분석〉, 《BOK 경제연구》, 한국은행, 2014.

김근영, 〈트릴레마 제약 하에서의 주요 신흥시장국의 정책대응 사례와 시사점〉, 한국은행, 2011.

김소영·신관호, 〈자본시장의 글로벌화와 한국 통화정책의 독립성〉, 《한국개발연구》 2010년 II호, 한국개발연구원, 2009.

김우찬, 〈2008 국제금융위기 과정에서 나타난 원-달러 외환시장구조의 문제점〉, 《KDI 정책연구시리즈 2010-06》, 2010.

박대근, 〈한국의 외환위기와 외채〉, 《경제분석》 제5권 제1호, 한국은행, 1999.

박찬호, 〈내외 금리차와 환율 간 관계분석〉, 《조사통계월보》, 한국은행, 2008.

벤 S. 버냉키, 《벤 버냉키, 연방준비제도와 금융위기를 말하다》, 미지북스, 2014.

서영경, 〈글로벌 금융위기의 파급영향과 대응방안〉 중 서편, 《금융경제논총 2010-1》, 한국은행, 2010.

서영경·성광진·김동수, 〈원/달러 환율변동성이 큰 배경과 시사점〉, 한국은행, 2011.

신동규·김동엽, 〈신흥시장국의 적정 환율제도에 관한 연구〉, 《무역학회지》 제29권 제1호, 2004.

신인식, 〈화폐금융제도에서 공적기구의 역할에 대한 견해 차이는 왜 발생하는가?: 하이에크(Hayek)와 프리드만(Friedman)의 경우〉, 《한국개발연구원》 제27권 제2호(통권 제90호), 2005.

신현송, 〈2007–2009 국제금융위기의 이론적 및 실증적 고찰〉(The Global Financial Crisis of 2007~2009: Theoretical and Empirical Perspectives, 강연 내용 정리)

안병찬, 《글로벌 금융위기 이후 금융정책》, 한나래, 2011.

양동휴, 〈1930년대 세계대공황과 2008년 위기〉, 《금융경제연구》, 한국은행, 2009.

유재원·김태준, 〈한국의 금융·자본자유화와 금융·외환위기〉, 2004.

이동원, 이승철, 오강현, 강재훈, 김윤경, 이재진, 〈공급병목이 물가에 미치는 영향〉, 《BOK 이슈노트》, 한국은행, 2021.

이승호·안성근·정복용, 〈주요국의 Sudden Stop 및 정책대응 사례 분석과 시사점〉, 2009.

이왕휘, 〈세계금융위기 이후 경제학이론 및 방법론 논쟁: 교훈과 정책적 함의〉, 《한국경제의 분석》 제20권 제2호, 한국금융연구원, 2014.

이윤석·김정한·임형준, 〈최근 우리나라의 국제투자 균형에 대한 평가〉, 《BOK 이슈노트》, 한국은행, 2014.

이정용·구현희, 〈최근 우리나라의 국제투자 균형에 대한 평가〉, 《BOK 이슈노트》, 2014.

이화연·배지현·오진하, 〈은행부문 외화유동성에 대한 스트레스테스트 모형〉, 《금융안정보고서》, 한국은행, 2013.

임진·서영경, 〈금리정책 동조화의 경로분석〉, 《금융경제연구》, 한국은행, 2010.

정운찬·김홍범, 《화폐와 금융시장》, 율곡출판사, 2012.

최창규, 〈투기적공격 이론과 한국의 외환위기〉, 《경제분석》 제4권 제2호, 한국은행, 1998.

프레더릭 S. 미쉬킨,《미쉬킨의 화폐와 금융》(제9판), 피어슨에듀케이션코
　　리아(HE), 2011.

한국은행,《2022 연차보고서》, 2023.

한국은행,《개방경제의 통화정책 자율성》, 2009.

한국은행,《우리나라 국제수지통계의 이해》, 2016.

한국은행,《우리나라 국제투자대조표의 이해》, 2014.

한국은행,《알기 쉬운 경제지표 해설》, 2019.

한국은행,《한국 외환제도와 외환시장》, 2016.

한국은행,《한국의 거시건전성정책》, 2015.

한국은행,《한국의 통화정책》, 2017.

Andrew Filardo & Boris Hofmann, "Forward guidance at the zero lower
　　bound", *BIS Quarterly Review*, 2014.

BIS, "Chapter5 Crypto-currencies : looking beyond the hype", *Annual
　　Economic Report*, 2018.

Charles Bean, Christian Broda, Takatoshi Ito, Randall Kroszner, "Low
　　for Long? Causes and Consequences of Persistently Low Interest
　　Rates", Geneva Report on the World Economy 17, 2015.

Dagfinn Rime & Andreas Schrimpf, "The anatomy of Global FX market
　　through the lens of the Triennial Survey", *BIS Quarterly Review*, 2013.

Hanno Beck and Aloys Prinz, "The Triemma of a Monetary Union:
　　Another Impossible Trinity" 2012.

IMF, "Annual report on Exchange Arrangements and Exchange
　　Restirctions", 2022.

IMF, Asia Pacific Department, "Regional Economic Outlook update",
　　2014.

IMF, "Fiscal Monitor", April 2023.

Jean Pisani-Ferry, "The Euro crisis and new impossible trinity", 2012.

Joshua Aizenman and Brian Pinto, "Managing Financial Integration and Capital Mobility: Policy lessons from the Past Two Decades", the World Bank Poverty Reduction and Economic Management Network, *Policy Research Working Paper 5786*, 2011.

Joshua Aizenman and Rajeswari Sengupta, "The Financial Trillemma in China and a Comparative Analysis with India", *UCSC and the NBER ; IFMR*, 2011.

Joshua Aizenman, "The impossible Trinity-from the Policy Trilemma to the Policy Quadrilemma", 2011.

Joshua Aizenman, "Trilemma and Financial Stability Configurations in Asia", *ADBI Working Paper Series No. 317*, 2011.

Kenneth S. Rogoff & Carmen M. Reinhart, *This time is different*, 2009.

lla Patnaik and Ajay Shah, "Asia Confronts the Impossible Trinity", *ADBI Working Paper Series No. 204*, 2010.

Mo Pak-Hung, "Impossible Trinity, Capital Flow Market and Financial Stability", *KYKLOS. Vol. 62 - No. 4.*, 2009.

Michael Kumhof, "Central Bank Issued Digital Currency", 2018.

Otmar Issing, *"Europe's hard fix: the Euro area"*, 2006.

Rakesh Mohan and Muneeesh Kapur, "Managing the Impossible Trinity: Volatile Capital Flows and Indian Monetary Policy", *Stanford Center for International Development Working Paper No. 401.*, 2009.

Stephen Grenvill, "The Impossible Trinity and Capital Flows in East Asia", *ADBI, Working Paper Series No. 319*, 2011.

Wesley W. Widmaier, "The Social Construction of the impossible trinity: The Intersubjective Base of Monetary cooperation", *International Studies Quarterly* 48, 2004.

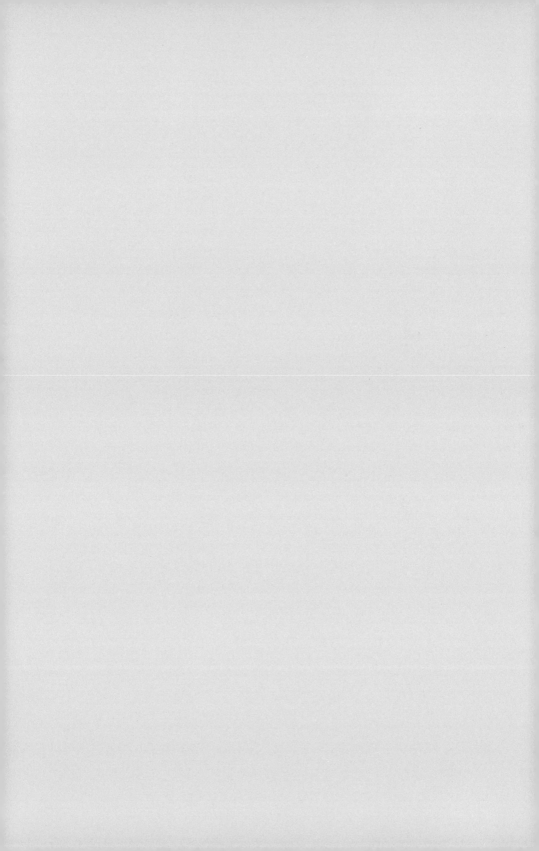